Stefanie Kröner

Empowerment und Erwachsenenbildung

Stefanie Kröner

Empowerment und Erwachsenenbildung

Eine Studie zu Frauen aus benachteiligten sozialen Gruppen in Indien

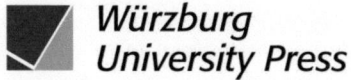
Würzburg University Press

Dissertation, Julius-Maximilians-Universität Würzburg
Fakultät für Humanwissenschaften, 2019
Gutachter: Prof.'in Dr. Regina Egetenmeyer, Prof. Dr. Hans-Joachim Petsch

Die Dissertation wurde durch ein sechsmonatiges Anschubstipendium der Gleichstellungskommission der Fakultät für Humanwissenschaften der Universität Würzburg und ein Reisekosten- und Aufenthaltsstipendium für einen zweimonatigen Forschungsaufenthalt in Delhi (Indien) des Indienzentrums und der Graduate School der Universität Würzburg im DAAD-Programm „A New Passage to India" finanziell gefördert.

Impressum

Julius-Maximilians-Universität Würzburg
Würzburg University Press
Universitätsbibliothek Würzburg
Am Hubland
D-97074 Würzburg
www.wup.uni-wuerzburg.de

© 2020 Würzburg University Press
Print on Demand

Coverdesign: Michael Buchta

ISBN 978-3-95826-118-1 (print)
ISBN 978-3-95826-119-8 (online)
DOI 10.25972/WUP-978-3-95826-119-8
URN urn:nbn:de:bvb:20-opus-185883

Vorwort

In der deutschen Erwachsenenbildungsforschung finden sich zwar von Anbeginn internationale Studien. Jedoch stellen diese häufig punktuelle Studien dar, die oft losgelöst vom erwachsenenpädagogischen Diskurs in Deutschland sind. Gleichzeitig begrenzen sich internationale Studien in der Erwachsenenbildung häufig auf europäische Länder. Der Blick über die eigenen Grenzen hinweg ist nicht nur spannend, um neue Ideen und Impulse für die eigene Arbeit zu erhalten. Aus international-vergleichender Perspektive dient die Erforschung von pädagogischen Phänomen außerhalb des bisherigen eigenen Forschungskontextes, letzteren kritisch hinsichtlich seiner Voraussetzungen und impliziten Annahmen zu reflektieren.

Frau Kröner legt mit ihrer Disserationsschrift eine Studie vor, in der sie unter Bezugnahme auf den deutschen Diskurs, Erwachsenenbildungsangebote für Frauen in Indien untersucht. Hier setzt sie in der theoretischen Bezugnahme methodisch neue Akzente für die internationale Forschung. In ihrer theoretischen Bezugnahme geht es nicht um eine simple Übernahme westlicher Theorien für eine Untersuchung. Vielmehr nutzt sie diese theoretische Bezugnahme, um die Grenzen derselben kritisch zu identifizieren: Hinsichtlich der Nutzbarkeit für die Untersuchung des empirischen Forschungsfeldes in Indien, aber auch mit Blick auf versteckte Annahmen, die bestehende Diskurse in sich tragen.

Mit dieser kritischen Perspektive gelingt ihr ein Blick auf ein empirisches Feld, das in Indien als typische Form von Erwachsenenbildung verstanden wird: Angebote zum Empowerment von Frauen durch Erwachsenenbildungsangebote. Aus einer deutschen Perspektive würden viele dieser Angebote als Soziale Arbeit verstanden werden. Die kritische Analyse des deutschen Diskurses erlaubt jedoch einen tieferen Einblick in die Voraussetzungen von Erwachsenenbildung: Erwachsenenbildung als beziehungsstiftender Kontext vor dem Hintergrund von Aushandlungsprozessen über soziale Zugehörigkeit. Verstehens- und Artikulationsprozesse als Grundlage dafür, um Empowerment bei den Teilnehmerinnen zu fördern. Damit wird deutlich, dass es in Erwachsenenbildungsangeboten mit anspruchsvollen Zielen wie Empowerment weit mehr bedarf als der Entwicklung von Wissen und Fertigkeiten. Vielmehr sind grundlegende Vertrauensprozesse anzuregen, um Selbstreflexionen zu ermöglichen. Diese Erkenntnisse sind auch für deutsche Erwachsenenbildungsforschung als hoch relevant einzuschätzen.

Mit ihrer Studie schließt Frau Kröner auch an den internationalen bildungspolitischen Diskurs um Empowerment und die Frauenbildung an. Die Interviewergebnisse geben einen vertieften Einblick in die Situation der Erwachsenenbildung für Frauen aus benachteiligte Gruppen in Delhi und darüber hinaus. Dabei wird ein gehaltvolles empirisches Modell entwickelt, das nicht nur die Erwachsenenbildung und Empowerment-Prozesse in Indien abbildet. Vielmehr entwickelt sie dadurch ein international anschlussfähiges Modell für den Beitrag von Erwachsenenbildung zum Empowerment und zu gesellschaftlichen Veränderungsprozessen. Dadurch entsteht ein neuer und eigenständiger Empowerment-Begriff. Gleichzeitig bietet die Studie einen hochspannenden Einblick dazu, welchen Beitrag Erwachsenenbildung in diesem Kontext leisten kann. Sie gibt wichtige Hinweise für die hohe

Bedeutung von Erwachsenenbildung für Frauen, um gesellschaftliche Veränderungsprozesse nachhaltig voranzubringen.

Regina Egetenmeyer

Zusammenfassung

Empowerment und Erwachsenenbildung
Eine Studie zu Frauen aus benachteiligten sozialen Gruppen in Indien

Schlüsselbegriffe: Empowerment,
Erwachsenenbildung, Individualisierung, Selbststeuerung

Diese Studie widmete sich dem Beitrag von Erwachsenenbildung zum Empowerment von Teilnehmenden. Ihr Empowerment zeigt sich darin, dass die Teilnehmenden ihr Handeln stärker selbst steuern und ihre persönliche Lebenswelt in höherem Umfang selbst gestalten. Ausgehend von Diskursen im deutschsprachigen Raum wird untersucht, in welcher Weise Erwachsenenbildung das Empowerment von Frauen stärken kann. Zur Gestaltung von Erwachsenenbildung zählen die Selbstreflexion der Mitarbeitenden, Zielgruppen- und Teilnehmendenorientierung, lebensweltorientierte Lerninhalte und didaktische Methoden sowie Gemeinschaft und Austausch. Aus gesellschaftskritischer Perspektive wird das Empowerment-Konzept in Individualisierungsprozessen und im Kontext sozialer Benachteiligung verortet. Damit stellt das Empowerment von Teilnehmenden einen Zwischenschritt von traditionell geprägter Erwachsenenbildung zum Paradigma Lebenslangen Lernens dar. Erwachsenenbildung erfüllt in diesem Verständnis die gesellschaftliche Funktion, die Teilnehmenden zu stärken, die durch einen sozialen Wandel verunsichert und überfordert sein können. Der Studie beinhaltet eine empirische Erhebung in der indischen Erwachsenenbildung, in der dem Empowerment-Konzept eine hohe Aufmerksamkeit zukommt.

Anhand von Expert/inn/en-Interviews mit Mitarbeitenden von Erwachsenenbildungseinrichtungen in Indien wird der Frage nachgegangen, wie Erwachsenenbildung gestaltet sein soll, damit sie zum Empowerment der Teilnehmenden beitragen kann. Die Interviewauswertung orientiert sich an der Qualitativen Inhaltsanalyse. Sie verschafft Erkenntnisse über die persönliche Lebenswelt von Frauen aus benachteiligten sozialen Gruppen, die an Erwachsenenbildung teilnehmen. Der Beitrag zum Empowerment der Teilnehmenden von Erwachsenenbildung wird durch einen beziehungsstiftenden Kontext geleistet, der sich an der Lebenswelt der Teilnehmenden orientiert. Dieser ermöglicht den Teilnehmenden neue Beziehungserfahrungen. Zudem können sie sich Wissen und Fähigkeiten aneignen und ihre Lebenswelt selbst gestalten. Teilnehmenden aus benachteiligten sozialen Gruppen ermöglicht dies, die gesellschaftlichen Anforderungen zur Selbststeuerung zu bewältigen, die in Individualisierungsprozessen an sie gerichtet werden.

Abstract

Empowerment and adult education
A study on women in India who belong to underprivileged groups

Key words: adult education, empowerment, individualisation, responsibility

This study focuses the contribution of adult education towards the empowerment of participants. Their empowerment becomes visible when they start to take more control on their own acting and to form their personal living environment. Focusing discourses in the German-speaking area, it is to be analysed in what way adult education can contribute towards the empowerment of women. The arrangement of adult education includes the self-reflection of staff, target group and participant orientation, the orientation on the living environment of participants, didactical methods as well as community and exchange. From a socio-critical perspective, empowerment can be understood within the individualisation and in the context of social disadvantages. The empowerment of participants is an interim step from traditional adult education towards the paradigm of lifelong learning. In this understanding, adult education fulfils the societal function to strengthen those participants who feel insecure or overburdened within a social change. This study includes an empirical research within adult education in India, in which the concept empowerment is gaining great attention.

With expert interviews that have been conducted with staff of adult education providers in India the question is being followed in what way adult education should be arranged so that it can contribute towards the empowerment of its participants. The analysis of the interviews is oriented at the qualitative content analysis. It enables knowledge on the personal living environment of women who belong to underprivileged groups who participate at adult education. As adult education enables relationships and is orienting at the living environment of its participants it can contribute towards their empowerment. This enables new relationship experiences of the participants. Furthermore, they can gain knowledge and capabilities and create their own living environment. This can enable participants from underprivileged social groups that they can fulfil the societal requirements they are aligned with.

Dank

Ich danke insbesondere Prof.'in Dr. Egetenmeyer für die wertvolle Betreuung und Begleitung dieser Studie, für die Unterstützung und das Feedback. Prof. Dr. Petsch danke ich für die Übernahme der Zweitbetreuung. Prof. Dr. Dörpinghaus danke ich für die Übernahme des Gutachtens und der Betreuung im Promotionskomitee. Prof. Shah, Prof. Rajesh, Dr. Bora, Kalpana und Shalini danke ich für die Unterstützung während meines Forschungsaufenthalts in Delhi. Den indischen Studierenden und den anderen Kolleg/inn/en, die mich bei der Koordination der Erhebung unterstützt und meine Fragen zur indischen Gesellschaft beantwortet haben, danke ich für ihre Unterstützung. Meinen Kolleg/inn/en und Mit-Doktorand/inn/en danke ich für das Feedback und die Unterstützung. Die Personen, die für die Interviews zur Verfügung standen, haben die empirische Studie ermöglicht. Diese Bereitschaft ist nicht selbstverständlich, sodass ich dafür dankbar bin. Martin, Christoph, meinen Eltern und meinen Freundinnen danke ich dafür, dass sie mich stets und insbesondere in den letzten Monaten der Fertigstellung unterstützt und ermutigt haben.

Die Studie wurde durch ein sechsmonatiges Anschubstipendium der Gleichstellungskommission der Fakultät für Humanwissenschaften der Universität Würzburg gefördert. Mein zweimonatiger Forschungsaufenthalt in Indien wurde im Rahmen des DAAD-Programms „A New Passage to India" durch die Graduate School und das Indienzentrum der Universität Würzburg gefördert. Durch das Overhead-Programm zur Förderung des wissenschaftlichen Nachwuchses der Fakultät für Humanwissenschaften wurde mir die Teilnahme an mehreren Konferenzen und zwei Winter Schools ermöglicht. Diese Möglichkeiten haben mich in der Erstellung dieser Studie sehr unterstützt und mich motiviert.

Inhaltsverzeichnis

Abbildungsverzeichnis

Tabellenverzeichnis

Abkürzungsverzeichnis

EU	Europäische Union
OECD	Organisation für wirtschaftliche Zusammenarbeit und Entwicklung
UN	United Nations
UNESCO	United Nations Educational, Scientific and Cultural Organization

1 Einleitung

Im indischen Erwachsenenbildungsdiskurs findet sich Empowerment als häufig benanntes Ziel (VIDYA Education for the Less Privileged, 2017; Participatory Research in Asia, 2010). Dieses steht in Zusammenhang mit dem Diskurs um Grundbildung und insbesondere der Grundbildung von Erwachsenen die seit der Unabhängigkeit Indiens in Anlehnung an das Indian Ministry of Human Resource Development (2008, S. 6ff.) durch viele Maßnahmen über Jahrzehnte unterstützt wird. Einzuordnen ist diese Frage in die Diskussion um die soziale Benachteiligung. Diese betrifft u.a. Personen, die nicht Lesen und Schreiben können. Manche Erwachsenenbildungsangebote in Indien wie z.B. *VIDYA Education for the Less Privileged* (2017) und *Participatory Research in Asia* (2010) haben das Ziel, Frauen aus benachteiligten Gruppen zu stärken, sodass sie ihre Lebenswelt selbst gestalten und ihr Handeln selbst steuern können. In diesen wird das Konzept Empowerment aufgegriffen. Empowerment kann als ein Ziel von Erwachsenenbildungsangeboten verstanden werden, welche die Stärkung von Teilnehmenden anstreben. Auch im deutschsprachigen Raum findet sich seit einige Jahren das Empowerment-Konzept in unterschiedlichen Disziplinen und Kontexten. In der deutschsprachigen Erwachsenenbildungsforschung erfährt Empowerment u.a. von Schäffter (2014) und Faulstich-Wieland (2018) eine erste Aufmerksamkeit. Dies deutet darauf hin, dass in der deutschsprachigen Erwachsenenbildung ein Bedarf besteht, auf den Empowerment als Annäherung an eine Antwort verstanden werden kann. Die Beobachtung, dass das Empowerment in der Erwachsenenbildung an Bedeutung gewinnt, ist die Ausgangslage der vorliegenden Studie. Dies frägt danach, welche Bedeutung Erwachsenenbildung in einer Gesellschaft hat, die sich gegen die soziale Benachteiligung richtet. Das Forschungsinteresse der vorliegenden Studie intendiert ein besseres Verständnis über gesellschaftliche Funktionen von Erwachsenenbildung zu erlangen. Sie untersucht das Konzept Empowerment als ein Ziel von Erwachsenenbildungsangeboten und verortet dies in Anlehnung an Bronfenbrenner (1981) auf der *Mikro-*, *Meso-* und *Makro-*Ebene. Methodisch arbeitet die Studie mit Expert/inn/en-Interviews, die mit Mitarbeitenden in indischen Erwachsenenbildungseinrichtungen geführt wurden. Die Betrachtung aus Perspektive der deutschsprachigen Erwachsenenbildung soll zu einem gegenseitigen Austausch und Verstehen von Erwachsenenbildung in der deutschsprachigen und der indischen Gesellschaft beitragen.

Die zentrale Forschungsfrage frägt nach dem Beitrag von Erwachsenenbildung zum Empowerment von Personen aus benachteiligten sozialen Gruppen in einer Gesellschaft. Grundlegend ist die Annahme, dass Erwachsenenbildung mit der Zielkategorie Empowerment einen Beitrag leistet, damit die Teilnehmenden von Erwachsenenbildung darin bestärkt werden ihr Handeln möglichst selbstgesteuert zu gestalten. In der indischen Erwachsenenbildung wird z.B. von Kaul und Dale (2012) das Empowerment von Frauen aus benachteiligten sozialen Gruppen diskutiert. Anhand dieser Zielgruppe soll ein Beitrag zur Beantwortung der Frage nach dem Beitrag von Erwachsenenbildung zum Empowerment von Frauen aus benachteiligten sozialen Gruppen geleistet werden.

> **Zentrale Forschungsfrage:**
> **Wie kann Erwachsenenbildung in Indien dazu beitragen, dass Frauen aus benachteiligten sozialen Gruppen ihre Lebenswelt selbst gestalten und ihr Handeln selbst steuern können?**

Im Anschluss an die zentrale Fragestellung wird Empowerment aus zwei weiteren Perspektiven analysiert: Diese sind die Perspektive der deutschsprachigen Erwachsenenbildung und die gesellschaftskritische Perspektive. Erstere soll einen Beitrag zur Beantwortung der Frage leisten, inwiefern das Konzept an die Forschung in der deutschsprachigen Erwachsenenbildung[1] anschließen kann. Die erste übergeordnete Fragestellung aus Perspektive der deutschsprachigen Erwachsenenbildung lautet:

> **Perspektive der deutschsprachigen Erwachsenenbildung:**
> **Wo finden sich Anschlüsse von Empowerment als Zielkategorie an Erwachsenenbildung im deutschsprachigen Raum?**

Im nächsten Schritt wird Empowerment als ein Ziel von Erwachsenenbildung aus gesellschaftskritischer Perspektive untersucht. Vor dem Hintergrund von Individualisierungsprozessen verdeutlicht das Konzept, dass Selbststeuerung einen zentralen gesellschaftlichen Wert darstellt, zu dem Erwachsenenbildung beitragen kann. Erwachsenenbildung trägt dazu bei, dass sich Personen aus ihrer sozialen Eingebundenheit in traditionell geprägte Gesellschaftsstrukturen lösen. Dies geht mit Individualisierungsprozessen und einem sozialen Wandel einher und ist in Anlehnung an Foucault (1994) damit verbunden, dass sich gesellschaftliche Kontrollinstanzen verändern. Wohingegen die Kontrollinstanzen in traditionellen Gesellschaftsstrukturen sichtbar sind, wird das Handeln von Personen in einer individualisierten Gesellschaft verborgen kontrolliert. Nach Pongratz (2010) geschieht die gesellschaftliche Kontrolle dadurch, dass Selbststeuerung einen zentralen gesellschaftlichen Wert darstellt, den Personen als ihre persönliche Motivation verstehen. Sie kontrollieren ihr Handeln selbst und richten es an gesellschaftlichen Anforderungen aus (vgl. ebd., S. 154). Die zweite übergeordnete Fragestellung aus gesellschaftskritischer Perspektive lautet damit:

> **Gesellschaftskritische Perspektive:**
> **Wie wird Erwachsenenbildung durch das Konzept Empowerment zum Erreichen gesellschaftlicher Anforderungen instrumentalisiert?**

Zur Bearbeitung der Forschungsfrage werden in Kapitel 2 theoretische Grundlagen zum Empowerment-Konzept in der Erwachsenenbildung analysiert. Dazu werden zunächst Ursprünge von Empowerment analysiert, die in sozialen Bewegungen gegen Benachteiligung zu finden sind. Empowerment wird zunächst auf Ebene der persönlichen Lebenswelt betrachtet und in einem weiteren Schritt aus gesellschaftskritischer Perspektive im Kontext von Individualisierungsprozessen u.a. nach Beck und Beck-Gernsheim (1994) analysiert.

---

[1] Der deutschsprachige Raum besteht aus den Ländern, in denen vorwiegend Deutsch gesprochen wird. Diese sind Deutschland, Österreich, ein Teil der Schweiz und Liechtenstein.

Abschließend werden Anforderungen an Erwachsenenbildung analysiert, die dazu beitragen sollen, dass Teilnehmende ihr Handeln selbst steuern. Der theoretische Teil der Studie endet mit der Erstellung eines theoretischen Modells, das die Grundlage für die empirische Studie darstellt. Die gesellschaftskritische Perspektive ist im theoretischen Modell nicht berücksichtigt und wird in der Diskussion der zweiten übergeordneten Forschungsfrage aufgegriffen. Abb. 1 zeigt eine Übersicht über die Inhalte des theoretischen Teils:

Abbildung 1: Übersicht über den theoretischen Teil der Studie

Theoretischer Teil: Empowerment und Erwachsenenbildung			
Entwicklung des Konzepts im Kontext sozialer Benachteiligung	Empowerment in der persönlichen Lebenswelt von Teilnehmenden	Empowerment zur Selbststeuerung von Teilnehmenden als Zwischenschritt zu Lebenslangem Lernen	Gestaltung von Erwachsenenbildung und Anschlussfähigkeit von Empowerment an Erwachsenenbildung im deutschsprachigen Raum
Zentrale Forschungsfrage		Gesellschaftskritische Perspektive	Perspektive der deutschsprachigen Erwachsenenbildung

Quelle: Eigene Darstellung

Der Analyse der Interviews in Kapitel 4 differenziert zentrale Bereiche, die zum Empowerment von Frauen in Indien beitragen. Die persönliche Lebenswelt von Frauen aus benachteiligten sozialen Gruppen in Indien stellt die Ausgangslage für Erwachsenenbildungsangebote dar, die deren Empowerment zum Ziel haben. Die Analyse zeigt, dass Erwachsenenbildung dazu beitragen kann, dass die Teilnehmenden ihre persönliche Lebenswelt und ihre eigene Benachteiligung besser verstehen. Erwachsenenbildung macht bei den Teilnehmenden Verstehens- und Artikulationsprozesse möglich. Die Prozesse können Schritt für Schritt zu einer Veränderung im Handeln der Teilnehmenden beitragen. Die Veränderung kann wiederum einen Beitrag zu einem sozialen Wandel leisten (Abb. 2).

Abbildung 2: Übersicht über den empirischen Teil der Studie

Analyse der Interviewdaten: Empowerment von Frauen aus benachteiligten sozialen Gruppen in Indien			
Zur persönlichen Lebenswelt der Teilnehmenden	Gestaltung von Erwachsenenbildung	Verstehens- und Artikulationsprozesse	Selbststeuerung und sozialer Wandel

Quelle: Eigene Darstellung

Abschließend erfolgt in Kapitel 5 eine Diskussion der Erkenntnisse des theoretischen und des empirischen Teils. In diesem wird analysiert, inwiefern das Konzept Empowerment zum Erreichen von gesellschaftlichen Anforderungen instrumentalisiert werden kann.

In Anlehnung an die zentrale Fragestellung und die beiden übergeordneten Fragestellungen wird Empowerment als ein Ziel von Erwachsenenbildung diskutiert. Abb. 3 zeigt eine Übersicht über den Diskussionsteil der Studie, in dem Erwachsenenbildung vor dem

Hintergrund eines sozialen Wandels analysiert wird. Zunächst wird der Beitrag von Erwachsenenbildung zum Empowerment von Frauen aus benachteiligten sozialen Gruppen in Indien analysiert. Auf Grundlage der Erkenntnisse wird die Anschlussfähigkeit von Empowerment an Erwachsenenbildungsforschung im deutschsprachigen Raum untersucht. In einem weiteren Schritt wird Empowerment aus gesellschaftskritischer Perspektive diskutiert.

Abbildung 3: Übersicht über den Diskussionsteil der Studie

Diskussion: Sozialer Wandel und Erwachsenenbildung		
Empowerment als ein Ziel von Erwachsenenbildung	Zur Anschlussfähigkeit an Erwachsenenbildung im deutschsprachigen Raum	Erwachsenenbildung, Empowerment und sozialer Wandel
Zentrale Forschungsfrage	Perspektive der deutschsprachigen Erwachsenenbildung	Gesellschaftskritische Perspektive

Quelle: Eigene Darstellung

Abschließend folgt ein Fazit (Kap. 6). Um ein möglichst breites Verständnis des Konzepts Empowerment zu ermöglichen, soll der Untersuchungsgegenstand möglichst unvoreingenommen betrachtet werden. Das Bildungsverständnis ist dem explorativen Forschungsdesign entsprechend weit gefasst. Bildung wird als reziproker Verstehens- und Veränderungsprozess verstanden. Die Aneignung von Wissen und Fähigkeiten und das Verstehen ihrer persönlichen Lebenswelt, trägt dazu bei, dass Personen diese aktiv gestalten. Die aktive Gestaltung geht mit einer Veränderung ihres Handelns einher. Die Studie zum Beitrag von Erwachsenenbildung zu solchen Veränderungen erfolgt anhand der indischen Erwachsenenbildung aus Perspektive der deutschsprachigen Erwachsenenbildung. Nach der Definition des Deutschen Bildungsrats (1970) wird diese als „Fortsetzung oder Wiederaufnahme organisierten Lernens nach Abschluss einer unterschiedlich ausgedehnten ersten Bildungsphase" (S. 197) verstanden. Die erste Bildungsphase meint eine schulische oder berufliche Ausbildung innerhalb des formalen Bildungssystems. Innerhalb von Bildungsangeboten wird nach der EU-Kommission (2000) formales, non-formales und informelles Lernen unterschieden. Formales Lernen meint Lernen, dass staatlich anerkannt wird. Dieses findet z.B. in der Schule oder in Ausbildungen statt. Non-formales *Lernen* meint Lernen, dass nicht mit Zeugnissen oder staatlich anerkannten Abschlüssen zertifiziert wird. Bei Erwachsenenbildungsangeboten handelt es sich meist um non-formales Lernen, das nicht zum formalen Bildungssystem gehört. Dazu zählen z.B. eine schulische und universitäre Ausbildung. Informelles Lernen meint Lernen am Arbeitsplatz oder in der Freizeit, das weniger geplant und strukturiert ist (vgl. ebd., S. 9f.). Diese Studie beschäftigt sich mit Erwachsenenbildung, die vor allem im non-formalen Bereich stattfindet. Beispiele dafür sind Alphabetisierungskurse, berufliche oder allgemeine Erwachsenenbildung. Erwachsenenbildung kann Themen wie kreatives Gestalten oder den Erwerb von PC-Kenntnissen zum Ziel haben und damit unterschiedliche Interessen thematisieren. Die Ziele werden durch den Träger konzipiert und durch die Mitarbeitenden umgesetzt und gestaltet. Träger sind z.B. kirchliche und politische Einrichtungen oder Unternehmen. In der englischsprachigen Diskussion in Indien wird für Erwachsenenbildung häufig der Begriff *adult education* verwendet. Zum Teil werden die Begriffe *continuing education* und *extension* verwendet. In der Studie wird den Begriff *Erwachsenenbildung* verwendet, der eine sprachliche Nähe zu dem englischen Begriff adult education ermöglicht. Der Studie liegt ein weit gefasstes Verständnis von Bildung und Erwachsenenbildung zugrunde, was im explorativen Charakter der Studie begründet ist. Das weit gefasste Begriffsverständnis soll dazu beitragen, dem Untersuchungsgegenstand möglichst offen zu begegnen. Dem Verständnis von Erwachsenenbildung in Indien und dem Konzept Empowerment wird ein möglichst großer Raum eingeräumt.

2 Theoretische Grundlagen: Empowerment und Erwachsenenbildung

Dieses Kapitel untersucht Empowerment und analysiert es als ein Ziel von Erwachsenenbildung. Ein Ziel von Empowerment ist, dass Teilnehmende aus benachteiligten sozialen Gruppen, wie Frauen aus registrierten Kasten und Stämmen in Indien, ihre Lebenswelt und ihr Handeln möglichst selbstgesteuert gestalten. Dazu trägt bei, dass sie ihre persönliche Lebenswelt, die eigene Benachteiligung und Gründe dafür besser verstehen. Damit geht die Frage einher, inwiefern die Privilegien und die Benachteiligung von sozialen Gruppen in traditionell geprägte Gesellschaftsstrukturen eingebunden sind. In Individualisierungsprozessen ist in Anlehnung an Pongratz (2010) zentral, dass Personen ihr Handeln selbst steuern und ihre persönliche Lebenswelt selbst gestalten (S. 133). Um die sich dafür notwendigen Befähigungen anzueignen, müssen die Teilnehmenden ihre persönliche Lebenswelt und die eigene Benachteiligung verstehen und im Austausch mit anderen artikulieren können. Sie sollen verstehen, dass alle Personen gleichberechtigt sein können und dass in einer individualisierten Gesellschaft soziale Zugehörigkeit sozial ausgehandelt werden kann. Mit sozialem Wandel geht nach Beck (2015) einher, dass traditionelle Gesellschaftsstrukturen hinterfragt werden. Diese Studie analysiert, inwiefern das Konzept damit einhergehend an Bedeutung gewinnt. In Bezug auf Erwachsenenbildung wird der Paradigmenwechsel im Begriff Lebenslangen Lernens (engl. *lifelong learning*) deutlich, der in Anlehnung an Wildemeersch und Salling Olesen (2012) und Klingovsky (2017) vermehrt in Erwachsenenbildungsdiskursen und von bildungspolitischen Akteuren verwendet wird. Mit dem Begriff *Lernen* wird auf individuelle Lernprozesse verwiesen, die Erwachsenenbildung ermöglicht. Davon unterscheidet sich in Anlehnung an Barros (2012) der Begriff (*lifelong) education*, der auf die staatliche und gesellschaftliche Verantwortlichkeit von Erwachsenenbildungsangeboten hinweist (vgl. ebd., S. 120, Milana, 2012, S. 104f., Geiss, 2017, S. 215). Demzufolge impliziert das Paradigma Lebenslangen Lernens die Individualisierung einer Gesellschaft. In Anlehnung an Kade (1989) verändert sich Angebotsstruktur von Erwachsenenbildung und richtet sich flexibel an den Bedarfen von möglichen Teilnehmenden aus (vgl. ebd., S. 800). Diese bietet den Teilnehmenden den Raum und die Zeit, sich selbst Wissen und Fähigkeiten anzueignen. Der Austausch in Gruppen kann dazu beitragen, dass die Teilnehmenden über ihre persönliche Lebenswelt nachdenken. Dazu zählen persönliche Bedarfe und Probleme, die sich in Familie, Wohnraum, Freizeit, Freunde, Erwerbstätigkeit, soziales Engagement zeigen. Teilnehmende können lernen, in ihrer persönlichen Lebenswelt dem Paradigma der Selbststeuerung zu folgen und ihr Lernen und ihr Handeln selbst zu gestalten. Die Lebenswelt kann von traditionell geprägter Benachteiligung gekennzeichnet sein.

Benachteiligung und Privilegien zeigen sich in sozialen Praktiken wie z.B. in Traditionen, Kleidung und im Austausch und kann von außen beobachtet werden. Nach Bourdieu (1987) kann sich die soziale Benachteiligung einer Person in ihrem Habitus zeigen und von anderen beobachtet werden. Der Habitus einer Person ist durch ihr symbolisches Kapital geprägt, das sich in ihrem Prestige zeigt. Dies impliziert, inwiefern eine Person von anderen

Personen einer Gesellschaft als privilegiert gesehen werden. Zum Habitus zählen u.a. Geschmack, Mimik und Gestik, Kleidungsstil und das Handeln einer Person (vgl. ebd., S. 277ff., S. 322ff., Bourdieu, 1983, S. 188).

Das Konzept Empowerment wird in sozialen Bewegungen thematisiert, die ihre soziale Zugehörigkeit aushandeln und gegen Benachteiligung angehen (Kap. 2.1). Eine erste Analyse widmet sich dem Empowerment von Teilnehmenden von Erwachsenenbildung, das sich in Befähigungsbereichen ihrer persönlichen Lebenswelt zeigt (Kap. 2.2). Empowerment wird aus gesellschaftskritischer Betrachtung vor dem Hintergrund von Individualisierungsprozessen nach Beck und Beck-Gernsheim (1994) verstanden (Kap. 2.3). Die Gestaltung von Erwachsenenbildung kann zum Empowerment von Teilnehmenden beitragen. Diese wird aus Perspektive der deutschsprachigen Erwachsenenbildung erarbeitet (Kap. 2.4). Die Erkenntnisse des theoretischen Teils werden in einem theoretischen Modell zusammengefasst (Kap. 2.5). In dem Modell wird die gesellschaftskritische Perspektive (*Makro*-Ebene) nicht berücksichtigt. Der Beitrag von Erwachsenenbildung (*Meso*-Ebene) zum Empowerment von Teilnehmenden wird empirisch untersucht, wobei sich Empowerment in deren persönlicher Lebenswelt (*Mikro*-Ebene) zeigt. In einem weiteren Schritt werden die Erkenntnisse aus gesellschaftskritischer Perspektive analysiert.

2.1 Zur Entwicklung des Konzepts im Kontext sozialer Benachteiligung

Empowerment hat sich in Kontexten entwickelt, in denen es Bewegungen gegen Benachteiligung gegeben hat. Freire (1971) entwickelt in den 1970er Jahren eine Pädagogik, die von sozialen Bewegungen, die ihre soziale Zugehörigkeit aushandeln und gegen Benachteiligung angehen, aufgegriffen wurde (Kap. 2.1.1). Ein Kontext von Empowerment in Indien ist die Benachteiligung von Frauen aus benachteiligten sozialen Gruppen. Diese Studie betrachtet die Zielgruppe von Frauen, die zu registrierten Kasten und Stämmen gehören und aufgrund ihres Geschlechts und aufgrund ihrer Zugehörigkeit zu einer benachteiligten sozialen Gruppe benachteiligt werden (Kap. 2.1.2). Als ein Ziel von Erwachsenenbildung wird Empowerment von anderen Disziplinen wie Medizin und Sozialer Arbeit abgegrenzt (Kap. 2.1.3).

2.1.1 Ursprünge in sozialen Bewegungen gegen Benachteiligung

In Bezug zur Erwachsenenbildung zeigen sich drei zentrale Ursprünge von Empowerment. Erste Grundlagen sind bei Freire (1971) zu finden. Empowerment wurde von mehreren sozialen Bewegungen wie Frauen- und Bürgerrechtsbewegungen aufgegriffen. Nach Stromquist (2015) ist Empowerment als soziale Bewegung im Kontext eines sozialen Wandels einer Gesellschaft zu verorten (vgl. S. 319). In dieser handeln Personen aus privilegierten und benachteiligten soziale Gruppen ihre soziale Zugehörigkeit aus.

Das Konzept wird in der internationalen Entwicklungszusammenarbeit diskutiert. Bildungspolitische Akteure wie die UNESCO implementieren internationale Erwachsenenbildungsprogramme, die das Empowerment der Teilnehmenden[2] zum Ziel haben.

2.1.1.1 Erwachsenenbildung und Benachteiligung bei Freire

In Anlehnung an den brasilianischen Pädagogen Freire (1921-1997) kann der gleichberechtigte Austausch als zentrales Kennzeichen von Erwachsenenbildung im Kontext von Benachteiligung verstanden werden. Freire hat sich in den 1970er Jahren mit der Vermittlung von Grundbildung beschäftigt. Die Zielgruppe von Erwachsenenbildung waren Personen in Brasilien, die nicht Lesen und Schreiben konnten. Freires Konzept der Pädagogik der Unterdrückten (1971) erlangte in Kontexten von Erwachsenenbildung und sozialer Benachteiligung in Anlehnung an Friesenbichler (2007) international hohe Bedeutung (vgl. ebd. 1f.). Shor und Freire (1987) verstehen Empowerment als eine soziale Praxis (vgl. ebd. S. 108, vgl. Archibald & Wilson, 2011). Freires Vorstellung einer Pädagogik der Unterdrückten weist klare Parallelen zum Empowerment auf. Das Konzept wurde Mitte des 20. Jahrhunderts von sozialen Bewegungen aufgegriffen, die einen sozialen Wandel anstreben und gegen Benachteiligung angehen. Für die Einbettung von Empowerment als einem Ziel von Erwachsenenbildung sind Freires Ideen zentral. Die Volkshochschule Linz bezieht sich nach Muckenhuber (2007) in ihrem Bildungsverständnis auf Empowerment, dass sie die „Stärkung der Persönlichkeit/der persönlichen Ressourcen" (S. 4) der Teilnehmenden anstrebt. Dies weist auf die Bedeutung des Paradigmas der Selbststeuerung in einer individualisierten Gesellschaft hin. Erwachsenenbildung kommt nach Klingovsky (2017) die Aufgabe zu, die neue gesellschaftliche Steuerung, die als Selbststeuerung bezeichnet wird, zu unterstützen. Erwachsenenbildung kann die Rahmenbedingungen dafür bereitstellen, dass sich Teilnehmende Wissen und Fähigkeiten aneignen. Dies kann sie befähigen, ihre persönliche Lebenswelt selbst zu gestalten und die gesellschaftliche Anforderung zur Selbststeuerung zu bewältigen (vgl. ebd., S. 40ff.).

Freire (1971) beobachtete, dass einige Personen aus benachteiligten sozialen Gruppen ihre Benachteiligung akzeptieren ohne aktiv dagegen anzugehen. Dies stellt die Ausgangslage für Freires Konzept von Erwachsenenbildung dar, das sich von traditionellen Vorstellungen unterscheidet. Traditionell geprägte Angebote richten sich an dem *Bankiers*-Konzept nach Freire (1971) aus. In dem Konzept werden die Lehrenden als privilegierte Gruppe, die über Wissen verfügt, verstanden. Die Teilnehmenden werden als benachteiligte Gruppe, die sich dieses Wissen aneignet, verstanden (vgl. ebd., S. 74f.). Wohingegen in traditionellen

---

[2] Im Folgenden wird in den meisten Fällen der Begriff Teilnehmende verwendet. Insofern das Geschlecht der Teilnehmenden relevant ist, werden die Begriffe Teilnehmerinnen und Teilnehmer verwendet. Gleichzeitig beziehen sich die Ergebnisse der Studie primär auf Frauen als Teilnehmerinnen von Erwachsenenbildung. Dies ist darin begründet, dass die Erkenntnisse allgemein auf Teilnehmende bezogen werden sollen, die aufgrund ihrer sozialen Zugehörigkeit in einer Gesellschaft benachteiligt werden. Zudem berichteten die Expert/inn/en über ihre Erfahrungen in der Erwachsenenbildung. Obwohl das Interview Frauen als Teilnehmerinnen fokussierte, wurde von Erfahrungen in Erwachsenenbildungen berichtet, an denen zum Teil auch Männer teilnahmen. Des Weiteren wurden von den Expert/inn/en und in der theoretischen Analyse Erkenntnisse über Erwachsenenbildung erörtert, die Frauen und Männer betreffen.

Angeboten Lehrende und Lernende klar unterschieden werden, geht es Freire um einen Dialog auf Augenhöhe. Die Lehrenden werden weniger als Lehrende *per se*, sondern als Mitarbeitende verstanden, die gemeinsam mit den Teilnehmenden lernen. Mitarbeitende und Teilnehmende sollen voneinander lernen. Die traditionelle Aufteilung, in der die Lehrenden Wissen vermitteln, das durch einen Lehrplan bestimmt und das sich die Lernenden aneignen, wird aufgehoben. Nach Freire (1971) geht es darum, dass Mitarbeitende und Teilnehmende gemeinsam überlegen, welches Wissen letztere benötigen. Erwachsenenbildung, die gemeinsam gestaltet wird, richtet sich an der persönlichen Lebenswelt der Teilnehmenden aus. Mitarbeitende und Teilnehmende sollen die Gründe dafür verstehen, warum Personen in einer Gesellschaft benachteiligt werden. Diese liegen nach Freire darin, dass eine traditionell geprägte Gesellschaft in benachteiligte und privilegierte soziale Gruppen aufgeteilt ist (vgl. ebd., S. 84ff.). Tab. 1 zeigt eine Übersicht zum Verständnis von Mitarbeitenden, Teilnehmenden und Wissen in traditionell geprägter Erwachsenenbildung und in Erwachsenenbildung mit dem Ziel Empowerment.

Tabelle 1: Erwachsenenbildung, Tradition und Empowerment

	Traditionell geprägte Erwachsenenbildung	Erwachsenenbildung mit dem Ziel Empowerment
Verständnis von Mitarbeitenden und Teilnehmenden	Mitarbeitende als privilegierte und Teilnehmende als benachteiligte soziale Gruppe (Freire, 1971, S. 74ff.)	Austausch auf Augenhöhe (ebd., S. 84ff.)
Verständnis von Wissen	Vermittlung von Wissen, das durch Lehrpläne vorgeben ist, durch Mitarbeitende an die Teilnehmenden (ebd., S. 74ff.)	Gemeinsames Verstehen der Lebenswelt der Teilnehmenden (ebd., S. 84ff.)

Quelle: Eigene Darstellung

Freires Konzept der *Pädagogik der Unterdrückten* (1971) stellt eine Grundlage für Empowerment in der Erwachsenenbildung dar. Ein zentrales Anliegen von Freire ist, dass die Teilnehmenden aus benachteiligten sozialen Gruppen verstehen, dass sie gleichberechtigt zu Mitarbeitenden sind und die Lerninhalte selbst mitbestimmen können. Die Teilnehmenden sollen nach Freire (1971) ihre persönliche Lebenswelt besser verstehen. Dadurch, dass sie sich selbst aktiv einbringen, können sie in Anlehnung an Bandura (1994) eine Überzeugung ihrer eigenen Selbstwirksamkeit entwickeln. Zudem können sie verstehen, dass sie mit ihrem Handeln etwas bewirken können (vgl. S. 8). Ein zentraler Punkt ist, dass die Teilnehmenden neue Beziehungserfahrungen machen und das Gefühl der Zugehörigkeit haben. Je mehr Wissen sich die Teilnehmenden aneignen und je aktiver sie gegen ihre Benachteiligung angehen, desto stärker ist nach Archibald und Wilson (2011) ihr Empowerment (vgl. S. 24).

2.1.1.2 Empowerment als soziale Bewegung in einer Gesellschaft

Empowerment wurde von mehreren sozialen Bewegungen aufgegriffen, die gegen Benachteiligung angegangen sind. Diese Bewegungen entstehen in einer traditionell geprägten Gesellschaft, in der es benachteiligte und privilegierte soziale Gruppen gibt. Zunächst sollen die zentralen Begriffe der Studie differenziert werden und das Verständnis über den Aufbau einer Gesellschaft erörtert werden, das der empirischen Studie zugrunde liegt. Damit geht die Frage danach einher, wie sich in einer Gesellschaft soziale Gruppen bilden. In der Studie soll ein Beitrag zur Beantwortung der Frage geleistet werden, wie sich die Gesellschaft im deutschsprachigen Raum und die Gesellschaft in Indien durch einen sozialen Wandel verändern und welche gesellschaftliche Funktion Erwachsenenbildung einnimmt. Es wird ein Beitrag zur Beantwortung der Frage geleistet, welche gesellschaftliche Funktion Erwachsenenbildung in traditionell geprägten Gesellschaftsstrukturen und in einer individualisierten Gesellschaft einnimmt. Dafür ist u.a. in Anlehnung an Bremer (2010) die Annahme grundlegend, dass es in einer Gesellschaft mehrere soziale Gruppen gibt. Die sozialen Gruppen verfügen in unterschiedlichem Umfang über soziale Zugehörigkeit und unterscheiden sich von anderen sozialen Gruppen (vgl. ebd.). Als eine Gesellschaft wird wie Abb. 4 zeigt eine Gruppe von Personen verstanden, die in einem Land oder in einem größeren räumlichen Bereich lebt. So wird in dieser Studie das Empowerment durch Erwachsenenbildung in der indischen Gesellschaft und in der Gesellschaft im deutschsprachigen Raum analysiert.

Abbildung 4: Gesellschaften und soziale Gruppen

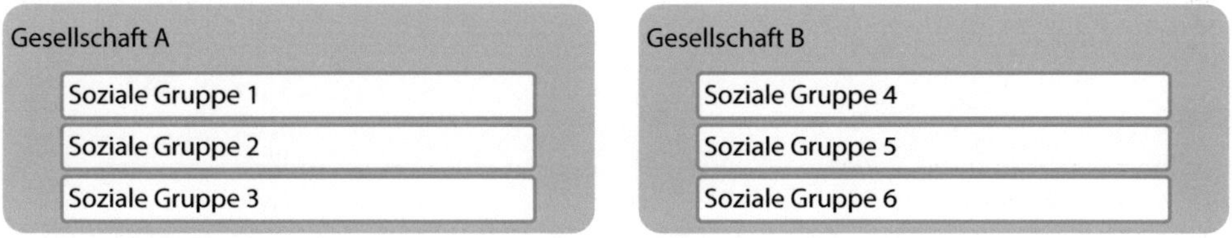

Gesellschaft A	Gesellschaft B
Soziale Gruppe 1	Soziale Gruppe 4
Soziale Gruppe 2	Soziale Gruppe 5
Soziale Gruppe 3	Soziale Gruppe 6

Quelle: Eigene Darstellung

Abb. 4 zeigt den Aufbau von zwei Gesellschaften exemplarisch auf, in welchen sich jeweils mehrere soziale Gruppen befinden. Das Empowerment von Personen kann vor dem Hintergrund von sozialen Bewegungen verstanden werden. In diesen schließen sich Personen zusammen und gehen gemeinsam gegen ihre Benachteiligung an. Gemeinschaften kommt in dem sozialen Wandel zu einer individualisierten Gesellschaft eine zentrale gesellschaftliche Funktion zu. Sie kann nach Kade (1989) in der Erwachsenenbildung entstehen. Die Gemeinschaft kann als Ausgleich zu den gesellschaftlichen Anforderungen dienen und zur Stärkung der Teilnehmenden beitragen (vgl. ebd., S. 798). Gemeinschaften ermöglichen Personen, dass sie untereinander Wissen austauschen und sich gegenseitig stärken. Dies trägt dazu bei, dass sie die gesellschaftlichen Anforderungen, die in dem sozialen Wandel an sie gerichtet werden, bewältigen können. In einer Gesellschaft sind die sozialen Gruppen in unterschiedlichem Umfang privilegiert oder benachteiligt. Im Folgenden werden die Begriffe *Benachteiligung* und *Ausgrenzung* differenziert, wobei Benachteiligung nach Brüning, Lindmeier und Pehl (2001) eine „Vorstufe" (S. 8) von Ausgrenzung darstellt. Beck und Beck-Gernsheim (1994) und Beck (2015) haben gezeigt, dass die traditionell geprägte soziale Aufteilung einer Gesellschaft in privilegierte und benachteiligte soziale Gruppen an Bedeutung verliert. Mit dem sozialen Wandel geht nach Giddens (2012, S. 38) einher, dass Strukturen durchlässiger werden und dass Traditionen an Bedeutung verlieren. Dies ist daran zu beobachten, dass Personen aus bislang benachteiligten sozialen Gruppen ihre soziale

Zugehörigkeit aushandeln. In einer individualisierten Gesellschaft wird soziale Zugehörigkeit in Anlehnung an Schreiber-Barsch und Fawcett (2017) in sozialen Aushandlungsprozessen ausgehandelt (vgl. S. 316). Tab. 2 zeigt Zugehörigkeit, Benachteiligung und Ausgrenzung in traditionell geprägten Gesellschaftsstrukturen, in einem sozialen Wandel und in einer individualisierten Gesellschaft:

Tabelle 2: Zugehörigkeit, Benachteiligung und Ausgrenzung

	Soziale Zugehörigkeit	Soziale Benachteiligung	Soziale Ausgrenzung
Traditionell geprägte Gesellschaftsstrukturen	Höhere soziale Zugehörigkeit von privilegierten sozialen Gruppen	Niedrigere soziale Zugehörigkeit von benachteiligten sozialen Gruppen	Ausgrenzung bei Handeln, das nicht konform zu Gesetzen und Traditionen ist
Sozialer Wandel	Strukturen werden durchlässiger		
Eine individualisierte Gesellschaft	Soziale Aushandlungsprozesse, in denen Personen ihre soziale Zugehörigkeit aushandeln		

Quelle: Eigene Darstellung

Tab. 2 differenziert soziale Zugehörigkeit, soziale Benachteiligung und soziale Ausgrenzung. In traditionellen Gesellschaftsstrukturen ist nach Freire (1971) die Aufteilung einer Gesellschaft in benachteiligte und in privilegierte soziale Gruppen zentral (S. 74ff.). Personen aus benachteiligten sozialen Gruppen verfügen in einer traditionellen Gesellschaft über eine niedrigere soziale Zugehörigkeit als Personen aus privilegierten sozialen Gruppen. Wenn sich Personen nicht an den traditionellen Gesellschaftsstrukturen orientieren, droht ihnen nach Foucault (1994) soziale Ausgrenzung (z.B. durch eine Haftstrafe oder eine psychiatrische Zwangseinweisung). Im sozialen Wandel werden die traditionellen Gesellschaftsstrukturen durchlässiger. Soziale Zugehörigkeit kann einhergehend mit Individualisierungsprozessen zunehmend ausgehandelt werden. Diese sozialen Aushandlungsprozesse sind in einer individualisierten Gesellschaft zentral. Indem sie sich selbst Wissen und Fähigkeiten aneignen, können Personen dazu befähigt werden, die gesellschaftlichen Anforderungen einer individualisierten Gesellschaft zu bewältigen. Benachteiligung kann sich in mehreren Bereichen zeigen. Dazu zählen Erwerbstätigkeit, Familie, Finanzen und Politik. Benachteiligung und Ausgrenzung können sich räumlich zeigen, wenn bestimmte soziale Gruppen in einem bestimmten Stadtteil oder in einer bestimmten Region leben. Nach Brüning et al. (2001) unterliegen sie einer „Gettoisierung" (S. 25). Bestimmte Stadtviertel oder Regionen sind dafür bekannt, dass v.a. Personen einer sozialen Gruppe dort leben. Die Benachteiligung von sozialen Gruppen, die eine Zielgruppe von Erwachsenenbildung darstellen, ergibt sich aufgrund ihrer Zugehörigkeit zu persönlichen und sozialen Kategorien. In Anlehnung an Crenshaw (1991) sowie an Degele und Winker (2010) können sich Erfahrungen von Benachteiligung wechselseitig prägen. Personen sind durch ihre bisherigen Erfahrungen geprägt. Die Benachteiligung von einzelnen Zielgruppen ergibt sich aus Wechselwirkungen von persönlichen und sozialen Kategorien. Dazu zählen persönliche Erfahrungen sowie gesellschaftliche und politische Bedingungen. Die Erfahrungen und die Bedingungen prägen die Bereitschaft und die Motivation von Personen zur Teilnahme an Erwachsenenbildung. Aus bildungspolitischer Perspektive liegen die Ursachen für Benachteiligung nach Brüning et al. (2001) in „Belastungen im Lebensalltag" (S. 10). Die Bereitschaft zur Teilnahme ist durch Bedarfe und Probleme aus der persönlichen Lebenswelt der Teilnehmenden geprägt, die für sie Vorrang haben. Wenn sie zu sozialen Gruppen gehören, die in einer Gesellschaft benachteiligt werden, ist die soziale Zugehörigkeit von Personen eingeschränkt. Dies kann mit einer niedrigen Bereitschaft, an Erwachsenenbildung teilzunehmen, einhergehen (vgl. ebd., S. 7ff.).

Zu den sozialen Bewegungen, die Empowerment aufgriffen haben, zählen nach Bröckling (2003) die Bürgerrechtsbewegung in den USA der 1960er Jahre und die Frauenbewegung der 1970er Jahre. In der Bürgerrechtsbewegung in den USA wurde das Konzept ebenso im Kontext von sozialer Benachteiligung aufgegriffen. Nach Stromquist (1995) verwendete die Frauenbewegung der 1970er Jahre das Konzept. Die Frauen haben sich damals gegen ihre soziale Benachteiligung gewehrt und die gleichen Rechte eingefordert wie Männer (vgl. ebd., S. 13). In der Frauenbewegung hat Empowerment in Anlehnung an Stromquist (2014) neue Perspektiven aufgezeigt. Dazu zählt die Bedeutung einer politischen Strategie, mit der benachteiligte soziale Gruppen gegen ihre Benachteiligung angehen. Eine klar definierte Strategie kann dazu beitragen, dass sich die Personen der benachteiligten sozialen Gruppe zusammenschließen. Eine Strategie kann sie darin unterstützen, dass sie ihre Benachteiligung besser verstehen und gemeinsam gegen diese angehen. Um gegen die soziale Benachteiligung von Frauen anzugehen, sind nach Stromquist (2014) die Artikulation von Zielen und konkreten Strategien sowie die Vernetzung mit anderen Personen, die sich in einer ähnlichen Situation befinden, notwendig. Dies geht mit der Überzeugung von einem gleichberechtigten Austausch und einem Bewusstsein über soziale Benachteiligung einher. Neben einer Reflexion von gesellschaftlichen Strukturen impliziert Empowerment eine Veränderung im Handeln der Teilnehmenden. Die Veränderung zeigt konkrete Auswirkungen in der Lebenswelt. Im Kontext von sozialer Benachteiligung trägt der Austausch von Personen einer sozialen Gruppe dazu bei, dass sie gemeinsam gegen soziale Benachteiligung angehen. Empowerment weist in Anlehnung an Stromquist (2014) einen klaren politischen Bezug auf. Folglich müssen die Frauen Strategien und Zielformulierungen auf einer politischen Ebene artikulieren, um eine Veränderung in einer Gesellschaft zu bewirken. Die soziale Bewegung von Frauen trägt zu einem sozialen Wandel bei. In diesem treten soziale Aushandlungsprozesse und Gleichberechtigung an die Stelle einer Differenzierung einer Gesellschaft in benachteiligte und privilegierte soziale Gruppen (vgl. ebd., S. 556).

Empowerment bezeichnet ein Ziel sozialer Bewegung von Personen aus benachteiligten sozialen Gruppen und kann nach dem *Bottom-Up*-Prinzip erreicht werden. Nach diesem Prinzip initiieren Personen aus benachteiligten sozialen Gruppen einen sozialen Wandel. Nach Campbell (2001) ist das *Bottom-Up-* vom *Top-Down*-Prinzip zu unterscheiden. Nach letzterem tragen politische Entscheidungen von politischen Akteuren zu einem sozialen Wandel bei. Bezogen auf Erwachsenenbildung gestalten die Teilnehmenden nach dem *Bottom-Up*-Prinzip aktiv Lernprozesse. Dagegen zeigt sich *Top-Down*-Prinzip darin, dass diese das Wissen von den Mitarbeitenden aufnehmen und als richtig anerkennen ohne es kritisch zu hinterfragen. Empowerment zählt zum *Bottom-Up*-Prinzip, in welchem sich Personen mehr mit ihrer persönlichen Lebenswelt und mit ihrer Gesellschaft auseinandersetzen und ihre Rechte einfordern. Erwachsenenbildung, die das Empowerment der Teilnehmenden zum Ziel hat, orientiert sich an deren Bedarfen und Problemen. Diese sollen Lerninhalte mitbestimmen und Erwachsenenbildung aktiv mitgestalten (vgl. ebd., S. 60). Wissenschaftliche Grundlagen für Empowerment sind in der US-amerikanischen Gemeindepsychologie zu finden. Eine zentrale Grundlage für die wissenschaftliche Diskussion zu dem Konzept in der Gemeindepsychologie hat der US-amerikanische Psychologe Rappaport (1981) gelegt. Die Gemeindepsychologie beschäftigt sich damit, die Privilegien und Benachteiligung in einer Gesellschaft aus psychologischer Perspektive zu untersuchen. In der Gemeindepsychologie hat Empowerment die Funktion, Personen zu stärken, deren Bedarfe in einer Gesellschaft wenig beachtet werden und die ihre Rechte selbst nicht durchsetzen können. Empowerment soll Personen darin bestärken, ihre Probleme selbst zu lösen und ihre Rechte einzufordern. Dafür ist es notwendig, dass die Mitarbeitenden der jeweiligen Einrichtung ihr Handeln reflektieren. Die Mitarbeitenden sollen nicht als Expert/inn/en für die persönliche Lebenswelt der Teilnehmenden verstanden werden, sondern auf Augenhöhe mit diesen nach Rappaport (1981) als „nonexperts" (S. 21) handeln. Gemeinsam mit ihnen sollen die Mitarbeitenden daran arbeiten, die Bedarfe und Probleme der Teilnehmenden zu verstehen und aktiv anstreben, dass sie ihre Bedarfe und Rechte einfordern (vgl. ebd.).

2.1.1.3 Empowerment als Ziel internationaler Entwicklungszusammenarbeit

Empowerment wurde im Kontext humanistischer Begründungszusammenhänge der internationalen Entwicklungszusammenarbeit verwendet. Die UNESCO stellt einen bildungspolitischen Akteur dar, der zur Verwendung des Konzepts als ein Ziel von Bildungsprogrammen zentrale Beiträge geleistet hat. Empowerment ist als bildungspolitische Strategie zu verstehen, die zum Erreichen humanistisch geprägter politischer Ziele, instrumentalisiert wird. Die UNESCO ist eine Unterorganisation der Vereinten Nationen. Beiden liegen humanistische Grundlagen und Ziele zugrunde, die in der Charta der Vereinten Nationen manifestiert sind, die im Jahr 1945 in Kraft getreten ist. Zentrale Ziele nach Artikel 1 der Charta der Vereinten Nationen sind Frieden, Gleichberechtigung und eine kooperative internationale Zusammenarbeit (vgl. UN Regional Information Centre for Western Europe, o.J., S. 1f., UNESCO, 2019). Die soziale Zugehörigkeit von Personen aus benachteiligten sozialen Gruppen nimmt einen hohen Stellenwert ein. Die Vereinten Nationen (UN) sind eine politische Organisation, die aus 193 Mitgliedsländern besteht, die sich zusammengeschlossen haben. Die Länder schließen untereinander Verträge, gleichzeitig regieren sie eigenverantwortlich. Die zentralen Ziele der Vereinten Nationen sind in Anlehnung an ihre Charta (ebd.) soziale Zugehörigkeit aller Personen, Frieden und Gleichberechtigung. Für diese Ziele setzen sich die Vereinten Nationen im Rahmen der internationalen Entwicklungszusammenarbeit ein. Entwicklungspolitische Programme der Vereinten Nationen richten sich an Länder, die finanzielle oder gesellschaftliche Probleme haben und in denen die Benachteiligung sozialer Gruppen stark ausgeprägt ist. Dies betrifft v.a. Länder, die eine niedrige Grundbildungsrate haben oder in denen Krieg und/oder Armut herrscht. Als Unterorganisation der Vereinten Nationen, die international agiert, widmet sich die UNESCO den Themenfeldern Bildung, Wissenschaft und Kultur. In den teilnehmenden Ländern sollen diese Themenfelder unterstützt werden, um zum Erreichen die übergeordneten humanistischen Ziele der Vereinten Nationen beizutragen. Die UNESCO implementiert Bildungsprogramme innerhalb von internationaler Entwicklungszusammenarbeit, die in den Bereichen Erwachsenenbildung und Schulbildung zu verorten sind. Die Programme werden in Ländern implementiert, in denen ein hoher Teil der Bevölkerung nicht Lesen und Schreiben kann. Wie die ihr übergeordnete Organisation der Vereinten Nationen ist die UNESCO in Anlehnung an die Charta der Vereinten Nationen humanistisch geprägt (vgl. ebd., S. 1f., Schreiber-Barsch & Zeuner, 2007, S. 695, Geiss, 2017, S. 213, Vereinte Nationen, 2000, 2015). Zentrale humanistische Grundlagen der UNESCO sind in zwei Berichten manifestiert. Diese werden in Anlehnung an die Autoren als *Faure-* und *Delors*-Bericht bezeichnet:

- *Learning to be. The world of education today and tomorrow* (Faure et al., 1972)
- *Learning: The Treasure Within* (Delors et al., 1996)

In den Berichten von Faure et al. (1972) und Delors et al. (1996) geht es darum, wie Lernen dazu beiträgt, das Zusammenleben von Personen in einer Gesellschaft zu verbessern. Zentrale Werte, zu denen Lernen beitragen soll, sind eine humanistische Überzeugung des Zusammenlebens von Personen in einer Gesellschaft, eine demokratische Gleichberechtigung und soziale Zugehörigkeit. Als zentraler Aufgabenbereich der UNESCO hat Erwachsenenbildung das Ziel, Personen aus benachteiligten sozialen Gruppen zu stärken und deren Lebenswelt zu verbessern (vgl. ebd.).

Das UNESCO Institut für Lebenslanges Lernen (o.J.) koordiniert und implementiert Bildungsprogramme im Bereich Erwachsenenbildung in den Mitgliedsstaaten der Vereinten Nationen. Im Rahmen seiner Forschungstätigkeit veröffentlicht das Institut Publikationen und richtet internationale Konferenzen aus. In den Publikationen und auf den Konferenzen wird die aktuelle Bedeutung von Erwachsenenbildung in den Mitgliedsländern diskutiert. Die Vertretungen der Mitgliedsländer können ihre Erfahrungen, die sie mit unterschiedlichen Bildungsprogrammen gemacht haben, einbringen. Das Institut schafft einen Raum, der Wissenschaftler/innen und Politiker/innen einen Austausch über Erwachsenenbildung ermöglicht (vgl. ebd., o.J.). Dass Erwachsenenbildung und Lebenslanges Lernen zentrale Schwerpunkte sind, wird an der Umbenennung vom *UNESCO Institut für Pädagogik* in das *UNESCO Institut für Lebenslanges Lernen* (o.J.) im Jahr 2006 deutlich. Das Institut stellt einen bildungspolitischen Akteur dar, der Erwachsenenbildung zum Erreichen humanistischer Ziele – wie v.a. das Recht aller Personen auf Bildung – fördert. Grundbildung nimmt einen wichtigen Stellenwert ein (vgl. ebd.). Davon ist eine Instrumentalisierung von Erwachsenenbildung für ökonomische Begründungszusammenhängen abzugrenzen. Dies wird in humankapitaltheoretischen Ansätzen untersucht, wobei in erster Linie die Beschäftigungsfähigkeit von Personen im Vordergrund steht. Erwachsenenbildung soll in Anlehnung an Zeuner (2009) dazu beitragen, Fähigkeiten von Personen zu stärken und deren Chancen für einen guten Beruf zu verbessern (vgl. S. 309). Das Empowerment von Teilnehmenden bedient humanistische und ökonomische geprägte Begründungszusammenhänge. Selbststeuerung ist ein zentraler gesellschaftlicher Wert, der mit Individualisierungsprozessen einhergeht. Dass Empowerment ein Ziel von humanistisch und ökonomisch geprägten bildungspolitischen Akteuren ist, verdeutlicht die gesellschaftliche Relevanz des Paradigmas Selbststeuerung.

Das UNESCO Institut für Lebenslanges Lernen hat Konferenzen zum Konzept Empowerment ausgerichtet und dazu Publikationen erstellt. Darin wurde von Stromquist (1997, S. 27f.) die Bedeutung von Grundbildung für das Empowerment von Teilnehmenden thematisiert. Wenn diese Lesen und Schreiben lernen, befähigt sie dies nach Dighe (1995, S. 43) und Ghose (2009), ihre persönlichen Bedarfe und Probleme besser zu verstehen. Sie können lernen, ihre Bedarfe und Probleme in ihrer Familie, ihrer Erwerbstätigkeit und in der Gesellschaft, in der sie leben, zu artikulieren. Die Teilnahme an Erwachsenenbildung kann Teilnehmende befähigen, dass sie sich in ihrer Gesellschaft aktiver einbringen und diese mitgestalten. Empowerment ist ein Ziel, das durch eine humanistische Überzeugung und die Vorstellung einer demokratischen Gesellschaft geprägt ist. Die UNESCO, die entsprechend ihrer Charta (UN Regional Information Centre for Western Europe, o.J.) eine humanistische Zielsetzung hat, verwendet Empowerment als Zielkategorie von Bildungsprogrammen. Durch Empowerment soll ein Beitrag zu sozialer Zugehörigkeit, Demokratie und Gleichberechtigung geleistet werden (vgl. ebd., S. 1f.). Ähnlich wie das Paradigma Lebenslangen Lernens wird Empowerment von bildungspolitischen Akteuren verwendet, um Lernprozesse in einer oder in mehreren Gesellschaften zu unterstützen. Neben humanistischen Zielen können Empowerment und das Paradigma Lebenslangen Lernens zum Erreichen ökonomischer Ziele instrumentalisiert werden. Dies zeigt sich u.a. in der europäischen Bildungspolitik. Das Empowerment von Frauen wurde auf mehreren Konferenzen diskutiert.

- Innerhalb des letzten Jahrhunderts haben die Vereinten Nationen mehrere Weltfrauenkonferenzen organisiert, auf denen internationale Expert/inn/en die Gleichberechtigung und die soziale Zugehörigkeit von Frauen diskutieren sollten. Dies sollte dazu beitragen, humanistisch geprägte Ziele wie Gleichberechtigung und Demokratie zu fördern. Bei den Konferenzen nehmen meisten Wissenschaftler/innen von Universitäten und Forschungseinrichtungen sowie bildungspolitische Akteure teil. Das Konzept Empowerment wurde im Jahr 1984 auf der UN-Weltfrauenkonferenz in Kenia von der indischen Organisation *Development Alternatives with Women for a New Era* vorgestellt. Sen und Grown (1987) haben die Ergebnisse im Anschluss veröffentlicht. Empowerment wurde hier im Kontext von Entwicklungszusammenarbeit und sozialer Benachteiligung thematisiert, wobei das Konzept auf einen veränderten Umgang mit Problemen hinweist. Frauen sollen lernen, ihren Bedarfen und Problemen nicht passiv ausgeliefert zu sein, sondern diese aktiv anzugehen und selbst zu lösen. Auf der UN-Weltfrauenkonferenz (1984) wurde Empowerment als Strategie definiert, die dazu beiträgt die Gleichberechtigung von Frauen zu verwirklichen. Dies geschieht, indem diese ihre Rechte verstehen und einfordern. Empowerment soll Frauen, die benachteiligt werden, befähigen, ihre Gleichberechtigung und soziale Zugehörigkeit auszuhandeln (vgl. ebd., S. 13f.).
- Im Jahr 1993 fand am UNESCO Institut für Pädagogik³ ein internationaler Workshop zum Thema Erwachsenenbildung und Empowerment von Frauen statt. In

---

3 Heute: UNESCO Institut für Lebenslanges Lernen.

dem Workshop *Women, Education and Empowerment. Pathways towards Autonomy* (Medel-Añonuevo, 1995) wurde Empowerment als ein Ziel von Erwachsenenbildung analysiert. Der Titel weist auf das selbstgesteuerte Handeln von Teilnehmenden als einem Ziel von Empowerment hin. Die Vortragenden waren zum Teil Wissenschaftler/innen und zum Teil bei der UNESCO beschäftigt. Die UNESCO untermauerte ihre politische Entscheidung durch wissenschaftliche Argumentation. Empowerment wurde bei dem Workshop aus wissenschaftlicher und aus politisch-humanistischer Perspektive analysiert. Nach Medel-Añonuevo und Bochynek (1995) war ein zentrales Anliegen der Konferenz, zur Gleichberechtigung von Frauen beizutragen (vgl. ebd., S. 5f.).

- Parallel zur 62. Sitzung der Frauenrechtskommission der Vereinten Nationen im Jahr 2018 fand die Veranstaltung *Cracking the code: Empowering rural women and girls through digital skill's* statt. Dort wurde der Beitrag von digitalen Fähigkeiten zum Empowerment von Mädchen und Frauen thematisiert, die im ländlichen Raum leben. Diese sollen möglichst früh in ihrem Leben gefördert werden. Die Unterstützung soll durch Kampagnen, politische Entscheidungen und die Unterstützung von Bildungsprogrammen erfolgen. Digitale Fähigkeiten sollen dazu beitragen, die Gleichberechtigung von Frauen zu erhöhen und ihre persönliche Lebenswelt zu verbessern (vgl. UNESCO, 2018, S. 6). Dies deutet darauf hin, dass in aktuellen politischen Diskursen humanistisch geprägter bildungspolitischer Akteuren dem Konzept Empowerment Aufmerksamkeit zukommt.

Neben der Ausrichtung von Konferenzen initiiert und implementiert die UNESCO Bildungsprogramme und Kampagnen. Dazu zählt die *Literacy Initiative for Empowerment*. Diese wurde von der UNESCO (2006) in den Jahren 2005 bis 2015 durchgeführt. Die Kampagne hatte das Ziel, in Ländern mit einer niedrigen Grundbildungsrate Bildungsprogramme im Bereich der Grundbildung zu implementieren und zu stärken. Die Bildungsprogramme, in denen Personen aus benachteiligten sozialen Gruppen Lesen und Schreiben lernen, sollten deren Empowerment unterstützen. Dadurch sollte die Grundbildungsrate in den teilnehmenden Ländern erhöht werden. Den Teilnehmenden sollten die Möglichkeit gegeben werden, sich Wissen und Fähigkeiten anzueignen, die sie benötigen, um ihre soziale Zugehörigkeit aushandeln zu können. Die teilnehmenden 35 Länder weisen eine niedrige Grundbildungsrate auf, wobei der Anteil von Frauen, die nicht Lesen und Schreiben können, hoch war. Die Kampagne hat das Empowerment von Frauen angestrebt, die nicht Lesen und Schreiben können. So sollten Interessenvertretungen der einzelnen Länder darin bestärkt werden, durch weitere Bildungsprogramme Grundbildung in ihrem Land zu fördern. Zu den Interessenvertretungen zählen Regierungen, Unternehmen und Nichtregierungsorganisationen. Entsprechend der gesellschaftlichen Gegebenheiten der teilnehmenden Länder war es ein Ziel der UNESCO (2006) das Konzept zu operationalisieren und zu adaptieren (vgl. ebd., S. 11ff.). Dem Programm liegt die Annahme zugrunde, dass das Lernen von Lesen und Schreiben zum Empowerment von Teilnehmenden beiträgt. In Anlehnung an Stromquist (2014) kann Grundbildung als Vorstufe von Empowerment verstanden werden. Dass sie Lesen und Schreiben lernen, kann den Frauen ein Gefühl der eigenen Selbstwirksamkeit vermitteln und damit zu ihrem Empowerment beitragen. Gleichzeitig reicht der Erwerb von Grundbildung für das Empowerment von Teilnehmenden nicht aus, ist dafür aber eine Grundlage (vgl. ebd., S. 548). Dass Grundbildung zum Empowerment der Teilnehmenden beiträgt, kann auch in Anlehnung an die *New Literacy Studies* nach Gee (2015, S. 35) und Euringer (2016, S. 245) argumentiert werden. Wenn die Teilnehmenden Grundbildung in ihrer persönlichen Lebenswelt anwenden, trägt sie dazu bei, dass sie diese besser verstehen. Zudem ermöglicht ihnen die Fähigkeit zu Lesen und zu Schreiben, dass sie sich selbst Wissen aneignen. Das Wissen können sie dazu verwenden, ihren persönlichen Interessen nachzugehen und ihre persönliche Lebenswelt zu gestalten. Grundbildung und Empowerment können als Ziele von bildungspolitischen Akteuren wie der UNESCO verstanden werden, weil diese Personen zu sozialer Zugehörigkeit befähigen können. Erwachsenenbildung kann bildungspolitisch dazu instrumentalisiert werden, den Teilnehmenden Grundbildung zu vermitteln und Empowerment zu ermöglichen. Damit kann Erwachsenenbildung zu einer höheren sozialen Zugehörigkeit der Teilnehmenden, die Lesen und Schreiben lernen, beitragen. Dies kann sich darin zeigen, dass diese in mehr Befähigungsbereichen selbst handeln und in höherem Umfang sozial zugehören (vgl. Stromquist, 2014, 2015).

Empowerment wird in aktuellen Dokumenten des UNESCO Instituts für Lebenslanges Lernen aufgegriffen. Alle sieben Jahre organisiert das Institut eine internationale Konferenz über Erwachsenenbildung. Diese hat den Namen *Conférence Internationale sur l'Education des Adultes* (CONFINTEA). Dort treffen sich internationale Wissenschaftler/inn/en und bildungspolitische Akteure, um über aktuelle Entwicklungen im Bereich der Erwachsenenbildung zu diskutieren. Zur Vorbereitung der Konferenz wurde der erste *Global report on adult learning and education* (GRALE) erstellt und im Jahr 2010 veröffentlicht. In dem Bericht wird Erwachsenenbildung in den Mitgliedsstaaten der Vereinten Nationen untersucht und miteinander verglichen. Im *Belém Framework for Action* wurden im Anschluss an die sechste Konferenz (CONFINTEA VI) im Jahr 2009 in Belém in Brasilien Handlungsempfehlungen veröffentlicht. Die Umsetzung der Handlungsempfehlungen wurde in den weiteren zwei GRALE-Berichten untersucht. Die Veröffentlichung des zweiten Berichts mit dem Fokus auf Grundbildung erfolgte im Jahr 2013. Der dritte Bericht aus dem Jahr 2016 untersuchte die Auswirkungen von Erwachsenenbildung auf Gesundheit und Wohlbefinden. Der vierte Bericht wird im Jahr 2019 veröffentlicht. Für die Erstellung der Berichte wurden vom UNESCO Institut für Lebenslanges Lernen (2010, 2013, 2016) Informationen von den Mitgliedsstaaten erfragt und die Antworten im jeweiligen Bericht analysiert (vgl. ebd.). In den drei Berichten wird Empowerment als ein zentrales Ziel von Erwachsenenbildung aufgezeigt. Als solches wird Empowerment durch die Bildungsprogramme der UNESCO angestrebt. Empowerment soll zu einer höheren sozialen Zugehörigkeit und zur Gleichberechtigung von Personen beitragen, die bislang benachteiligt waren. Erwachsenenbildung kann Personen dazu befähigen, dass sie in ihrer persönlichen Lebenswelt ihr Handeln möglichst selbstgesteuert gestalten. Dies kann dazu beitragen, dass sich eine Gesellschaft langfristig dahingehend verändert, dass humanistische Werte wie Gleichberechtigung und Demokratie umgesetzt werden. Empowerment stellt ein humanistisches bildungspolitisches Ziel der UNESCO dar (vgl. Geiss, 2017, S. 213). Die Anforderungen, die an Erwachsenenbildung mit der Zielkategorie Empowerment gerichtet werden, sind bildungspolitisch zu verorten, sodass Erwachsenenbildung in seiner gesellschaftlichen Funktion betrachtet wird. Davon sind Angebote zu unterscheiden, in denen die Rahmenbedingungen für Lernprozesse arrangiert werden. Diese sollen frei von Anforderungen sein und die Individualität und den persönlichen Zugang zu Lerninhalten ermöglichen. Sofern Erwachsenenbildung zum Empowerment von Personen beiträgt, zeigt sich dies in finanzieller Unabhängigkeit, Gesundheit und Selbstvertrauen. Empowerment ist in einer komplexen Gesellschaft, die durch technischen Fortschritt, einen schnellen Zugang zu Wissen, digitale Kommunikation und globale Netzwerke geprägt ist, relevant. Die Beschleunigung einer Gesellschaft zeigt sich in Anlehnung an Beck und Beck-Gernsheim (1994) in der persönlichen Lebenswelt von Personen. Die zunehmende Komplexität einer Gesellschaft trägt dazu bei, dass eine Selbststeuerung von Personen notwendig wird. Folglich richtet sich an Personen einer individualisierten Gesellschaft die gesellschaftliche Anforderung zur Selbststeuerung (vgl. ebd.).

Empowerment kann als ein Ziel von Erwachsenenbildungsangeboten vor dem Hintergrund von gesellschaftlicher Beschleunigung und Individualisierung verstanden werden. Der soziale Wandel zeigt sich in einer gestiegenen Nachfrage nach dem Empowerment von Personen aus benachteiligten sozialen Gruppen. Empowerment liegt im Interesse von humanistischen und ökonomischen bildungspolitischen Akteuren wie der EU-Kommission (2001) und der UNESCO (2006). Diese reagieren auf einen sozialen Wandel und auf die veränderten Bedarfe einer Gesellschaft, in der das Paradigma Selbststeuerung u.a. in Anlehnung Beck (2015) an Bedeutung gewinnt. Wohingegen Identitätsbildung, Reflexion und soziale Zugehörigkeit humanistisch geprägte Anforderungen an Erwachsenenbildung darstellen, sind die Steigerung von Beschäftigungsfähigkeit und Humankapital ökonomisch geprägte Interessen. In den Berichten des UNESCO Instituts für Lebenslanges Lernen (2010, 2013, 2016) über Erwachsenenbildung in den UN-Mitgliedsstaaten wird betont, dass diese nicht zum Erreichen ökonomischer Ziele instrumentalisiert werden soll. Vielmehr soll Erwachsenenbildung positive Auswirkungen auf die Lebenswelt von Familien, Gesundheit, Gleichberechtigung und der Ausbildung der Kinder der Teilnehmenden haben und zu einem sozialen Wandel beitragen. Der soziale Wandel soll eine Gesellschaft ermöglichen, in der alle Personen gleichberechtigt sind (vgl. ebd. S. 53f., 2013, 2016, S. 48).

Neben der UNESCO engagiert sich die Weltbank in der internationalen Entwicklungszusammenarbeit. Die Weltbank ist eine Organisation, die zu den Vereinten Nationen gehört. Sie hat das Ziel, Armut zu verringern und das Leben von Personen in Entwicklungsländern zu verbessern (vgl. Bundesministerium für wirtschaftliche Zusammenarbeit und Entwicklung, 2018). Abadzi (2005) von der Weltbank analysiert das Konzept Empowerment im Kontext internationaler Entwicklungszusammenarbeit. Den Interessen der Weltbank entsprechend liegt der Fokus auf ökonomischen Empowerment. Gleichzeitig analysiert Abadzi Empowerment aus psychologischer Perspektive und beschäftigt sich mit den neuronalen Strukturen von Personen, die nicht Lesen und Schreiben können. Personen, die in Armut leben und nicht Lesen und Schreiben können, sollen darin unterstützt werden, dies zu lernen. Dass sie Lesen und Schreiben lernen, soll dazu beitragen, dass sie einer Erwerbstätigkeit nachgehen und ein höheres Einkommen haben können. Eine Erkenntnis von Abadzi ist, dass sich die neuronalen Strukturen bei Personen, die nicht Lesen und Schreiben können, von denen unterscheiden, die dies können. Bildungspolitische Strategien, die Empowerment zum Ziel haben, müssen die unterschiedlichen Lernfähigkeiten von Teilnehmenden beachten. Empowerment hat in diesem Verständnis das Ziel, dass Personen Entscheidungen treffen und sich in sozialen Aushandlungsprozessen dafür einsetzen, dass ihre Bedarfe und Probleme beachtet und dass sie gleichberechtigt behandelt werden. Dies kann sich in einem höheren Einkommen oder in einem beruflichen Aufstieg zeigen. Folglich kann Empowerment dazu beitragen, Armut zu verringern (vgl. ebd.).

2.1.2 Frauen aus benachteiligten sozialen Gruppen in Indien als Zielgruppe

Das Kastensystem in Indien stellt den Kontext für die Zielgruppe der Studie dar. Es wird der Frage nachgegangen, was Personen aus sozial benachteiligten Gruppen als Zielgruppe von Erwachsenenbildungsangeboten kennzeichnet. In der Studie wird das Empowerment von Frauen aus registrierten Kasten und Stämmen untersucht, die nach Skoda (für bpb.de, 2014) zum Teil in der indischen Gesellschaft als sozial benachteiligt gelten. In der (z.T. englischsprachigen) indischen Erwachsenenbildung werden Personen aus registrierten Kasten und Stämmen mit dem Begriff *marginalized groups* bezeichnet. Dementsprechend wird in der Studie der Begriff *benachteiligte soziale Gruppe* verwendet. In Anlehnung an Stromquist (2014) ist Empowerment im Kontext von sozialer Benachteiligung zu verorten. Personen die einer oder mehreren sozialen Kategorie zuzuordnen sind, bilden eine soziale Gruppe. In der traditionellen indischen Gesellschaft, die ihr Handeln am Kastensystem ausrichtet, gehören die Mitglieder eines Familienverbundes (*jati*) zu derselben Kaste (*varna*). Die Mitglieder eines Familienverbunds gehören zu derselben sozialen Gruppe. In einer Gesellschaft gibt es mehrere soziale Gruppen. Die Kategorisierung einer sozialen Gruppe anhand von sozialen Kategorien stellt eine Schlussfolgerung dar. Nach Bremer (2010) wird von „äußere[n] Merkmale[n] […] auf innere Haltungen geschlossen" (S. 3). Die Zugehörigkeiten zu einer sozialen Gruppe prägt eine Person, deren Individualität sich aufgrund ihrer Zugehörigkeit zu sozialen Kategorien entwickelt. Dabei ist anzunehmen, dass die sozialen Kategorien untereinander Wechselwirkungen hervorrufen. Das Handeln von Personen ist durch ihre Zugehörigkeit zu einer sozialen Gruppe, durch ihre Individualität sowie die Wechselwirkungen unterschiedlicher sozialer Kategorien untereinander geprägt. Nach Bremer (2010) soll eine soziale Gruppe als „handelnde Gruppe" (S. 3) verstanden werden. Das Handeln einer sozialen Gruppe kann durch die soziale Aufteilung einer Gesellschaft in unterschiedliche soziale Gruppen geprägt wird. Nach Bourdieu (1987) prägt soziale Zugehörigkeit das Handeln und den Geschmack von Personen. Es ist zu beobachten, dass Personen aus benachteiligten sozialen Gruppen anders handeln als Personen aus privilegierten Gruppen. Nach Bourdieu zeigt sich die Zugehörigkeit von Personen zu verschiedenen sozialen Gruppen in ihrem Habitus. Der Habitus einer Person kann für andere Personen Hinweise geben, zu welcher sozialen Gruppe eine Person gehört und ob sie privilegiert oder benachteiligt ist. Der Habitus zeigt sich im Handeln in physischen Befähigungsbereichen einer Person. Die Zugehörigkeit zu einer sozialen Gruppe hat Auswirkungen auf den Habitus, auf ihr Handeln und auf soziale Praktiken. Im Habitus von Personen zeigen sich ihre persönlichen Überzeugungen, die im Kontext ihrer sozialen Gruppe zu verstehen sind (vgl. ebd., S.

277ff., Bremer, 2010, S. 3ff.). Demnach kann sich das Empowerment von Frauen aus benachteiligten sozialen Gruppen in sozialen Praktiken und ihrem Handeln zeigen. Tab. 3 gibt einen Überblick über benachteiligte soziale Gruppen in Indien:

Tabelle 3: Benachteiligte soziale Gruppen in Indien

	Registrierte Kasten	Registrierte Stämme
Englischer Begriff	Scheduled casts	Scheduled tribes
Wohnort	Eher in Städten	Eher im ländlichen Raum

Quelle: Eigene Darstellung

Im Folgenden wird argumentiert, dass in der indischen Gesellschaft eine traditionell geprägte Benachteiligung von Frauen zu beobachten ist. Die Benachteiligung hat in Anlehnung an Skoda (für bpb.de, 2014) einhergehend mit dem sozialen Wandel an Bedeutung verloren. Gleichzeitig ist noch eine soziale Benachteiligung von Personen aus registrierten Kasten und Stämmen zu beobachten, die im Folgenden als benachteiligte soziale Gruppen bezeichnet werden. Es wird angenommen, dass besonders Frauen aus benachteiligten sozialen Gruppen in der indischen Gesellschaft benachteiligt werden. Die Zugehörigkeit zu unterschiedlichen sozialen Gruppen ermöglicht eine Wechselwirkung dieser untereinander. Diese prägen die individuelle Persönlichkeit der Frauen und wie sie soziale Benachteiligung persönlich erleben. Die Diskussion um das Empowerment von Frauen aus benachteiligten sozialen Gruppen verortet sich in der Diskussion um die Frage nach Benachteiligung in einem sozialen Wandel.

2.1.2.1 Zur Benachteiligung von Frauen aus benachteiligten sozialen Gruppen in Indien

In Indien ist nach Riecker (2014) eine traditionell geprägte Benachteiligung von Frauen zu beobachten, die sich insbesondere im ländlichen Raum zeigt (vgl. ebd.). Die Benachteiligung wird darin deutlich, dass Frauen ihr Handeln an traditionellen sozialen Praktiken ausrichten. Die sozialen Praktiken und das Handeln der Frauen aus benachteiligten sozialen Gruppen sind miteinander verwoben, sodass die Frauen in traditionell geprägte Gesellschaftsstrukturen sozial eingebunden sind. Die Benachteiligung von Frauen kann sich darin zeigen, dass sie in geringerem Umfang an kulturellen oder politischen Veranstaltungen teilnehmen als Männer. Dass Frauen im ländlichen Raum sozial benachteiligt sind, ergibt sich daraus, dass traditionellen Gesellschaftsstrukturen im ländlichen Raum eine höhere Bedeutung zukommt als in Städten wie Riecker (2014) zeigt. Dies wird daran deutlich, dass im ländlichen Raum verhältnismäßig weniger Frauen Lesen und Schreiben können als in Städten. Gleichzeitig ist eine niedrige Grundbildungsrate von Frauen in indischen Städten zu beobachten. Dies zeigen Statistiken der indischen Regierung wie die Volkszählung aus dem Jahr 2011, die vom *Indian Ministry of Human Resource Development* (2016c) abgerufen werden können. Die Grundbildungsrate von Frauen und Männern unterscheidet sich im ländlichen Raum starker voneinander als in Städten, sodass es dort höhere geschlechtsbezogene Unterschiede in der Bildung gibt. Bei jüngeren Frauen und Männern verringern sich solche Unterschiede, weil in den letzten Jahren mehr Mädchen zur Schule gingen und dort Lesen und Schreiben lernten. Die Unterschiede in der Grundbildungsrate zwischen Frauen und Männern sind nach den Daten des Indian Ministry of Human Resource Development (2016c) u.a. in den Jahren 2001 bis 2011 zurückgegangen. Auch die Statistiken des UNESCO Instituts für Statistik (o.J.) zeigen eine Steigung der Grundbildungsrate. Dies kann durch die Verbesserung und den Ausbau des formalen Schulsystems, durch Erwachsenenbildungsangebote und Grundbildungskampagnen geprägt sein. Letztere wurden in Anlehnung an Riecker (für bpb.de, 2014) von Nichtregierungsorganisationen implementiert und durch die indische Regierung sowie internationale Organisationen unterstützt. Frauenbewegungen haben in Indien dazu beigetragen, dass Frauen in der indischen Gesellschaft mittlerweile weniger benachteiligt werden. Dies zeigt sich in den Daten des UNESCO Instituts für Statistik (o.J.). In Anlehnung an die Daten (ebd.) haben im Jahr 2016 in Indien beinahe gleichviele Frauen und Männer studiert, wohingegen noch im Jahr 2009 weniger Frauen als Männer studiert haben. Im Bereich der weiterführenden Schulen zeigen die Daten seit dem Jahr 2008 vom UNESCO Institut für Statistik (o.J.), dass sich die geschlechtsbezogenen Unterschiede zum Jahr 2013 ausgeglichen haben. Seitdem besuchen mehr Mädchen als Jungen weiterführende Schulen. Für den Bereich der Grundschule bestehen die geschlechtsbezogenen Unterschiede nach den Daten seit dem Jahr 2008 nicht mehr. Hinsichtlich der Grundbildungsrate zeigen sich noch im Jahr 2011 geschlechtsbezogene Unterschiede (vgl. ebd.).

Der größte Teil Indiens ist nach Riecker (für bpb.de, 2014) von patriarchalischen Strukturen geprägt. In diesen verfügen Männer über mehr Privilegien als Frauen. Männer nehmen in patriarchalischen Strukturen gegenüber Frauen eine höhere Entscheidungsbefugnis ein. Nach Riecker (ebd.) gibt es zudem registrierte Stämme, die matriarchalisch geprägt sind und in denen Frauen mehr Rechte zukommen. Dazu zählen nach Göttner-Abendroth (2010) manche Gesellschaften im Nordosten und im Süden Indiens. In matriarchalisch geprägten Gesellschaften verfügen Frauen über eine höhere Entscheidungsbefugnis als in patriarchalisch geprägten Gesellschaften. Folglich kann von einer höheren Gleichberechtigung ausgegangen werden (vgl. ebd., S. 23f.). Patriarchalische Strukturen prägen im traditionellen Indien die Lebenswelt und die Benachteiligung von Frauen. Beispiele dafür sind nach Patel (1998, S. 156f.) häusliche Gewalt, Vergewaltigungen sowie nach Ahmad (2009) Witwenverbrennungen[4]. Vor diesem Hintergrund sind in Indien soziale Bewegungen entstanden, die gegen die Benachteiligung von Frauen angegangen sind und von denen Empowerment aufgegriffen wurde. Erwachsenenbildung, die das Empowerment von Frauen aus benachteiligten sozialen Gruppen anstrebt, hat das Ziel, die Teilnehmenden zu stärken. Diese sollen lernen, sich gegen die soziale Benachteiligung zu wehren und ihre Rechte aktiv einzufordern. Dies trägt dazu bei, dass traditionell geprägte Gesellschaftsstrukturen an Bedeutung verlieren. So zeigen die Statistiken des Indian Ministry of Human Resource Development (2016c), dass die Grundbildungsrate bei Frauen in Indien gestiegen ist. Die Daten wurden zum Teil im Rahmen von Volkszählungen in den Jahren 2001 und 2011 erhoben. Gleichzeitig beobachtet Ahmad (2009), dass vereinzelt soziale Praktiken wie z.B. Witwenverbrennungen ausgeübt werden, welche die soziale Benachteiligung von Frauen prägen.

---

[4] Witwenverbrennungen sind eine traditionelle soziale Praxis, in welcher sich Frauen nach dem Tod ihres Mannes z.B. in dem Feuer, in dem sein Leichnam verbrannt wird, selbst töten (vgl. Ahmad, 2009).

Dies zeigt das Beispiel einer 71-jährigen Witwe wird, die sich im Jahr 2008 bei der Verbrennung ihres gestorbenen Mannes in dem Feuer selbst getötet hat (vgl. ebd.).

In Indien ist in Anlehnung an Skoda (für bpb.de, 2014) eine Benachteiligung von Personen aus registrierten Kasten und Stämmen zu beobachten. Das durch den Hinduismus traditionell geprägte Kastensystem prägt die indische Gesellschaft. Darin gelten soziale Gruppen höherer Kasten als privilegiert und soziale Gruppen aus registrierten Kasten und Stämmen als benachteiligt. Im indischen Kastensystem sind *varna* von *jati* zu unterscheiden. *Varna* sind die übergeordneten vier Kasten. *Jati* sind als große Familienverbünde zu verstehen. Diesen übergeordneten Kasten ordnen sich mehrere tausend Familienverbünde zu. Die Familienverbünde bilden eine Gemeinschaft. Personen eines Familienverbunds fühlen sich zueinander zugehörig und unterstützen sich gegenseitig. Die Zuordnung zu einer Kaste geschieht durch Geburt. Dabei gibt es vier übergeordneten Kasten, denen sich die Familienverbünde zuordnen, und die untergeordnete Kaste der sogenannten *unberührbaren* Personen. Letztere werden in der indischen Gesellschaft, die durch das Kastensystem geprägt ist, benachteiligt und zum Teil ausgegrenzt (vgl. ebd.).

Varna bedeutet nach Skoda (für bpb.de, 2014) in Hindi *Farbe*. Die einzelnen Kasten sind unterschiedliche Farben zugeordnet, die hier nicht weiter erörtert werden. Es werden vier Kasten unterschieden, die dem *varna*-Kastensystem zugehören: Die Priester und Wissenschaftler/innen (*Brahmanen*) sind die oberste Kaste und gelten als „rein". Sie verfügen über eine hohe religiöse oder politische Entscheidungsbefugnis. In Anlehnung an die Kapital-Theorie von Bourdieu (1983, 1987) verfügen sie über ein hohes Kapital. Unter ihnen befinden sich die Krieger/innen und Regierenden, deren Aufgabe die Verteidigung und der Schutz des Landes ist. Darunter befinden sich Bauern und Geschäftsleute. An der niedrigsten Stelle des *varna*-Kastensystems befinden sich Arbeiter/innen. Außerhalb des Kastensystems befinden sich registrierte Kasten und Stämme. Personen aus registrierten Kasten und Stämmen werden zum Teil als *unberührbar* bezeichnet. Sie ordnen sich unterschiedlichen Familienverbünden zu. Weil die registrierten Kasten und Stämme nicht zum Kastensystem gezählt werden, werden sie in der traditionell geprägten indischen Gesellschaft benachteiligt. Die Benachteiligung zeigt sich darin, dass sie nicht dazu befugt sind, an bestimmten sozialen Praktiken teilzunehmen. Um gegen die Benachteiligung von registrierten Kasten und Stämmen anzugehen, hat die indische Regierung Quoten für den Zugang zu Universitäten und politische Teilhabe geschaffen. Diese haben das Ziel, die soziale Zugehörigkeit von Personen aus benachteiligten sozialen Gruppen zu stärken. Gleichzeitig sind die Quoten kritisch zu hinterfragen, weil sie das Denken in den traditionellen Gesellschaftsstrukturen des Kastensystems stärken (vgl. Srinivas, 1995, Jones, 2017, Skoda für bpb.de, 2014).

Nach dem Census India (2013), den Daten der indischen Volkszählung, haben im Jahr 2011 17,4 Prozent der Bewohner/inn/en indischer Städte in einem Slum gelebt. Von diesen konnten 77,7 Prozent Lesen und Schreiben. Dagegen liegt die Grundbildungsrate aller Personen, die in Städten Indiens leben, bei 84,1 Prozent. Folglich besteht in Slums eine niedrigere Grundbildungsrate als in anderen Teilen der indischen Städte. Von den Personen, die in einem Slum leben, gehörten damals 20,4 Prozent zu einer registrierten Kaste. Der Prozentsatz der Personen aus registrierten Kasten, die in indischen Städten lebten, lag damals bei 12,6 Prozent. Von den Personen gehörten 3,4 Prozent zu einem registrierten Stamm, wohingegen in allen Städten Indiens 2,4 Prozent der Bewohner/inn/en zu einem registrierten Stamm gehören. Der Prozentsatz von Personen aus registrierten Kasten und Stämmen, die in Slums leben ist demnach höher, als der Prozentsatz in Städten. Diese Daten deuten darauf hin, dass überdurchschnittlich viele Bewohner/inn/en von Slums zu registrierten Kasten und Stämmen gehören. Die Grundbildungsrate in Slums ist geringer als bezogen auf die Gesamtbevölkerung, die in Städten lebt (vgl. ebd.). Nach dem UN Human Settlements Programme (2003) sind Slums durch einen mangelnden Zugang zu grundlegenden Dienstleistungen und Probleme in der persönlichen Lebenswelt gekennzeichnet. Zudem sind Gebäudestrukturen häufig unpassend und es herrscht eine hohe Bevölkerungsdichte. Damit können nicht erfüllte Bedarfe, Probleme und Gefahren einhergehen. Dies zeigt sich darin, dass der Besitz von Personen nicht geschützt ist. Armut und soziale Benachteiligung gehören zur persönlichen Lebenswelt von Personen, die in Slums leben. Zudem ist der Wohnraum von Personen sehr gering (vgl. ebd., S. 11). Zum Teil sind Wohnbereiche provisorisch errichtet und Wege nicht befestigt. Plastikplanen grenzen in manchen Bereichen die persönlichen Bereiche von Personen ab und fungieren als Wand. Eine ähnliche Funktion nehmen Tücher und Pappe ein. In Anlehnung an das UN Human Settlements Programme (2003) kann in Slums Gewalt die Lebenswelt der Personen, die dort leben, negativ beeinträchtigen. In Anlehnung an Davis (für bpb.de, 2007) sind Slums in den 1970er und 1980er Jahren v.a. in Großstädten entstanden. Es wird angenommen, dass die Slums einhergehend mit dem Anstieg der Bevölkerungszahlen weiterwachsen (vgl. ebd.). Die persönliche Lebenswelt von Frauen aus benachteiligten sozialen Gruppen, die zum Teil in Slums leben, kann nach dem UN Human Settlements Programme (2003) von Armut und von unterschiedlichen Gefahren geprägt sein. Die Probleme in der Lebenswelt zeigen sich darin, dass der Zugang zu Wasser und Elektrizität nicht durchgehend gewährleistet ist. Nach Kaul und Dale (2012) von der indischen Nichtregierungsorganisation *Participatory Research in Asia* (2010) gehen viele Frauen aus registrierten Kasten keiner oder einer schlecht bezahlten Erwerbstätigkeit unter schwierigen Bedingungen nach. Viele der Frauen leben in Armut (vgl. ebd.).

Neben registrierten Kasten, die tendenziell eher in Städten zu verorten sind, gibt es in Indien registrierte Stämme, die als indigene Bevölkerung im ländlichen Raum leben. Die Frauen aus dem registrierten Stamm sind traditionell gekleidet. Kennzeichen ihrer sozialen Zugehörigkeit sind z.B. im Stamm der *Baiga* ihr Haarschmuck. Die soziale Zugehörigkeit zu dem registrierten Stamm kann entsprechend des Habitus-Konzepts nach Bourdieu (1987) anhand ihres Handelns und ihres Auftretens von außen beobachtet werden. Dies deutet darauf hin, dass Personen gegenseitig einschätzen können, zu welchen sozialen Gruppen andere Personen gehören (vgl. ebd., S. 277ff.). In Indien stellen die Familienverbünde soziale Gruppen dar, die sich in Anlehnung an Skoda (für bpb.de, 2014) den Kasten aus dem übergeordneten Kastensystem zuordnen. Die Personen, die zu derselben sozialen Gruppe gehören können sich nach Brüning et al. (2001) in weiteren persönlichen und sozialen Kategorien unterscheiden oder diese gemeinsam haben. Zu den persönlichen Kategorien zählen u.a. Lerninteresse, Erfahrungen, Motivation. Zu den sozialen Kategorien zählen u.a. Alter, Geschlecht, Kaste, Religion (vgl. ebd., S. 26). Die soziale Aufteilung einer Gesellschaft zeigt sich in räumlichen Strukturen. Traditionelle Gesellschaftsstrukturen prägen den ländlichen Raum Indiens stärker als Städte. Benachteiligung ist im ländlichen Raum stärker ausgeprägt als in Städten. Personen, die zu höheren Kasten gehören, verfügen nach Bourdieu (1987) über höheres soziales, ökonomisches und kulturelles Kapital (vgl. ebd., S. 115ff.). Ein hohes Kapital kann dazu beitragen, dass Personen in der Lage sind, sich um ihre Bedarfe zu sorgen diese zu erfüllen und ihre Probleme selbst zu lösen.

2.1.2.2 Intersektionalität und Wechselwirkungen sozialer Benachteiligung

Nach Kaul und Dale (2012) werden Frauen aus registrierten Kasten in der indischen Gesellschaft aufgrund ihres Geschlechts und weil sie zu einer registrierten Kaste gehören, benachteiligt. In Anlehnung an Crenshaw (1991) sowie an Degele und Winker (2010) ist davon auszugehen, dass die Kategorie Geschlecht und die Kasten- oder Stammeszugehörigkeit sich wechselseitig prägen. Die individuelle Persönlichkeit einer Person entsteht vor dem Hintergrund dessen, dass sie aufgrund von unterschiedlichen sozialen Zugehörigkeiten benachteiligt ist und diese untereinander Wechselwirkungen entwickeln. Die Benachteiligung aufgrund der Zugehörigkeit zu mehreren persönlichen und sozialen Kategorien wird im Konzept der Intersektionalität nach Crenshaw (1991) thematisiert. Nach Brüning et al. (2001) unterscheiden sich Personen einer Gesellschaft durch persönliche und soziale Kategorien. Persönliche Kategorien zeigen sich im Interesse, Motivation und persönlichen Einstellungen. Zu sozialen Kategorien zählen Beruf, soziale Zugehörigkeit, Alter, Geschlecht und ethnische Herkunft (vgl. ebd., S. 26). In einer Gesellschaft sind manche sozialen Kategorien mit Privilegien und andere Kategorien mit Benachteiligung verbunden. Bei Frauen aus benachteiligten sozialen Gruppen handelt es sich um eine Benachteiligung aufgrund von Geschlecht und der Zugehörigkeit zu einer sozialen Gruppe. Diese stellen nach Brüning et al. (2001) soziale Kategorien dar. Auf einzelne Personen können mehreren persönliche und soziale Kategorien zutreffen, die zur Benachteiligung in einer Gesellschaft beitragen. Beispiele dafür sind ethnische Herkunft und Kaste. In Indien kann Benachteiligung dadurch geprägt sein, dass eine Person weiblich ist und zu einer registrierten Kaste oder zu einem registrierten Stamm gehört. Nach Kaul und Dale (2012) sind Frauen aus registrierten Kasten in Indien verletzlich. Die besondere Verletzlichkeit von Frauen aus registrierten Kasten zeigt sich in Anlehnung an Kaul und Dale (2012) von der indischen Nichtregierungsorganisation Participatory Research in Asia (2010) in einem geringen Selbstvertrauen. Es ist anzunehmen, dass das Selbstvertrauen von Frauen aus registrierten Kasten und Stämmen geringer ist, als wenn sie allein aufgrund ihres Geschlechts oder allein weil sie zu einer benachteiligten sozialen Gruppe gehören, benachteiligt wären. Für Erwachsenenbildung, die das Empowerment dieser Frauen zum Ziel hat, stellen Perko und Czollek (2009) die Frage, inwiefern die Benachteiligung von Teilnehmenden durch die Gestaltung von Erwachsenenbildung berücksichtigt und thematisiert werden kann. Degele und Winker (2010) verstehen Intersektionalität als „Wechselwirkungen zwischen (und nicht als Addition von) Ungleichheitskategorien" (S. 4). Die Benachteiligung von Frauen aus benachteiligten sozialen Gruppen ist demnach nicht als eine Summe von Benachteiligungen zu verstehen, die aufgrund ihres Geschlechts und aufgrund ihrer Zugehörigkeit zu einer benachteiligten sozialen Gruppe entstehen.

Die Individualität von Frauen aus benachteiligten sozialen Gruppen ergibt sich aus den gegenseitigen Wechselwirkungen. Diese entstehen aus ihrer Zugehörigkeit zu sozialen Gruppen und stehen miteinander in Verbindung (vgl. ebd., S. 4ff.).

Abbildung 5: Individualität und persönliche/soziale Zugehörigkeit

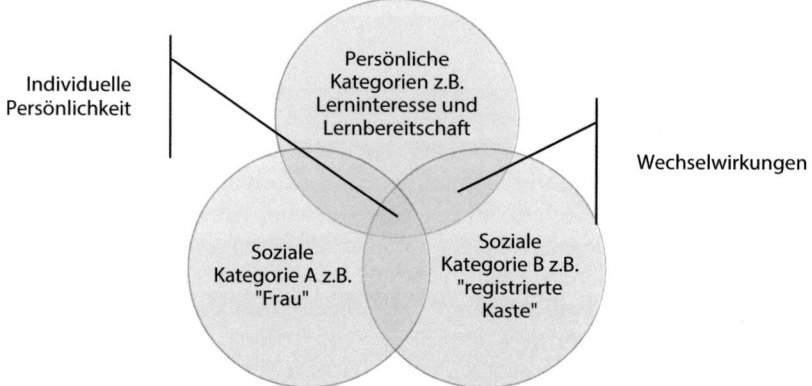

Quelle: Eigene Darstellung

Abb. 5 zeigt wie sich die individuelle Persönlichkeit einer Person vor dem Kontext ihrer Zugehörigkeit unterschiedlicher sozialer Kategorien bildet. Die Zugehörigkeit zu sozialen Kategorien, die zum Teil in einer Gesellschaft zu einer Benachteiligung beitragen, resultieren in Wechselwirkungen. Diese resultieren in einer individuellen Benachteiligung der jeweiligen Person. Die Zugehörigkeit zu sozialen Kategorien prägt die individuelle Persönlichkeit von Personen. Aufgrund ihrer persönlichen biografischen Erfahrungen gehen Personen auf verschiedene Weisen mit sozialer Benachteiligung um. Die Wechselwirkungen, die sich aus der Zugehörigkeit zu sozialen Gruppen ergeben, stellen einen Kontext von Erwachsenenbildung dar, der zu reflektieren ist. Die Diversität der Teilnehmenden erfordert nach Rieger-Goertz (2013) eine Reflexion der Mitarbeitenden wie sie mit Diversität umgehen (vgl. S. 217f.). Dies kann in Anlehnung an die Analyse des Orientalismus von Said (2009) im Konzept *Othering* differenziert werden. In Anlehnung an Said haben Personen, die zu einer Gesellschaft oder zu einer sozialen Gruppe gehören, eine Vorstellung von Personen aus anderen Gesellschaften oder anderen sozialen Gruppen. Dabei werden Personen als anders wahrgenommen. Der Begriff *Othering* geht auf den englischen Begriff *other* zurück, der im Deutschen *anders* bedeutet. *Othering* bezieht sich auf den Umgang mit Personen, die *anders* sind als man selbst. Das *Anders*-Sein ergibt sich aus anderen persönlichen oder sozialen Kategorien, denen Personen zugeordnet werden können. Personen, die mehrere soziale Kategorien teilen, bilden zum Teil eine soziale Gruppe. Innerhalb von sozialen Gruppen entsteht ein Gefühl der Gemeinschaft und der Zugehörigkeit. Dagegen können in Anlehnung an Riegel (2016) Personen aus anderen soziale Gruppen als *anders* wahrgenommen werden. Dies kann zu einer Distanzierung von sozialen Gruppen untereinander beitragen (vgl. ebd., S. 51ff.).

In Anlehnung an Kocaman, Latorre Pallares und Zitzelsberger (2010) nimmt die Selbstreflexion der Mitarbeitenden von Erwachsenenbildung eine wichtige Rolle im Umgang mit Diversität ein. Diese sollen ihre persönlichen Einstellungen und Überzeugungen reflektieren (vgl. ebd., S. 12). Die Selbstreflexion der Mitarbeitenden ist demnach von Bedeutung, damit sie mit Diversität und *Othering*-Prozessen umgehen können. Hier ist zentral, dass diese ihre persönlichen Überzeugungen und Vorannahmen reflektieren, um den Teilnehmenden reflektiert begegnen zu können. Diversität wird als Ressource verstanden, die Lernprozesse ermöglichen kann, sodass Teilnehmende und Mitarbeitende voneinander lernen können. In Anlehnung an Freire (1971) verliert die hierarchische Aufteilung in Lehrende und Lernende an Bedeutung. Dies trägt dazu bei, einen Austausch auf Augenhöhe zu ermöglichen. Aufgrund ihrer Diversität können Teilnehmende und Mitarbeitende voneinander lernen. Nach Freire (1971) sind beide Lernende. Im Folgenden werden Lehrende als Mitarbeitende und Lernende als Teilnehmende bezeichnet. Die veränderte nicht-hierarchische Struktur deutet auf ein verändertes Verständnis von Erwachsenenbildung hin, das durch den sozialen Wandel geprägt ist. Die sozialen Praktiken einer traditionell geprägten Gesellschaft werden in Individualisierungsprozessen als Diskriminierung und soziale Benachteiligung kritisiert. Die Kritik betrifft die Benachteiligung von Personen aus benachteiligten sozialen Gruppen, die sich in Befähigungsbereichen zeigt. Durch den sozialen Wandel wird die traditionell geprägte soziale Aufteilung einer Gesellschaft stärker hinterfragt und als Praktiken der Ausgrenzung und Benachteiligung kritisiert. Nach Kocaman et al. (2010) ermöglichen alle Personen einer Gesellschaft, die soziale Benachteiligung und Ausgrenzung nicht kritisieren, dass die sozialen Praktiken sozialer Benachteiligung und sozialer Ausgrenzung weiterbestehen (vgl. ebd., S. 12). Dies richtet sich gegen Passivität und Teilnahmslosigkeit und erwartet von allen Personen, sich an sozialen Aushandlungsprozessen zu beteiligen. Der Aufruf, aktiv gegen traditionell geprägte soziale Praktiken Widerstand zu leisten, ist vor dem Hintergrund von Individualisierungsprozessen zu verstehen, in dem (politische) Akteure und soziale Bewegungen gegen die soziale Aufteilung einer Gesellschaft und Benachteiligung von sozialen Gruppen angehen.

2.1.2.3 Sozialer Wandel und soziale Zugehörigkeit

Ein sozialer Wandel zeigt sich darin, dass sich soziale Praktiken in einer Gesellschaft verändern. Dies geht mit einem Paradigmenwechsel einher. In Anlehnung an Freire (2013) ist dieser durch veränderte Denkstrukturen und Handlungsmuster gekennzeichnet (vgl. S. 4ff.). In dieser Studie wird der soziale Wandel von traditionell geprägten Gesellschaftsstrukturen zu einer individualisierten Gesellschaft untersucht. Dies geht mit einem veränderten Verständnis von Erwachsenenbildung und mit einer Veränderung von sozialer Zugehörigkeit einher. Am Beispiel Indiens zeigt sich der dortige soziale Wandel im Handeln von Frauen, die nach Riecker (2014) im traditionellen Indien sozial benachteiligt sind. Das veränderte Handeln von Frauen wird durch politische *Top-Down*-Entscheidungen geprägt. Dazu zählt die politische Entscheidung zur Implementierung einer Frauenquote für die Teilnahme an kommunalpolitischen Dorfversammlungen. Die Veränderung zeigt sich in sozialen Bewegungen, in denen Frauen ihre Gleichberechtigung einfordern. Nach Skoda (für bpb.de, 2014) ist das Kastensystem in Indien eine traditionell geprägte Gesellschaftsstruktur, an der viele Personen ihr Handeln ausrichten. Die Strukturen geben Traditionen und soziale Praktiken vor, an denen Personen ihr Handeln ausrichten können und vermitteln ihnen innerhalb des Kastensystems Sicherheit. Gleichzeitig prägt das Kastensystem die Benachteiligung und die Bevorzugung von sozialen Gruppen. Diese organisieren ihr Handeln entsprechend den Traditionen und sozialen Praktiken, die das Kastensystem vorgibt.

In Anlehnung an Campbell (2001) gehen soziale Bewegungen nach dem *Bottom-Up*-Prinzip gegen soziale Benachteiligung an. In politischen *Top-Down*-Entscheidungen zeigen die sozialen Bewegungen ihre Wirkung (vgl. ebd., S. 60ff.). Erwachsenenbildungsangebote, die sich an Frauen aus benachteiligten sozialen Gruppen richten, adressieren ihre Zielgruppe niederschwellig und orientieren sich an der persönlichen Lebenswelt der Frauen. Der niederschwellige und lebensweltorientierte Zugang wird in der indischen Erwachsenenbildung nach Panda (2007) als Zugang auf dem *Grassroot-Level* bezeichnet. Der Begriff ist im Kontext sozialer Bewegungen entstanden, die von benachteiligten sozialen Gruppen ausgingen und die an der persönlichen Lebenswelt von Personen ansetzten. Wie eine Graswurzel, die von der Erde aus nach oben wächst, entstehen soziale Bewegungen in der persönlichen Lebenswelt von Personen und entwickeln sich in Bereichen, die eine Gesellschaft betreffen. In Erwachsenenbildungsangeboten auf dem *Grassroot-Level* können nach dem *Bottom-Up*-Prinzip soziale Bewegungen entstehen. Die Angebote sollen Personen niederschwellig ansprechen und ihnen ermöglichen, dass sie in sich selbst Ressourcen entdecken und ihre Rechte in einer Gesellschaft artikulieren und einfordern. Das Konzept verortet sich in *Grassroot*-Bewegungen, die Veränderungen dort initiieren, wo soziale Benachteiligung konkrete Auswirkungen zeigt. Dies unterscheidet sich von *Top-Down*-Prinzip, nach welchem ein sozialer Wandel durch politische Entscheidungen geprägt wird. Ein sozialer Wandel kann durch *Top-Down*- und *Bottom-Up*-Bewegungen geprägt werden. Nach dem *Bottom-Up*-Prinzip können soziale Bewegungen Veränderungen einer Gesellschaft bewirken, die in ihrem Verlauf zu politischen *Top-Down*-Entscheidungen führen. Dies zeigt sich in sozialen Bewegungen wie der Frauenbewegung seit dem 18. und 19. Jahrhundert in Deutschland. Die Forderung der Frauenbewegung nach dem Wahlrecht für Frauen (Lenz, 2010) kann als soziale Bewegung nach dem *Bottom-Up*-Prinzip verstanden werden. Später zeigt sich der soziale Wandel in politischen *Top-Down*-Entscheidungen, die das Frauenwahlrecht gesetzlich verankerten (vgl. ebd., S. 869). Abb. 6 verdeutlicht diese Prozesse. Empowerment hat das Ziel, dass sich Personen einer sozialen Gruppe in sozialen Bewegungen zusammenschließen. Nach Campbell (2001) kann dies wie in Abb. 6 nach dem *Bottom-Up*-Prinzip geschehen und politische *Top-Down*-Entscheidungen zur Folge haben, sofern die soziale Bewegung erfolgreich ist. Dies ist nach Panda (2007) in Nichtregierungsorganisationen in Teilen der indischen Gesellschaft zu beobachten. Panda analysiert anhand einer empirischen Studie im indischen Bundesstaat Orissa, dass Nichtregierungsorganisationen nach dem *Bottom-Up* und nach dem *Top-Down*-Prinzip handeln (vgl. ebd., S. 273). Lenz (2010) zeigt anhand der Frauenbewegung in Deutschland ähnliche soziale Bewegungen auf. Dabei haben die Frauen nach dem *Bottom-Up*-Prinzip ihre Rechte und ihre Gleichberechtigung eingefordert. Deren Erfolg resultierte in politischen *Top-Down*-Entscheidungen (vgl. ebd., S. 872f.). Die sozialen Bewegungen zeigen eine Loslösung von traditionellen Gesellschaftsstrukturen und gehen mit Individualisierungsprozessen einher.

Abbildung 6: *Bottom-Up* Bewegungen und *Top-Down* Entscheidungen

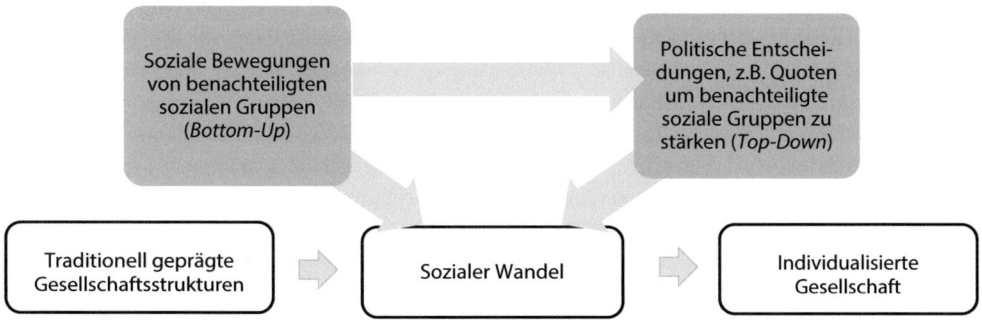

Quelle: Eigene Darstellung

In Anlehnung an den indischen Soziologen Srinivas (1995), der in den siebziger Jahren zum Kastensystem in der indischen Gesellschaft forschte, können soziale Bewegungen in der indischen Gesellschaft anhand des Konzepts der *Sanskritisierung* aufgezeigt werden. Sanskritisierung bezeichnet eine soziale Bewegung, in der Personen versuchen, soziale Zugehörigkeit auszuhandeln (vgl. ebd., S. 6f.). Das Konzept hat seinen Namen in Anlehnung an die antike Sprache Sanskrit. Sanskrit wird als Sprache der Personen verstanden, die zu privilegierten sozialen Gruppen gehören. Sanskritisierung bezeichnet nach Srinivas (1995) soziale Bewegungen von benachteiligten sozialen Gruppen. Darin richten Personen ihr Handeln am Handeln von Personen aus, die zu einer privilegierteren sozialen Gruppe gehören als sie selbst. Damit erhoffen sie, selbst Privilegien zu gewinnen. Srinivas sieht in solchen sozialen Bewegungen und dem Nachahmen sozialer Praktiken soziale Bewegungen, die er als „Westernization" (S. 49) bezeichnet. Bourdieu (1987) ging davon aus, dass es Personen aus sozialen Gruppen gibt, die weder privilegiert noch benachteiligt sind. Diese ahmen die sozialen Praktiken von Personen aus privilegierten sozialen Gruppen nach. Sie versuchen in Bereichen zu handeln, die zuvor Personen aus privilegierten sozialen Gruppen vorbehalten waren. Wenn Personen aus weniger privilegierten Gruppen beginnen, die Lebenswelt der Personen zu betreten, die über mehr Privilegien verfügen als sie selbst, verändern diese ihr Handeln. Bourdieu (1987) bezeichnete diesen sozialen Prozess, in dem Personen aus privilegierten sozialen Gruppen ihr Handeln von Personen aus benachteiligten sozialen Gruppen abgrenzen, als „Distinktion" (S. 405). *Sanskritisierung* bezeichnet nach Srinivas (1995) eine soziale Bewegung, die vor dem Hintergrund von Individualisierungsprozessen zu verstehen ist. Der Vergleich mit Bourdieu zeigt, dass in der indischen Gesellschaft und in der Gesellschaft im europäischen Raum vergleichbare Bewegungen zu beobachten sind. In diesen möchten weniger privilegierte Personen mehr Privilegien haben und dies durch ihr Handeln erreichen (vgl. ebd., S. 1ff.).

Die Benachteiligung von Frauen hat nach Riecker (für bpb.de, 2014) in der indischen Gesellschaft an Bedeutung verloren. Mit dem sozialen Wandel geht zum Teil ein Bedeutungsverlust des Kastensystems einher, das nach Skoda (für bpb.de, 2014) in anderen Bereichen wie der Partnerwahl weiterhin Einfluss hat. Unterschiedliche Bildungsprogramme, die meist von Nichtregierungsorganisationen angeboten und von der indischen Regierung und der UNESCO unterstützt werden, haben zum Empowerment von Frauen aus registrierten Kasten und Stämmen beigetragen. Zu den Programmen der indischen Regierung zählen nach dem Indian Ministry of Human Resource Development (2016d, -g), die *National Literacy Mission* und *Saakshar Bharat*. Dass sie aus ihrer sozialen Eingebundenheit in traditionell geprägte Gesellschaftsstrukturen lösen, zeigt sich darin, dass sie Lesen und Schreiben lernen. Dass sich die Frauen stärker aus den Traditionen lösen, in denen sie als Frauen benachteiligt werden, ist daran zu beobachten, dass die Grundbildungsrate von Frauen in den letzten Jahren gestiegen ist. Dies zeigen die Statistiken vom Indian Ministry of Human Resource Development (2008, S. 53, 2016c), die auf der Grundlage der indischen Volkszählungen in den Jahren 2001 und 2011 basieren. Die Benachteiligung von Frauen in der indischen Gesellschaft ist traditionell verankert und zeigt sich nach Ahmad (2009) und Patel (1998, S. 156ff.) in traditionell geprägten sozialen Praktiken wie der Witwenverbrennung, der Verschleierung und der Kinderheirat und der Mitgift. Es kann beobachtet werden, dass die traditionell geprägten Praktiken, die zum Teil gegen grundlegende Rechte von Personen verstoßen, in den letzten Jahren an Bedeutung verloren haben (vgl. ebd.). Einhergehend mit sozialen Bewegungen wie der Frauenbewegungen entsteht ein sozialer Wandel, in dem traditionelle Gesellschaftsstrukturen in Anlehnung an Kade (1989, S. 795) an Bedeutung verlieren. Damit verlieren diese sozialen Praktiken, welche die soziale Benachteiligung von Frauen prägen, an Bedeutung. Dazu haben soziale Bewegungen beigetragen, die gegen die Benachteiligung von Frauen angegangen sind. Gleichzeitig prägen nach Ahmad (2009) und Patel (1998) soziale Praktiken wie Mitgift und Witwenverbrennungen die Benachteiligung von Frauen. Die Mitgift verpflichtet die Familie der Frau der Familie des Mannes bei der Eheschließung finanzielle Zuwendungen zu leisten (vgl. ebd., S. 156ff.).

Für registrierte Kasten und Stämme wurden nach Skoda (für bpb.de, 2014) von der indischen Regierung besondere Quoten eingeräumt, welche den jeweiligen Personen den Zugang zur Hochschule erleichtern soll. Diese Quoten sind ein Indiz für einen sozialen Wandel, der in sozialen Bewegungen seinen Anfang genommen hat und der das indische Kastensystem prägt. Nach Skoda (für bpb.de, 2014) wird das Kastensystem offener und durchlässiger, sodass in der modernen indischen Gesellschaft ein sozialer Wandel zu beobachten ist. Die mittleren Kasten sind untereinander weniger stark voneinander getrennt als die obere und die untere Kaste voneinander (vgl. ebd.). Personen, die den oberen Kasten zugehören, können sich von Personen der unteren Kasten und von Personen ohne Kastenzugehörigkeit distanzieren. Vor dem Hintergrund des sozialen Wandels weist das Kastensystem in Indien nach Skoda (für bpb.de, 2014) Widersprüche auf. Einerseits ist es verboten, dass Personen aufgrund ihrer Zugehörigkeit zu registrierten Kasten und Stämmen sozial benachteiligt werden. Andererseits prägen die Quoten das Denken in Kasten. Die Widersprüche sind ein Indiz dafür, dass sich die indische Gesellschaft verändert. Weil sich eine Gesellschaft langsam verändert und dies nicht auf einmal geschieht, ist diese gleichzeitig durch traditionelle Gesellschaftsstrukturen und durch Individualisierungsprozesse geprägt. In Anlehnung an Beck und Beck-Gernsheim (1994) trägt dies dazu bei, dass Personen mit Unsicherheit und Überforderung konfrontiert sind. In dem sozialen Wandel gewinnt Empowerment an Bedeutung und hat das Ziel Personen, die sich in dem Spannungsfeld einer sich verändernden

Gesellschaft befinden, zu stärken. Erwachsenenbildung soll die Teilnehmenden in Anlehnung an Pongratz (2010) stärken, mit der Unsicherheit umzugehen, die das Spannungsfeld eines sozialen Wandels mit sich bringt. Zudem soll Erwachsenenbildung sie befähigen, die gesellschaftlichen Anforderungen zur Selbststeuerung, die an sie gerichtet werden, zu bewältigen (vgl. ebd., S. 158).

2.1.3 Zum Konzept Empowerment im deutschsprachigen Raum

Im deutschsprachigen Raum wird Empowerment in unterschiedlichen Diskursen verwendet. Das Konzept wird im psychosozialen und medizinischen Bereich diskutiert und in sonderpädagogischen Diskursen aufgegriffen. Dabei wird auf Grundbildung in Deutschland eingegangen, weil sich dort die soziale Benachteiligung von Personen einer Gesellschaft besonders zeigt. Im Kontext von sozialer Benachteiligung kann Erwachsenenbildung mit dem Ziel Empowerment, die Teilnehmenden befähigen, sich Wissen und Fähigkeiten anzueignen. Daran anschließend stellt sich Frage, wie und in welchen Kontext das Konzept in der deutschsprachigen und in der internationalen Erwachsenenbildung Anwendung findet.

2.1.3.1 Abgrenzung zum medizinischen und psychosozialen Bereich

Empowerment im medizinischen und im psychosozialen Bereich kann von Empowerment in der Erwachsenenbildung abgegrenzt werden. Dazu zählen Medizin, Psychiatrie, Psychotherapie und Soziale Arbeit. Wohingegen sich Erwachsenenbildung an mehrere Personen richtet, die gemeinsam teilnehmen, werden Patient/inn/en in der Medizin, Psychiatrie, Psychotherapie und Klient/inn/en Sozialer Arbeit in der Regel persönlich adressiert. Eine Ausnahme davon ist die Gruppenpsychotherapie, in der mehrere Personen gemeinsam an psychischen Beschwerden arbeiten. Gemeinsam ist Patient/inn/en und Klient/inn/en, dass sie aufgrund von medizinischen oder psychosozialen Bedarfen und Problemen Unterstützung in Anspruch nehmen. Ein Ziel von Empowerment im medizinischen und psychosozialen Bereich ist, dass Patient/inn/en und Klient/inn/en ihre Bedarfe und Probleme verstehen und artikulieren können. Dies soll dazu beitragen, dass sie eine höhere Selbstwirksamkeit (Bandura, 1994) erfahren und eine höhere Kontrolle über ihre Lebenswelt haben. Zentrale Annahmen von Empowerment finden sich im psychologischen Konzept der erlernten Hilflosigkeit nach Seligman (1995). Das Konzept beruht in Anlehnung an Bröckling (2003) auf der Grundlage, dass emotionale Beziehungen in der Familie das Selbstvertrauen von Personen aus benachteiligten sozialen Gruppen prägen (vgl. ebd., S. 327f.).

Eine medizinische Behandlung, die das Empowerment von Patient/inn/en zum Ziel hat, strebt an, dass Patient/inn/en, die erkrankt sind, in Bezug auf ihre Krankheit möglichst viel Selbstwirksamkeit erfahren. Patient/inn/en sollen in der Behandlung der eigenen Krankheit und der eigenen Gesundung möglichst viel Gestaltungsmöglichkeiten haben. Dies ist nur in den Grenzen möglich, die medizinische Faktoren ermöglichen. Dazu zählt, dass Patient/-inn/en ihre Krankheit und deren Behandlungsmöglichkeiten selbst besser verstehen. Eine Medizin, die sich an dem Konzept orientiert, zielt darauf, dass Patient/inn/en aktiv mit der eigenen Krankheit und der eigenen Gesundheit umgehen. Damit Empowerment gelingt, müssen Patient/inn/en von Ärzten und medizinischem Personal über ihre Krankheit und Gesundheit sowie Faktoren, welche diese begünstigen und erschweren, informiert werden. Dadurch, dass Patient/inn/en Expert/inn/en für ihre Krankheit und ihre Gesundheit werden, tauschen sie sich mit Ärzten und medizinischem Personal auf Augenhöhe aus. Im Rahmen gegebener medizinischer Möglichkeiten sollen Patient/inn/en möglichst viele Entscheidungen selbst treffen. Dafür ist es notwendig, dass sich Patient/inn/en fachliches Wissen über ihre Krankheit aneignen und verstehen wie ihre Krankheit entsteht und wie sie behandelt werden kann. Wenn Patient/inn/en ihre Krankheit besser verstehen, wirkt diese auf sie weniger bedrohlich. Dadurch, dass Patient/inn/en Ursachen und Behandlungsmöglichkeiten besser verstehen, erhöht sich ihre Selbstwirksamkeit. Damit handeln sie weniger passiv-akzeptierend, sondern aktiv-gestaltend. Dies trägt dazu bei, dass Patient/inn/en ein höheres Selbstvertrauen entwickeln und ggf. Vertrauen in ihre eigenen Ressourcen entwickeln, gesund zu werden und zu bleiben. Damit ist der eigenverantwortliche Umgang mit der eigenen Krankheit und der eigenen Gesundheit – in den bestehenden medizinischen Möglichkeiten – Anliegen einer Medizin, die das Empowerment von Patient/inn/en anstrebt. Nach Schneider (2014) entspricht dies einer Stärkung von Patient/inn/en, die durch die Krankheit verunsichert und überfordert sein können. Dem Empowerment von Personen mit Psychiatrieerfahrung widmet sich der Psychotherapeut Knuf (2016). Indem Personen lernen, eine positive Lebenseinstellung einzunehmen und ihre Lebenswelt aktiv zu gestalten wird eine Verbesserung der psychischen Symptome möglich. Der Fokus auf einer positiven Lebensgestaltung von Personen mit Psychiatrieerfahrung anstelle einer regressiv geprägten psychiatrisch-medikamentösen Versorgung geht nach Knuf (2016) mit einer neuen „Rollenidentität" (S. 41) der Mitarbeitenden von Psychiatrien einher. Der Umgang mit Personen, die Psychiatrieerfahrung haben, soll auf Augenhöhe und gleichberechtigt geschehen, sodass Personen mit Psychiatrieerfahrung als Expert/inn/en ihrer eigenen Erkrankung verstanden werden und in ihrer Selbststeuerung unterstützt werden anstelle in einer passiven Situation einer regressiven Versorgung zu verbleiben. Die Mitarbeitenden von Psychiatrien sollen Personen mit Psychiatrieerfahrung eine Progression, d.h. eine aktive Bewältigung aktueller Lebensaufgaben anstelle einer passiven Resignation, ermöglichen. Es stellt sich die Frage, wie sich psychisch kranke Personen, an Entscheidungen innerhalb einer Psychiatrie beteiligten können, die ihre persönliche Lebenswelt beeinflussen. Empowerment in der Psychiatrie soll nach Knuf (2007) dazu beitragen, dass Patient/inn/en ihr Handeln möglichst selbstgesteuert gestalten und ihre Lebenswelt selbst gestalten (vgl. ebd., S. 1f.). Für die ambulante Pflege von Personen mit Psychiatrieerfahrung nach dem Konzept ist nach Nijland (2007) wichtig, dass sich die Mitarbeitenden von Pflegediensten als „Gast im Lebensraum des Klienten" (S. 4) verstehen. Personen mit Psychiatrieerfahrung werden als Expert/inn/en ihrer persönlichen Lebenswelt verstanden, die gleichberechtigt mit den Mitarbeitenden von Pflegediensten und Psychiatrien Entscheidungen treffen sollen. Der Fokus liegt auf dem Wissen und den Fähigkeiten von Personen mit Psychiatrieerfahrung, sodass ihre Ressourcen gestärkt werden. Es ist wichtig, dass sich die Mitarbeitenden von Pflegediensten und Psychiatrien nicht sich selbst als Expert/inn/en für die Lebenswelt von Personen mit Psychiatrieerfahrung verstehen. Den Expert/inn/en-Status sollen sie Patient/-inn/en zuschreiben. Damit betont Empowerment in Anlehnung an Nijland (2007) in der

Arbeit mit Personen mit Psychiatrieerfahrung die Gleichberechtigung der beteiligten Personen (vgl. ebd., S. 4f.). Dies ist vergleichbar mit Freires Konzept der *Pädagogik der Unterdrückten* (1971), in dem die Unterscheidung in Lehrende und Lernende an Bedeutung verliert, Anstelle der Vermittlung von Wissen gemäß einem vorgegebenen Lehrplan, steht das gemeinsame Verstehen der Lebenswelt der Teilnehmenden im Zentrum. Dazu tragen ein Austausch auf Augenhöhe und die gemeinsame Gestaltung von Erwachsenenbildung bei. Dies kann ermöglichen, dass die soziale Aufteilung von Personen in benachteiligte und privilegierte sozialen Gruppen in Erwachsenenbildungsangeboten weniger präsent ist. Damit können Erwachsenenbildungsangebote nach Freire (1971) einen Raum darstellen, in dem die Teilnehmenden ihre soziale Benachteiligung hinterfragen und sich selbst entwickeln können (vgl. ebd., S. 85ff.).

Kanfer, Reinecker und Schmelzer (2012) entwickelten den Selbstmanagement-Ansatz in der Verhaltenstherapie. Diese ist in ein psychotherapeutisches Verfahren, in dem der Fokus auf Ressourcen und der Bewältigung der aktuellen Lebenssituation liegt. Verhaltenstherapie orientiert sich tendenziell stärker an den Ressourcen anstelle der Probleme von Patient/inn/en. Der Ansatz hat wie Empowerment das Ziel, dass Personen ihr Handeln möglichst selbstgesteuert gestalten. Nach Kanfer et al. (2012) ergibt sich dies aus dem „Streben nach Selbstbestimmung" (S. 4) von Personen, die durch eine Psychotherapie ihre Emotionen, Kognitionen und ihr Handeln verändern möchten. Im Rahmen medizinischer und psychischer Möglichkeiten sollen Patient/inn/en lernen, möglichst viel selbst dazu beizutragen, eine Lösung für ihre Probleme zu finden. Dieses Handeln wird innerhalb des therapeutischen Kontexts erprobt und soll in der persönlichen Lebenswelt der Patient/inn/en angewandt werden. Im deutschsprachigen Raum wurde ein Ratgeber zu Empowerment in der Psychotherapie und im psychosozialen Bereich von Brock (2014) herausgegeben. Der Ratgeber ist dem Psychotherapeuten Armbruster gewidmet, der das Konzept in Magdeburg in psychotherapeutischen und psychosozialen Kontexten angewandt hat. Dazu zählt u.a. ein Ausbildungsinstitut für Psychotherapeut/inn/en und die ELTERN-AG, in der Eltern befähigt und darin gestärkt werden sollen, ihre Kinder selbst zu erziehen. Grundlegend hierfür ist nach Brock (2014) und nach der Magdeburger Akademie für Praxisorientierte Psychologie (o.J.) die Überzeugung, dass alle Personen einer Gesellschaft gleichberechtigt sein sollen. Das Wissen und die Fähigkeiten, die sich Personen aneignen, soll sie befähigen, selbst aktiv zu werden und für eigene psychische Probleme und psychosoziale Bedarfe Lösungen zu finden und umzusetzen. Empowerment in psychotherapeutischen und psychosozialen Kontexten soll dazu beitragen, dass sich Personen aus ihrer Benachteiligung lösen und lernen, selbstständig ihren Lebensweg zu gestalten und Probleme selbst zu lösen (vgl. ebd.).

Seit ca. 20 Jahren wird das Konzept in der Sozialen Arbeit im deutschsprachigen Raum thematisiert. Herriger (2014) hat im Jahr 1997 eine Einführung in Empowerment in der Sozialen Arbeit veröffentlicht und damit zur Auseinandersetzung mit Empowerment im deutschsprachigen Raum beigetragen. Nach Herriger (2014) zielt Empowerment auf die „(Wieder) Herstellung von Selbstbestimmung über die Umstände des eigenen Alltags" (S. 20). Personen sollen ihre persönlichen Stärken und Schwächen verstehen und ihre persönlichen Ressourcen entdecken, um ihr Handeln selbst zu steuern und ihre persönliche Lebenswelt selbst zu gestalten. Soziale Arbeit, die Empowerment anvisiert, zielt darauf, dass Klient/inn/en ihr Handeln möglichst selbstgesteuert gestalten. Soziale Arbeit grenzt sich damit von einer psychosozialen Versorgung von Klient/inn/en ab, welche diese in eine Abhängigkeit bringen kann. Es wird angestrebt, dass Klient/inn/en trotz Belastungen und Einschränkungen möglichst viele Entscheidungen selbst treffen und ihre persönliche Lebenswelt stärker selbst gestalten. Dafür ist es notwendig, dass Klient/inn/en ein Verständnis für ihre persönliche Lebenswelt entwickeln, ihre persönlichen Stärken und Schwächen kennen und ihre Bedarfe und Probleme artikulieren. Mitarbeiter/inn/en sozialpädagogischer Einrichtungen kommt nach Herriger (2006) die Aufgabe zu, Klient/inn/en darin zu unterstützen, ihr Handeln selbst zu steuern und Problemen selbst zu lösen (vgl. ebd., S. 1). Empowerment gewinnt in der Sozialen Arbeit im deutschsprachigen Raum an Bedeutung. Darauf deutet nicht nur die Forschung u.a. von Herriger (2006, 2014) hin, sondern auch, dass der Masterstudiengang *Empowerment Studies* im Fachbereich für Soziale Arbeit der Hochschule Düsseldorf (2018) implementiert wurde. Der Studiengang soll Studierende für Tätigkeiten innerhalb von Entwicklungszusammenarbeit und Nichtregierungsorganisationen qualifizieren. Das Studium befähigt Studierende zu Tätigkeiten, in denen es um den Umgang mit einem sozialen Wandel geht und die Frage gestellt wird, inwiefern dieser durch sozialpädagogische Tätigkeiten geprägt werden kann. Schwerpunkte sind Entwicklungspolitik, Nachhaltigkeit und Globales Lernen. Es geht es um eine Professionalisierung der Studierenden Sozialer Arbeit, die mit den Anforderungen einer zunehmend komplexen Gesellschaft konfrontiert werden. Hierzu tragen digitale Medien und das Handeln in internationalen Netzwerken bei. Der Studiengang verdeutlicht den gesellschaftlichen Bedarf, gegen soziale Benachteiligung anzugehen. Dies erfolgt zum Teil im internationalen Kontext (vgl. ebd.).

2.1.3.2 Empowerment in sonderpädagogischen Diskursen

Das Konzept Empowerment wird in sonderpädagogischen Diskursen aufgegriffen. Sonderpädagogik stellt einen Bereich der Pädagogik dar, der sich mit Personen auseinandersetzt, die aufgrund einer Behinderung in einer Gesellschaft benachteiligt werden können. Weil sich Empowerment an Personen aus benachteiligten sozialen Gruppen richtet, kann das Konzept in der Sonderpädagogik verwendet werden, die sich mit der sozialen Benachteiligung von Personen mit einer Behinderung beschäftigen. Wie Erwachsenenbildung stellt Sonderpädagogik einen Bereich der Pädagogik dar. Dort wird eine Zielgruppe angesprochen, die zu einer sozialen Gruppe zählt oder die denselben sozialen Kategorien zuzuordnen ist. Dies unterscheidet sich von dem Zugang zur Zielgruppe im medizinischen und psychosozialen Bereich. Dort werden einzelne Personen, die aufgrund von Krankheit oder aufgrund von psychosozialen Belastungen benachteiligt werden, adressiert. In den Disziplinen Medizin, Psychiatrie, Psychotherapie und Soziale Arbeit richtet sich Empowerment nicht an eine gesamte soziale Gruppe, sondern an einzelne Personen dieser Gruppe (vgl. von Hippel, Tippelt & Gebrande, 2018, S. 1133).

Empowerment wird in Diskursen der Sozialen Arbeit und der Sonderpädagogik für Personen, die eine Behinderung haben, operationalisiert. Nach Theunissen (2013) kennzeichnet Empowerment eine „neue Kultur des Helfens" (S. 1). Dabei geht es um eine Unterstützung auf Augenhöhe anstelle einer Hilfe, die Abhängigkeit evoziert. Diese kann entstehen, wenn Personen von sozialen oder sonderpädagogischen Einrichtungen die Probleme von

Personen für sie lösen, anstatt sie darin unterstützen, dies selbst zu tun. Personen mit einer Behinderung oder einer Einschränkung verlieren allmählich das Wissen und die Fähigkeiten, ihre Lebenswelt selbst zu gestalten und Probleme selbst zu lösen. Personen mit einer Behinderung oder einer Beeinträchtigung sollen möglichst viele Entscheidungen selbst treffen und ihre Lebenswelt möglichst aktiv selbst gestalten. Empowerment wurde von Theunissen und Paetz (2010) für Personen mit Autismus von Wilken und Jeltsch-Schudel (2014) für die Elternarbeit im Kontext von Behinderung adaptiert. Ein zentrales Anliegen ist, dass Personen Einschränkungen in der persönlichen Lebenswelt aktiv bewältigen und einen Weg finden, mit einer Behinderungen umzugehen. Dazu trägt bei, dass Personen lernen, mit ihrer Einschränkung besser umzugehen. Die Unterstützung durch Personen sozialer und sonderpädagogischer Einrichtung soll sie bestärken. Mit der veränderten Struktur von sozialer Arbeit und Sonderpädagogik zeigt sich der Bedarf danach, dass das Handeln von Mitarbeitenden von sonderpädagogischen Einrichtungen reflektiert und ggf. verändert werden muss (vgl. ebd., S. 4). Die Selbstreflexion der Mitarbeitenden ermöglicht, dass sie ihr Handeln und ihren Umgang mit *Othering*-Prozessen reflektieren (vgl. Riegel, 2016, S. 131f.). Sie sollen ein Verständnis dafür erlangen und lernen, den Personen, mit denen sie arbeiten, auf Augenhöhe zu begegnen. Dabei ist von Bedeutung, dass sie diese darin unterstützen, ihre Bedarfe und Probleme selbst einzufordern bzw. zu lösen. Dies kann zunächst komplexer und mit einem höheren Aufwand verbunden sein. Gleichwohl kann die Unterstützung bei Personen mit einer Behinderung oder Einschränkung Lernprozesse anregen. Empowerment wird von Bildungseinrichtungen aufgegriffen, die das Ziel haben, benachteiligte soziale Gruppen zu stärken. Zielgruppe von Bildungsprogrammen mit dem Ziel Empowerment sind Personen, die in einer Gesellschaft sozial benachteiligt werden.

2.1.3.3 Grundbildung und soziale Benachteiligung im deutschsprachigen Raum

Empowerment findet in Kontexten sozialer Benachteiligung Verwendung. Grundbildung kann in Anlehnung an Ioannidou und Schrader (2016) zur sozialen Zugehörigkeit von Personen beitragen. Ebenso kann eine geringe Grundbildung zu sozialer Benachteiligung beitragen (vgl. ebd., S. 126). Weil Empowerment in der indischen Erwachsenenbildung in Kontexten von Grundbildung angewandt wird, ist davon auszugehen, dass Grundbildung im deutschsprachigen Raum den entsprechenden Kontext für Empowerment darstellen kann. Eine Analyse von sozialen Bewegungen wie der Frauenbewegung nach Patel (1998) in Indien und nach Lenz (2010) in Deutschland zeigt, dass vergleichbare Prozesse zu beobachten sind. Dabei sind emanzipatorische Bewegungen gegen die Benachteiligung von Frauen und Bewegungen, in denen Frauen ihre soziale Zugehörigkeit aushandeln, zu beobachten. In beiden Gesellschaften gibt es Personen, die ihre Privilegien in sozialen Aushandlungsprozessen gefährdet sehen und auf traditionellen Strukturen beharren und gegen das Empowerment von Personen aus bislang benachteiligten Personengruppen angehen. Im Folgenden soll Grundbildung im deutschsprachigen Raum als mögliches Anwendungsfeld von Empowerment untersucht werden.

Wenn Personen Lesen und Schreiben lernen, können sie sich in ihrer persönlichen Lebenswelt selbst besser zurechtfinden. Dies verhilft ihnen dazu, Dokumente selbst auszufüllen, Texte zu verfassen und sich selbst Wissen in Büchern oder im Internet anzueignen. Die Fähigkeit, Lesen und Schreiben zu können, trägt dazu bei, dass Personen ihr Handeln in Befähigungsbereichen ihrer persönlichen Lebenswelt selbst steuern und weniger auf die soziale Unterstützung anderer Personen angewiesen sind. Lesen und Schreiben sind Praktiken, welche die Kommunikation in einer Gesellschaft ermöglichen und für soziale Zugehörigkeit grundlegend sind.

Dementsprechend sind Personen, die nicht Lesen und Schreiben können, in einer Gesellschaft benachteiligt. Im Folgenden soll Grundbildung in Deutschland analysiert werden. Einen wichtigen Meilenstein in der Erwachsenenbildungsforschung zu Alphabetisierung in Deutschland stellt die *leo.-Level-One* Studie aus dem Jahr 2010 dar. Der funktionale kann vom primären Analphabetismus unterschieden werden. Funktionale Analphabet/inn/en verstehen einzelne Worte und Sätze und haben Schwierigkeiten, Textzusammenhänge zu verstehen. Primären Analphabet/inn/en fällt es schwer, einzelne Worte und Sätze zu lesen. In Deutschland sind nach Grotlüschen und Riekmann (2011) ca. 14,5 Prozent der Personen zwischen 18 und 64 Jahren, die erwerbsfähig sind, funktionale Analphabet/inn/en.[5] Dies schränkt ihre soziale Zugehörigkeit ein, sodass sie nicht „in angemessener Form" (S. 2) teilhaben können. Eine angemessene soziale Zugehörigkeit zeigt sich dann, wenn Personen nicht sozial benachteiligt oder ausgegrenzt werden. Dementsprechend erschwert eine geringe Grundbildung soziale Zugehörigkeit und die Fähigkeit, diese auszuhandeln. Im Gegensatz zu Indien, wo sich die Benachteiligung von Frauen nach den Daten vom UNESCO Institut für Statistik (o.J.) in der Grundbildungsrate zeigt, konnten in Deutschland im Jahr 2010 weniger Männer als Frauen Lesen und Schreiben. Nach Grotlüschen und Riekmann (2011) sind etwas über 60 Prozent von Personen mit geringer Grundbildung (in der LEO 2010-Studie: Alpha-Level 1 und 2) in Deutschland männlich und fast 40 Prozent weiblich (vgl. ebd., S. 5).

Nachdem in der *leo.-Level-One* Studie die soziale Gruppe von Personen mit geringer Grundbildung in Deutschland identifiziert wurde, stellte sich für bildungspolitische Akteure die Frage, wie dagegen angegangen werden kann. Das Bundesministerium für Bildung und Forschung und die Kultusministerkonferenz (2016) haben die Nationale Dekade für Alphabetisierung und Grundbildung ins Leben gerufen. Diese soll dazu beitragen, in den Jahren von 2016 bis 2026 die Grundbildungsrate in Deutschland zu erhöhen. Die Implementierung der Dekade verdeutlicht ein das bildungspolitische Interesse der deutschen Regierung auf Bundes- und auf Länderebene an Grundbildung, die zur sozialen Zugehörigkeit von Personen aus benachteiligten sozialen Gruppen beitragen soll. Mit der bildungspolitischen Verankerung der Nationalen Dekade auf Bundes- und auf Länderebene werden Erwachsenenbildungseinrichtungen gestärkt, die im Bereich Grundbildung tätig sind (vgl. ebd., S. 6). Das bildungspolitische Interesse, dass (funktionale) Analphabet/inn/en Lesen und Schreiben lernen und dass die Grundbildungsrate in Deutschland steigt, kann in Anlehnung an Klingovsky (2017) im Kontext von sozialer Benachteiligung und einer verän-

---

5   Mit der Studie *LEO 2018* (Grotlüschen, Buddeber, Lutz, Heilmann, Stammer, 2019), die im Mai 2019 veröffentlicht wurde, wurde die Unterscheidung in funktionalen und primären Analphabetismus nivelliert. Vielmehr wird nun von geringer Literalität gesprochen, welche die Alpha-Levels 1 bis 3 umfasst (vgl. ebd., S. 4).

derten bildungspolitischen Steuerung verstanden werden. Das Interesse, das bildungspolitische Akteure an der Gleichberechtigung und sozialen Zugehörigkeit von Personen aus benachteiligten sozialen Gruppen haben, zeigt sich in der Implementation solcher Bildungsprogramme. Personen, die Lesen und Schreiben lernen, sollen sich dadurch selbst Wissen und Fähigkeiten aneignen und damit dafür befähigt werden, ihre soziale Zugehörigkeit auszuhandeln. Damit können sie die gesellschaftlichen Anforderungen bewältigen, die in einer individualisierten Gesellschaft an sie gerichtet werden und dem Paradigma der Selbststeuerung Folge leisten (vgl. ebd., S. 29ff.).

Knauber und Ioannidou (2016) analysieren zwei Argumentationslinien innerhalb von bildungspolitischen Diskursen, anhand welcher die Bedeutung von Grundbildung zu beobachten ist. In der humanistisch geprägten Perspektive der UNESCO wird Grundbildung als ein grundlegendes Recht verstanden, das allen Personen zusteht. Aus Perspektive von bildungspolitischen Akteuren, die ökonomische Interessen vertreten, kann Grundbildung die Beschäftigungsfähigkeit von Personen und damit das Humankapital einer Gesellschaft erhöhen (vgl. Zeuner, 2006, S. 309). Humanistisch und ökonomisch geprägte Interessen formulieren das Ziel der sozialen Zugehörigkeit von allen Personen einer Gesellschaft. Die EU-Kommission (2010) formuliert dies in aktuellen bildungspolitischen Dokumenten wie der Strategie EUROPA 2020. Grundbildung soll in Anlehnung an Knauber und Ioannidou (2016) zur sozialen Zugehörigkeit von Personen, die bislang nicht Lesen und Schreiben konnten beitragen. Dies liegt im Interesse humanistisch und ökonomisch geprägter bildungspolitischer Akteure. Gleichzeitig bestehen Wechselwirkungen humanistisch und ökonomisch geprägter Begründungszusammenhänge für Grundbildung: Grundbildung trägt zur ökonomischen Entwicklung bei, was eine soziale Sicherheit einer Gesellschaft ermöglicht. Wenn in einer Gesellschaft hohe Steuereinnahmen zu verzeichnen sind, ermöglicht dies eine verstärkte soziale Unterstützung von Personen aus benachteiligten sozialen Gruppen. Dass Personen ihre soziale Zugehörigkeit aushandeln, trägt dazu bei, dass Personen ihr individuelles Profil entwickeln und ihre Lebenswelt gestalten. In einer individualisierten Gesellschaft entspricht dieses selbstgesteuerte Handeln den Interessen von humanistisch und ökonomisch geprägten bildungspolitischen Akteuren.

Grundbildung ist im Kontext sozialer Zugehörigkeit zu verstehen. Nach Grotlüschen (2016), die die PIAAC-Daten[6] analysiert, besteht ein Zusammenhang von Grundbildung und der persönlichen Überzeugung, einen politischen Einfluss haben zu können. Folglich kann es sein, dass Personen, die nicht gut Lesen und Schreiben können, nicht glauben, persönlich etwas in der Politik bewirken zu können. Personen, die nicht Lesen und Schreiben können, verfügen zudem nach Grotlüschen (2016) über wenig „Soziales Vertrauen" (S. 95). Soziales Vertrauen meint, dass Personen an die Gemeinschaft einer Gesellschaft und sozialer Gruppen glauben und daran, dass eine Gesellschaft funktioniert. Dies deutet darauf hin, dass Personen, die nicht gut Lesen und Schreiben können, sich weniger politisch engagieren und ihr Rechte weniger durchsetzen als alphabetisierte Personen (vgl. ebd., S. 94ff.). Eine

---

6 PIAAC ist die Abkürzung für Programme for the International Assessment of Adult Competencies. Die Studie wurde von der Organisation für wirtschaftliche Zusammenarbeit und Entwicklung (OECD) initiiert und untersucht Kompetenzen von Erwachsenen. Dabei werden unterschiedliche Länder miteinander verglichen. In Deutschland wurden die Ergebnisse der Erhebungen der Jahre 2009 und 2010 im Jahr 2013 veröffentlicht (vgl. OECD, 2018; GESIS Leibniz Institut für Sozialwissenschaften, o.J.).

fehlende Grundbildung ist im Kontext der sozialen Zugehörigkeit von Personen zu verstehen. Wenn Personen Lesen und Schreiben lernen, nimmt ihre soziale Zugehörigkeit und ihr Vertrauen in eine Gesellschaft zu. Lesen und Schreiben stellt eine soziale Praktik dar, die in sozialen Aushandlungsprozessen dazu beiträgt, dass Personen sozial zugehören. Erwachsenenbildung, die das Empowerment der Teilnehmenden zum Ziel hat, ist demnach im Kontext von Grundbildung zu verorten.

Das Bundesministerium für Bildung und Forschung und die Kultusministerkonferenz haben für den Zeitraum der Jahre von 2016 bis 2026 in Deutschland die Nationale Dekade für Alphabetisierung und Grundbildung implementiert. Diese trägt dazu bei, Erwachsenenbildungsforschung zu Grundbildung zu unterstützen. In dieser ist eine neue Bewegung zu beobachten, die als *New Literacy Studies* bezeichnet wird. Diese verstehen nach Euringer (2016) Grundbildung als eine „soziale Praxis [...], die in Werte, Einstellungen und Wissensbestände des soziokulturellen Kontexts eingebettet ist" (S. 244). Die Fähigkeit, Lesen und Schreiben zu können, stellt eine Voraussetzung für soziale Zugehörigkeit und Handeln in einer Gesellschaft dar, weil Kommunikation in einer Gesellschaft zum Teil schriftlich erfolgt. Dieses Verständnis in Anlehnung an Euringer (2016) übersteigt ein Verständnis von Grundbildung als rein kognitiven Fähigkeiten von Personen, sondern ist im Kontext von sozialer Zugehörigkeit zu verstehen. Daraus ergibt sich die Annahme, dass sich Personen Grundbildung als soziale Praktik aneignen können. Der konkrete Anwendungsbezug zur persönlichen Lebenswelt von Personen, die Lesen und Schreiben können, ist eine gute Übung. Personen, können das Wissen und die Fähigkeiten, die sie sich angeeignet haben, in ihrer persönlichen Lebenswelt anwenden. Die regelmäßige Anwendung in ihrer persönlichen Lebenswelt trägt dazu bei, dass die Teilnehmenden den Nutzen von Erwachsenenbildung verstehen. Der Anwendungsbezug erhöht die Motivation und die Lernbereitschaft von Personen, für die Lesen und Schreiben lernen z.T. eine hohe Herausforderung darstellen kann. Das Lernen findet in Bezug zu einer Gesellschaft statt, in der die Personen Lesen und Schreiben lernen und damit nach Grotlüschen und Riekmann (2011) in höherem Umfang sozial zugehören (vgl. ebd., S. 2). Grundbildung und soziale Zugehörigkeit gehen nach Euringer (2016, S. 245) und Gee (2015, S. 35) miteinander einher. Ioannidou und Schrader (2016) stellen fest, dass der Begriff *Grundbildung* an Bedeutung gewinnt und der Begriff *Alphabetisierung* weniger verwendet wird. Dies ist darin zu verorten, dass Grundbildung im internationalen Erwachsenenbildungsdiskurs an den Begriff *literacy* anschlussfähiger ist (vgl. ebd., S. 26). Weil Kommunikation in einer Gesellschaft zum Teil schriftlich erfolgt, geht die Fähigkeit, Lesen und Schreiben zu können mit sozialer Zugehörigkeit einher. Personen, die nicht Lesen und Schreiben können, sind daher in den Bereichen einer Gesellschaft benachteiligt, in denen Kommunikation schriftlich erfolgt. Auf diese Weise reproduziert sich in Anlehnung an Freire (1971) die Aufteilung einer Gesellschaft in privilegierte und benachteiligte soziale Gruppen (vgl. S. 76ff.).

Euringer (2016) analysiert, dass Grundbildung vor dem Kontext der jeweiligen politischen Akteure zu verstehen ist, welche diese definieren. Es besteht ein politisches Interesse am Begriff *Grundbildung*, der Alphabetisierung umfasst und weitere emotionale und soziale Fähigkeiten impliziert. Grundbildung befähigt Personen stärker zu einer sozialen Zugehörigkeit als wenn sie Lesen und Schreiben Lernen als rein kognitiven Lernprozess verstehen.

Die *New Literacy Studies* nach Gee (2015) und Euringer (2016) schließen an das Verständnis von Grundbildung in sozialen Kontexten an.

2.1.3.4 Empowerment in der deutschsprachigen Erwachsenenbildung

In der deutschsprachigen Erwachsenenbildung wird Empowerment vereinzelt thematisiert. Dazu zählt die Frauen- und Männerbildung. Faulstich-Wieland (2018) bringt in den Erwachsenenbildungsdiskurs das Konzept Empowerment ein. Zuvor ging es vermehrt um die Frage nach sozialer Benachteiligung und der Frage nach dem Lernen von Frauen und Männern. Aktuell ist in Anlehnung an Riegel (2016), Rieger-Goertz (2013) und Sprung (2012) die Frage nach Diversität und wie mit ihr umgegangen werden kann, zentral.

Seit den 1990er Jahren etabliert sich Genderforschung in der Erwachsenenbildung im deutschsprachigen Raum. Einhergehend mit der Frauenbewegung von den 1970 wurde die Frauenbildung thematisiert. Seit den 1990er Jahren veränderte sich der Fokus von einer Frauen- und Männerforschung zu Genderforschung. Diese widmet sich nach von Felden (2004) Frauen, Männern und den sozialen Unterschieden beider (vgl. ebd., S. 2). Fragen danach werden thematisiert, welche sozialen Kategorien und welches Handeln Frauen und Männern in einer Gesellschaft zugeschrieben werden. In der Erwachsenenbildung, die sich mit Frauen, Männern und deren Unterschieden beschäftigen, wird nach Gieseke (1995) untersucht, warum Frauen und warum Männern teilnehmen, für welche Angebote sie sich entscheiden, wie sie sich bilden und wie sie handeln (vgl. ebd., S. 7ff.). In Anlehnung an Gieseke (1995, 2001) kann Frauenbildung als ein Bereich von Erwachsenenbildung verstanden werden. Beispiele, die im Kontext der Frauenbildung analysiert wurden, sind die Biografieorientierung von Dausien (2001), Unterschiede im Lernen von Frauen und Männern von Auszra (2001) und Teilnahmemotive von Frauen von Siebers (2001). Von Felden (2004) hat aufgezeigt, dass sich Frauen und Männer für unterschiedliche Erwachsenenbildungsangebote interessieren. Nuissl (2000) thematisiert, dass Erwachsenenbildung für Männer interessant ist, wenn sie „funktional [...] und instrumentell" (S. 2) sind. Männer nehmen an Erwachsenenbildung teil, in der sie sich Wissen und Fähigkeiten aneignen können, die sie benötigen, um eine bessere berufliche Position zu erlangen. Dagegen interessieren sich Frauen für Angebote, in denen sie persönlichen Interessen nachgehen können (vgl. ebd., S. 2). Nach Siebers (2001) besteht bei manchen Frauen der Wunsch nach einer persönlichen beruflichen Qualifikation und danach, dass sie ihr individuelles Profil entwickeln können (vgl. ebd., S. 283). Die Fragen nach den Teilnahmemotiven, dem spezifischen Lernen von Frauen und der Biografieorientierung stellen sich in Bezug auf Empowerment. Dies zeigt sich v.a. im Kontext einer sozialen Benachteiligung von Frauen. Diese besteht aufgrund ihres Geschlechts und aufgrund ihrer Zugehörigkeit zu einer benachteiligten sozialen Gruppe. Abb. 7 verdeutlicht den Wandel der deutschsprachigen Erwachsenenbildung. In Anlehnung an Baldauf-Bergmann (2001) lernen die Teilnehmenden, ihre Lebenswelt selbst zu gestalten, wenn sie ihre persönlichen Probleme in die Erwachsenenbildung einbringen und diese dort gemeinsam besprochen werden können. Es stellt sich Frage danach, wie die Mitarbeitenden die Teilnehmenden darin unterstützen können, dass sie ihre Bedarfe und Probleme in die Erwachsenenbildung einbringen (vgl. ebd., S. 247).

Abbildung 7: Gender in der deutschsprachigen Erwachsenenbildung

Quelle: Eigene Darstellung

Es zeigt sich, dass in der deutschsprachigen, indischen und internationalen Erwachsenenbildung ähnliche Fragen zum Empowerment von Teilnehmenden gestellt werden. Im deutschsprachigen Raum werden diese Diskussionen allerdings nicht dem Konzept zugeordnet, sondern in Fragestellungen um Gleichberechtigung und soziale Benachteiligung verortet. In Anlehnung an Smykalla (2010) kann geschlechtsbezogene Diversität verstanden werden. Diversität zu nutzen, stellt eine Aufgabe der Mitarbeitenden dar wohingegen Empowerment im Kontext politischer Begründungszusammenhänge verortet wird. Dagegen müssen wissenschaftliche Akteure geschlechtsbezogene Diversität und das politisch geprägte Paradigma des *Gender Mainstreaming* reflektieren (vgl. ebd., S. 6). In Anlehnung an Börjesson (2013) kann die Beschäftigung mit Kultur zum eigenen Empowerment beitragen, weil dies individuelle und reflexive Lernprozesse ermöglicht, die Personen befähigt, ihr Handeln selbst zu steuern (vgl. S. 100f.). In Anlehnung an *Othering*-Prozesse kann Kultur als etwas *Anderes* verstanden werden, das emotionale und kognitive Lernprozesse ermöglichen kann. Durch die Beschäftigung mit Fremdem können Personen ihr persönliches Verständnis und ihre soziale Eingebundenheit in eine Gesellschaft besser verstehen und dies reflektieren. Personen, die in unterschiedlichen Kulturen aufgewachsen sind und die sich begegnen, ermöglichen den Kontext für Lernprozesse und Reflexivität, die durch die Diversität geprägt sind. Dies trägt dazu bei, dass sich Personen aus Abhängigkeiten und Benachteiligung lösen können. Börjesson (2013) stellt die Frage, ob Bildung durch Individualisierungsprozesse instrumentalisiert worden ist und ob Empowerment für „die Logik des Marktes" (S. 101) instrumentalisiert worden ist. Erwachsenenbildung kann zum Erreichen gesellschaftlicher Zwecke instrumentalisiert werden. Diese können in ökonomische (EU-Kommission, 2001) und humanistische Interessen (UNESCO, 2006) differenziert werden. Die gesellschaftliche Bedeutung von Erwachsenenbildung ergibt sich in diesem Fall nach Börjesson (2013) aus ökonomischen Begründungszusammenhängen. Kultur und Empowerment, die aus humanistisch geprägten Begründungszusammenhängen stammen werden von ökonomischen Begründungszusammenhängen aufgegriffen. Die Differenzierung in humanistische und ökonomische Begründungszusammenhänge verliert an Bedeutung, wenn bildungspolitische Akteure die soziale Zugehörigkeit aller Personen einer Gesellschaft anstreben (vgl. ebd., S. 101f.). In Anlehnung an Nickel (2013) gewinnt Frauenbildung vor dem Hintergrund von Individualisierungsprozessen an Bedeutung. Die individuellen Potenziale von Frauen, ihre Lebenswelt selbst zu gestalten, können durch Erwachsenenbildungsangebote gefördert werden. Diese ermöglichen Frauen, die in ihrer Erwerbstätigkeit benachteiligt werden, die Möglichkeit, ihren individuellen Lernbedarfe nachzugehen. Durch ihre Teilnahme können sie sich Wissen und die Fähigkeiten anzueignen, die sie benötigen, um in unterschiedlichen Bereichen gleichberechtigt zu handeln. Erwachsenenbildung kann dadurch dazu beitragen, diese Benachteiligung zu verringern (vgl. ebd., S. 206f.).

Aktuelle Diskurse von Erwachsenenbildung im deutschsprachigen Raum beschäftigen sich mit dem Umgang mit Diversität (Rieger-Goertz, 2013, Sprung, 2012). Erwachsenenbildung im deutschsprachigen Raum richtet sich an alle Personen. In einer traditionell geprägten Gesellschaft werden benachteiligte und privilegierte soziale Gruppen adressiert. Die Gleichberechtigung von benachteiligten sozialen Gruppen ist ein Ziel von Erwachsenenbildung in einer individualisierten Gesellschaft. In der deutschsprachigen Erwachsenenbildung wird die Zugehörigkeit von benachteiligten sozialen Gruppen und deren Teilnahme thematisiert. Beispiele dafür sind nach Geißler und Weber-Menges (2009) „Migrantenkinder" (S. 383), Personen, die keine Schul- oder Berufsausbildung haben, Arbeitssuchende, Personen mit Fluchterfahrung, v.a. wenn ihre Schul-, Berufs- und Studienabschlüsse nicht anerkannt werden, Frauen und (funktionale) Analphabet/inn/en. Soziale Kategorien, die einen Grund für eine Benachteiligung darstellen, sind nach Brüning et al. (2001) Einschränkungen hinsichtlich des eigenen Lernens, der Gesundheit, keine abgeschlossene Schul- oder Berufsausbildung oder wenn diese nicht anerkannt werden (v.a. bei Personen mit Fluchterfahrung) (vgl. ebd., S. 10f.).

In Anlehnung an Sprung (2012) ist für Erwachsenenbildungsangebote aktuell weniger um die Frage nach Benachteiligung, als nach Diversität relevant (vgl. ebd., S. 16). Dies kann vor dem Hintergrund eines sozialen Wandels verstanden werden. Nach Kade (1989) löst sich die traditionelle soziale Aufteilung einer Gesellschaft allmählich auf. Damit geht einher, dass soziale Aushandlungsprozesse allen Personen soziale Zugehörigkeit ermöglichen. Anstelle der Aufteilung in benachteiligte und privilegierte soziale Gruppen werden die Gemeinschaft und die Diversität von Personen fokussiert. In sozialen Aushandlungsprozessen kann soziale Zugehörigkeit neu verhandelt werden. Dafür ist ein reflektierter Umgang mit Othering-Prozessen nach Riegel (2016) von Bedeutung (vgl. ebd., S. 176ff.). Budde (2008) beobachtet, dass der Begriff der Benachteiligung von einigen Frauen als „Defizitunterstellung [...] mittlerweile selbstbewusst" (S. 43) zurückgewiesen wird. Das Selbstvertrauen von Frauen im deutschsprachigen Raum ist Resultat von sozialen Bewegungen, die gegen die soziale Benachteiligung von Frauen angegangen sind. Dies kennzeichnet das Empowerment von Frauen im deutschsprachigen Raum, das nicht mit diesem Begriff bezeichnet wurde. Anstelle von Empowerment wird im deutschsprachigen Raum die Gleichberechtigung von Frauen diskutiert. Diese wird tendenziell eher im Kontext von Feminismus und Emanzipation verortet und weniger als Empowerment bezeichnet. Wohingegen sich Emanzipation nach Inglis (1997) gegen bestehende Strukturen richtet, geht es bei Empowerment darum, bestehende Strukturen einer Gesellschaft zu verstehen und innerhalb dieser zu handeln.

Dass sich das Handeln von Personen verändert, trägt zu einem sozialen Wandel bei (vgl. ebd., S. 4). Dies kann daran liegen, dass gegen die Benachteiligung von Frauen im deutschsprachigen Raum in sozialen Bewegungen angegangen wurde, die in stärker traditionell geprägten Gesellschaftsstrukturen verortet waren. Die Benachteiligung ist aufgrund der sozialen Kategorie Geschlecht keine mehrfach geprägte Benachteiligung, die im Kontext von Wechselwirkungen zu verorten ist. Dagegen ist Empowerment tendenziell im Kontext von Benachteiligung geprägt, die durch die Zugehörigkeit zu mehreren persönlichen und sozialen Kategorie geprägt ist. In der Erwachsenenbildung zeigt sich ein Verständnis für die Lernbedarfe von Frauen und Männern, sodass spezifische Angebote für Frauen aus benachteiligten sozialen Gruppen angeboten werden.

Rieger-Goertz (2013) betont die Notwendigkeit einer „Diversitätskompetenz" (S. 218) von Mitarbeitenden. Ein reflektierter Umgang mit Diversität ist durch die Fähigkeit geprägt, dass sich die Mitarbeitenden mit Personen aus verschiedenen sozialen Gruppen auf Augenhöhe auszutauschen. Diversität zeigt sich in persönlichen Lebenswelten der Teilnehmenden und der Mitarbeitenden untereinander. Um gemeinsam auf Augenhöhe lernen zu können, ist ein gegenseitiger respektvoller Umgang notwendig. In Anlehnung an Riegel (2016) ist der Umgang mit *Othering*-Prozessen, mit Personen, die *anders* sind als die Mitarbeitenden selbst, d.h. anderen sozialen Kategorien zuzuordnen sind, für deren Selbstreflexion von Bedeutung. Der Umgang mit *Othering*-Prozessen kennzeichnet einen reflektierten Umgang mit Diversität. Dabei sind Selbstreflexion und ein Verständnis sozialen Wandels und von sozialen Aushandlungsprozessen von Bedeutung (vgl. ebd., S. 176ff., S. 246ff.). In Anlehnung an Kocaman et al. (2010) kann Diversität als eine „Ressource für Bildungsprozesse" (S. 1) verstanden werden. Vor dem Hintergrund von Diversität können Teilnehmende voneinander lernen. Die Diversität von Teilnehmenden, die verschiedenen sozialen Gruppen zugehören, stellt einen Kontext von Erwachsenenbildung dar. Wenn die Diversität verstanden und reflektiert wird, ermöglicht sie einen Raum für Lernprozesse, Austausch und gegenseitiges Verstehen. Zentrale Annahme ist die Gleichberechtigung aller Mitarbeitenden und Teilnehmenden sowie der Austausch auf Augenhöhe. Indem die formale Differenzierung in Lehrende und Lernende aufgehoben wird und Diversität als Grundlage für den Austausch verstanden wird, kann eine Gemeinschaft entstehen (vgl. Riegel, 2016, S. 131ff.). Nach Kade (1989) kann eine Gemeinschaft in der Erwachsenenbildung für die Teilnehmenden einen Ausgleich zu den gesellschaftlichen Anforderungen einer individualisierten Gesellschaft darstellen (vgl. S. 798). In einer Gemeinschaft können sich Personen gegenseitig unterstützen und stärken. Dies verdeutlicht, dass im deutschsprachigen Raum Individualisierungsprozesse – wie sie nach Beck und Beck-Gernsheim (1994) analysiert haben – in den letzten Jahren vorangeschritten sind, sodass die soziale Aufteilung einer Gesellschaft in benachteiligte und privilegierte soziale Gruppen hinterfragt wird. Die Benachteiligung von Frauen zeigt sich im deutschsprachigen Raum mittlerweile in der *gläsernen Decke* die von Morrison, White und van Velsor und das Center for Creative Leadership (1994) anhand von Frauen Führungspositionen in den USA analysiert wurde. Diese kennzeichnet die Benachteiligung von Frauen in höheren Führungsebenen.

Nach Faulstich-Wieland (2018) gewinnt Empowerment vor dem Hintergrund von *Gender Mainstreaming* in der Erwachsenenbildung an Bedeutung (vgl. ebd., S. 1231f.). Rieck (2008) analysiert Empowerment im Kontext kirchlicher Erwachsenenbildung. Empowerment wird in einem Kontext verortet, in welchem Personen in einer Gesellschaft aktiv etwas aushandeln. Kirchliche Erwachsenenbildung kann zum Empowerment von Personen beitragen und diese befähigen, sich in einer Gesellschaft aktiv einzubringen (vgl. ebd.). In ihrer Analyse bezieht Faulstich-Wieland (2018) auf die indische Erwachsenenbildungsforscherin Pant (2004). Pant war bei der Nichtregierungsorganisation *Participatory Research in Asia* (2010) tätig, die das Empowerment von Frauen in Indien als eines ihrer Ziele versteht. Bildungsprogramme sollen zum Empowerment von Frauen beitragen und Veränderungen in der persönlichen Lebenswelt der Frauen ermöglichen. Empowerment als ein Ziel von Erwachsenenbildung geht nach Faulstich-Wieland (2018) gegen „eine ausgeprägte Frauenarmut" (S. 1234) und gegen soziale Benachteiligung an.

2.1.3.5 Empowerment in der internationalen Erwachsenenbildung

In der europäischen Erwachsenenbildung zeigen Dokumente von der EU-Kommission (2001) das bildungspolitische Interesse am Empowerment. Hier ist das *Network on Gender and Adult Learning* zu nennen, das zur Europäischen Gesellschaft zur Forschung in der Erwachsenenbildung (ESREA) gehört. Seit der Gründung des Forschungsverbunds im Jahr 1998 wurden ca. zehn Konferenzen organisiert. Schwerpunkte der Forschungsdiskussionen liegen auf Unterschieden von Frauen und Männern im Lernen, Biografien, Erwachsenenbildung (vgl. Ostrouch, 2009, Linköping University, 2017).

Forschung zum Empowerment von benachteiligten sozialen Gruppen wird in europäischen Forschungsverbänden von der Europäischen Union gefördert, die als bildungspolitischer Akteur zu verstehen ist. Das Projekt *Outreach, Empowerment and Diversity* (2012-2014) fokussierte Personen aus benachteiligten sozialen Gruppen als Zielgruppe. Das Projekt sollte dazu beitragen, Diversität in Erwachsenenbildungsangeboten zu fördern und das Empowerment der Teilnehmenden zu unterstützen, sodass sich diese in der europäischen Gesellschaft persönlich einbringen können. Das Projekt fördert die Forschung zu Empowerment auf mehreren Ebenen: Dazu zählen bildungspolitische Akteure, an die sich die politischen Empfehlungen richten, auf der *Makro*-Ebene. Zudem werden die Mitarbeitenden von Erwachsenenbildungseinrichtungen auf der *Meso*-Ebene adressiert. Empowerment wird im Kontext von sozialen Bewegungen verstanden, die Gleichberechtigung und soziale Zugehörigkeit einfordern. Dies soll zu einer demokratischen Gesellschaft beitragen, die in sozialen Aushandlungsprozessen von allen gemeinsam gestaltet wird (vgl. ebd. Europäischer Verband für Erwachsenenbildung, 2015, Outreach, Empowerment, Diversity, 2018).

Mit Erwachsenenbildung und dem Paradigma Lebenslangen Lernens in Südosteuropa beschäftigen sich Koulaouzides und Popović (2017). Das Konzept Empowerment wird vor dem Hintergrund des Spannungsfeldes diskutiert, in dem sich Erwachsenenbildungsangebote befinden. Diese sind zwischen ökonomischen Interessen und humanistischen Interessen zu verorten. Erwachsenenbildung kann dazu beitragen, die Beschäftigungsfähigkeit von Personen und damit das Humankapital einer Gesellschaft zu steigern. Gleichzeitig kann sie Personen befähigen, eine Gesellschaft kritisch zu hinterfragen. Hier steht die persönliche

Entwicklung von Personen im Vordergrund. Davon unterscheidet sich die Verwendung des Konzepts in beruflicher Erwachsenenbildung, die zu einer höheren Beschäftigungsfähigkeit und beruflichen Leistungsfähigkeit beitragen sollen (vgl. Koulaouzides, 2017, S. 17ff.). Markidis und Papageorgiou (2017) beobachten Empowerment bei Frauen in Griechenland, die sich in Gewerkschaften engagieren. Sie analysieren ein Erwachsenenbildungsangebot in Griechenland, das sich an diese Frauen richtet. Ziel ist, dass die Frauen ihr Handeln möglichst selbst steuern und ihre Lebenswelt aktiver gestalten. Dies ist besonders vor dem Hintergrund einer komplexen individualisierten Gesellschaft, in welcher die Anforderungen an die Personen steigen, von Bedeutung (vgl. ebd., S. 41ff.).

Empowerment wird in der außereuropäischen Erwachsenenbildung im Kontext von sozialer Benachteiligung diskutiert und als ein Ziel genannt. Hopfer (1997) analysiert Empowerment als ein Ziel von Erwachsenenbildungsangeboten in Namibia und Südafrika. Im Kontext von Apartheid waren soziale Bewegungen zu beobachten, die nach dem *Bottom-Up*-Prinzip von Personen aus benachteiligten sozialen Gruppen initiiert wurden. Die beteiligten Personen haben Bildungsprogramme ins Leben gerufen, die zum Empowerment der Personen beitragen und gegen soziale Benachteiligung von sozialen Gruppen angehen sollten. Kwapong (2005) analysiert das Empowerment von Frauen im ländlichen Raum in Ghana und stellt die Frage, inwiefern Erwachsenenbildung dazu beiträgt. Eines der Ziele ist, die Teilnehmenden ihre Lebenswelt selbst gestalten. Wenn sich die Teilnehmenden in der Erwachsenenbildung Wissen und Fähigkeiten aneignen, kann dies dazu beitragen, dass sie sich der sozialen Eingebundenheit ihrer Benachteiligung bewusstwerden. Die empirische Studie von Kwapong (2005) zeigt, dass Frauen in ihrer Familie mehr Entscheidungen treffen und finanziell unabhängiger werden. Zentrales Ziel von Empowerment ist, dass Personen ihre Rechte verstehen und einfordern, sodass sie gegen ihre soziale Benachteiligung angehen. Indabawa und Mpofu (2006) sehen die Aufgabe von Erwachsenenbildung, die zum Empowerment der Teilnehmenden beitragen soll in der Vermittlung von Grundbildung und beruflichen Fähigkeiten sowie in der Unterstützung der Teilnehmenden in ihrer persönlichen Lebenswelt. Dies kann zu ihrem Empowerment beitragen und, dass sich ihre Chancen für ein höheres Einkommen erhöhen. Mit der Gestaltung von Erwachsenenbildung gehen nach Indabawa und Mpofu (2006) Fragen nach Finanzierung, (in mehrsprachigen Regionen) nach der Unterrichtssprache, Lernmaterialien sowie mit der Lernbereitschaft der Teilnehmenden einher (vgl. ebd., S. 92). In der afrikanischen Erwachsenenbildung wird das Konzept als Ziel diskutiert. Es wurden konkrete Strategien entwickelt, die Personen befähigen sollen, gegen ihre soziale Benachteiligung anzugehen.

In Asien wurde der Beitrag von Erwachsenenbildung zum Empowerment von Teilnehmenden ebenfalls untersucht. Ghose (2009) zeigt anhand der indischen Nichtregierungsorganisation *Nirantar* Strategien auf, wie das Lernen von Lesen und Schreiben und andere Lernprozesse zum Empowerment von Teilnehmenden beiträgt. Dazu zählt, dass den Teilnehmenden ein Raum ermöglicht wird, in dem sie sich austauschen und diskutieren können. Dies kann sie nach Ghose (2009) dazu befähigt, sich eine eigene Meinung zu bilden und sich dafür einzusetzen. Seit dem Jahr 2002 wird gemeinsam mit Frauen aus registrierten Kasten eine Zeitung herausgegeben. Die Frauen recherchieren für Artikel, welche sie gemeinsam verfassen und die veröffentlicht werden. Dies trägt nach Ghose (2009) dazu bei, dass die Frauen ihre persönlichen Überzeugungen reflektieren und artikulieren und in einem öffentlichen Raum (vgl. ebd.). Hossain (2012) analysiert Empowerment in Bangladesch. Raya (2012) vom Verband des asiatischen Südpazifiks für Grund- und Erwachsenenbildung ASPBAE beschäftigt sich mit Grundbildung und dem Empowerment von Frauen in Indien, Kambodscha und Bangladesch. Zur internationalen Erwachsenenbildung bildungspolitischer Akteure zum Empowerment von Personen aus benachteiligten sozialen Gruppen tragen diese Studien aus Süd- und Südostasien bei. Folglich wird Empowerment in Fragestellungen von Erwachsenenbildung in unterschiedlichen nationalen Kontexten aufgegriffen.

2.2 Betrachtung der persönlichen Lebenswelt

Empowerment kann sich in der persönlichen Lebenswelt von Teilnehmenden zeigen. Auf Grundlage der Erkenntnisse von Bourdieu (1987), Nussbaum (2000) und Stromquist (2015) werden Befähigungsbereiche erarbeitet, in denen Personen handeln können. Hier sind emotionale, soziale, physische und ethische Befähigungsbereiche zu differenzieren (Kap. 2.2.1). Empowerment zeigt sich in Verstehens- und Artikulationsprozessen. Dabei eignen sich die Teilnehmenden Wissen an und reflektieren ihre Lebenswelt anhand des erworbenen Wissens (Kap. 2.2.2). Mit dem Ziel einer Veränderung weist Empowerment Parallelen zum Konzept Transformatives Lernen auf (Kap. 2.2.3). Ein zentrales Kennzeichen von Empowerment besteht darin, dass Personen ihr Handeln möglichst selbst steuern, ihre persönliche Lebenswelt selbst gestalten und ihre Rechte in einer Gesellschaft stärker einfordern (Kap. 2.2.4).

2.2.1 Empowerment in emotionalen, sozialen, physischen und ethischen Befähigungsbereichen

Empowerment zeigt sich, wenn Personen in Befähigungsbereichen in ihrer persönlichen Lebenswelt aktiv handeln und diese selbst gestalten. Grundlegend für das Verständnis von sozialer Benachteiligung und von sozialen Privilegien ist die Kapital-Theorie von Bourdieu (1987). In einer traditionellen Gesellschaft verfügen soziale Gruppen über einen unterschiedlichen Umfang an Kapital und werden zum Teil privilegiert und zum Teil benachteiligt behandelt. In Anlehnung an Nussbaum (2000) können Personen ihr Handeln in Befähigungsbereichen selbst steuern und die Bereiche in ihrer persönlichen Lebenswelt selbst gestalten Es wird angenommen, dass Personen, die über mehr Kapital verfügen, ihr Handeln in Befähigungsbereichen stärker selbst steuern können als Personen, die über weniger Kapital verfügen. Stromquist (2015, S. 310ff.) operationalisierte Bereiche von Empowerment. Anhand der drei Theorien wird ein theoretisches Modell erarbeitet, in denen vier Befähigungsbereiche der persönlichen Lebenswelt von Personen unterschieden werden. Das Empowerment von Personen zeigt sich in Anlehnung an Stromquist darin, dass sie ihr Leben, ihr Handeln und ihr Lernen selbst steuern und gestalten (vgl. ebd., S. 319).

In Anlehnung an Bourdieu (1983) kann das Handeln von Personen in einer Gesellschaft erklärt werden. Soziale Gruppen in einer Gesellschaft verfügen über einen unterschiedlichen Umfang an Kapital, wobei kulturelles, ökonomisches und soziales Kapital zu unterscheiden sind. Kulturelles Kapital zeigt sich darin, wie gebildet Personen sind und über wie viel Wissen sie verfügen. Dies wird in akademischen Abschlüssen sichtbar (vgl. ebd., S. 185ff.). Als soziales Kapital werden die Beziehungen in der persönlichen Lebenswelt einer Person verstanden (vgl. ebd., S. 191ff.). Ökonomisches Kapital setzt sich aus den finanziellen Mitteln einer Person und ihrer Möglichkeit, weiteres ökonomisches Kapital zu erlangen, zusammen (vgl. ebd., S. 195ff.). Die drei Formen von Kapital werden im symbolischen Kapital subsumiert. Dieses ist eine übergeordnete Form von Kapital, die sich im Geschmack von Personen zeigt. Der Umfang an Kapital, über den Personen verfügen, bestimmt, zu welcher sozialen Gruppe sie gehören und wie hoch ihre soziale Zugehörigkeit ist. Privilegierte sozialen Gruppen verfügen über mehr Kapital als benachteiligte Gruppen. Personen, die über wenig Kapital verfügen, sind sozial benachteiligt. Nach Bourdieu (1987) bewegen sich Personen, die über hohes kulturelles Kapital verfügen, in einer Lebenswelt, in denen Kultur und Bildung von Bedeutung sind. Soziale Restriktionen in dieser Lebenswelt können Personen betreffen, die über weniger kulturelles Kapital verfügen. Wenn Personen über mehr Kapital verfügen, haben sie eine höhere soziale Zugehörigkeit zu einer Gesellschaft, als wenn sie über weniger Kapital verfügen. Kapital ermöglicht in Anlehnung an Bourdieu (1987), dass Personen über das Wissen und die Fähigkeiten verfügen, ihre soziale Zugehörigkeit auszuhandeln (vgl. ebd., S. 143ff.). In der Erwachsenenbildung wird auf den *Matthäus*-Effekt des Soziologen Merton (1968) Bezug genommen. Für Personen, die über viel Kapital verfügen, ist es leichter, sich weiteres Kapital anzueignen als für Personen, die über wenig Kapital verfügen. Dies zeigt sich in Anlehnung an Eckert (2018) darin, dass sich die Teilnahmequote an Erwachsenenbildung mit dem Bildungsabschluss von Personen korreliert. Personen, die eine lückenhafte schulische Ausbildung durchlaufen haben, nehmen in geringerem Umfang teil als Personen, die einen hohen Schulabschluss haben. Eine Ursache dafür kann sein, dass Personen, die negative Erfahrungen in der Schule gemacht haben, negative Erwartungen an Erwachsenenbildung richten. Dagegen können Personen mit positiven Schulerfahrungen weitere positive Erwartungen an ihre Teilnahme richten (vgl. ebd., S. 380).

Die Analyse einer Gesellschaft kann durch die Perspektive der persönlichen Lebenswelt von einzelnen Personen ergänzt werden. Es wird untersucht, wie Personen, die über viel oder wenig Kapital verfügen, in ihrer persönlichen Lebenswelt handeln. Dieser Frage gehen der indische Philosoph und Ökonom Sen und die US-amerikanische Philosophin Nussbaum mit dem Befähigungsansatz (engl. *Capability Approach*) nach. Mit dem Befähigungsansatz analysieren Nussbaum und Sen Befähigungsbereiche in der persönlichen Lebenswelt von Personen. In Anlehnung an den Befähigungsansatz, den Nussbaum (2000) für Frauen erstellt hat, unterschiedliche Befähigungsbereiche differenziert werden. Diese Befähigungsbereiche können Personen in höherem oder geringerem Umfang selbst gestalten. Frauen können lernen, ihr Handeln in den Befähigungsbereichen selbst zu steuern. Wenn sie ihre Befähigungsbereiche selbst gestalten und ihr Handeln darin selbst steuern, kann sie dies dazu befähigen, ihre soziale Zugehörigkeit auszuhandeln (vgl. ebd., S. 229f.). Empowerment zeigt sich darin, dass Personen beginnen, ihr Handeln in Befähigungsbereichen selbst zu steuern und die Bereiche aktiv zu gestalten. Nach Nussbaum (2000) ist dies darin zu beobachten, dass sich Personen der Bedeutung einer gesunden Ernährung bewusstwerden, gesundes Essen einkaufen und auf eine gesunde Ernährung achten (vgl. ebd., S. 228). Weitere Beispiele für Befähigungsbereiche sind die Möglichkeit, dass sich Frauen frei bewegen und einer Erwerbstätigkeit nachgehen können (vgl. ebd., S. 232f.). In Anlehnung an die Kapital-Theorie von Bourdieu (1987) trägt ein höheres Kapital dazu bei, dass Personen ihre persönliche Lebenswelt selbst gestalten und ihr Handeln in den Befähigungsbereichen selbst gestalten.

Die Lebensqualität von Personen bemisst sich in Anlehnung an Nussbaum (2000) daran, wie sie ihre Befähigungsbereiche selbst gestalten und ihr Handeln in diesen aktiv steuern. Anhand des Befähigungsansatzes kann die Lebensqualität von sozialen Gruppen miteinander verglichen werden. Die finanzielle Unterstützung bestimmter benachteiligter sozialer Gruppen kann mit den Erkenntnissen auf Grundlage des Befähigungsansatzes begründet werden. Das Konzept der Befähigungsbereiche ist für die internationale Entwicklungszusammenarbeit von Interesse, die bildungspolitisch finanzielle Unterstützung ermöglicht und diese rechtfertigen muss. Nussbaum (2000) untersuchte den Befähigungsansatz explizit für Frauen. Dies hatte den Grund, dass Frauen in unterschiedlichen Gesellschaften benachteiligt werden. Dort zeigt sich die Benachteiligung von Frauen darin, dass weniger Frauen als Männer Lesen und Schreiben und im Durchschnitt ein geringeres Einkommen haben (vgl. ebd., S. 221). Im deutschsprachigen Raum haben Frauen nach dem Bundesministerium für Familien, Frauen, Senioren und Jugend (2017) weniger als ein Drittel der Führungspositionen in Deutschland inne. Dies kann unterschiedliche Gründe haben. Z.B. kann es sein, dass Frauen andere Ziele und Interessen haben und weniger als Männer eine berufliche Karriere anstreben. Gleichzeitig kann es sein, dass das Empowerment und der berufliche Erfolg von Frauen im Berufsleben mit Widerstand durch Männer konfrontiert wird (vgl. ebd., S. 86).

Die soziale Benachteiligung von Frauen kann anhand von den Befähigungsbereichen nach Nussbaum (2000) differenziert werden. Um mit ihrer persönlichen Lebenswelt zufrieden zu sein, müssen Personen gesund sein und die Möglichkeit haben, sich gesund zu ernähren. Sie sollen Kinder bekommen und sich frei von sozialen Restriktionen an verschiedenen Orten bewegen können. Die Zufriedenheit mit der persönlichen Lebenswelt zeigt sich darin, dass Personen ihre persönliche Lebenswelt selbst besser verstehen und ihre individuellen Bedarfe und Probleme im Austausch mit anderen Personen artikulieren können. Sie sollen in der Lage sein, emotional-reziproke Beziehungen einzugehen, in denen sie Zugehörigkeit erfahren und sich als Teil einer Gemeinschaft fühlen. Zudem ist nach Nussbaum (2000) von Bedeutung, dass alle Personen in der Lage sind, ihre soziale Zugehörigkeit auszuhandeln. Dies ist von Bedeutung, damit sie aktiv gegen soziale Benachteiligung angehen können (vgl. ebd., S. 231ff.). Stromquist (2015) bezieht sich auf den Befähigungsansatz von Nussbaum (2000) und versteht Empowerment als ein Konzept, das einen sozialen Wandel kennzeichnet. Das Empowerment von Teilnehmenden zeigt sich nach Stromquist (1995) darin, dass diese lernen, ihr Handeln in kognitiven, psychologischen, politischen und ökonomischen Befähigungsbereichen ihrer persönlichen Lebenswelt selbst zu steuern (vgl. ebd., S. 14ff.). Anhand ihres Handelns kann von außen beobachtet werden, ob Personen dem Paradigma der Selbststeuerung folgen. In Anlehnung an Nussbaum (2000, S. 231ff.)

und Stromquist (2015, S. 310ff.) werden ethische, emotionale, soziale und physische Befähigungsbereiche der persönlichen Lebenswelt unterschieden. Empowerment zeigt sich in Befähigungsbereichen in der persönlichen Lebenswelt von Personen. Theoretische Grundlage dafür sind bei Bourdieu (1987), Nussbaum (2000, S. 231ff.) und bei Stromquist (2015, S. 310ff.) zu finden (Kap. 2.2.1.1). In Anlehnung daran werden ethische, emotionale, gesellschaftliche und physische Befähigungsbereiche in der persönlichen Lebenswelt von Teilnehmenden unterschieden, in denen sich Empowerment zeigen kann (Kap. 2.2.1.2). Die Befähigungsbereiche sind in ihrer persönlichen Lebenswelt zu verorten. Die Teilnehmenden können diese gestalten und ihr Handeln in diesen Befähigungsbereichen steuern. Das Konzept der Befähigungsbereiche kann an die Erkenntnis von Bourdieu (1987) anschließen, dass soziale Gruppen in einer Gesellschaft in unterschiedlichem Umfang über Kapital verfügen. Personen, die über viel Kapital verfügen, haben in einer Gesellschaft mehr Privilegien, als Personen die über weniger Kapital verfügen.

- Empowerment zeigt sich in ethischen Befähigungsbereichen der persönlichen Lebenswelt. Das bedeutet, dass sich die Teilnehmenden in der Erwachsenenbildung und außerhalb davon Wissen selbstständig aneignen und dieses reflektieren können. Sie sind in der Lage, ihr Handeln anhand von übergeordneten ethischen Kriterien zu reflektieren. Dies befähigt sie dazu, Gründe für ihr Handeln zu reflektieren und dieses mit ethischen Kriterien zu begründen. Personen können ihr Handeln in ethischen Befähigungsbereichen selbst steuern und diese gestalten. Dies zeigt sich darin, dass Personen ihre persönlichen Stärken und Schwächen verstehen und reflektieren. Sie können ihr eigenes Handeln hinterfragen und entweder an ihrer persönlichen guten Absicht oder Überzeugungen ausrichten. Sie können ihr Handeln an Werten ausrichten, die sie persönlich für sinnvoll halten. Dazu zählen religiöse oder gesellschaftliche Werte wie Loyalität oder Nächstenliebe. Personen können ihr Handeln so gestalten, dass sie andere Personen unterstützen oder sich für politische und gesellschaftliche Interessen einsetzen. Dies ist daran zu beobachten, wenn sich Personen für die Ausbildung oder die Gesundheit ihrer Kinder einsetzen oder wenn sie andere Personen dazu ermutigen, an Erwachsenenbildung teilzunehmen. Das Wissen, das sich Personen aneignen, setzen sie praktisch um und setzen es für einen gesellschaftlichen Mehrwert ein. Wenn Personen ein Handeln als ethisch gut erkennen und dementsprechend handeln, zeigt sich ihr Empowerment in ethischen Befähigungsbereichen. Personen können verstehen, dass sozial akzeptiertes Handeln nicht mit ethisch richtigem Handeln gleichzusetzen ist. Ethisches Handeln ist von Personen als solches zu reflektieren und für sich persönlich festzulegen (vgl. Nussbaum, 2000, S. 232).
- Empowerment zeigt sich in emotionalen Befähigungsbereichen. Dazu gehört, dass Personen ihre Emotionen (Gieseke, 2009) und Deutungsmuster (Schüßler, 2000) verstehen und artikulieren können. Sie können ihre Emotionen – in dem Umfang in dem dies möglich ist – selbst beeinflussen. Personen kennen ihre persönlichen Stärken und Schwächen und verfügen über Selbstvertrauen sowie über die Fähigkeit, Beziehungen, soziale und emotionale Bindungen einzugehen. Dies entspricht zum Teil dem, was Bourdieu (1987) als soziales Kapital bezeichnet. Gleichzeitig

trägt Empowerment in emotionalen Befähigungsbereichen dazu bei, dass sich Personen soziales Kapital aneignen. Personen sind in der Lage, Entscheidungen zu treffen, die sich gegen traditionell geprägte Gesellschaftsstrukturen richten. Dies stärkt nach Stromquist (1995) ihr Selbstvertrauen und ihre Selbstwirksamkeit, sodass sie daran glauben, dass sie durch ihr Handeln Veränderungen bewirken können (vgl. ebd., S. 14f., siehe ebd. 2015, S. 316f., Nussbaum, 2000, S. 232).

- In sozialen Befähigungsbereichen zeigt sich das Empowerment von Personen darin, dass sie sich mit anderen Personen austauschen und in Aushandlungsprozessen ihre soziale Zugehörigkeit aushandeln. Beispiele dafür sind Erwerbstätigkeit, politische Versammlungen, Erwachsenenbildung und sportliche oder kreative Aktivitäten. Personen beginnen z.B., sich sozial oder politisch zu engagieren oder eine Erwerbstätigkeit auszuüben. Dass Personen die sozialen Befähigungsbereiche ihrer persönlichen Lebenswelt selbst gestalten zeigt sich nach Stromquist (1995) darin, dass sie die Bedarfe und Probleme ihrer persönlichen Lebenswelt artikulieren und ihre Rechte einfordern (vgl. ebd., S. 15, siehe ebd. 2015, S. 311ff.).

- Physische Befähigungsbereiche meinen das, was Bourdieu (1987) als symbolisches Kapital bezeichnet. Dazu zählen Geschmack, Mimik und Gestik und das Prestige einer Person. Im Auftreten einer Person zeigt sich, wie sie in einer Gesellschaft anerkannt ist und ob sie privilegiert oder benachteiligt ist. Personen aus privilegierten sozialen Gruppen können manche Befähigungsbereiche einfacher aktiv gestalten als Personen aus benachteiligten sozialen Gruppen. In einer Gesellschaft prägen nach Schneider und Wagner (2011) unterschiedliche soziale Räume die persönliche Lebenswelt von Personen. Soziale Räume prägen die sozialen Praktiken von Personen, sodass sich die Praktiken in unterschiedlichen Räumen unterscheiden können (vgl. ebd., S. 24f.). Personen mit ähnlich ausgeprägtem sozialen, kulturellen und ökonomischen Kapital halten sich an ähnlichen räumlichen Lebenswelten auf. Diese können sich von den Lebenswelten von Personen unterscheiden, die in geringerem Umfang in Befähigungsbereichen eigenständig handeln. Wenn Personen befähigt werden, ihr Handeln selbst zu steuern, hinterfragen sie traditionell geprägte soziale Restriktionen. Die soziale Aufteilung räumlicher Lebenswelten kann als traditionell geprägte soziale Struktur verstanden werden. Wenn Personen über ihre Lebenswelt und über die Gesellschaft, in der sie leben, nachdenken, können sie die soziale Aufteilung hinterfragen. Dazu zählen bestimmte Stadtviertel, Geschäfte, kulturelle Einrichtungen wie Museen oder Sportzentren. Personen sozialer Gruppen, die in den Befähigungsbereichen handeln, halten sich in verschiedenen sozialen Räumen auf. Soziale Gruppen schaffen gezielt Räume in einer Gesellschaft, an denen sie sich bewegen und in denen sie handeln können. Beispiele dafür sind Familienzentren, Begegnungsstätten für Senior/inn/en oder Sportvereine. Empowerment zeigt sich darin, dass sich Personen an den Räumen aufhalten, an denen sie möchten und an denen sie ihren persönlichen Interessen nachgehen. Personen lernen, ihre persönlichen Bedarfe und Probleme zu verstehen und zu artikulieren. Dass Personen dem Paradigma der Selbststeuerung folgen, ist an ihrer äußeren Erscheinung in der Kleidung, Mimik, Gestik und der Haltung von Personen zu beobachten. Nach Bourdieu (1987) zeigt sich das symbolische Kapital von

Personen in ihrem Habitus. Ihr Habitus deutet an, über wie viel soziales, kulturelles und ökonomisches Kapital sie verfügen. Personen aus privilegierten sozialen Gruppen haben einen anderen Habitus als Personen aus benachteiligten sozialen Gruppen. Indem Personen ihr Handeln möglichst selbst steuern und ihre persönliche Lebenswelt aktiv gestalten, kann sich ihr Habitus verändern. Dies kann mit einer Veränderung der äußeren Erscheinung, d.h. Mimik, Gestik, Kleidung und Haltung einhergehen. Der Habitus kann sich verändern, wenn Personen lernen, in ihren Befähigungsbereichen mehr Entscheidungen zu treffen und sich selbst soziales, kulturelles und ökonomisches Kapital anzueignen. Bestimmte soziale Befähigungsbereiche sind bestimmten sozialen Gruppen vorbehalten, die durch ihren Habitus zugeordnet werden können. Aufgrund des eigenen Habitus bewegen sich Personen in den sozialen Befähigungsbereichen, die dafür vorgesehen sind. Das Handeln in anderen Befähigungsbereichen kann mit sozialen Restriktionen verbunden sein, die ihnen die Gestaltung dieser erschweren (vgl. ebd., S. 277ff.).

2.2.2 Verstehens- und Artikulationsprozesse

Empowerment zeigt sich darin, dass Personen neue Beziehungserfahrungen machen und ihre eigenen Emotionen besser verstehen. In der Beziehung zu den Mitarbeitenden und anderen Teilnehmenden sollen die Teilnehmenden Vertrauen, Zugehörigkeit und Gemeinschaft erfahren. In Anlehnung an Kade (1989) ermöglicht die Gemeinschaft in der Erwachsenenbildung einen beziehungsstiftenden Kontext. Dieser kann den Teilnehmenden emotionale Lernprozesse ermöglichen (vgl. S. 798). Dabei können sie sich über ihre persönlichen Emotionen nach Gieseke (2009) und Deutungsmuster nach Schüßler (2000) austauschen und besser verstehen. In Erwachsenenbildung knüpfen Personen neue Kontakte und bauen mit Mitarbeitenden und anderen Teilnehmenden Beziehungen auf. Erwachsenenbildung ermöglicht neue Beziehungserfahrungen auf einer ursprünglich hierarchischen und einer gleichberechtigten Ebene. Die Beziehung von Mitarbeitenden zu Teilnehmenden ist in traditionell geprägten Gesellschaftsstrukturen hierarchisch geprägt. Die Mitarbeitenden sollen den Teilnehmenden auf Augenhöhe begegnen und ihnen eine vertrauensvolle Beziehung anbieten. Dadurch erfahren diese, dass sie gleichberechtigt das Erwachsenenbildungsangebot mitgestalten können und dadurch in einem geschützten Raum Empowerment in Befähigungsbereichen erproben können. Der gleichberechtigte Austausch basiert auf der Grundannahme, dass die Teilnehmenden als Expert/inn/en ihrer persönlichen Lebenswelt und Mitarbeitenden als Expert/inn/en für die Rahmenbedingungen der Erwachsenenbildung verstanden werden. Die Beziehung der Teilnehmenden untereinander ist gleichberechtigt, sodass sie untereinander vertrauensvolle und emotional-reziproke Beziehungen aufbauen können. Diese Beziehungen sind in traditionell geprägten Gesellschaftsstrukturen und in einer individualisierten Gesellschaft gleichberechtigt. Der gleichberechtigte Austausch soll den Teilnehmenden die Erfahrung ermöglichen, dass sie in einem geschützten Rahmen ihre persönliche Lebenswelt reflektieren und voneinander lernen. Erwachsenenbildung, in der ein gleichberechtigter Austausch von Teilnehmenden und Mitarbeitenden in Anlehnung an Freire (1971) möglich ist, kann zum Empowerment der Teilnehmenden beitragen (vgl. S. 84ff.). Um neue Beziehungserfahrungen zu ermöglichen, ist ein geschützter Raum notwendig, in dem Personen und Mitarbeitenden der Erwachsenenbildung zueinander Vertrauen haben. Dabei sollen sie auf Augenhöhe und gleichberechtigt Beziehungen zueinander eingehen. Gleichzeitig können die Teilnehmenden in Anlehnung an Kade (1989) Zugehörigkeit und Gemeinschaft erfahren (vgl. S. 798). Aufgrund der Komplexität und Reziprozität persönlicher Beziehungen kann Beziehungsaufbau nicht konkret geplant werden. Eine Beziehung wird im persönlichen Austausch gestaltet und es kann nicht vorhergesagt werden, ob eine vertrauensvolle Beziehung und offener Austausch möglich sind. Die Selbstreflexion der Mitarbeitenden trägt dazu bei, dass sie den Teilnehmenden in der Erwachsenenbildung auf Augenhöhe begegnen. Den Teilnehmenden ermöglicht dies neue Beziehungserfahrungen.

Erwachsenenbildung kann den Teilnehmenden die Reflexion eigener Emotionen (Gieseke, 2009) und Deutungsmuster (Schüßler, 2000) ermöglichen. In einem vertrauensvollen und beziehungsstiftenden Kontext können sich Teilnehmende über ihre persönlichen Emotionen und Deutungsmuster austauschen. *Emotionen* werden in Anlehnung an Gieseke (2009) in ihrer Bedeutung, die sie für Lern- und Entwicklungsprozesse haben, verstanden. Positive Emotionen können Lernprozesse fördern und die Gestaltung von Erwachsenenbildung kann die Emotionen der Teilnehmenden und der Mitarbeitenden berücksichtigen, um Lernen und Entwicklung zu ermöglichen (vgl. ebd., S. 59). Aufgrund ihrer evolutionsbiologischen Funktion, schnell auf Situationen reagieren zu können, sind Emotionen eng mit dem Körper der Teilnehmenden verbunden und zeigen sich in Mimik und Gestik. Emotionen können sich durch Wahrnehmungen und deren kognitive Verarbeitung aufgrund der eigenen Deutungsmuster verändern. Personen können z.B. durch kognitive Lernprozesse lernen ihre Emotionen bewusst zu steuern (vgl. ebd., S. 49ff.). *Deutungsmuster* sind nach Arnold (1985) und Schüßler (2000) Denkweisen, die durch Erfahrungen geprägt sind. Personen ordnen ihre Wahrnehmungen auf Grundlage von Deutungsmustern ein und reagieren darauf mit Emotionen. Personen können auf dieselbe Wahrnehmung mit unterschiedlichen Emotionen reagieren. Personen können sich über ihre Emotionen und Deutungsmuster austauschen, diese gegenseitig bestätigen oder neue Perspektiven einbringen. Dies resultiert darin, dass Personen ihre individuellen Deutungsmuster besser verstehen. Zudem können sie verstehen, dass ihre Deutungsmuster durch ihre bisherigen Erfahrungen geprägt sind. Personen können ihre bisherigen Beziehungen aus Distanz betrachten und reflektieren. Personen können ein höheres Vertrauen in andere Personen und ein höheres Selbstvertrauen entwickeln (vgl. Stromquist 2014, 2015, S. 318, Schüßler, 2000).

Verstehens- und Artikulationsprozesse befähigen die Teilnehmenden nach Heite (2015), ihre Bedarfe und Probleme besser zu verstehen. Die Teilnehmenden können lernen, diese zu artikulieren. Sie können die soziale Eingebundenheit ihrer Benachteiligung in traditionell geprägte Gesellschaftsstrukturen verstehen und dass sie selbst dagegen angehen können. Nach Bröckling (2003) trägt dies zu ihrem Empowerment bei. Zunächst sollen die Begriffe *Bedarfe* und *Probleme* differenziert werden: *Bedarfe* sind etwas, das Personen benötigen oder worauf sie angewiesen sind (z.B. die Versorgung mit Wasser und Elektrizität). Diese Grundbedürfnisse sollen erfüllt sein. Zu den *Bedarfen* zählen Rechte (z.B. das Recht auf Gleichbehandlung). Um ihre Rechte artikulieren und einfordern zu können, müssen die Personen ihre Rechte verstehen. In Anlehnung an Gieseke und Stimm (2018) können in

Lernsituationen unterschiedliche Bedürfnisse der Teilnehmenden hervortreten. Dazu zählen die Angst vor Misserfolg, eine niedrige Selbstwirksamkeitserwartung und negative Erfahrungen. Zentral ist, dass die Teilnehmenden (bei Gieseke und Stimm im Kontext von Bildungsberatung), ihre persönlichen Bedarfe verstehen und folgen können (vgl. ebd., S. 363). Dazu zählen Motive für die Teilnahme wie z.B. eine gute schulische Ausbildung für die eigenen Kinder oder bessere finanzielle Möglichkeiten. Diese zielen darauf, dass die Teilnehmenden ihre persönliche Lebenswelt selbst gestalten. Personen, die Probleme haben, konzentrieren sich zunächst auf diese, bevor sie sich mit ihren Bedarfen beschäftigen. *Probleme* sind Angelegenheiten, die mit negativen Emotionen verbunden sein können und für die eine Lösung gefunden werden soll. Dazu zählt z.B., dass zu wenig finanzielle Mittel vorhanden sind, um ausreichend Essen kaufen zu können. Probleme sind Bedarfe von Personen, die nicht erfüllt sind. Damit Probleme gelöst werden können, müssen diese verstanden und artikuliert werden.

Der Austausch über persönliche Bedarfe und Probleme und über eigene Emotionen und Deutungsmuster trägt zum Empowerment von Teilnehmenden bei. Diese entwickeln selbst ein besseres Verständnis ihrer persönlichen Lebenswelt und können die Erfahrung machen, dass andere Personen ihre Bedarfe und Probleme verstehen. Teilnehmende, die dies gelernt haben, können andere Teilnehmenden darin unterstützen. Wenn sie ihre Bedarfe artikulieren, haben andere Personen die Möglichkeit, einen persönlichen Bezug herzustellen. Dies trägt dazu bei, dass Personen lernen, ihre persönliche Lebenswelt besser zu verstehen und ihre Erkenntnisse zu artikulieren. Verstehen und Artikulieren von Bedarfen und Problemen aus ihrer persönlichen Lebenswelt gehen nach Heite (2015) miteinander einher. Wenn etwas ausgesprochen werden soll, werden Formulierungen gesucht, die weiteres Verstehen ermöglichen. Dadurch, dass die Teilnehmenden miteinander sprechen und sich austauschen, nehmen sie die Formulierungen und Artikulationen von Bedarfen und Problemen anderer Personen wahr und verstehen diese besser. Dies erweitert ihre persönliche Sichtweise und ermöglicht, dass Personen – anhand der persönlichen Lebenswelt anderer Personen – ihre persönliche Lebenswelt besser verstehen. Die gegenseitige Validierung befähigt Personen, der eigenen Wahrnehmung und dem eigenen Verstehen zu vertrauen. Die Bestätigungen von Bedarfen und Problemen der persönlichen Lebenswelt trägt nach Inglis (1997) dazu bei, ein höheres Selbstvertrauen zu entwickeln (vgl. ebd., S. 3).

Indem sich die Personen aufeinander beziehen, gegenseitig bestätigen und ergänzen, werden miteinander einhergehende Verstehens- und Artikulierensprozesse nach Heite (2015) möglich. Dies trägt dazu bei, dass die Teilnehmenden Bedarfe und Probleme aus ihrer persönlichen Lebenswelt, die sie bislang nicht verstanden und nicht artikuliert haben, verstehen und im Austausch artikulieren. Teilnehmende, die passiv und zurückhaltend handeln und ihre persönlichen Rechte nicht einfordern, können sich Wissen und Fähigkeiten aneignen. Diese können sie dazu befähigen, sich aktiv in eine Gesellschaft einzubringen. Empowerment zeigt sich darin, dass sich die Teilnehmenden Wissen aneignen, das für ihre Lebenswelt relevant ist und das dazu beiträgt, dass sie ihre persönliche Lebenswelt besser verstehen. Dadurch und weil sie in der Erwachsenenbildung neue Beziehungserfahrungen machen, verstehen die Teilnehmenden ihre persönliche Lebenswelt besser und können ihre Erkenntnisse deutlicher artikulieren (vgl. ebd., S. 149). Dass die Teilnehmenden Einsicht in die traditionelle Eingebundenheit ihrer sozialen Benachteiligung gewinnen, fördert ihr Empowerment. In Anlehnung an den Soziologen Giddens (2012) erfolgt in Individualisierungsprozessen ein *disembedding* von Personen aus den traditionellen Gesellschaftsstrukturen, in die sie eingebunden sind (vgl. ebd., S. 21ff.). Indem sie sich aus ihrer sozialen Eingebundenheit in traditionellen Gesellschaftsstrukturen lösen, können sie ihr Lernen und Handeln selbst steuern und gestalten. Innerhalb ihrer sozialen Eingebundenheit ermöglichen Gesetze, Traditionen und Restriktionen den Personen eine Orientierung für ihr Handeln (vgl. Giddens, 2012, S. 38). Non-konformes Handeln, das nicht an diesen gesellschaftlichen Strukturen ausgerichtet wird, kann sanktioniert werden. Die Sanktion erfolgt über Geldstrafen oder über eine zeitlich begrenzte Ausgrenzung von der Gesellschaft (z.B. durch einen Haftaufenthalt oder eine Zwangseinweisung in eine Psychiatrie). Innerhalb ihrer sozialen Eingebundenheit in traditionell geprägte Gesellschaftsstrukturen ist es weniger notwendig, die eigene soziale Zugehörigkeit zu hinterfragen oder zu reflektieren. In traditionell geprägten Gesellschaftsstrukturen ist in Anlehnung an Beck (2015) zu beobachten, dass Jugendliche im Vergleich zu einer stärker individualisierten Gesellschaft weniger Möglichkeiten in ihrer Berufswahl haben. Traditionen ermöglichen Jugendlichen in einer Gesellschaft, einen Beruf zu wählen, der traditionell anerkannt ist und den sie durch ihre Zugehörigkeit zu einer sozialen Gruppe ausüben können. Für die Jugendlichen können hierfür weniger die Fragen nach eigenen Stärken oder Schwächen relevant sein. Ihr individuelles Profil und Alleinstellungsmerkmale, wie sie in einer individualisierten Gesellschaft relevant sind, sind hier weniger zentral (vgl. ebd., S. 220ff.).

Erwachsenenbildung kann dazu beitragen, dass die Teilnehmenden verstehen, warum sie benachteiligt werden und dass ihre Benachteiligung in traditionell geprägte Gesellschaftsstrukturen eingebunden ist. Sie können verstehen, dass sie in ihrer sozialen Benachteiligung persönliche Bedarfe und Probleme bislang nicht verstanden und nicht artikuliert haben. Nach Bröckling (2003) unterstützt die Erkenntnis, dass sie für ihre Benachteiligung nicht verantwortlich sind, ihr Empowerment (vgl. S. 333f.). Gleichzeitig erkennen die Teilnehmenden, dass sie aktiv gegen ihre soziale Benachteiligung angehen können. Dies trägt dazu bei, ihr Selbstvertrauen zu stärken. Beziehungsstiftende Kontexte tragen dazu bei, dass Personen dazu befähigt werden, ihre persönliche Lebenswelt und ihre soziale Benachteiligung aus einer emotionalen Distanz zu betrachten und zu reflektieren. Sodann lernen die Teilnehmenden nach Heite (2015), ihre Bedarfe und Probleme zu artikulieren und später dafür einzutreten (vgl. ebd., S. 149).

Empowerment kann aus einer persönlichen Motivation von Teilnehmenden entstehen. In der Erwachsenenbildung haben diese die Zeit und den Raum, über sich selbst nachzudenken. Ihr Empowerment zeigt sich darin, dass die Teilnehmenden in ihrer Familie mehr Entscheidungen treffen und ihre persönliche Lebenswelt aktiver gestalten. Dazu trägt bei, dass die Teilnehmenden die Gründe für ihre Benachteiligung verstehen und im Austausch mit anderen Personen artikulieren. Ihnen wird bewusst, dass sie sich Fähigkeiten aneignen können, ihr Handeln selbst zu steuern, selbst Entscheidungen zu treffen und ihre persönliche Lebenswelt zu gestalten. Sie beginnen, an ihre eigene Selbstwirksamkeit (Bandura, 1994) zu glauben und entwickeln ein höheres Selbstvertrauen. Dies trägt dazu bei, dass sich Personen aus ihrer sozialen Eingebundenheit in traditionelle Gesellschaftsstrukturen (Giddens, 2012) lösen (vgl. ebd., S. 21ff.). In Anlehnung an Nussbaum (2000) zeigt sich die soziale

Zugehörigkeit von Personen in ethischen, emotionalen, sozialen und physischen Befähigungsbereichen der persönlichen Lebenswelt von Personen (vgl. S. 231ff.). Damit haben die Prozesse des Verstehens und des Artikulierens nach Heite (2015) konkrete Auswirkungen. Es wird ein neues Handeln erprobt und damit nach außen hin sichtbar. Dass Personen ihre Befähigungsbereiche aktiv gestalten und ihr Handeln selbst steuern, können andere Personen in einer Gesellschaft beobachten. In einer individualisierten Gesellschaft sollen sich alle Personen an den sozialen Aushandlungsprozessen beteiligen und ihre soziale Zugehörigkeit aushandeln. Dafür schafft Erwachsenenbildung mit der Zielkategorie Empowerment wichtige Grundlagen.

2.2.3 Veränderung und Transformatives Lernen

Wie Empowerment hat Transformativen Lernens hat das Ziel, dass Personen ihr Handeln verändern. Das Konzept Transformativen Lernens geht auf den US-amerikanischen Soziologen Mezirow (1923-2014) zurück. Er prägte die Diskussion um Transformatives Lernen in der Erwachsenenbildung v.a. im angloamerikanischen Raum, wobei er sich u.a. auf Freire (1971) bezieht. Transformatives Lernen und Empowerment zeigen Parallelen: Beide Konzepte beschäftigen sich mit der Frage, wie Erwachsenenbildung zu persönlichen Veränderungen beitragen kann und wie sich diese Veränderungen in ihrer persönlichen Lebenswelt zeigen. Nach Fuhr (2018) hat Empowerment – im Gegensatz zu Transformativen Lernen – neben der Veränderung in der persönlichen Lebenswelt einen sozialen Wandel zum Ziel. Zentral ist, dass Personen verstehen, inwiefern ihre persönliche Lebenswelt und ihre Benachteiligung durch traditionell geprägte Gesellschaftsstrukturen geprägt sind (vgl. ebd., S. 98f., Levine, 2014). Zunächst werden die zehn Schritte der Veränderung im Transformativen Lernen nach Mezirow (1978) erörtert. Es wird der Frage nachgegangen, wie sich Transformatives Lernen und Empowerment unterscheiden. Dabei ist zentral, dass ersteres die persönliche Lebenswelt von Personen fokussiert und letzteres den Bezug zu einem sozialen Wandel beinhaltet. Hier beziehe ich mich auf die deutsche Übersetzung von Fuhr (2018, S. 97):

- Transformatives Lernen beginnt mit einer „Desorientierung" (ebd., S. 97). Personen, die sich in einem Spannungsfeld befinden, können desorientiert sein und eine Struktur suchen, an der sie ihr Handeln ausrichten. Personen, die in traditionelle Gesellschaftsstrukturen eingebunden sind und an die Anforderungen einer individualisierten Gesellschaft gerichtet werden, befinden sich in einem solchen Spannungsfeld. Dies kann für Personen in Anlehnung an Pongratz (2010) eine Verunsicherung oder Überforderung bedeuten (vgl. S. 158). Die gesellschaftliche Anforderung zur Selbststeuerung wird durch verborgende gesellschaftliche Kontrollinstanzen einer individualisierten Gesellschaft unbewusst von Personen wahrgenommen. Unbewusst können sie versuchen, diese Anforderung zu bewältigen. Dieses stellt die Ausgangslage für Transformatives Lernen dar, wobei Personen Strukturen suchen, die ihnen Sicherheit vermitteln. Ein Ziel von Empowerment ist es, Personen zu stärken, die sich in einem Spannungsfeld befinden. Gleichzeitig wird Empowerment als politische Strategie verwendet, um Personen aus benachteiligten sozialen Gruppen zu stärken. Transformatives Lernen fokussiert stärker individuelles Lernen und wird weniger in Kontexten von sozialer Benachteiligung verwendet als Empowerment. Transformatives Lernen stellt eher eine theoretische Grundlage dar, um Lernprozesse zu verstehen.

- Die Teilnehmenden reflektieren sich selbst mit „Schuldgefühlen und Scham" (ebd., S. 97). Dies geschieht dadurch, dass Personen neue Beziehungserfahrungen machen. Wenn die Mitarbeitenden den Teilnehmenden in der Erwachsenenbildung eine emotional-reziproke Beziehung und vertrauensvollen Austausch anbieten, kann dies emotionale und kognitive Lernprozesse begünstigen. Dies trägt dazu bei, dass sie ihre familiären und freundschaftlichen Beziehungen in ihrer persönlichen Lebenswelt distanziert betrachten und verstehen können. Dies ermöglicht Personen, die verunsichert und überfordert sind, neue Strukturen aufzubauen. Die emotionale Verankerung ist für das Empowerment von Personen von Bedeutung, damit diese ihre Lebenswelt distanziert betrachten und besser verstehen können. Die kognitive und emotionale Erkenntnis, dass die eigene Benachteiligung in traditionelle Gesellschaftsstrukturen eingebunden und durch diese geprägt ist, ist zentral. Weil Empowerment auf soziale Gleichberechtigung und die Stärkung von Teilnehmenden zielt, sind dysfunktionale Emotionen dafür weniger sinnvoll. Teilnehmende aus benachteiligten sozialen Gruppen sollen sich auf ihre Stärken und ihre Ressourcen konzentrieren und diese aktivieren. Dafür ist es von Bedeutung, dass sie ihre Stärken und ihre Schwächen kennen (vgl. ebd.).

- Die Teilnehmenden verstehen, dass gesellschaftliche Kontexte und persönlichen Erfahrungen ihre Vorannahmen und Deutungsmuster prägen. Die Erkenntnis, dass das eigene Denken vor dem Hintergrund einer Gesellschaft eingeordnet werden kann, ermöglicht Personen eine Reflexion des eigenen Handelns. Personen können unterschiedliche Denk- und Handlungsmöglichkeiten kennen lernen und für sich selbst erproben. Die Erkenntnis, dass Personen für ihre eigene soziale Benachteiligung nicht verantwortlich sind, ist nach Bröckling (2003) für ihr Empowerment zentral. Es steht dem eigenen Empowerment im Weg, wenn sich Personen für ihre Benachteiligung verantwortlich fühlen. Sie könnten denken, dass sie benachteiligt sind, weil sie nicht in der Lage sind, eine privilegiertere soziale Position auszuhandeln. Wenn sie verstehen, dass Benachteiligung gesellschaftlich geprägt und in traditionelle Gesellschaftsstrukturen eingebunden ist, kann dies die Teilnehmenden nach Bröckling (2003) entlasten. Die Entlastung ermöglicht ihnen einen Blick auf die eigenen Ressourcen und trägt zu ihrer Lernbereitschaft bei, damit sie sich das Wissen und die Fähigkeiten aneignen, die sie benötigen, um ihre soziale Zugehörigkeit und Gleichberechtigung auszuhandeln. Damit zeigt sich eine zentrale Parallele beider Konzepte (vgl. ebd., S. 333f.).

- Die Teilnehmenden verstehen, dass sich andere Personen in einer ähnlichen Lage befinden wie sie. Das Handeln anderer Personen, die sich in einer ähnlichen Lage befinden oder befunden haben, kann Personen ermutigen und ihnen Anregungen für mögliche Lösungswege geben. Für das Empowerment von Personen sind die Gemeinschaft und der Austausch von Personen grundlegend. Personen können sich gegenseitig verstehen und ermutigen. Im Kontext von sozialer Benachteiligung ist der Zusammenschluss von Personen derselben sozialen Gruppen in einer Gemeinschaft zentral, um gemeinsam gegen Benachteiligung anzugehen.

- Die Teilnehmenden denken über Handlungsmöglichkeiten nach und entwickeln theoretische Lösungswege und Handlungsmöglichkeiten. Sie können das Handeln von anderen Personen beobachten und übernehmen. Das Empowerment von Teilnehmenden zeigt sich darin, dass ihnen bewusstwird, dass sie ihr Handeln selbst beeinflussen können. Sie erfahren dadurch, dass sie sich Wissen und Fähigkeiten aneignen können, die sie benötigen, um anders zu handeln. Nach Bröckling (2012) entspricht dies der gesellschaftlichen Anforderung zur Selbststeuerung, die sich an Personen in einer individualisierten Gesellschaft richtet.

- Die Teilnehmenden lernen, ihr Handeln in einem höheren Umfang selbst zu gestalten. Dafür müssen sie sich unterschiedliche Situationen vorstellen und überlegen, wie sie in diesen handeln würden. Dies ist in Erwachsenenbildung mit der Zielkategorie Empowerment von Bedeutung. Personen erfahren, dass sie aktiv handeln und nicht passiv reagieren müssen. Sie können eine Überzeugung der eigenen Selbstwirksamkeit (Bandura, 1994) entwickeln und die Erfahrung machen, dass sie nicht hilflos ihrer persönlichen Lebenswelt und den gesellschaftlichen Bedingungen ausgeliefert sind. Sie verstehen, dass sie ihr Handeln selbst steuern können und dass sie darin besser werden, je mehr sie dies tun.

- Um ihr Handeln zu verändern, eignen sich Personen das dafür notwendige Wissen und die dafür notwendigen Fähigkeiten an. Dies ist entweder selbst durch das Lesen von Büchern oder von Informationen im Internet möglich oder innerhalb von sozialen Kontexten im Austausch mit anderen Personen. Die Lernprozesse können sich in der persönlichen Lebenswelt der Personen zeigen. Für das Empowerment von Personen sind diese Lernprozesse wie im Transformativen Lernen zentral.

- Innerhalb des geschützten Rahmens von Erwachsenenbildung können die Teilnehmenden ihr verändertes Handeln erproben. Dadurch können sie Sicherheit gewinnen und ermutigt werden, das Handeln außerhalb von geschützten Kontexten zu erproben. Empowerment ist ein Prozess, in dem die Aktivität und die Selbststeuerung des eigenen Handelns stets zunimmt und in Befähigungsbereichen in der persönlichen Lebenswelt einer Person konkrete Auswirkungen zeigt. Dies ist keine sofortige Veränderung, sondern ein Prozess, der Zeit benötigt und der in kleinen Schritten erfolgt. Dafür ist notwendig, dass ein geschützter Rahmen zur Verfügung steht, in dem Personen neue Handlungsmöglichkeiten erproben.

- Dadurch, dass sie neue Handlungsmöglichkeiten erproben und üben, gewinnen die Teilnehmenden mehr Selbstvertrauen und Selbstsicherheit. Wenn andere Personen in ihrer persönlichen Lebenswelt darauf positiv reagieren und sie in Aushandlungsprozessen erste Erfolge erzielen, entwickeln sie ein höheres Selbstvertrauen. Dazu zählt, wenn Personen ihre persönlichen Rechte einfordern und sie darin respektiert werden. Wenn Personen ihre Rechte artikulieren und einfordern und Personen aus ihrer persönlichen Lebenswelt darauf reagieren, entwickeln sie Selbstvertrauen. Personen trauen sich langsam mehr zu und machen weitere Schritte darin, ihre soziale Zugehörigkeit selbst aktiv auszuhandeln.

- Der abschließende Schritt Transformativen Lernens ist, dass Personen ihr neues Handeln anwenden und in ihr Handeln in ihrer persönlichen Lebenswelt einbinden. Empowerment geht in Anlehnung an Fuhr (2018) einen Schritt weiter als Transformatives Lernen und beinhaltet nach Stromquist (2015) einen Bezug zu dem sozialen Wandel einer Gesellschaft. Das Empowerment einzelner Personen zeigt Auswirkungen auf das gesellschaftliche Zusammenleben. Das Empowerment-Konzept, das in sozialen Bewegungen gegen Benachteiligung entstanden ist, hat einen sozialen Wandel zum Ziel. Dagegen beschränkt sich nach Fuhr (2018) Transformatives Lernen auf die Lebenswelt der Teilnehmenden (vgl. ebd., S. 97ff.).

Im Gegensatz zum Transformativen Lernen weist Empowerment in Anlehnung an Fuhr (2018) einen deutlichen Bezug zu einem sozialen Wandel auf. Empowerment soll dazu beitragen, dass Personen in sozialen Aushandlungsprozessen ihre soziale Zugehörigkeit aushandeln. Dies kann zu einem sozialen Wandel beitragen (vgl. ebd., S. 97ff.). Transformatives Lernen hat das Ziel, dass Personen ihre persönlichen Zuschreibungen und ihr Verständnis von sich und anderen Personen in ihrer persönlichen Lebenswelt reflektieren. Dies bedeutet, dass Personen verstehen, dass sie Situationen in ihrer persönlichen Lebenswelt individuell deuten und ihnen unterschiedliche Bedeutungen zuschreiben. Das Lernen darüber resultiert in einer Veränderung im Handeln der Personen. Transformative Lernprozesse sind genauso wie Empowerment mit einer Reflexion des eigenen Denkens und Handelns verbunden. Fuhr (2018) bezeichnet dies als „Bewusstsein [der] eigenen Handlungsfähigkeit" (S. 93). Personen werden sich darüber bewusst, dass ihre eigenen Handlungen Auswirkungen haben können. Damit entwickeln sie eine Überzeugung ihrer eigenen Selbstwirksamkeit nach Bandura (1994). Sie verstehen die Eingebundenheit ihres Handelns in traditionelle Gesellschaftsstrukturen und lösen sich daraus. Transformatives Lernen und Empowerment zeigen sich darin, dass Personen ihr Handeln verändern. Im Gegensatz zu Empowerment wird nach Taylor und Cranton (2012, S. 43) und Inglis (1997, S. 6f.) im Transformativen Lernen nicht thematisiert, inwiefern die Selbststeuerung von Personen zu einem sozialen Wandel beiträgt.

2.2.4 Empowerment und Selbststeuerung

Erwachsenenbildung kann in Anlehnung an Pongratz (2010) dazu beitragen, die Teilnehmenden zu stärken (vgl. S. 45). Personen steuern ihr Handeln in den Befähigungsbereichen ihrer persönlichen Lebenswelt Schritt für Schritt mehr selbst. Zudem bringen sie sich aktiver in eine Gesellschaft ein. Anstatt wie bisher ihre Benachteiligung passiv hinzunehmen, können sich die Personen Wissen und Fähigkeiten aneignen, um aktiv in sozialen Aushandlungsprozessen für ihre Rechte einzutreten. Dies trägt dazu bei, dass die Aktivität der Teilnehmenden im Verlauf ihrer Teilnahme an Erwachsenenbildung steigt. Empowerment zeigt sich in Anlehnung an Stromquist (2015) darin, dass Personen ihr Handeln stärker selbst steuern, ihre persönliche Lebenswelt selbst gestalten und selbst Entscheidungen treffen (vgl. S. 308ff.). Dafür ist notwendig, dass sie den Kontext der Entscheidung verstehen, Vor- und Nachteile abwägen und mögliche Auswirkungen ihrer Entscheidung abschätzen können. Wenn Personen selbst über ihre Lebenswelt und ihr Handeln entscheiden, können sie sich aus abhängigen Beziehungen zu anderen Personen lösen. Dadurch, dass sich Personen lebensweltliches Wissen aneignen, können sie Vor- und Nachteile von Entscheidungen abwägen. Auf Lernprozesse bezogen können sie verstehen, dass sie sich bestimmtes Wissen oder bestimmte Fähigkeiten aneignen möchten. Sodann können sie die Entscheidung treffen, sich für ein Erwachsenenbildungsangebot anzumelden. Abb. 8 zeigt die Veränderung in der Einstellung von Personen. Durch Empowerment verändert sich diese von einer passiv-akzeptierenden zu einer aktiv-gestaltenden Einstellung. Empowerment zeigt sich nach Abb. 8 darin, dass Personen ihre Einstellung verändern und ihre soziale Benachteiligung nicht mehr passiv akzeptieren, sondern ihre Lebenswelt aktiv gestalten. Im Verlauf von Erwachsenenbildung nehmen die Aktivität von Teilnehmenden und ihr Empowerment zu. Zu Beginn von Erwachsenenbildungsangeboten ist die Aktivität der Mitarbeitenden hoch. Sie artikulieren die Ziele ihrer Einrichtung und gestalten den Austausch. Sie bereiten Lernmaterialien und didaktische Methoden vor.

Abbildung 8: Veränderungen in der Einstellung

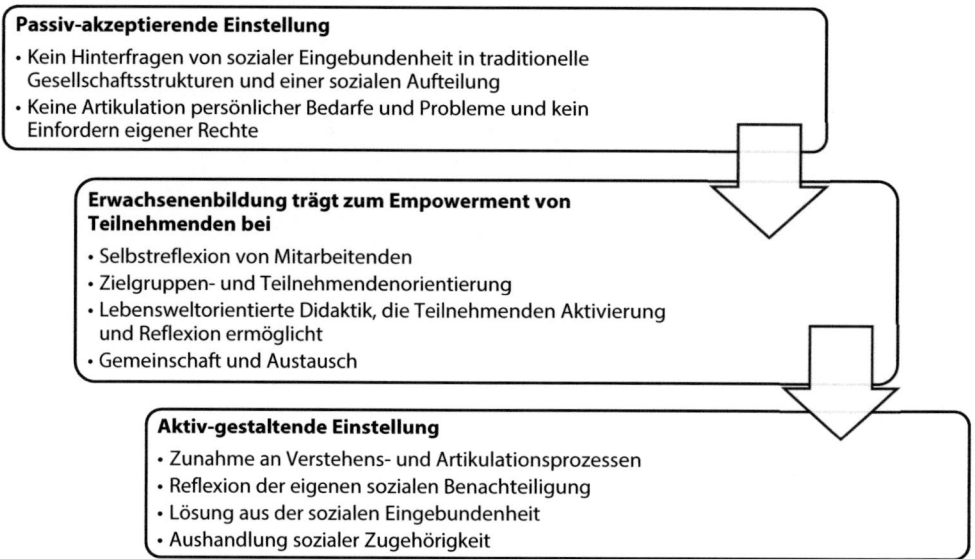

Passiv-akzeptierende Einstellung
- Kein Hinterfragen von sozialer Eingebundenheit in traditionelle Gesellschaftsstrukturen und einer sozialen Aufteilung
- Keine Artikulation persönlicher Bedarfe und Probleme und kein Einfordern eigener Rechte

Erwachsenenbildung trägt zum Empowerment von Teilnehmenden bei
- Selbstreflexion von Mitarbeitenden
- Zielgruppen- und Teilnehmendenorientierung
- Lebensweltorientierte Didaktik, die Teilnehmenden Aktivierung und Reflexion ermöglicht
- Gemeinschaft und Austausch

Aktiv-gestaltende Einstellung
- Zunahme an Verstehens- und Artikulationsprozessen
- Reflexion der eigenen sozialen Benachteiligung
- Lösung aus der sozialen Eingebundenheit
- Aushandlung sozialer Zugehörigkeit

Quelle: Eigene Darstellung

In Anlehnung an Brüning et al. (2001) ist es von Bedeutung, dass die Mitarbeitenden auf die Bedarfe und Probleme der Teilnehmenden eingehen und das Erwachsenenbildungsangebot an diesen ausrichten (vgl. ebd., S. 108f.). Die Teilnehmenden sollen sich akzeptiert fühlen und verstehen, dass sie dort die Möglichkeit haben, ihre persönliche Lebenswelt besser zu verstehen. Es ist wichtig, dass die Aktivität der Mitarbeitenden im Verlauf der Erwachsenenbildung abnimmt und sich die Teilnehmenden zunehmend aktiv einbringen. Dies ist erst möglich, wenn die Teilnehmenden Vertrauen zu Mitarbeitenden und anderen Teilnehmenden aufgebaut haben. Es ist wichtig, dass die Teilnehmenden nicht überfordert und nicht zu schnell mit neuen Lerninhalten konfrontiert werden. Sie sollen ihr Leben, ihr

Handeln und ihr Lernen selbst steuern und gestalten, sobald sie sich dies selbst zutrauen. Dies können die Teilnehmenden zunächst im geschützten Rahmen von Erwachsenenbildung erproben und dort ihre persönlichen Bedarfe nach Heite (2015) artikulieren.

Sobald Personen gute Erfahrungen machen und ihr Handeln durch andere Personen bestärkt wird, beginnen sie im Anschluss in ihrer persönlichen Lebenswelt ihr Handeln zu verändern. Wenn sich Empowerment in der Lebenswelt von Personen zeigt und andere Personen dies beobachten, gibt ihnen dies Anregungen, ihr Handeln zu reflektieren. Wenn dies zu früh erfolgt, können sich die Teilnehmenden überfordert fühlen. Vertrauen wird langsam aufgebaut und ein Austausch ermöglicht. Veränderungen zeigen sich im Handeln von Personen, wobei dies über einen längeren Zeitraum hinweg geschieht (vgl. ebd., S. 149).

2.3 Betrachtung aus gesellschaftskritischer Perspektive

Während bislang der Fokus auf dem Empowerment von Teilnehmenden lag, wird das Konzept nun aus gesellschaftskritischer Perspektive betrachtet. Empowerment ist vor dem Hintergrund von Individualisierungsprozessen einer Gesellschaft zu verstehen (Kap. 2.3.1). Vor dem Hintergrund von Individualisierungsprozessen kann in Anlehnung an Klingovsky (2017) der Bedeutungsgewinn des Paradigmas Lebenslangen Lernens verstanden werden (Kap. 2.3.2). Es wird der Frage nachgegangen, inwiefern der sozialen Wandel in Anlehnung an Pongratz (2010) zu einer Veränderung von gesellschaftlichen Kontrollinstanzen beiträgt (vgl. S. 134ff.) (Kap. 2.3.3). Abschließend werden die Erkenntnisse in einem Zwischenfazit resümiert (Kap. 2.3.4).

2.3.1 Erwachsenenbildung und Individualisierung

Aus gesellschaftskritischer Perspektive stellt sich die Frage, welchen Stellenwert Erwachsenenbildung in einer individualisierten Gesellschaft einnimmt. Zunächst wird die Reproduktion einer sozialen Aufteilung in traditionell geprägten Gesellschaftsstrukturen in Anlehnung an Freire (1971) erörtert (vgl. S. 76ff.). Dabei der Frage nachgegangen, inwiefern Erwachsenenbildung dazu beitragen kann, bestehende Gesellschaftsstrukturen zu stärken. Sodann wird die zunehmende gesellschaftliche Komplexität vor dem Hintergrund von traditionell geprägten Gesellschaftsstrukturen betrachtet. Diese reichen nicht mehr aus, um den Anforderungen einer zunehmend komplexen Gesellschaft gerecht zu werden. Der soziale Wandel kann in Anlehnung an Pongratz (2010) als eine Antwort auf die zunehmende Komplexität einer Gesellschaft verstanden werden (vgl. S. 23). Dies geht damit einher, dass veränderte gesellschaftliche Anforderungen an Personen gerichtet werden. Dabei wird von Personen gefordert, ihre soziale Zugehörigkeit auszuhandeln. Personen, die in traditionell geprägten Gesellschaftsstrukturen sozialisiert wurden und mit den Anforderungen einer individualisierten Gesellschaft konfrontiert werden befinden sich in einem Spannungsfeld. In der Annahme, dass diese Personen eine Zielgruppe von Erwachsenenbildung darstellen, stellt sich die Frage, inwiefern diese zur Stärkung von Personen beiträgt, die sich in diesem Spannungsfeld befinden.

2.3.1.1 Zur Reproduktion einer sozialen Aufteilung und gesellschaftliche Komplexität

In traditionell geprägten Gesellschaftsstrukturen und in traditionellen Erwachsenenbildungsangeboten besteht in Anlehnung an Freire (1971) eine Reproduktion einer sozialen Aufteilung in privilegierte und benachteiligte soziale Gruppen (vgl. S. 76). Gesellschaftliche Möglichkeiten werden entsprechend dem *Matthäus-Effekt* von Merton (1968) verteilt. Personen, die über eine hohe Bildung verfügen und die ihr Handeln und ihr Lernen selbstreflexiv betrachten können, fällt es leichter, sich zu bilden, als Personen mit geringerer Bildung (vgl. ebd.). Indem Personen sich einer traditionell geprägten religiösen oder politischen Überzeugung zuordnen, handeln sie innerhalb von Befähigungsbereichen ihrer persönlichen Lebenswelt. Das Handeln im religiösen oder politischen Raum richten Personen in traditionellen Gesellschaftsstrukturen an bestehenden Strukturen aus. Diese Strukturen können sie verstehen, wenn sie das Handeln anderer Personen beobachten. In Anlehnung an Beck (2015) können gesellschaftliche Traditionen und Strukturen die Berufswahl von Personen einschränken. Durch Individualisierungsprozesse löst sich diese Einschränkung allmählich auf (vgl. ebd., S. 220ff.). Personen haben abhängig davon, über wie viel Kapital sie verfügen und inwiefern sie ihre Lebenswelt selbst gestalten können, eine beschränkte Auswahl an Berufen, die sie ergreifen können. Dies zeigt sich darin, dass lange Zeit nur diejenigen Personen an einer Hochschule studiert haben, die aus einem akademisch geprägten Familie stammen. In den letzten Jahren hat sich dies geöffnet, wozu soziale Bewegungen wie ArbeiterKind.de (o.J.) beigetragen haben.

In traditionell geprägten Gesellschaftsstrukturen hat Erwachsenenbildung die Funktion, Wissen zu vermitteln, das durch die Mitarbeitenden als richtig angesehen wird. Hier ist weniger der gleichberechtigte Austausch von Personen als das Vermitteln von Wissen im Fokus. Freire (1971) bezeichnet dies als das *Bankiers*-Konzept. Erwachsenenbildung stärkt in traditionellen Gesellschaftsstrukturen bestehende Strukturen. Personen aus privilegierten und benachteiligten sozialen Gruppen sind in traditionell geprägte Gesellschaftsstrukturen eingebunden und richten ihr Handeln an diesen aus. Dies vermittelt Personen Sicherheit und prägt zugleich ihre Benachteiligung. Die bestehenden Strukturen vermitteln Sicherheit, weil Personen die Strukturen kennen und weil sie die Erfahrung gemacht haben, dass Gesellschaft funktioniert, wenn Personen ihr Handeln an ihnen ausrichten. Die Strukturen werden in traditioneller Erwachsenenbildung vermittelt. Mitarbeitende zählen in diesem Verständnis zu einer privilegierten sozialen Gruppe, wohingegen die Teilnehmenden zu einer benachteiligten sozialen Gruppe zählen. Dies verstärkt die soziale Eingebundenheit in traditionelle Gesellschaftsstrukturen, die benachteiligte und privilegierte soziale Gruppen unterscheidet. Erwachsenenbildung wird dahingehend instrumentalisiert, traditionelle Gesellschaftsstrukturen zu stärken. In einer solchen bildungspolitischen Steuerung sind traditionelle Lehr- und Lernvorstellungen zentral, die Freire (1971) im *Bankiers*-Konzept differenziert (vgl. S. 74).

In traditionellen Gesellschaftsstrukturen ist eine Gesellschaft in mehrere soziale Gruppen aufgeteilt, die zum Teil mehr und zum Teil weniger privilegiert und benachteiligt sind. Die Vorstellung unterschiedlicher sozialer Gruppen schließt an das Konzept sozialer Milieus u.a. nach Bremer (2010) an. Dieses schließt an Bourdieu an. Personen aus privilegierten sozialen Gruppen verfügen nach Bourdieu (1987) über mehr Kapital als Personen aus benachteiligten sozialen Gruppen. Indem Personen ihr Handeln an bestehenden und traditionell geprägten Gesellschaftsstrukturen ausrichten, gehen sie soziale Praktiken nach, die zur Verfestigung bestehender Strukturen und der bestehenden sozialen Aufteilung beiträgt. Zu den sozialen Praktiken zählen kulturelle oder religiöse Traditionen. Das Handeln von Personen und ihre sozialen Praktiken werden im Kontext der traditionellen Gesellschaftsstrukturen verständlich. Es gibt bestimmte Regeln, wie Personen an unterschiedlichen kulturellen oder religiösen Veranstaltungen oder Orten handeln sollen. Die sozialen Praktiken vermitteln Sicherheit, weil Personen ihr Handeln an diesen Strukturen ausrichten können. Zudem prägen sie Gemeinschaften, die sich innerhalb von sozialen Gruppen in einer Gesellschaft bilden.

Nach Beck (2015) kann der Bedeutungsverlust traditionell geprägter Gesellschaftsstrukturen in eine *erste* und eine *reflexive* Modernisierung unterschiedlichen werden. Die erste Modernisierung betrifft Traditionen, die reflexive Modernisierung die Industriegesellschaft (vgl. ebd., S. 14). Individualisierungsprozesse können auf eine zunehmende gesellschaftliche Komplexität zurückgeführt werden. Die Komplexität ergibt sich in erster Linie durch technischen Fortschritt und die Beschleunigung von Kommunikation. Letztere trägt dazu bei, dass Personen einen schnelleren Zugang zu Wissen haben und dass das sie in internationalen Netzwerken schnell und flexibel handeln und kommunizieren können. Dies resultiert darin, dass traditionelle Gesellschaftsstrukturen den Ansprüchen, die durch die Komplexität entstehen, nicht mehr gerecht werden können. Traditionell geprägte Gesellschaftsstrukturen verlieren an Bedeutung, weil sie als Erklärungsmuster nicht mehr ausreichen. Personen, die sich an ihnen orientieren können folglich auf komplexe Anforderungen überfordert reagieren. Dies zeigt sich darin, dass eine beschleunigte Kommunikation Personen überfordert, die mit digitalen Medien nicht gut vertraut sind. Für diese wird es notwendig, sich Fähigkeiten anzueignen, mit diesen neuen Anforderungen umzugehen. Diese Anforderungen gehen mit technischem Fortschritt und internationaler Vernetzung einher. Ein weiteres Beispiel dafür ist, dass die Anforderungen an die Ausübung einer Erwerbstätigkeit durch die internationale Vernetzung von Unternehmen steigen. An Personen, die beruflich im Kontext international vernetzter Unternehmen tätig sind, werden Anforderungen wie Sprachkenntnisse und interkulturelle Fähigkeiten gerichtet. Diese tragen dazu bei, dass sie Personen im Austausch mit anderen Personen aus anderen Ländern und mit anderem kulturellen Hintergrund selbstreflektiert handeln können. Personen, an welche solche Anforderungen gerichtet werden, müssen sich solche Fähigkeiten aneignen. In der Erwachsenenbildung können Teilnehmende lernen, sich selbst Wissen und Fähigkeiten anzueignen. Traditionell geprägten Gesellschaftsstrukturen werden den Anforderungen und der Komplexität einer Gesellschaft nicht mehr gerecht. Eine komplexe Gesellschaft erfordert, dass Personen dem Paradigma der Selbststeuerung folgen. Aufgrund der Komplexität einer Gesellschaft reichen einheitliche traditionelle Gesellschaftsstrukturen nicht mehr aus, um das Handeln von Personen zu kontrollieren. Nach Bröckling (2018) wird von Personen in einer individualisierten Gesellschaft gefordert, individuell zu sein und ihr individuelles Profil zu entwickeln. Jede Person soll selbst entscheiden, welches Wissen und welche Fähigkeiten sie sich aneignet, damit sie die Anforderungen einer komplexen Gesellschaft bewältigen kann (vgl. ebd., S. 40).

Dass traditionelle gesellschaftliche Strukturen an Bedeutung verlieren, wird nach Giddens (2012) daran deutlich, dass Religion in der persönlichen Lebenswelt von Personen einen geringeren Stellenwert einnimmt (S. 34, S. 48). Dies deutet darauf hin, dass Personen im deutschsprachigen Raum ihr Handeln in einer individualisierten Gesellschaft weniger an traditionellen Werten ausrichten als in einer traditionell geprägten Gesellschaft. Personen im deutschsprachigen Raum lösen sich von traditionell geprägten Gesellschaftsstrukturen und handeln selbstgesteuert. Wohingegen in traditionellen Gesellschaftsstrukturen das Handeln von Personen im deutschsprachigen Raum durch Gesetze Restriktionen kontrolliert werden konnte, haben diese in Anlehnung an Foucault (1994) einer individualisierten Gesellschaft einen geringeren Einfluss auf Personen als in traditionellen Gesellschaftsstrukturen. Gleichzeitig können in Anlehnung an Pongratz (2010) die – sich wiederholenden – gesellschaftlichen Anforderungen zur Selbststeuerung für Personen mit Unsicherheit verbunden sein. Durch die Teilnahme an Erwachsenenbildung können sich Personen das Wissen und die Fähigkeiten aneignen, diese Anforderungen zu bewältigen. Damit kann Erwachsenenbildung Personen stärken, gesellschaftliche Anforderungen zu bewältigen (vgl. ebd., S. 158ff.).

2.3.1.2 Individualisierung als sozialer Wandel

Individualisierung ist ein Begriff aus der Soziologie (Beck und Beck-Gernsheim, 1994, Giddens, 2012, Beck, 2015) und kennzeichnet einen sozialen Wandel. In einer individualisierten Gesellschaft ist die Selbststeuerung von Personen zentral. In Anlehnung an Beck (2015) verlieren traditionell geprägte Gesellschaftsstrukturen an Bedeutung. Dabei geschieht nach Kade (1989) eine „Verlagerung der Identitätsbildung von der Sozialstruktur auf das Individuum" (S. 798), sodass die Gestaltung von Strukturen durch Personen einer Gesellschaft erfolgt. Anstatt das eigene Handeln an traditionell geprägten Gesellschaftsstrukturen auszurichten, sollen Personen ihr Handeln selbst steuern und möglichst viele Entscheidungen selbst treffen. Zentrale Vertreter der Individualisierungstheorie in der deutschsprachigen Soziologie sind Beck (1944-2015) und Bröckling (*1959). Das Konzept der *Anrufung* nach Althusser (1977) ist zentral, um Individualisierungsprozesse und die Gestaltung von Individualität zu verstehen. Althusser thematisiert mit dem Konzept die Frage, wie Personen auf die gesellschaftliche Anforderung zur Selbststeuerung reagieren. Dabei wird der Frage nachgegangen, warum und wie soziale Praktiken dem Paradigma der Selbststeuerung folgen. Zudem wird in Anlehnung an Bröckling (2012) erörtert, warum Personen die gesellschaftliche Anforderung nie vollständig bewältigen können (vgl. S. 134, LMU München, 2015, Universität Freiburg 2018a, 2018b). Abb. 9 zeigt welche Veränderungen zu einem sozialen Wandel und zu Individualisierungsprozessen beitragen.

Nach Abb. 9 werden Individualisierungsprozesse als Resultat eines sozialen Wandels verstanden. Dieser zeigt sich in einer Beschleunigung von Kommunikation und Handeln, in einer zunehmenden Komplexität, mehr individuellen Risiken und mehr Freizeit von Personen. Solche Prozesse werden nach Beck (2015) durch technischen Fortschritt, Industrialisierung und Digitalisierung geprägt.

Abbildung 9: Sozialer Wandel und Individualisierung

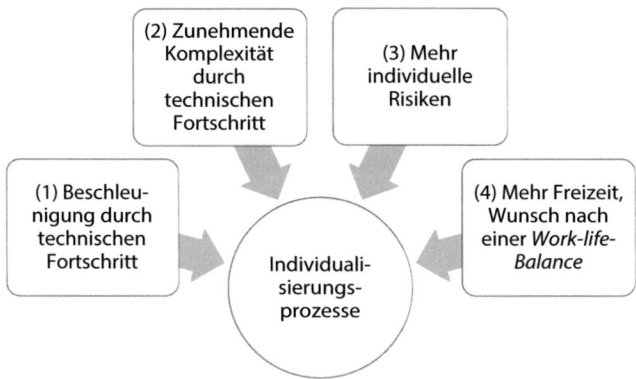

Quelle: Eigene Darstellung

(1) Digitalisierung und technischer Fortschritt tragen in Anlehnung an Pongratz (2010) dazu bei, dass sich Kommunikation und Handeln von Personen beschleunigen (vgl. S. 110f.). Nach Giddens (2012) prägen eine Trennung von Raum und Zeit sowie die Reflexion der eigenen sozialen Eingebundenheit Individualisierungsprozesse (vgl. ebd., S. 53). Technischer Fortschritt und Digitalisierung ermöglichen eine beschleunigte Kommunikation, sodass Personen unabhängig von ihrem realen Aufenthaltsort über digitale Technologien miteinander sprechen können. Kommunikation wird nach Giddens (2012) losgelöst von bestimmten Orten wie Telefonzellen möglich. Wenn Personen Mobiltelefone bei sich tragen, können sie jederzeit erreicht werden. Die ständige Erreichbarkeit und Möglichkeit, weitestgehend unabhängig vom eigenen Aufenthaltsort mit Personen an anderen Orten zu kommunizieren, fördert eine Beschleunigung von Kommunikation und Handeln (vgl. ebd., S. 53). (2) Der technische Fortschritt trägt zu einer zunehmenden Komplexität bei. Dies erfordert wiederum eine veränderte gesellschaftliche Steuerung, die sich in der Individualisierung einer Gesellschaft zeigt. Durch ein höheres Einkommen stehen Personen mehr Möglichkeiten zur Verfügung, ihre Lebenswelt zu gestalten und ihre Freizeit zu verbringen. Die Teilnahme am formale Bildungssystem wird Personen aus benachteiligten sozialen Gruppen in höherem Umfang möglich. Personen stehen mehr Möglichkeiten offen, ihre Lebenswelt zu gestalten. Von ihnen wird gefordert, dass sie sich beruflich und persönlich entwickeln. Indem sie an Erwachsenenbildung teilnehmen eignen sie sich Wissen und Fähigkeiten in einem bestimmten Bereich an. Sie gestalten ihr individuelles Profil und werden Expert/inn/en für einen Bereich einer Gesellschaft, in dem sie sich gut auskennen und besondere Fähigkeiten mitbringen. Gleichzeitig wird in Anlehnung an Giddens (2012) Wissen über soziale Zusammenhänge generiert, was dazu beiträgt, diese durch eine Reflexion von Traditionen zu distanzieren (vgl. ebd., S. 53). In Anlehnung an Klingovsky (2017) nehmen emotionale und soziale Fähigkeiten an Bedeutung zu. Diese tragen dazu bei, dass Personen den unterschiedlichen komplexen Anforderungen einer komplexen Gesellschaft gerecht werden können (vgl. S. 40). (3) Beck (2015) prägte im Jahr 1986 den Begriff der *Risikogesellschaft*. Personen werden in einer Gesellschaft vermehrt individuell mit Risiken konfrontiert, weil traditionelle Strukturen an Bedeutung verlieren. Industrialisierung, technischer

Fortschritt und Digitalisierung tragen dazu bei, dass Personen in einer Gesellschaft mit Risiken konfrontiert werden, die in traditionell geprägten Gesellschaftsstrukturen weniger relevant waren. Zu den neuen Risiken zählen nach Beck (2015) Unfälle wie das Atomkraftwerks Tschernobyl und Krieg, der durch die Aufrüstung der Waffenindustrie destruktiver und schneller erfolgen kann (vgl. ebd., S. 7). Risiken betreffen Personen umso individueller, je mehr Verantwortung sie übernehmen. Zudem können traditionelle Gesellschaftsstrukturen, die Sicherheit vermitteln, an Bedeutung verlieren. Weil Personen ihr Handeln in einer individualisierten Gesellschaft selbst steuern, können sie für Misserfolge selbst verantwortlich gemacht werden. Wohingegen Arbeitslosigkeit in traditionell geprägten Gesellschaftsstrukturen tendenziell äußeren Bedingungen zugeschrieben wird, tragen Personen in Anlehnung an Zeuner (2006) in einer individualisierten Gesellschaft stärker die Verantwortung für ihre Karriere und ihre Beschäftigungsfähigkeit. Der soziale Wandel geht mit der Individualisierung einer Gesellschaft einher (vgl. ebd., S. 309). (4) Die Arbeitszeit von Personen verkürzt sich, sodass Personen in einer individualisierten Gesellschaft über mehr Freizeit verfügen, die sie selbst gestalten. Personen sind in Befähigungsbereichen ihrer persönlichen Lebenswelt mit gestiegenen Anforderungen und einem Hinterfragen traditioneller Strukturen konfrontiert. Dazu zählen nach Beck (2015) Erwerbstätigkeit und Familie, die weniger geradlinig und vorgegeben sind wie in traditionellen Strukturen. Individualisierung geht mit einer Loslösung von bestehenden Kategorien einher (vgl. ebd., S. 18). Dies geht nach Klingovsky (2017) mit der sogenannten Freiheit einher, selbst zu entscheiden und die persönliche Lebenswelt zu gestalten. Die Freiheit ist keine Freiheit an sich. Vielmehr soll die Freiheit Personen dazu bringen, ihre Selbststeuerung als ihren persönlichen Wunsch zu verstehen. Diese ist im Kontext des sozialen Wandels zu verstehen, in dem sich gesellschaftliche Steuerung und Kontrollinstanzen verändern (vgl. ebd., S. 39). Individualisierung kann als Reaktion auf die steigende Komplexität einer Gesellschaft verstanden werden. Wenn die steigende Komplexität die gesellschaftliche Steuerung durch traditionelle Gesellschaftsstrukturen überfordert, erfordert dies eine neue gesellschaftliche Steuerung. In Anlehnung an Bröckling (2002, 2013) werden einzelne Personen in einer individualisierten Gesellschaft in ihrer Verantwortung für ihre Lebenswelt und ihr Handeln verstanden. Bröckling (2013) verwendet dafür in Anlehnung an Foucault das Konzept des *Unternehmerischen Selbst*. Als solches wird von Personen gefordert, dass sie sich selbst gestalten, sich Wissen und Fähigkeiten aneignen, um den Anforderungen einer komplexen Gesellschaft gerecht zu werden (vgl. ebd.).

2.3.1.3 Gesellschaftliche Anforderungen und Aushandlung sozialer Zugehörigkeit

Der Philosoph Althusser (1918-1990) hat sich mit Marxismus beschäftigt und in seiner Forschung hohe Bedeutung erlangt. Im Rahmen der analytischen Betrachtung von Marxismus beschäftigte sich Althusser mit Ideologien in einer Gesellschaft. Hier zeigt er, wie es dazu kommt, dass sich Personen entscheiden, zu einer Ideologie in einer Gesellschaft zu gehören. Relevant hierfür sind marxistische Theorien über die Unterscheidung in Klassen, d.h. in benachteiligte und privilegierte soziale Gruppen, die aufgelöst werden sollen. In diesem

Kontext ist das Konzept der *Anrufung* nach Althusser (1977) relevant. Das Konzept verdeutlicht den sozialen Wandel, durch welchen traditionell geprägte Gesellschaftsstrukturen an Bedeutung verlieren und Individualisierungsprozesse an Bedeutung gewinnen. Wohingegen in einer traditionellen Gesellschaft in benachteiligte und aus privilegierte soziale Gruppen unterschieden wird, löst sich diese Unterscheidung in einer individualisierten Gesellschaft auf. Dies geschieht zugunsten einer Aushandlung von sozialer Zugehörigkeit. Das Konzept thematisiert, wie sich Personen dafür entscheiden, zu einer Gesellschaft zu gehören und wie eine Gesellschaft Personen dazu bringt, konform zu ihren Anforderungen zu handeln. Dies geht damit einher, dass sich Personen von traditionell geprägten Gesellschaftsstrukturen lösen und dem Paradigma der Selbststeuerung folgen. Das Konzept erarbeitet Althusser (1977) in der Analyse von Ideologien im Kontext von Marxismus (vgl. Lewis, 2018). In dem Beispiel ruft ein Polizist

> „einem Passanten auf der Straße nach: ‚He, Sie da!' Das so angerufene Individuum dreht sich um ‚in dem Glauben, der Ahnung, dem Wissen, es sei gemeint'" (Althusser, 1977, S. 142).

Mit der Anrufung „He, Sie da!" (ebd.) richtet der Polizist die gesellschaftliche Anforderung an Personen. Eine Person wird nach Bröckling (2013) zum Subjekt, indem sie sich umdreht und „damit anerkennt, dass der Anruf nur ih[r] gegolten haben kann" (S. 28). Personen in einer Gesellschaft können auf die *Anrufung* reagieren. Diese wird als eine gesellschaftliche Anforderung verstanden, die an Personen einer individualisierten Gesellschaft gerichtet wird. Sie fordert von Personen, dass sie ihr Handeln selbst steuern und ihre persönliche Lebenswelt gestalten. Ohne, dass die gesellschaftliche Anforderung direkt an die Person adressiert wird, fühlt sich die Person angesprochen. Dadurch, dass sie wissen, dass sie gemeint sind, können Personen auf die Anforderung reagieren. Dies zeigt sich in Anlehnung an Bröckling (2017) darin, dass Personen den Wunsch haben, sich selbst zu entwickeln und zu gestalten. Wenn eine Person die gesellschaftlichen Anforderungen wahrnimmt und sich persönlich von dieser angesprochen fühlt, kann sie auf diese reagieren und antworten. Die Antwort auf die gesellschaftliche Anforderung ist, dass Personen dem Paradigma der Selbststeuerung folgen. Die Reaktion der Person bestätigt die Autorität der Person, welche die gesellschaftliche Anforderung durch soziale Praktiken in einer Gesellschaft an andere Personen richtet. In einer individualisierten Gesellschaft sollen Personen nach Foucault (1994) ihr Handeln an verborgenen gesellschaftlichen Kontrollinstanzen ausrichten. Dies kann unbewusst erfolgen. So kann es sein, dass sich Personen in Individualisierungsprozessen nicht bewusst sind, dass sie der gesellschaftlichen Anforderung zur Selbststeuerung Folge leisten. Vielmehr können sie die Überzeugung haben, dass die Gestaltung ihrer persönlichen Lebenswelt ihrem persönlichen Wunsch entspricht. In traditionell geprägten Gesellschaftsstrukturen sind dies in Anlehnung an Foucault (1994) Institutionen der exekutiven Gewalt einer Gesellschaft wie die Polizei und die Staatsanwaltschaft. Im Wechselspiel mit Legislative und Judikative einer Gesellschaft soll die exekutive Gewalt Personen dazu bringen, konform zu gesetzlichen Strukturen zu handeln. Wenn sie nicht konform zu den gesellschaftlichen Strukturen handeln, können Institutionen der exekutiven Gewalt Personen bestrafen und aus der Gesellschaft ausschließen. In einer individualisierten Gesellschaft sind diese sichtbaren gesellschaftlichen Kontrollinstanzen in Anlehnung an Pongratz (2010) weniger von Bedeutung (vgl. S. 165). An Stelle der exekutiven Gewalt tritt nach Foucault (1994) die Selbststeuerung von Personen. Tab. 4 zeigt einen Überblick über die bildungspolitische Steuerung und gesellschaftliche Kontrollinstanzen in traditionell geprägten Gesellschaftsstrukturen und in einer individualisierten Gesellschaft (Tab. 4):

Tabelle 4: Bildungspolitische Steuerung

	Traditionell geprägte Gesellschaftsstrukturen	Eine individualisierte Gesellschaft
Gesellschaftliche Kontrollinstanzen	*Sichtbare Kontrollinstanzen*: Tradition, Gesetze, exekutive Gewalt, gesellschaftliches Ansehen	*Verborgene Kontrollinstanzen*: Gesellschaftliche Anforderung zur Selbststeuerung und zur Gestaltung eines individuellen Profils
Gesellschaftliche Steuerung	Personen richten ihr Handeln an bestehenden sichtbaren Strukturen aus.	Personen folgen z.T. unbewusst der gesellschaftlichen Anforderung zur Selbststeuerung
Bildungspolitische Steuerung	*Educational governance*: Erwachsenenbildung als Aufgabe einer Gesellschaft	*New educational governance*: Lebenslanges Lernen als Aufgabe von Personen zur Gestaltung von Individualität

Quelle: Eigene Darstellung

Nach Bröckling (2017) wird die gesellschaftliche Anforderung an Personen in der Annahme gerichtet, dass sie diese verstehen und auf sie reagieren können. Dem Passanten entsprechen alle Personen, die zu einer Gesellschaft gehören. Der Polizist steht für eine gesellschaftliche Instanz, die an Personen die gesellschaftliche Anforderung richtet, dass sie ihre Lebenswelt und ihr Handeln selbst steuern und gestalten. Die gesellschaftliche Instanz kann sich als politisches Programm, Lernziele oder als Lebensziele anderer Personen zeigen. Beispiele dafür sind Erwachsenenbildung, Schule, politische Versammlungen und Familie, in denen Empowerment als gesellschaftlicher Wert verstanden wird (vgl. ebd., S. 63ff.). Die gesellschaftliche Anforderung wird nicht nur einmal, sondern stets neu und in veränderter Form, an Personen gerichtet. Mit sozialen Praktiken, die sich verändern und durch andere soziale Praktiken in einer Gesellschaft geprägt werden, werden gesellschaftliche Anforderungen wiederholt und in veränderter Form an Personen gerichtet. Personen reagieren mit sozialen Praktiken auf gesellschaftliche Anforderungen. Diese nehmen eine Bedeutung ein, die ihnen durch verborgene gesellschaftliche Kontrollinstanzen zugewiesen wird. Die sozialen Praktiken werden nach Bröckling (2017)

> „fortwährend angereichert, unterbrochen, verschoben, übersetzt, und diese performativen Variationen eröffnen Spielräume für die Destabilisierung der Autoritäten" (S. 63).

In einer Gesellschaft, die durch Individualisierungsprozesse geprägt ist, werden Privilegien und die traditionell geprägte Aufteilung einer Gesellschaft in soziale Gruppen hinterfragt und soziale Zugehörigkeit ausgehandelt. Traditionelle Strukturen verlieren an Bedeutung, weil Personen auf sich selbst angewiesen sind und ihr Handeln selbst steuern sollen. Die Aushandlung sozialer Zugehörigkeit wie Schreiber-Barsch und Fawcett (2017, S. 316) andeuten, zeigt sich in wiederholten sozialen Praktiken. Wiederholte soziale Praktiken kennzeichnen eine individualisierte Gesellschaft, in der durch den Verlust traditioneller Strukturen, soziale Zugehörigkeit neu ausgehandelt werden muss. Die soziale Aufteilung einer traditionell geprägten Gesellschaft in privilegierte und benachteiligte Gruppen wird durch die steigende Komplexität einer Gesellschaft erschwert, sodass soziale Praktiken zur Aushandlung sozialer Zugehörigkeit an Bedeutung gewinnen. Die wiederholten und in veränderter Form stattfindenden sozialen Praktiken tragen zu einem sozialen Wandel bei. Die sozialen Praktiken stellen eine Aushandlung sozialer Zugehörigkeit in komplexen Gesellschaften dar. Der soziale Wandel und die neuen sozialen Praktiken kennzeichnen eine Gesellschaft, in der Personen mit Anforderungen konfrontiert werden, die Personen u.a. nach Giddens (2012) verunsichern und überfordern können.

Dass sich Personen in Folge auf die Anrufung nach Althusser (1977) umwenden, wird als Reaktion auf die gesellschaftliche Anforderung verstanden, die an Personen einer individualisierten Gesellschaft gerichtet wird. Dass sie auf die Anforderung reagieren und dem Paradigma der Selbststeuerung folgen zeigt die Bereitschaft von Personen, ihre soziale Zugehörigkeit zu einer Gesellschaft auszuhandeln. Dies geht damit einher, dass sie sich von traditionellen Strukturen lösen und sich das für eine Selbststeuerung notwendige Wissen und die dafür notwendigen Fähigkeiten anzueignen. Sie erklären durch ihre aktive Reaktion auf die gesellschaftlichen Anforderungen ihre Bereitschaft, sich der gesellschaftlichen Steuerung einer individualisierten Gesellschaft zu unterwerfen und dem Paradigma der Selbststeuerung Folge zu leisten. Dass die gesellschaftlichen Anforderungen immer wieder neu an Personen gerichtet werden, ermöglicht, dass soziale Zugehörigkeit neu verhandelt wird. Die gesellschaftliche Anforderung ermöglicht nach Wrana (2015) eine „stabilisierende Re-Positionierung" (S. 126). Die gesellschaftlichen Anforderungen werden in veränderter Form an Personen gerichtet, die darauf reagieren. Dies stellt sich wiederholende soziale Praktiken dar, in welchen Personen ihre soziale Zugehörigkeit immer wieder neu aushandeln. Die statische Differenzierung einer Gesellschaft in privilegierte und benachteiligte soziale Gruppen verliert umso mehr an Bedeutung, je öfter soziale Zugehörigkeit ausgehandelt wird. Die gesellschaftliche Anforderung zur Selbststeuerung zeigt sich darin, dass sich Personen neues Wissen und neue Fähigkeiten aneignen und sich selbst neugestalten. Diese Anforderung richtet sich in Anlehnung an Pongratz (2010) fortwährend an Personen in einer individualisierten Gesellschaft (vgl. S. 164ff.). Manche Personen internalisieren diese ständige Erwartungshaltung und unterwerfen sich dem Paradigma der Selbststeuerung. Nach Bröckling (2012) streben sie die stetige Entwicklung ihres individuellen Profils, an in dem sie ihre persönliche Lebenswelt möglichst selbst gestalten (vgl. ebd., S. 140ff.). Die soziale Praktik, in der Personen ihre Lebenswelt und ihr Handeln selbst steuern und gestalten, verläuft als eine Wiederholung, die in einer stets veränderten Form stattfindet. Dies ist nach Wrana (2015) durch eine „Überdetermination" (S. 127) Anrufung bzw. der gesellschaftlichen Anforderungen geprägt. Die zunehmende Komplexität einer Gesellschaft resultiert darin, dass eine Lösung gefunden wird, sie zu bewältigen. In Anlehnung an Pongratz (2010) stellen die gesellschaftlichen Anforderungen, dem Paradigma der Selbststeuerung Folge zu leisten, eine Reaktion auf die zunehmende Komplexität einer Gesellschaft dar. Indem sie ihr Lernen selbst steuern, sollen Personen sich das Wissen und die Fähigkeiten aneignen, die sie benötigen, um mit der zunehmenden gesellschaftlichen Komplexität umzugehen (vgl. ebd. S. 23). Der soziale Wandel zeigt sich in dem Verlust der sozialen Aufteilung einer Gesellschaft, die Personen in traditionellen Gesellschaftsstrukturen Sicherheit vermittelt. Bildungspolitische Strategien werden von politischen Akteuren verborgen artikuliert und steuern soziale

Praktiken nach dem *Top-Down*-Prinzip. Die veränderte bildungspolitische Steuerung trägt dazu bei, dass gesellschaftliche Anforderungen stets in einer veränderten Form an Personen gerichtet werden. Wenn sie sich von der gesellschaftlichen Anforderung zur Selbststeuerung nicht angesprochen fühlen, leisten sie Widerstand (vgl. ebd., S. 127).

Personen werden im Rahmen einer veränderten bildungspolitischen Steuerung, die durch den sozialen Wandel geprägt ist, nach Bröckling (2013) mit gesellschaftlichen Anforderungen konfrontiert. Diese können sie

> „zurückweisen, zu unterlaufen oder einzulösen versuchen, [ihnen] aber niemals voll und ganz genügen. Und sie können [sie] damit nur insoweit konfrontieren als dass [sie] selbst immer schon ein fundamentales Ungenügen spür[en]" (S. 28).

Die Anrufung verdeutlicht wie gesellschaftliche Anforderungen an Personen gerichtet werden. Die Anrufung ist in Anlehnung an Bröckling (2012) dadurch gekennzeichnet, dass Personen die Anforderung zur Selbststeuerung nie vollständig bewältigen können. Die veränderten sozialen Praktiken stellen einen Versuch dar, den Anforderungen gerecht zu werden. Gleichzeitig ermöglichen die sozialen Aushandlungsprozesse keine eindeutige und endgültige Lösung. Soziale Zugehörigkeit wird stets neu durch soziale Praktiken ausgehandelt (vgl. ebd., S. 134f.). In Anlehnung an Bröckling (2013) funktionieren die sozialen Aushandlungsprozesse nur, weil Personen unsicher sind und Orientierung suchen. In traditionellen Gesellschaftsstrukturen erfüllt nach Giddens (2012) gibt die soziale Eingebundenheit in traditionelle Strukturen Personen Sicherheit (vgl. ebd., S. 21ff.). Sicherheit in einer individualisierten Gesellschaft wird nach Bröckling (2013) dadurch ermöglicht, dass Personen gesellschaftliche Anforderungen Folge leisten (vgl. ebd., S. 28).

Personen fällt es leichter, ihre Lebenswelt und ihr Handeln selbst zu steuern und zu gestalten, wenn sie über das dafür notwendige Wissen und die dafür notwendigen Fähigkeiten verfügen. Wenn sie in traditionell geprägten Gesellschaftsstrukturen privilegiert sind, kann es sein, dass sie das Paradigma der Selbststeuerung bereits internalisiert haben. Die gesellschaftliche Anforderung richtet an alle Personen unabhängig davon, ob sie über Wissen und die Fähigkeiten dafür verfügen oder nicht. Die Anforderung richtet sich zudem an Personen, die lernen sollen, dem Paradigma der Selbststeuerung Folge zu leisten. Personen können der gesellschaftlichen Anforderung Folge leisten und dem Paradigma der Selbststeuerung folgen. Dabei können sie nach Bröckling (2012) die Anforderungen nie vollständig bewältigen und dem Paradigma der Selbststeuerung nie vollständig gerecht werden. Dies kann sich in dem Gefühl äußern, sich stets qualifizieren und Zertifikate erwerben zu müssen. Personen können sich durch die gesellschaftliche Anforderung unbewusst unter Druck gesetzt fühlen, sich fortwährend selbst gestalten und optimieren zu müssen. Das Handeln von Personen ist immer wieder neu an gesellschaftlichen Anforderungen auszurichten. Der Zustand der Zugehörigkeit kann nie fortwährend bestehen und muss stets neu verhandelt werden. Im Paradigma Lebenslanges Lernen die Notwendigkeit betont, dass Personen ihr Leben, ihr Handeln und ihr Lernen selbst steuern und gestalten (vgl. ebd., S. 132ff.). Damit geht in Anlehnung an Kade (1989, S. 800) eine Veränderung der Strukturen von Erwachsenenbildungsangeboten einher, sodass diese flexibel die individuellen Bedarfe von Personen berücksichtigen. Ein Beispiel dafür sind *Blended Learning*-Programme, in welchen ein Teil der Lerninhalte von den Lernenden selbst zu Hause erarbeitet wird. Dadurch können Personen sich die Zeit, die sie mit Lernen verbringen, frei einteilen und an ihren Bedarfen ausrichten.

Bröckling (2013) bezeichnet den Zielzustand der gesellschaftlichen Anforderung zur Selbststeuerung nach Foucault als unternehmerisches Selbst. Dem Paradigma der Selbststeuerung zufolge sollen Personen ihre persönliche Lebenswelt selbst gestalten und ihr individuelles Profil entwickeln (vgl. ebd., S. 47, siehe auch Pongratz, 2010, S. 44). Der Zustand einer Selbststeuerung ist nach Bröckling (2012) nie vollständig zu erreichen. Die gesellschaftlichen Anforderungen können nie vollständig bewältigt werden. Gleichzeitig ist das Anstreben dieses Zustands eine fortwährende gesellschaftliche Anforderung, die sich an Personen einer individualisierten Gesellschaft richtet. Wenn Personen zu dieser Gesellschaft gehören möchten, müssen sie ihre Zugehörigkeit aushandeln und sich selbst dafür immer wieder neues Wissen und neue Fähigkeiten aneignen (vgl. ebd., S. 132ff.). Die Konstituierung als Subjekt entsteht nach Althusser (1977) dadurch, dass Personen der gesellschaftlichen Anforderung Folge leisten. Dies beinhaltet die Möglichkeit, nicht auf die gesellschaftliche Anforderung zur Selbststeuerung zu reagieren. Wenn Personen auf die gesellschaftliche Anforderung reagieren, entscheiden sie sich, soziale Zugehörigkeit auszuhandeln und ihr individuelles Profil zu gestalten. In Anlehnung an Foucault bezeichnet Bröckling (2013) richtet sich eine gesellschaftliche Anforderung an Personen, dem Paradigma der Selbststeuerung Folge zu leisten und zu einem *unternehmerischen Selbst* zu werden. Personen reagieren in unterschiedlichen sozialen Praktiken auf die gesellschaftlichen Anforderungen. Die gesellschaftlichen Anforderungen und die sozialen Praktiken werden fortlaufend in veränderter Form wiederholt. Personen können auf die gesellschaftlichen Anforderungen reagieren und ihr Folge leisten. Sie können lernen, ihre Lebenswelt und ihr Handeln aktiv zu gestalten und zu steuern. Dies zeigt sich darin, dass sie in einer Lernberatung (Forneck & Springer, 2005) oder in der Erwachsenenbildung ihre Individualität und ihre Persönlichkeit reflektieren und ihr Profil an aktuellen gesellschaftlichen Bedarfen ausrichten. Den gesellschaftlichen Bedarf an einer Lernberatung, die Personen unterstützt, ihre Lernprozesse individuell zu gestalten artikuliert die Bund-Länder-Kommission zur Bildungsplanung und zur Forschungsförderung (2004, S. 27f.). Die gesellschaftliche Anforderung zur Selbststeuerung und die Erwiderung von Personen geschieht in einem Prozess sich wiederholender sozialer Praktiken. Durch ihre Teilnahme an Erwachsenenbildung können sich Personen das dafür notwendige Wissen und die dafür notwendigen Fähigkeiten aneignen. Personen sollen sich stets neu für die sozialen Aushandlungsprozesse befähigen, sodass ihre Lernprozesse nicht abgeschlossen werden können. Dies geht nach Kade (1989) mit einer Veränderung der Angebotsstrukturen von Erwachsenenbildung einher und zeigt sich im Bedeutungsgewinn des Paradigmas Lebenslangen Lernens. In den Strategien von bildungspolitischen Akteuren wie der EU-Kommission (2000) und der OECD (1973) wird dies deutlich.

2.3.1.4 Erwachsenenbildung zur Stärkung von Personen in einem Spannungsfeld

Personen, die sozial in traditionell geprägte Gesellschaftsstrukturen eingebunden sind und mit den Anforderungen einer individualisierten Gesellschaft konfrontiert werden, können sich in einem Spannungsfeld befinden. Traditionelle Gesellschaftsstrukturen prägen die persönliche Lebenswelt von Personen, die ihr Handeln an den Strukturen ausrichten. Gleichzeitig richtet sich die gesellschaftliche Anforderung an Personen. Abb. 10 zeigt das Spannungsfeld, in dem sich die Teilnehmenden befinden können. Hier ist zentral, dass gleichzeitig sich wiedersprechende gesellschaftlichen Anforderungen an eine Person gerichtet werden können. Die veränderten gesellschaftlichen Anforderungen können in Anlehnung an Pongratz (2010) dazu führen, dass sich Personen verunsichert und überfordert fühlen (vgl. S. 158).

Abbildung 10: Das Spannungsfeld in Individualisierungsprozessen

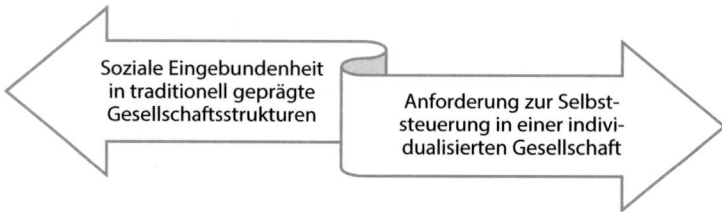

Quelle: Eigene Darstellung in Anlehnung an Kade (1989) und Beck (2015)

　　Nach Kade (1989) geht Individualisierung mit einem „Verlust an sozialen und kulturellen Bindungen" (S. 795) einer. Diese Bindungen prägen in traditionellen Gesellschaftsstrukturen die Benachteiligung und die Privilegien von sozialen Gruppen. Individualisierungsprozesse stellen für Personen aus benachteiligten und aus privilegierten sozialen Gruppen eine Herausforderung dar und konfrontieren sie mit einer Unsicherheit, weil die bestehenden Bindungen und traditionellen Strukturen an Bedeutung verlieren. Soziale Gruppen unterscheiden sich in einer Gesellschaft hinsichtlich dessen, wie sie durch Individualisierungsprozesse geprägt sind. Manche sozialen Gruppen sind stärker und manche sozialen Gruppen weniger stark durch die Prozesse geprägt. Das Spannungsfeld gesellschaftlicher Anforderungen konfrontiert Personen mit einer Unsicherheit, die Personen in einem unterschiedlichen Umfang bewusst ist. Nach Beck (2015) sind Frauen und Männer durch den Verlust Sicherheit gebender Bindungen in Ehe und Familie verunsichert. Dass familiäre Bindungen in einer individualisierten Gesellschaft an Bedeutung verlieren, zeigt sich in einem Anstieg der Scheidungsrate (vgl. ebd., S. 161).

　　Der soziale Wandel geht mit einer Veränderung der gesellschaftlichen Steuerung einher, die zunächst verborgen sind, aber aus theoretischer und gesellschaftskritischer Perspektive reflektiert werden können. Mit dem Spannungsfeld können Personen auf unterschiedliche Weise umgehen. Im Folgenden wird differenziert, wie Personen aus privilegierten sozialen Gruppen mit dem Spannungsfeld eines sozialen Wandels umgehen können. In traditionell geprägten Gesellschaftsstrukturen verfügen Personen aus privilegierten sozialen Gruppen über eine höhere Entscheidungsbefugnis als Personen aus benachteiligten sozialen Gruppen. Dies ist damit zu begründen, dass soziale Benachteiligung mit einem beschränkten Zugang zu Wissen und Fähigkeiten einhergeht. Die höhere Entscheidungsbefugnis von Personen aus privilegierten sozialen Gruppen ist in traditionellen Strukturen zu verorten, sodass das Handeln von Personen gesellschaftskonform und nicht kritisch ist. Ein Überschreiten der gesellschaftlichen Strukturen wäre mit sozialen Restriktionen oder gesetzlichen Strafen verbunden. Wenn Personen ihr Handeln nicht an den bestehenden Strukturen orientieren, sind sie mit der Gefahr konfrontiert, mit Geldstrafen oder mit einer gesellschaftlichen Ausgrenzung sanktioniert zu werden. Ein Aufenthalt im Gefängnis oder in einer Psychiatrie, der als Strafe verstanden wird, kann dazu dienen, dass Personen durch ihr non-konformes Handeln den sozialen Zusammenhalt und andere Personen einer Gesellschaft nicht gefährden. Dies hat den Zweck, dass die Gesellschaft durch Handeln, das nicht den bestehenden Strukturen entspricht, aufrechtzuerhalten und nicht zu gefährden. Gleichzeitig stellen Individualisierungsprozesse für Personen aus privilegierten sozialen Gruppen eine Herausforderung dar, weil sie befürchten können, ihre Privilegien zu verlieren. Wenn traditionell geprägte Gesellschaftsstrukturen an Bedeutung verlieren, müssen Personen ihre soziale Zugehörigkeit aushandeln. Dafür benötigen Personen das Wissen und die Fähigkeiten, um in einer individualisierten Gesellschaft ihr Handeln selbst zu steuern und den Anforderungen einer zunehmend komplexen Gesellschaft gerecht zu werden.

Wenn Personen nicht über das Wissen und die Fähigkeiten verfügen, ihre soziale Zugehörigkeit auszuhandeln und mit den Anforderungen einer individualisierten Gesellschaft umzugehen, fällt ihnen der Umgang mit dem Spannungsfeld eines sozialen Wandels besonders schwer. Der Bedeutungsverlust traditionell geprägter Gesellschaftsstrukturen stellt für Personen eine hohe Anforderung dar. Die soziale Aufteilung einer Gesellschaft ist in Anlehnung an Schneider und Wagner (2011) in einer räumlichen Aufteilung zu beobachten. Es gibt Stadtviertel, in denen v.a. privilegierte soziale Gruppen und andere Stadtviertel, in denen v.a. benachteiligte Gruppen leben. Es gibt Restriktionen, die sozialen Gruppen den Zugang zu bestimmten räumlichen Lebenswelten anderer sozialer Gruppen untersagen (vgl. ebd., S. 24ff.). Die traditionellen Gesellschaftsstrukturen geben Personen eine Orientierung, sodass sie ihr Handeln in ihrer persönlichen Lebenswelt daran ausrichten. Dazu zählen Beschäftigung, Freizeit, Religion und Wohnraum. Je nachdem über wie viel Kapital Personen verfügen, üben sie unterschiedliche Beschäftigungen oder Freizeitaktivitäten aus. In der sozialen Eingebundenheit in traditionell geprägte Gesellschaftsstrukturen kann nach Giddens (2012) Individualisierung für mit Unsicherheit verbunden sein.

Wenn von Personen in einer individualisierten Gesellschaft erwartet wird, ihr Handeln selbst zu steuern und ihre persönliche Lebenswelt selbst zu gestalten, kann sie dies überfordern und verunsichern. Demnach kann die gesellschaftliche Anforderung zu Empowerment und Selbststeuerung für Personen in einem sozialen Wandel mit Unsicherheit verbunden sein (vgl. ebd., S. 21ff.). Kade (1989) formuliert die Vermutung, dass Erwachsenenbildung in Individualisierungsprozessen einer Gesellschaft an Bedeutung gewinnt (vgl. ebd., S. 798). Dabei kommt ihr die Funktion zu, Personen dazu zu befähigen, ihre Lebenswelt selbst zu gestalten und ihr Handeln selbst zu steuern. Wenn Personen ihre persönliche Lebenswelt selbst gestalten und ihre soziale Zugehörigkeit aushandeln, lösen sie sich nach Giddens (2012) aus ihrer sozialen Eingebundenheit in traditionell geprägte Gesellschaftsstrukturen (vgl. ebd., S. 21ff.). Dies kann für Personen in Anlehnung an Kade (1989) eine hohe Anforderung darstellen und mit Unsicherheit verbunden sein. Die gesellschaftlichen Anforderungen ermöglichen Personen Entscheidungsmöglichkeiten, die sie zuvor nicht hatten. Erwachsenenbildung kann Personen stärken, die sich in diesem Spannungsfeld befinden (vgl. ebd., S. 795ff.). Dazu trägt bei, dass Erwachsenenbildung die Reflexion traditionell geprägter Gesellschaftsstrukturen ermöglicht. Verstehens- und Artikulationsprozesse tragen dazu bei, dass Personen ihr Handeln selbst steuern. Die Reflexion resultiert darin, dass sich Personen, aus ihrer sozialen Eingebundenheit in traditionell geprägte Gesellschaftsstrukturen lösen. Giddens (2012) bezeichnet diesen Prozess als „disembedding" (S. 21). In einer individualisierten Gesellschaft können traditionell geprägte Gesellschaftsstrukturen hinterfragt werden, weil Personen die Strukturen aus Distanz betrachten und reflektieren können. Dazu gehört nach Heite (2015), dass Personen ihr eigenes Handeln beobachten, verstehen und artikulieren (vgl. ebd., S. 149). Dies unterscheidet sich von traditionell geprägten Gesellschaftsstrukturen, in denen Personen ihr Handeln an bestehenden Strukturen ausrichten. Erwachsenenbildung kann zu einer Stärkung der Teilnehmenden beitragen. Neue emotional-reziproke Beziehungen können den Verlust traditioneller Gesellschaftsstrukturen, mit denen Sicherheit verbunden ist, auffangen. Diesen Verlust können in Anlehnung an Kade (1989) emotional-reziproke Beziehungen in der Erwachsenenbildung auffangen. Soziale Beziehungen, in denen Personen gleichberechtigt sind, können dazu beitragen, Personen zu stärken und für sie ein Ausgleich zu den Anforderungen einer komplexen Gesellschaft darstellen. Wenn Erwachsenenbildung beziehungsorientiert gestaltet wird, kann sie dazu beitragen, dass Personen, die sich in dem o.g. Spannungsfeld befinden, gestärkt werden (vgl. ebd.).

Ein zentrales Kennzeichen von Empowerment ist, dass die Aktivierung von Ressourcen anstelle einer Fokussierung auf Probleme im Mittelpunkt steht. Der Soziologe Bröckling (2003) nimmt Bezug auf die US-Bürgerrechtsbewegung im 20. Jahrhundert. Zentral für das Empowerment von Teilnehmenden ist nach Bröckling, dass sie für ihre Benachteiligung nicht selbst verantwortlich sind, aber dafür, dass sie aktiv dagegen angehen und ihre Gleichberechtigung einfordern können. Der soziale Wandel ermöglicht eine neue Aushandlung sozialer Zugehörigkeit, die auf die sozialen Bewegungen von benachteiligten Personen angewiesen ist. Dies trägt dazu bei, soziale Benachteiligung und die soziale Aufteilung einer Gesellschaft in privilegierte und benachteiligte soziale Gruppen aufzulösen. An Personen aus benachteiligten sozialen Gruppen wird die gesellschaftliche Anforderung gerichtet, dass sie sich Wissen und Fähigkeiten aneignen, um ihre soziale Zugehörigkeit auszuhandeln. An diese Aussage schließen nach Bröckling (2003) die Modelle des Helfens und der Problembewältigung von Brickman, Rabinowitz, Karuza, Coates, Cohn und Kidder (1982, S. 372) an. Empowerment entspricht dem kompensatorischen Modell: Obwohl Personen für die eigene Benachteiligung nicht verantwortlich sind, ist es in einer individualisierten Gesellschaft ihre Aufgabe, aktiv dagegen anzugehen. Die Teilnehmenden sollen in der Erwachsenenbildung verstehen, dass ihre Benachteiligung in traditionelle Gesellschaftsstrukturen sozial eingebunden ist und dass sie selbst nicht dafür verantwortlich sind. Gleichzeitig können sie nun aktiv dagegen angehen und ihre soziale Zugehörigkeit aushandeln (vgl. Bröckling, 2003, S. 333f.). Nach dem kompensatorischen Modell entlastet die Einsicht, dass sie ihre soziale Benachteiligung nicht selbst zu verantworten haben, die Teilnehmenden. Diese Entlastung und die Erkenntnis, dass sie aktiv gegen ihre Benachteiligung angehen können, ermöglicht den Teilnehmenden das Einnehmen einer neuen Perspektive. Sie können verstehen, dass die gesellschaftliche Steuerung traditionell geprägter Gesellschaftsstrukturen durch die soziale Aufteilung in privilegierte und benachteiligte soziale Gruppen funktioniert. Hier wird soziale Zugehörigkeit nicht ausgehandelt, sondern durch bestehende Strukturen zugewiesen. Auf diesen wird zum Teil verharrt, damit Personen aus privilegierten sozialen Gruppen ihre Privilegien nicht gefährden. Dies zeigt sich nach Brickman et al. (1982) darin, dass Personen aus benachteiligten sozialen Gruppen der Zugang zu Ressourcen verwehrt wird, auf den sie einen Anspruch haben. Um gegen ihre soziale Benachteiligung anzugehen sollen die Personen aus benachteiligten sozialen Gruppen ihre Rechte durchsetzen. Dafür sind sie auf die Unterstützung anderer Personen angewiesen:

> „To solve their problems, and perhaps to compel an unwilling social environment to yield the resources necessary to solve them, actors must be assertive, in this they may need the help of peers or subordinates. If they receive training, it is training designed to empower them to deal more effectively with their environment" (ebd., S. 372).

Die Durchsetzungsfähigkeit von Personen aus benachteiligten sozialen Gruppen ist zentral, damit diese ihre Ressourcen aktivieren und ihre Rechte aushandeln können. Dafür benötigen sie Unterstützung durch andere Personen, die sie in Erwachsenenbildungseinrichtungen finden können. Es stehen weniger die persönlichen Defizite als der Umgang mit den eigenen Ressourcen und der eigenen sozialen Umwelt im Vordergrund. Personen aus benachteiligten sozialen Gruppen lernen, dass sie Rechte haben, die sie einfordern können und dass sie gegen ihre Benachteiligung angehen können. Nach Bröckling (2003) verhindern ein „schlechtes Gewissen" (S. 334) und der Fokus auf die eigenen Schwächen, dass sich Personen auf ihre Ressourcen konzentrieren. Empowerment fokussiert einen pragmatischen und lösungsorientierten Umgang mit Herausforderungen in der persönlichen Lebenswelt und trägt dazu bei, den Blick von den Problemen auf die Stärken und Ressourcen zu wenden. Schwierigkeiten und problematische Vergangenheiten sollen Personen hinter sich lassen und ihre Ressourcen aktivieren, um ihre Lebenswelt zu gestalten. Sie können die Erfahrung machen, ihr eigenes Handeln aktiv zu steuern und zu beeinflussen (vgl. ebd.). In Anlehnung an Bremer (2010) können Personen verstehen, dass sie der gesellschaftlichen Steuerung, die eine soziale Aufteilung einer Gesellschaft prägen, nicht hilflos ausgeliefert sind. Vielmehr können sie Veränderungen aktiv initiieren (vgl. ebd., S. 9). Sie können die ggf. bestehende unbewusste Vorstellung ablegen, dass sie ihre soziale Zugehörigkeit nicht beeinflussen können. Damit können sie zu ihren Ressourcen gelangen, aktiv in einer Gesellschaft zu handeln und die eigenen Rechte einzufordern.

2.3.2 Zum Paradigma Lebenslangen Lernens im Kontext bildungspolitischer Steuerung

Der Bedeutungsgewinn des Paradigmas Lebenslangen Lernens ist im Kontext eines sozialen Wandels zu verorten. Individualisierungsprozesse tragen dazu bei, dass sich die Angebotsstrukturen und die gesellschaftlichen Funktionen von Erwachsenenbildung verändern. In einer individualisierten Gesellschaft wird es nach Kade (1989, S. 800) notwendig, dass sich Erwachsenenbildungsangebote flexibel an den individuellen Bedarfen von Personen ausrichten. Diese Prozesse können in der europäischen Bildungspolitik und im deutschsprachigen Raum sowie in Indien beobachtet werden. Empowerment kann in Anlehnung an Stromquist (2014) im Kontext eines sozialen Wandels verortet werden (vgl. S. 319). Dabei kann Empowerment als ein Zwischenschritt verstanden werden, der Personen aus benachteiligten sozialen Gruppen dazu befähigt, sich an sozialen Aushandlungsprozessen zu beteiligen und ihre soziale Zugehörigkeit auszuhandeln.

2.3.2.1 Lebenslanges Lernen im Kontext von Individualisierung

Das Paradigma Lebenslangen Lernens deutet in seinem Namen an, dass Lernprozesse Personen ihr ganzes Leben begleiten. In einer individualisierten Gesellschaft, in der das Paradigma Lebenslangen Lernens in Anlehnung an Foucault, Martin und Martin (1990) und Klingovsky (2017) zentral ist, soll Lernen nicht beendet werden, sondern Personen immer wieder neu zur Selbststeuerung befähigen (vgl. ebd., S. 34). Lernen in einer individualisierten Gesellschaft ist fortwährend und lebenslang, sodass Personen ihr persönliches Lernen nie abschließen können. Der Zustand einer vollständigen Selbststeuerung, welcher in einer individualisierten Gesellschaft von Personen erwartet wird, kann nach Bröckling (2012) nie vollständig erreicht werden (vgl. S. 134). Personen in einer individualisierten Gesellschaft sind damit konfrontiert, zu lernen und sich Wissen und Fähigkeiten anzueignen, um ihr Leben, ihr Handeln und ihr Lernen in steigendem Umfang selbst zu steuern und zu gestalten. Indem sie lernen, eigenen sie sich Fähigkeiten an, die Foucault et al. (1990) als *Technologien des Selbst* bezeichnen. Diese Fähigkeiten befähigen Personen, ihre soziale Zugehörigkeit in einer individualisierten Gesellschaft auszuhandeln und ihre Lebenswelt selbst zu gestalten. Erwachsenenbildungsangebote sollen flexibel und individuell die Lernbedarfe von Personen reagieren und ihnen ermöglichen, dass sie sich das Wissen und die Fähigkeiten aneignen, die sie benötigen. Mit der Zielkategorie Empowerment wird dies konkret artikuliert, wobei die Orientierung an der persönlichen Lebenswelt von Personen zentral ist. Empowerment im Kontext von Zielgruppenorientierung ist nach Schäffter (2014) als ein Konzept der „sozialen Lebenslage" (S. 7) zu verstehen, welches sich an individuellen Bedarfen von Personen orientiert.

Dieser Studie liegt die Annahme in Anlehnung an Klingovsky (2017) zugrunde, dass das Paradigma Lebenslanges Lernen durch Individualisierungsprozesse einer Gesellschaft an Bedeutung gewinnt (vgl. S. 34). Erwachsenenbildung mit der Zielkategorie Empowerment ist in einer Gesellschaft zu verorten, die durch Individualisierung geprägt ist und in welcher Lebenslanges Lernen angestrebt wird. Empowerment kennzeichnet einen Zwischenschritt von einer traditionell geprägten zu einer individualisierten Gesellschaft. Dafür spricht, dass das Konzept von sozialen Bewegungen aufgegriffen wird, welche einen sozialen Wandel zum Ziel haben. Gleichzeitig besteht keine ausschließlich traditionell geprägte oder ausschließlich individualisierte Gesellschaft, dennoch sind Gesellschaften in unterschiedlichem Maß durch Traditionen oder durch Individualisierung geprägt. In einer Gesellschaft unterscheiden sich soziale Gruppen, die mehr oder weniger traditionell oder durch Individualisierungsprozesse geprägt sind.

Das Paradigma Lebenslanges Lernen ist in Anlehnung an Geiss (2017) in humanistischen und ökonomischen Begründungszusammenhängen zu verorten. Bildungspolitische Akteure, die humanistische (wie z.B. die UNESCO) und ökonomische Interessen (wie z.B. die OECD) vertreten, artikulieren mit dem Paradigma Lebenslanges Lernen ihre bildungspolitischen Interessen (vgl. ebd., S. 213f.). Das Paradigma hat u.a. in Anlehnung an Shah (2018) und Geiss (2017) Ursprünge im humanistischen Bildungsverständnis und in ökonomischen Begründungszusammenhängen. In ersterem ist Lernen durch eine kritische Auseinandersetzung mit sich selbst geprägt. Dies ermöglicht reflexive Erkenntnisse, die in einem selbstreflektierten Handeln resultieren können. Gleichzeitig kann das Paradigma Lebenslanges Lernen ökonomische Interessen bedienen und innerhalb von ökonomischen Begründungszusammenhängen an Bedeutung gewinnen (vgl. ebd., S. 213f.). Das Ziel Lebenslangen Lernens ist es hier, dass sich Personen immer wieder neues Wissen und neue Fähigkeiten aneignen, um in ihrer Erwerbstätigkeit und auf dem Arbeitsmarkt möglichst erfolgreich zu sein. Aus gesellschaftskritischer Perspektive können nach Bröckling (2018) das Paradigma Lebenslanges Lernen und das Konzept Empowerment *Technologien des Selbst* nach Foucault et al. (1990) verstanden werden. Diese tragen dazu bei, dass sich Personen unbewusst die Motivation haben, sich fortwährend selbst zu optimieren. Dies trägt in Anlehnung an Bröckling (2018) dazu bei, die ökonomische Wettbewerbsfähigkeit einer Gesellschaft zu erhöhen (vgl. ebd., S. 42). Ziele von Empowerment und Lebenslangem Lernen ist in diesem Kontext die Steigerung von Humankapital, wie es in der *Lissabon*-Strategie vom Europäischen Rat (2000) formuliert wurde. Neben ökonomischen Interessen hat die EU-Kommission (2010) in der Strategie *EUROPA 2020* die soziale Zugehörigkeit von Personen in der Europäischen Union als ein Ziel formuliert. Tab. 5 zeigt humanistisch und ökonomisch geprägte Begründungszusammenhänge von Lebenslangem Lernen auf persönlicher und gesellschaftlicher Ebene.

Das Paradigma Lebenslanges Lernen gewinnt nach Klingovsky (2017) durch Individualisierungsprozesse einer Gesellschaft an Bedeutung. Das Paradigma ist in Gesellschaften relevant, die durch Individualisierungsprozesse geprägt sind. Personen, die in einer individualisierten Gesellschaft selbst handeln sollen, benötigen dafür Wissen und Fähigkeiten (vgl. S. 36). Das Wissen und die Fähigkeiten, die Personen zur Selbststeuerung benötigen, können sie sich in Erwachsenenbildung aneignen. Nach Kade (1989) sollen sich die Angebote flexibel an den individuellen Bedarfen der Teilnehmenden ausrichten. Dies trägt dazu bei, Personen für die Anforderungen einer individualisierten Gesellschaft zu stärken (vgl. ebd., S. 800). Dies geht damit einher, dass der Begriff Lebenslanges Lernen in einer individualisierten Gesellschaft nach Barros (2012) an Bedeutung gewinnt. Personen, die dem Paradigma Lebenslangen Lernens entsprechend handeln, steuern und gestalten ihr Leben, ihr Handeln und ihr Lernen selbst. Das dafür notwendige Wissen und die dafür notwendigen

Fähigkeiten können sie sich in der Erwachsenenbildung aneignen. Dieses kann Personen befähigen in den Befähigungsbereichen ihrer persönlichen Lebenswelt ihr Handeln selbst zu steuern und ihre persönliche Lebenswelt selbst zu gestalten (vgl. ebd., S. 124f.).

Tabelle 5: Begründungszusammenhänge von Lebenslangem Lernen

	Humanistisch geprägte Begründungszusammenhänge	Ökonomisch geprägte Begründungszusammenhänge
Persönliche Ebene	Bildung, (Selbst-)Reflexion, Selbstentwicklung um möglichst reflektiert zu handeln und unabhängig von anderen Personen das persönliche Handeln möglichst selbst zu steuern und zu gestalten	(Erfolgreiche) Karriere, Beschäftigungsfähigkeit, Gestaltung eines individuellen Profils um in sozialen Aushandlungsprozessen eine möglichst hohe soziale Zugehörigkeit aushandeln zu können
Gesellschaftliche Ebene	Demokratie und Gleichberechtigung, Frieden, gegenseitige Unterstützung anstelle von Wettbewerb	Wettbewerbsfähigkeit, Wirtschaftswachstum, Optimierung von ökonomischem Erfolg und der Wettbewerbsfähigkeit einer Gesellschaft

Quelle: Eigene Darstellung

Dass Personen durch Individualisierungsprozesse mehr Möglichkeiten zur Verfügung stehen, in denen sie selbst Entscheidungen treffen können, trägt dazu bei, dass emotionale und soziale Fähigkeiten an Bedeutung gewinnen. Mit diesen erwerben Personen die Fähigkeit, sich selbst um ihre persönlichen Bedarfe zu sorgen und ihre Probleme selbst zu lösen. Das Wissen und die Fähigkeiten, die sie sich in der Erwachsenenbildung aneignen, befähigen sie dazu. Folglich sind sie nicht (mehr) auf die Unterstützung anderer Personen angewiesen. Die die gesellschaftliche Anforderung zur Selbststeuerung verstehen Personen nach Pongratz (2010) als ihre persönliche Motivation, sodass sie sich aus eigener Motivation Wissen und Fähigkeiten aneignen. Diese tragen dazu bei, dass Personen auf unterschiedliche gesellschaftliche Anforderungen mit sozialen Praktiken reagieren können (vgl. S. 96f.). Durch die internationale Vernetzung von Unternehmen ist der internationale Austausch von Personen aus unterschiedlichen Ländern eine Anforderung, die Personen in ihrer Erwerbstätigkeit konfrontiert. Dies erfordert, dass sich Personen Fähigkeiten aneignen, mit dieser Anforderung umgehen zu können. Dazu zählen Sprachkenntnisse oder Fähigkeiten im Umgang mit Personen aus anderen Kulturkreisen. Erwachsenenbildungsangebote in einer individualisierten Gesellschaft, die sich an ihrer Zielgruppe ausrichten und nach der Forderung von Kade (1989, S. 800) flexibel auf die individuellen Bedarfe von Personen eingehen, beinhalten weniger allgemeine und fachliche Lerninhalte, sondern überfachliche Lerninhalte. Diese können sich Personen aneignen, an ihre individuellen Lernbedarfe anpassen und in ihrer persönlichen Lebenswelt anwenden. Sie können komplexe Anforderungen bewältigen, die in einer individualisierten Gesellschaft an sie gerichtet werden. Weil soziale Zugehörigkeit in einer individualisierten Gesellschaft stets neu ausgehandelt wird, ist es notwendig, dass sich Personen stets neu die dafür notwendigen Fähigkeiten aneignen. Mit dem Paradigma Lebenslangen Lernens geht die Erwartung einher, dass Personen (aus privilegierten und benachteiligten sozialen Gruppen) ihre persönliche Lebenswelt gestalten und ihr Handeln selbst steuern. Wenn sie in den Erwachsenenbildungsangeboten gelernt haben, warum sie privilegiert oder benachteiligt werden und wie sie in einer individualisierten Gesellschaft handeln können, lösen sich Personen aus traditionellen Strukturen. Das Ziel von Lebenslangem Lernen ist nach Klingovsky (2017) weniger die Vermittlung von konkretem Wissen als „spezifische Anpassungsleistungen an eine globalisierte Arbeitswelt" (S. 40). Es geht es stärker um emotionale und soziale Fähigkeiten und die Befähigung, mit unterschiedlichen zunehmend komplexen Situationen reflektiert umgehen zu können. Dies wird durch die zunehmende Komplexität einer Gesellschaft notwendig. Teilnehmende sollen dazu befähigt werden, selbst Entscheidungen zu treffen und möglichst unabhängig ihre Lebenswelt, ihr individuelles Profil und ihre Karriere gestalten. In Anlehnung an Beck (2015) machen Individualisierungsprozesse dies erforderlich (vgl. ebd., S. 220).

Lebenslanges Lernen trägt zum Erreichen humanistischer und ökonomischer Ziele bei. Klingovsky (2017) analysiert, dass Lebenslanges Lernen als „Bringschuld" (S. 40) verstanden werden kann. Dies schließt an das Verständnis der gesellschaftlichen Anforderung an, die sich stets in veränderten Formen an Personen in einer individualisierten Gesellschaft richtet. Die sozialen Praktiken sind als Reaktionen auf die gesellschaftlichen Anforderungen zur Selbststeuerung zu verstehen, die in einer individualisierten Gesellschaft immer wieder in veränderter Form an Personen gerichtet werden. Die gesellschaftliche Anforderung wird wie im Konzept der Anrufung nach Althusser (1977) durch verborgene gesellschaftliche Kontrollinstanzen an Personen gerichtet. Sie zeigt sich nach Bröckling (2012) in der unbewussten Motivation von Personen, sich selbst zu gestalten und zu optimieren (vgl. ebd., S. 132). Personen können sich in einer individualisierten Gesellschaft unbewusst dazu verpflichtet fühlen, ein individuelles Profil zu entwickeln und sich selbst zu gestalten. Verborgene gesellschaftliche Kontrollinstanzen bringen Personen nach Pongratz (2010, S. 72) dazu, ihr Handeln selbst zu kontrollieren und an gesellschaftlichen Anforderungen auszurichten. Gleichzeitig können die gesellschaftlichen Anforderungen zur Selbststeuerung nach Bröckling (2012) niemals vollständig bewältigen werden. Die Anforderung wird immer wieder wiederholt an Personen gerichtet (vgl. S. 134f.). Dass Lernen nicht endet und für die erfolgreiche Aushandlung sozialer Zugehörigkeit immer wieder neu stattfinden soll, zeigt sich im Paradigma Lebenslanges Lernen. Klingovsky (2017) schreibt dieser Entwicklung einer „Wettbewerbsrationalität" (S. 40) zu, die in ökonomischen Begründungszusammenhängen zu verorten ist. Die zum Teil unbewusste Vorstellung von einem Wettbewerb und sozialen Aushandlungsprozessen kann Personen dazu verpflichten, das eigene Profil möglichst erfolgreich und möglichst individuell zu gestalten. Diese verborgene gesellschaftliche Steuerung kann in Anlehnung an Pongratz (2010) als Antwort auf die zunehmende Komplexität einer Gesellschaft verstanden werden (vgl. S. 23). Dabei reichen die traditionellen Strukturen nicht mehr aus, die anfallende Komplexität zu bewältigen. Die Selbststeuerung von Personen und ihre Fähigkeit, die gesellschaftlichen Anforderungen zu bewältigen, soll in Anlehnung an Klingovsky (2017) zu einer höheren Leistungsfähigkeit und zur ökonomischen Entwicklung einer Gesellschaft beitragen (vgl. S. 31). Auf der persönlichen Ebene von Personen zeigt sich der Begründungszusammenhang zur Teilnahme am Lebenslangen Lernen in der Motivation nach einer möglichst erfolgreichen Karriere oder einer möglichst großen Freiheit, die persönliche Lebenswelt gestalten zu können. Die Teilnahme befähigt Personen dazu, sich Wissen und Fähigkeiten anzueignen, um persönlich und beruflich möglichst erfolgreich zu sein. In einer individualisierten Gesellschaft wird Personen die

Verantwortung für das Gelingen ihres Lebens stärker zugeschrieben als in traditionell geprägten Gesellschaftsstrukturen. Die Aufteilung einer Gesellschaft und die Vorbestimmtheit von sozialer Zugehörigkeit verlieren an Bedeutung. Personen werden nach Pongratz (2010) für ihr Lernen genauso wie für ihre persönliche Lebenswelt selbst verantwortlich gemacht (vgl. S. 44). Traditionell durch Privilegien und Benachteiligung geprägte soziale Zugehörigkeit, wie sie im *Matthäus-Effekt* nach Merton (1968) aufgezeigt werden, verlieren an Bedeutung. Durch Individualisierungsprozesse verlieren traditionelle Strukturen an Bedeutung. Anstelle von einer traditionell geprägten gesellschaftlichen Aufteilung in privilegierte und benachteiligte soziale Gruppen, sollen Personen ihre soziale Zugehörigkeit aushandeln. Diese Chancen können anhand von Bourdieus Kapital-Theorie (1987) verstanden werden, sodass Personen um soziales, ökonomisches und kulturelles Kapital verhandeln. Ihr Erfolg zeigt sich in ihrem *Habitus* und in ihrem symbolischen Kapital, in ihrem Kleidungsstil und ihrem Auftreten (vgl. ebd., S. 277ff.). In Befähigungsbereichen nach Nussbaum (2000) können Personen selbst handeln und diese aktiv selbst gestalten, damit sie mit ihrer persönlichen Lebenswelt zufrieden sein können (vgl. S. 231). In sozialen Aushandlungsprozessen können Personen ihre soziale Zugehörigkeit in emotionalen, sozialen, physischen und ethischen Befähigungsbereichen erhöhen. Empowerment meint, dass sich Personen das Wissen und die Fähigkeiten aneignen, um ihre soziale Zugehörigkeit auszuhandeln und um in Befähigungsbereichen möglichst eigenverantwortlich zu handeln (vgl. Klingovsky, 2017, S. 40ff.).

Mit Individualisierungsprozessen verändern sich die Angebotsstrukturen von Erwachsenenbildung, die sich nach Kade (1989) flexibel an den Bedarfen von Personen einer individualisierten Gesellschaft anpassen (vgl. ebd., S. 800). Dies geht damit einher, dass Individualisierungsprozesse die Strukturen einer Gesellschaft verändern. Die Angebote sollen in einer individualisierten Gesellschaft flexibel auf die individuellen Bedarfe von Personen reagieren. Als ein Zielzustand einer individualisierten Gesellschaft kann das Paradigma Lebenslangen Lernens verstanden werden. Diesem entsprechend lernen Personen ihre persönliche Lebenswelt selbst zu gestalten, wobei sie sich die Fähigkeiten dafür durch die Teilnahme an Erwachsenenbildung aneignen. Soziale Bewegungen, die zur Individualisierung einer Gesellschaft beigetragen haben, hatten das Ziel, dass sich Personen aus ihrer sozialen Eingebundenheit in traditionell geprägte Gesellschaftsstrukturen lösen können. Empowerment wird von sozialen Bewegungen verwendet, die gegen die Benachteiligung von sozialen Gruppen in einer Gesellschaft angehen. Für Personen kann dies eine hohe Anforderung darstellen. Die Anforderung einer individualisierten Gesellschaft, die sich in veränderter Form wiederholt an Personen richten, kann Personen in Anlehnung an Pongratz (2010) verunsichern und überfordern (vgl. S. 158f.). Durch die Teilnahme können Personen lernen, dem Paradigma der Selbststeuerung zu folgen. Dies kann Personen zu stärken, für die gesellschaftlichen Anforderungen zur Selbststeuerung nach Giddens (2012) mit Unsicherheit verbunden sind. Dies hat den Grund, dass sich die Teilnehmenden in einem Spannungsfeld befinden, in welchem sie ihr Handeln von traditionellen Gesellschaftsstrukturen lösen müssen, die ihnen Sicherheit vermitteln. Gleichzeitig sollen sie die Anforderungen zur Selbststeuerung, die in einer individualisierten Gesellschaft an sie gerichtet wird, bewältigen. Der Paradigmenwechsel zu einer individualisierten Gesellschaft geht mit einem veränderten Verständnis von Erwachsenenbildung einher. Die traditionelle Vorstellung von

Erwachsenenbildung verliert an Bedeutung und geht mit dem Bedeutungsgewinn des Paradigmas Lebenslangen Lernens einher. Lebenslanges Lernen kann in Anlehnung an Bröckling (2018, S. 42) als ein Konzept verstanden werden, das impliziert, dass Personen ihr Lernen möglichst selbst steuern und gestalten. Sie sollen Erwachsenenbildungsangebote wahrnehmen, die flexibel zu ihren Bedarfen passen. In diesen können sie sich Wissen und Fähigkeiten aneignen, um in einer individualisierten Gesellschaft ihr Handeln selbst zu steuern und ihre Lebenswelt selbst zu gestalten. Die Verantwortung für das persönliche Lernen liegt nun stärker bei den Teilnehmenden als bei der Erwachsenenbildungseinrichtung (vgl. ebd., S. 42).

2.3.2.2 Zur *new educational governance*

Auf den ersten Blick ermöglicht eine individualisierte Gesellschaft Personen die Freiheit, ihre persönliche Lebenswelt selbst zu gestalten und ein individuelles Profil zu entwickeln. Personen können und sollen sich unabhängig von Traditionen Wissen und Fähigkeiten aneignen. Die gesellschaftliche Anforderung, sich selbst Wissen und Fähigkeiten anzueignen, richtet sich an Personen aus benachteiligten und privilegierten sozialen Gruppen. Mehr Möglichkeiten bieten sich in Anlehnung an Beck (2015) Personen in einer individualisierten Gesellschaft hinsichtlich ihrer Ausbildung und Berufswahl (vgl. ebd., S. 220). Individualisierung zeigt sich darin, dass Beziehungen flexibler und unverbindlicher werden und dass traditionelle Strukturen an Bedeutung verlieren. In der Vielzahl an Möglichkeiten, die eine individualisierte Gesellschaft bietet, richtet sich an Personen die gesellschaftliche Anforderung, sich selbst zu gestalten. Diese Veränderungen zeigen sich in einer veränderten Struktur von Erwachsenenbildungsangeboten, welche das Entdecken eines individuellen Profils und die Selbststeuerung der Teilnehmenden anstreben. Gleichzeitig kann der gesellschaftlichen Anforderung, sich selbst zu gestalten, in Anlehnung an Bröckling (2012) nie ganz entsprochen werden. Personen nehmen unbewusst die Motivation war, sich selbst zu gestalten und sich selbst zu optimieren. Dies soll dazu beitragen, dass sie möglichst viel an einer Gesellschaft teilhaben und gesellschaftlich angesehen sind. Die sozialen Aushandlungsprozesse haben kein Ende, sodass Personen fortwährend ihre soziale Zugehörigkeit aushandeln und ihr individuelles Profil gestalten müssen (vgl. ebd., S. 135).

Erwachsenenbildung kann den Teilnehmenden einen Austausch untereinander ermöglichen. Der Austausch kann dazu beitragen, dass diese ihre eigenen Bedarfe und Probleme besser verstehen und artikulieren. Damit hat Erwachsenenbildung das Potenzial, den Teilnehmenden Verstehens- und Artikulationsprozesse zu ermöglichen. Im Austausch können sich die Personen gegenseitig verstehen und bestärken. Dies trägt dazu bei, dass sie sich allmählich ihre persönliche Lebenswelt und den sozialen Wandel verstehen. Der soziale Wandel kann Personen in Anlehnung an Pongratz (2010) mit Unsicherheit konfrontieren und überfordern (vgl. S. 158). Personen eignen sich Fähigkeiten an, die sie benötigen, um an sozialen Praktiken oder an politischen Entscheidungsprozessen einer Gesellschaft teilzuhaben. Sie können sich selbst Wissen und Informationen aneignen, um über politische Themen zu diskutieren. Der Erwerb von Grundbildung trägt nach Raya (2012) dazu bei, dass Personen ihr Handeln selbst steuern und ihre Lebenswelt selbst gestalten. Je selbstgesteuerter Personen handeln und lernen, desto besser bewältigen sie in Anlehnung an Klingovsky (2017) die Anforderungen, die in einer individualisierten Gesellschaft an sie gerichtet werden. Erwachsenenbildung verändert sich von einem strukturierten zu einem flexiblen Angebot, das sich an den Bedarfen von Personen einer individualisierten Gesellschaft ausrichtet. Damit geht einher, dass das Paradigma Lebenslangen Lernens an Bedeutung gewinnt, wobei dies in Anlehnung an Klingovsky (2017) bildungspolitisch geprägt ist. Diese veränderte bildungspolitische Steuerung wird u.a. von Bolder, Bremer und Epping (2017) und Klingovsky (2017) als *new educational governance* bezeichnet. Klingovsky (2017) thematisiert, dass das mit dem Bedeutungsgewinn des Paradigmas Lebenslangen Lernens eine veränderte bildungspolitische Steuerung einer Gesellschaft zu beobachten ist. Innerhalb des sozialen Wandels kann Empowerment als ein Schritt hin zu einer individualisierten Gesellschaft verstanden werden. Empowerment trägt in dieser Gesellschaft dazu bei, Personen dazu zu befähigen, ihr Handeln selbst zu steuern. In einer individualisierten Gesellschaft gewinnt das Paradigma Lebenslangen Lernens an Bedeutung. Diese Veränderung kennzeichnet eine veränderte bildungspolitische Steuerung, in der die Selbststeuerung der Lernenden zentral ist.

Der soziale Wandel resultiert in einer veränderten Angebotsstruktur von Erwachsenenbildung, die sich an veränderte soziale Bedarfe anpasst. In Anlehnung an Bröckling (2018) trägt Empowerment dazu bei, Personen zu befähigen, die gesellschaftlichen Anforderungen zu bewältigen (vgl. ebd., S. 42). Es stellt sich die Frage, inwiefern der Bedeutungsgewinn des Paradigmas Lebenslanges Lernen mit einem veränderten Verständnis von Erwachsenenbildung einhergeht. Emanzipation zeigt sich in Anlehnung an Inglis (1997) darin, dass sich Personen gegen ein System stellen und dieses durch ihre Opposition verändern wollen. Dagegen zeigt sich Empowerment darin, dass Personen durch ihr Handeln in einer Gesellschaft eine soziale Bewegung und eine Veränderung bewirken wollen (vgl. ebd., S. 4). Dieses Verständnis von Emanzipation ist in Anlehnung an Inglis (1997) in traditionell geprägten Gesellschaftsstrukturen zu verorten. In diesen sind soziale Aushandlungsprozesse, die in einer individualisierten Gesellschaft zentral sind, für viele Personen weniger präsent. Dadurch, dass in Anlehnung an Giddens (2012) Traditionen und bestehende Gesellschaftsstruktur an Bedeutung verlieren, wird es vielen Personen, für die dies bislang nicht vorstellbar war, möglich, innerhalb des gesellschaftlichen Systems ihre soziale Zugehörigkeit auszuhandeln (vgl. ebd., S. 6). Demnach geht Empowerment in Anlehnung an Inglis (1997) mit Individualisierungsprozessen einher, in denen Traditionen und Strukturen an Bedeutung verlieren und an deren Stelle soziale Aushandlungsprozesse treten (vgl. ebd., S. 4). Für die Erwachsenenbildung stellt sich daran anschließend die Frage, inwiefern Angebotsstrukturen auf die veränderten Paradigmen einer Gesellschaft reagieren können. Zudem stellt sich die Frage, wie die Veränderungen in der Erwachsenenbildung reflektiert werden können.

Das Paradigma Lebenslanges Lernen gewinnt nach Pongratz (2010) einhergehend mit der Individualisierung einer Gesellschaft an Bedeutung (vgl. S. 157ff.). Das Paradigma geht mit einer veränderten bildungspolitischen Steuerung einher, die Klingovsky (2017, S. 27) sowie Bolder et al. (2017) im Anschluss an Foucault als *new educational governance* bezeichnen. Der Begriff *governance* wird als gesellschaftliche Steuerung verstanden und umfasst Strategien, die das Handeln von Personen in einer Gesellschaft steuern sollen. Die Steuerung findet auf unterschiedlichen Ebenen von Politik statt, wobei in diesem Kontext der Fokus auf der bildungspolitischen Steuerung (*educational governance*) liegt. Der soziale

Wandel und der Bedeutungsgewinn von Individualisierungsprozessen resultieren in einer veränderten bildungspolitischen Steuerung. Diese zeigt sich in einer veränderten Angebotsstruktur, wobei die Selbststeuerung von Personen im Vordergrund steht und in der eine Teilnehmenden- und Zielgruppenorientierung zentral sind. Erwachsenenbildungsangebote reagieren auf die steigende Komplexität einer Gesellschaft, die sich in veränderten Lernbedarfen ihrer Zielgruppe zeigt. Gleichzeitig erfolgt eine veränderte bildungspolitische Steuerung von Erwachsenenbildung, in welcher nach Faulstich, Forneck und Knoll (2005, S. 11) die Paradigmen Selbstgesteuertes Lernen und Lebenslanges Lernen zentral sind. Beide kennzeichnen eine individualisierte Gesellschaft. Die beiden Paradigmen implizieren, dass Personen aus benachteiligten und aus privilegierten sozialen Gruppen ihr Handeln und ihr Lernen selbst steuern und gestalten. Selbstgesteuertes Lernen kann in Anlehnung an Faulstich et al. (2005) Personen befähigen, ihr Leben, ihr Handeln und ihr Lernen möglichst selbst zu steuern und zu gestalten (vgl. ebd., S. 11). Dies kann dazu beitragen, dass sie ihre soziale Zugehörigkeit in sozialen Aushandlungsprozessen aushandeln, wozu sie durch die Gestaltung von Erwachsenenbildung befähigt werden sollen. Damit ist die Selbststeuerung ein Paradigma, das nach dem Empowerment von Teilnehmenden aus benachteiligten sozialen Gruppen fragt. Dies ist im Kontext einer individualisierten Gesellschaft zu verstehen, in der nach Wildemeersch und Salling Olesen (2012) Lebenslanges Lernen zentral ist (vgl. ebd., S. 98). In Anlehnung an Milana (2012) kann auf den Bedeutungsgewinn des Paradigmas Lebenslangen Lernens verwiesen werden (vgl. ebd., S. 103ff.). Dies kann damit erklärt werden, dass sich Personen stärker auf ihr persönliches Lernen konzentrieren und mehr Zeit und Geld dafür investieren. Der soziale Wandel trägt in Anlehnung an Klingovsky (2017) dazu bei, dass das Paradigma Lebenslanges Lernen an Bedeutung gewinnt und vermehrt in der Erwachsenenbildung diskutiert wird (vgl. S. 30f.). Dieser Bedeutungsgewinn geht nach Bröckling (2018) mit der Individualisierung einer Gesellschaft einher, in welcher traditionelle Gesellschaftsstrukturen an Bedeutung verlieren. In einer individualisierten Gesellschaft verschiebt sich die Verantwortung von der Gesellschaft auf die einzelnen Personen. Dies zeigt sich darin, dass staatliche Interventionen, die in traditionell geprägten Gesellschaftsstrukturen den ökonomischen Wettbewerb gesteuert haben, abnehmen. Sozialstaatliche Strukturen verlieren an Bedeutung, sodass das Handeln von Personen und von Unternehmen in einer individualisierten Gesellschaft weniger gesteuert wird als in traditionell geprägten Gesellschaftsstrukturen (vgl. ebd., S. 42). Der Begriff *Erwachsenenbildung* ist in traditionell geprägten Gesellschaftsstrukturen zu verorten, in denen Erwachsenenbildungsangebote eine gesellschaftliche Struktur darstellen. Personen können an den Angeboten teilnehmen, wobei hier selbstgesteuertes Lernen weniger bedeutend ist als in einer individualisierten Gesellschaft. Im Gegensatz dazu ist u.a. nach Milana (2012) der Begriff *Lebenslangen Lernens* in einer individualisierten Gesellschaft zu verorten. Das Paradigma Lebenslanges Lernens impliziert die gesellschaftliche Anforderung, dass Personen ihr Leben, Handeln und Lernen möglichst selbst steuern und gestalten (vgl. ebd., S. 114f.). Wildemeersch und Salling Olesen (2012) verorten den Bedeutungsgewinn des Paradigmas Lebenslangen Lernens in einem sozialen Wandel, der erfordert, dass Personen ihr Handeln selbst steuern. Weil durch technischen Fortschritt große Mengen an Wissen in kurzer Zeit verfügbar werden, müssen sich Personen in einer individualisieren Gesellschaft die Fähigkeiten aneignen, damit umzugehen (vgl. ebd., S. 98ff.).

Empowerment ist nach Stromquist (2014) vor dem Hintergrund eines sozialen Wandels zu verstehen (vgl. S. 319f.). Der soziale Wandel zeigt ich in Individualisierungsprozessen und in dem Bedeutungsgewinn des Paradigmas Lebenslangen Lernens. Stärker traditionell geprägte Gesellschaftsstrukturen sind durch die Emanzipation von Personen aus benachteiligten sozialen Gruppen gekennzeichnet. Diese richten sich gegen ihre soziale Benachteiligung, die in einer traditionell geprägten Gesellschaft zu verorten ist. Nach Inglis (1997) richten sich Personen hier gegen die bestehenden traditionellen Gesellschaftsstrukturen. Dagegen bestärkt Empowerment Personen in Individualisierungsprozessen, in einer Gesellschaft ihre soziale Zugehörigkeit auszuhandeln. Dies trägt dazu bei, dass die soziale Aufteilung einer Gesellschaft in privilegierte und benachteiligte Personengruppen an Bedeutung verliert. Dabei handeln Personen innerhalb des gesellschaftlichen Systems ihre soziale Zugehörigkeit aus und gehen gegen ihre Benachteiligung an. Mit dem Begriff Emanzipation sind soziale Bewegungen in einer Gesellschaft gekennzeichnet, die nach Inglis (1997) ebenfalls gegen die soziale Aufteilung angehen (vgl. ebd., S. 4). Empowerment kennzeichnet eine Gesellschaft, in der diese Aufteilung hinterfragt wird. Dabei treten soziale Aushandlungsprozesse an die Stelle einer traditionell geprägten Aufteilung einer Gesellschaft. Dabei ist Empowerment als ein Zwischenschritt hin zu einer individualisierten Gesellschaft zu verstehen, in dem die Paradigmen Selbststeuerung und Lebenslanges Lernen zentral sind. Empowerment soll Personen aus benachteiligten sozialen Gruppen befähigen, sich an sozialen Aushandlungsprozessen zu beteiligen.

Individualisierungsprozesse sind seit den 1980er Jahren zu beobachten, wobei diese Prozesse in den letzten Jahren stärker vorangeschritten sind. Nach Barros (2012) kennzeichnet das Paradigma Lebenslangen Lernens eine Gesellschaft, in der Individualisierungsprozesse an Bedeutung gewinnen. Das Paradigma impliziert die Selbststeuerung von Personen, die sich von bestehenden Angebotsstrukturen von Erwachsenenbildung lösen. Diese soll sich flexibel an den Bedarfen der Teilnehmenden ausrichten und sie darin unterstützen, dass sie die gesellschaftlichen Anforderungen bewältigen, die an sie gerichtet werden. Erwachsenenbildung wird in einer individualisierten Gesellschaft die Bedeutung zugeschrieben, Personen, die benachteiligt werden zu befähigen, gegen ihre Benachteiligung anzugehen und ihre soziale Zugehörigkeit möglichst selbst auszuhandeln. Dagegen kann traditionelle Erwachsenenbildung in Anlehnung an Freire (1971) dazu beitragen, bestehende Gesellschaftsstrukturen zu reproduzieren (vgl. S. 76ff.). Lebenslanges Lernen ist nach Wildemeersch und Salling-Olesen (2012) in einer individualisierten Gesellschaft zu verorten (vgl. ebd., S. 98ff.). Individualisierungsprozesse tragen dazu bei, dass sich die Struktur von Erwachsenenbildungsangeboten verändert. Dies zeigt sich nach Kade (1989) daran, dass das Paradigma Lebenslangen Lernens an Bedeutung gewinnt (vgl. ebd., S. 800, siehe auch Barros, 2012, S. 119f., S. 130). Erwachsenenbildung mit der Zielkategorie Empowerment kennzeichnet die Individualisierung einer Gesellschaft, hat allerdings nicht den Zielzustand Lebenslangen Lernens erreicht. Empowerment kennzeichnet eine Gesellschaft, die durch Individualisierung geprägt ist. Dagegen prägt Emanzipation in Anlehnung an Inglis (1997) traditionell geprägte Gesellschaftsstrukturen. Emanzipation und Empowerment sind Konzepte, die von sozialen Bewegungen aufgegriffen werden, die gegen die Benachteiligung von bestimmten sozialen Gruppen angehen. Die Konzepte unterscheiden sich nach Wildemeersch und Salling Olesen (2012) darin, wie sie von sozialen Bewegungen aufgegriffen werden: Wohingegen sich Emanzipation gegen gesellschaftliche Strukturen richtet, geht es bei Empowerment um das Handeln in einer Gesellschaft. Beide Konzepte streben einen sozialen Wandel an. Erwachsenenbildung mit dem Ziel Empowerment hat das Ziel, dass benachteiligte soziale Gruppen ihre soziale Zugehörigkeit aktiv aushandeln. Das Konzept verortet sich in einer Gesellschaft, die durch Individualisierung geprägt ist. Dagegen hat Erwachsenenbildung mit dem Ziel Emanzipation in Anlehnung an Inglis (1997) das Ziel, dass sich benachteiligte soziale Gruppen gegen privilegierte Gruppen wenden. Hier werden traditionell geprägte Gesellschaftsstrukturen hinterfragt. Die soziale Zugehörigkeit soll durch die Emanzipation von benachteiligten sozialen Gruppen in traditionell geprägten Gesellschaftsstrukturen neu verteilt werden. Nach Inglis (1997) hat Emanzipation das Ziel, Widerstand gegen privilegierte soziale Gruppen in traditionell geprägten Gesellschaftsstrukturen zu leisten. Dabei bleiben die traditionell geprägten Gesellschaftsstrukturen an sich bestehen. Dagegen impliziert Empowerment ein kritisches Hinterfragen der traditionellen Gesellschaftsstrukturen. Empowerment fragt nach einer neuen Gesellschaftsstruktur, in der soziale Zugehörigkeit ausgehandelt werden kann (vgl. ebd., S. 3ff.). Tab. 6 vergleicht die beiden Konzepte Emanzipation und Empowerment in Anlehnung an Inglis (1997) hinsichtlich ihrer Verwendung in sozialen Bewegungen und in der Gesellschaft, in der sie Anwendung finden.

Die veränderte bildungspolitische Steuerung geht mit einem veränderten Verständnis der Teilnehmenden einher. Nach Rothe (2015) geht das Paradigma Lebenslangen Lernens mit einer Vorstellung von Personen einer, dass sie ihr Lernen und ihr Handeln selbst steuern (vgl. ebd., S. 33). Das bildungspolitische Paradigma Lebenslangen Lernens, das durch bildungspolitische Akteure angestrebt wird und im Kontext einer veränderten bildungspolitischen Steuerung verstanden werden kann, wird in Anlehnung an Rothe (2015, S. 28) durch eine Biografieorientierung positiv besetzt. Zentral dafür ist das Verständnis eines individuellen Profils und einer individuellen Sinnstiftung, sodass die gesellschaftliche Anforderung zu einer Selbststeuerung mit einem Rückblick und einem reflexiven Verstehen der bisherigen Lernbiografie einhergeht.

Tabelle 6: Emanzipation und Empowerment

	Emanzipation	Empowerment
Verwendung des Konzepts innerhalb von sozialen Bewegungen	Soziale Bewegungen, die sich gegen Privilegien von Personen in privilegierten sozialen Gruppen richten	Soziale Bewegungen, die gegen Benachteiligung angehen, indem sie soziale Zugehörigkeit aushandeln
Gesellschaft, in der das Konzept angewandt wird	Traditionell geprägte Gesellschaftsstrukturen, in der sich Widerstände gegen die soziale Aufteilung der Gesellschaft zeigen	Individualisierungsprozesse einer Gesellschaft, in der das Paradigma Lebenslanges Lernen an Bedeutung gewinnt

Quelle: Eigene Darstellung

Durch den Bedeutungsverlust traditioneller Gesellschaftsstrukturen sind Personen nach Klingovsky (2017) mit einer sogenannten Freiheit konfrontiert, ihr Handeln und ihr Lernen selbst zu gestalten. Tatsächlich handelt es sich um eine Selbststeuerung von Personen, die durch die veränderte politische Steuerung einer individualisierten Gesellschaft angestrebt wird (vgl. ebd., S. 39). Die Angebotsstrukturen von Erwachsenenbildung verändern sich dahingehend, dass sie sich den Bedarfen der Teilnehmenden anpassen. Dies geht mit einer stärkeren Zielgruppen- und Teilnehmendenorientierung einher. Die Gleichberechtigung der Mitarbeitenden mit den Teilnehmenden stellt die Grundlage für wertschätzenden Austausch und die reziproke Beziehungsgestaltung dar.

2.3.2.3 Lebenslanges Lernen in Europa und im deutschsprachigen Raum

Das Paradigma Lebenslangen Lernens hat nach Barros (2012) in den letzten Jahren in der europäischen Bildungspolitik an Bedeutung gewonnen. Dazu haben politische Akteure wie die EU-Kommission (2000) und die OECD (1973), die u.a. ökonomische Interessen vertreten, relevante Beiträge geleistet. Neben der Europäischen Union und der OECD haben die Vereinten Nationen, die primär humanistische politische Interessen vertreten, zum Bedeutungsgewinn Lebenslangen Lernens beigetragen (vgl. Faure et al., 1972, Delors et al., 1996). Es ist davon auszugehen, dass sich Individualisierungsprozesse und die Bildungspolitik im deutschsprachigen Raum wechselseitig prägen. Lebenslanges Lernen wird in Anlehnung an Dellori (2016) als Konzept verstanden, das durch bildungspolitische Entscheidungen an Bedeutung gewonnen hat (vgl. ebd., S. 21ff., siehe auch Geiss, 2017).

Dafür werden politische Strategien diskutiert, anhand welcher die zum Teil ökonomisch geprägten Interessen der Europäischen Union beobachtet werden können. Anhand des bildungspolitischen Dokuments Memorandum über Lebenslanges Lernen der EU-Kommission (2000) wird die Funktion Lebenslangen Lernens in ökonomischen Begründungszusammenhängen aufgezeigt. Es wird ein politisches Dokument besprochen, das Empowerment als ein Ziel einer Gesellschaft anstrebt, die Lebenslanges Lernens zum Ziel hat. Abschließend wird ein politisches Dokument der deutschen Bund-Länder-Kommission zur Bildungsplanung und zur Forschungsförderung (2004) aufgezeigt, welches das politische Interesse am Lebenslangen Lernen in Deutschland zeigt. Die Beschäftigungsfähigkeit von Personen stellt in einer individualisierten Gesellschaft, die an ökonomischen Interessen orientiert ist, einen gesellschaftlichen Wert dar. Die ökonomisch geprägte Ausrichtung der Europäischen Union wird in der *Lissabon*-Strategie artikuliert, die vom Europäischen Rat (2000) verabschiedet wurde:

> „Die Union hat sich heute ein neues strategisches Ziel für das kommende Jahrzehnt gesetzt: das Ziel, die Union zum wettbewerbsfähigsten und dynamischsten wissensbasierten Wirtschaftsraum in der Welt zu machen – einem Wirtschaftsraum, der fähig ist, ein dauerhaftes Wirtschaftswachstum mit mehr und besseren Arbeitsplätzen und einem größeren sozialen Zusammenhalt zu erzielen" (ebd.).

Die *Lissabon*-Strategie wurde vom Europäischen Rat mit dem Ziel verabschiedet, die Wettbewerbsfähigkeit und das ökonomische Wachstum der Europäischen Union zu steigern. Gleichzeitig soll dies zu einem „sozialen Zusammenhalt" (ebd.) beitragen. Dies zeigt sich darin, dass die traditionell geprägte soziale Aufteilung in privilegierte und benachteiligte soziale Gruppen an Bedeutung verliert. Ökonomisches Wachstum soll zu einer hohen Beschäftigungsquote beitragen, was sich im finanziellen Wohlstand einer Gesellschaft zeigt. Die *Lissabon*-Strategie formuliert die politische Agenda für die Jahre 2000 bis 2010 und wurde durch die Strategie *EUROPA 2020* abgelöst. Diese formulierte politische Ziele bis zum Jahr 2020 und betonte die Bedeutung von Lebenslangem Lernen. Dort wird von der

EU-Kommission (2010) das Ziel formuliert, eine „intelligente, nachhaltige und integrative Wirtschaft" (S. 5) zu verwirklichen. Diese soll sich durch eine hohe Beschäftigung und einen „ausgeprägten sozialen Zusammenhalt" (ebd., S. 5) auszeichnen. Neben dem Ziel ökonomischen Wachstums wird die Bedeutung von sozialer Zugehörigkeit betont. Die Paradigmen Lebenslanges Lernen und Selbststeuerung sind diesen bildungspolitischen Zielen zuzuordnen und sollen zu einer Wettbewerbsfähigkeit und zu sozialer Zugehörigkeit aller Personen einer Gesellschaft beitragen. Die politische Strategie ist vor dem Kontext von Individualisierungsprozessen zu verstehen. In dieser sollen nach Pongratz (2010) verborgene gesellschaftliche Kontrollinstanzen dazu beitragen, dass Personen ihr Handeln selbst steuern, ihre Lebenswelt selbst gestalten und sich dem Paradigma der Selbststeuerung unterwerfen. Im Paradigma der Selbststeuerung gestalten Personen ihr Lernen selbst und handeln in sozialen Aushandlungsprozessen für sich eine möglichst hohe soziale Zugehörigkeit aus. Weil sie persönlich für ihre soziale Zugehörigkeit verantwortlich sind, strengen sie sich an und setzen sich persönlich für ihre Karriere und finanziellen Erfolg ein (vgl. S. 118).

Das politische Interesse am Lebenslangen Lernen zeigt sich in mehreren politischen Dokumenten wie im Memorandum über Lebenslanges Lernen, das die EU-Kommission im Jahr 2000 verabschiedet hat. Das Memorandum thematisiert, inwiefern Lebenslanges Lernens dazu beitragen kann, das ökonomische Wachstum einer Gesellschaft zu steigern. Es wird das politische Ziel formuliert, dass Personen ihr Handeln selbst steuern sollen. In der Erwachsenenbildung wird von Barros (2012), Wildemeersch und Salling Olesen (2012) und Milana (2012) diskutiert, inwiefern Lebenslanges Lernens traditionelle Erwachsenenbildung ablöst. In einer Gesellschaft, in der das Paradigma Lebenslanges Lernen vorherrscht, sind soziale Aushandlungsprozesse der Teilnehmenden zentral. Dafür sollen sie sich das notwendige Wissen und die notwendigen Fähigkeiten möglichst eigenständig aneignen. Die Selbststeuerung von Teilnehmenden und ihr Streben nach einem individuellen Profil trägt dazu bei, in einer individualisierten Gesellschaft in Anlehnung an Pongratz (2010) ökonomische und humanistische Interessen zu erfüllen. Sie können sich persönliche Ziele setzen und selbst entscheiden, an welchen Angeboten sie teilnehmen möchten (vgl. ebd., S. 156ff.). Einhergehend mit dem sozialen Wandel erfolgt eine Differenzierung der Angebote, sodass Erwachsenenbildung in einer individualisierten Gesellschaft möglichst flexibel in Anspruch genommen werden kann. In Anlehnung an Kade (1989) ist es wichtig, dass die Angebote flexibel auf die Anforderungen einer komplexen Gesellschaft reagieren (vgl. ebd., S. 800). Personen in einer individualisierten Gesellschaft sollen ihr Handeln selbst steuern und nicht mehr an traditionellen Gesellschaftsstrukturen ausrichten. Stark strukturierte und unflexible Angebote passen im Kontext dieser Veränderung immer weniger zu der persönlichen Lebenswelt der (Nicht-)Teilnehmenden. Wenn sie ihre persönliche Lebenswelt selbst gestalten, koordinieren Personen ihr Lernen, ihre Erwerbstätigkeit, Freizeitaktivitäten und ihre persönliche Lebenswelt. Die zunehmende Komplexität einer Gesellschaft erfordert in Anlehnung an Kade (1989) eine Flexibilität von Erwachsenenbildungsangeboten, die sich an die individuellen Bedarfe der Teilnehmenden anpasst.

In der Erwachsenenbildung können sich die Teilnehmenden Wissen und Fähigkeiten aneignen, die sie befähigen, ihr Handeln in ethischen, emotionalen, sozialen und physischen Befähigungsbereichen ihrer persönlichen Lebenswelt selbst zu steuern (vgl. Nussbaum, 2000, S. 231ff.). Die Teilnahme an den Angeboten kann in Anlehnung an Stromquist

(2015) dazu beitragen, dass Personen beginnen, einer Erwerbstätigkeit nachzugehen oder in ihrer bisherigen Tätigkeit eine höhere Position einnehmen. Die Aufnahme einer Erwerbstätigkeit befähigt viele Personen, finanziell unabhängig zu sein und weniger auf die Unterstützung durch andere Personen angewiesen zu sein (vgl. ebd., S. 310). Wenn sich Personen selbst versorgen und weniger soziale Unterstützung benötigen, entlastet das die Gesellschaft, in der sie leben. Die Selbststeuerung liegt im ökonomischen Interesse einer Gesellschaft. Eine individualisierte Gesellschaft hat einen Nutzen davon, wenn Personen finanziell unabhängig sind und sie keine Unterstützung benötigen. Es entlastet sozialstaatlich organisierte Gesellschaften, die solidarisch Personen aus benachteiligten sozialen Gruppen in einer Gesellschaft unterstützen. Das Paradigma Lebenslangen Lernens gewinnt nach Pongratz (2010) in einer individualisierten Gesellschaft an Bedeutung. Das Paradigma impliziert, dass Personen aus benachteiligten und aus privilegierten sozialen Gruppen ihr Handeln selbst steuern und ihre persönliche Lebenswelt selbst gestalten (vgl. ebd., S. 159ff.). Damit können sie zum ökonomischen Wachstum einer Gesellschaft beitragen. Die EU-Kommission (2001) formuliert das Empowerment von Personen in Europa als eines ihrer bildungspolitischen Ziele in dem Dokument Einen europäischen Raum des lebenslangen Lernens schaffen. In der englischsprachigen Version des Dokuments wird der Begriff „Empowerment" (Commission of the European Communities, 2001, S. 32) verwendet und in der deutschsprachigen Version der EU-Kommission (2001) als „Befähigung zur Selbstbestimmung" (S. 32) übersetzt. Als Selbstbestimmung wird die Fähigkeit verstanden, dass Personen ihr Handeln selbst steuern und dass sie ihre persönliche Lebenswelt aktiv selbst gestalten. Die Selbstbestimmung von Personen kann sich in „eigenverantwortlichem Handeln" (ebd.) zeigen, wobei diese dadurch „ihr eigenes Leben und das ihrer Gemeinschaft oder Gesellschaft in wirtschaftlicher, sozialer und politischer Hinsicht gestalten" (ebd.). Das Dokument verdeutlicht das bildungspolitische Interesse der EU-Kommission daran, dass Personen ihre persönliche Lebenswelt und die Lebenswelt anderer Personen in ihrer Gesellschaft gestalten. Dies entspricht dem Paradigma einer individualisierten Gesellschaft, in welcher die Selbststeuerung von Personen zentral ist. Die Individualisierung einer Gesellschaft verortet die EU-Kommission (2001) in ökonomischen, sozialen und politischen Befähigungsbereichen der persönlichen Lebenswelt von Personen (vgl. ebd., S. 32). Das bildungspolitische Ziel der Kommission adressiert Personen aus benachteiligten und privilegierten sozialen Gruppen. Die soziale Aufteilung einer Gesellschaft, die in traditionellen Gesellschaftsstrukturen zentral ist, wird damit hinterfragt. Die Strategie EUROPA 2020 artikuliert politisches Interesse an der sozialen Zugehörigkeit von allen Personen einer Gesellschaft. Dies geht damit einher, dass die soziale Aufteilung einer traditionellen Gesellschaft in benachteiligte und privilegierte soziale Gruppen an Bedeutung verliert.

Das Paradigma Lebenslangen Lernens geht nach Faulstich et al. (2005) mit dem Paradigma der Selbststeuerung einher. Dies ist losgelöst von traditionellen Gesellschaftsstrukturen und unabhängig davon zu betrachten, ob die Personen zu benachteiligten oder privilegierten sozialen gehören. Erwachsenenbildungsangebote, die sich an die Bedarfe einer individualisierten Gesellschaft anpassen, müssen flexibel sein. Dem Paradigma Lebenslangen Lernens entsprechend sollen sie flexibel in Anspruch genommen werden können. Erwachsenenbildung kann nach dem Verständnis der EU-Kommission (2001) dazu beitragen, dass Personen sich dort Wissen und Fähigkeiten aneignen, um ihr Handeln selbst zu steuern (vgl. ebd., S. 32). Mit der bildungspolitischen Bedeutung des Paradigmas Lebenslangen Lernens im deutschsprachigen Raum beschäftigt sich Dellori (2016). Dellori untersucht Lebenslanges Lernen und verweist sie auf bildungspolitische Programme im deutschsprachigen Raum. Dazu zählt das Aktionsprogramm „Lebensbegleitendes Lernen für alle" des Bundesministeriums für Bildung und Forschung (2001). Dort wird die Bedeutung Lebenslangen Lernens aus der gesellschaftlichen Beschleunigung abgeleitet. Die Notwendigkeit, dass sich Personen Wissen und Fähigkeiten aneignen, kann sich u.a. in sich in ihrer Erwerbstätigkeit und in ihrer Familie zeigen:

> „Für den Einzelnen ist ständige Weiterbildung zur Entwicklung und Förderung beruflicher Qualifikationen und Kompetenzen, gesellschaftlichen Wissens, sozialer und kultureller Teilhabe, von Orientierungsvermögen, selbständigem Handeln und Eigenverantwortung unverzichtbar geworden" (ebd., S. 2).

Das Bundesministerium für Bildung und Forschung ist ein zentraler bildungspolitischer Akteur auf der nationalen *Makro*-Ebene im deutschsprachigen Raum. Ihm obliegt ein hoher bildungspolitischer Einfluss, den es durch bildungspolitische Strategien ausüben kann. Das o.g. Aktionsprogramm stellt eine solche Strategie dar, wobei hier Lebenslanges Lernen in ökonomischen Begründungszusammenhängen verortet wird. Lebenslanges Lernen zeigt sich in einer Selbststeuerung im Lernen und darin, dass sich Personen selbst Wissen u.a. in Lernmaterialien und *Blended Learning* Angeboten oder in Erwachsenenbildung aneignen. Das Lebenslange Lernen einzelner Personen soll zu ihrer sozialen Zugehörigkeit beitragen. Die Selbststeuerung von Personen stellt ein in dem Text formuliertes Anliegen dar, das mit dem Paradigma Lebenslangen Lernens einhergeht. Das bildungspolitische Dokument ist in der neuen bildungspolitischen Steuerung (*new educational governance)* nach Bolder et al. (2017) sowie nach Klingovsky (2017, S. 27) zu verorten. Dabei steht die Selbststeuerung von Personen im Fokus. Die soziale Aufteilung einer Gesellschaft in privilegierte und benachteiligte soziale Gruppen verliert an Bedeutung. Zu dem sozialen Wandel der Gesellschaft tragen Digitalisierung und neue Medien bei. Diese ermöglichen die gesellschaftliche Beschleunigung, die sich darin zeigt, dass Lernen, Handeln und Kommunizieren weitestgehend unabhängig von Ort und Zeit möglich ist. Erwachsenenbildungsangebote sollen sich den durch den sozialen Wandel veränderten Bedarfen von Personen anpassen. Erwachsenenbildung soll nach Faulstich et al. (2005) ein selbstgesteuertes Lernen ermöglichen, das sich an die Bedarfe und freien Zeiträume der Teilnehmenden anpasst.

Die *Strategie für Lebenslanges Lernen in der Bundesrepublik Deutschland* wurde von der Bund-Länder-Kommission zur Bildungsplanung und zur Forschungsförderung (2004) beschlossen. In dem bildungspolitischen Dokument wird auf die Bedeutung von selbstgesteuertem Lernen eingegangen, das mit dem Paradigma Lebenslangen Lernens einhergeht:

> „Lebenslanges Lernen ist weitgehend vom Einzelnen selbst verantwortetes Lernen, d.h. Lernen, bei dem der Lernende durch ein vielfältiges Netzwerk von Lernangeboten und Lernmöglichkeiten steuert. [...] Dieses selbstgesteuerte Lernen beinhaltet die Nutzung fremdorganisierter Lernangebote ebenso wie das Selbstorganisieren von Lernen. Es setzt gerechte Zugangsmöglichkeiten und kompetente Lernberatung voraus" (ebd., S. 13).

Das bildungspolitische Dokument der Bund-Länder-Kommission formuliert das Ziel, dass alle Personen gleichberechtigt Zugang zu Erwachsenenbildungsangeboten haben. Dies soll den Teilnehmenden ermöglichen, selbstgesteuert zu lernen. Die Einrichtungen sollen die Teilnehmenden in ihrem selbstgesteuerten Lernen nach Forneck und Springer (2005) durch Lernberatung unterstützen (vgl. ebd., S. 108f.). Dazu trägt eine Selbstreflexion der Mitarbeitenden bei. Diese befähigt Mitarbeitende nach Pachner (2013, 2018), auf die Lernbedarfe und Lerninteressen der Teilnehmenden eingehen. Nach Beck (2015) stehen Personen in einer individualisierten Gesellschaft mehr Möglichkeiten zur Verfügung, in der sie individuelle Entscheidungen treffen können. Dies kann dazu führen, dass die Diversität in einer Gesellschaft zunimmt. Diese zeigt sich in unterschiedlichen Lerninteressen und Lernbedarfen in der Erwachsenenbildung. Indem die Teilnehmenden ihre Lebenswelt selbst gestalten und ihr individuelles Profil entwickeln, differenzieren sie ihre Lernbedarfe und Lerninteressen. Im gleichberechtigten Austausch wird die Verantwortung für die den Erfolg von Lernprozessen zwischen Mitarbeitenden und Teilnehmenden gemeinsam getragen. Auf der *Makro*-Ebene zeigt sich im deutschsprachigen Raum ein bildungspolitisches Interesse am Paradigma Lebenslangen Lernens (Bund-Länder-Kommission zur Bildungsplanung und zur Forschungsförderung, 2004).

2.3.2.4 Lebenslanges Lernen in Indien

Nach Erlangung der Unabhängigkeit Indiens im Jahr 1947 (Rothermund für bpb.de, 2014) lag ein zentraler Fokus der indischen Erwachsenenbildung in Anlehnung an das Indian Ministry of Human Resource Development (2008) auf Grundbildung. Dies war damit begründet, dass die Grundbildungsrate damals in Indien niedrig war (vgl. S. 6ff.). Dass die Grundbildungsbedarfe in Indien abgenommen haben, zeigen die Daten vom Indian Ministry of Human Resource Development (2016c) für den Zeitraum der Jahr 2001 bis 2011. Gleichzeitig hat nach Shah (2018) in den letzten Jahren das Paradigma Lebenslangen Lernens in Indien an Bedeutung gewonnen. Dies geht nach Klingovsky (2017) und in Anlehnung an Foucault (1994) mit der Individualisierung der einer Gesellschaft einher. In den letzten 70 Jahren implementierte die indische Regierung mehrere Grundbildungsprogramme. Die Statistiken vom Indian Ministry of Human Resource Development (2016c) zeigen einen Anstieg der Grundbildungsrate, sodass es eine hohe Anzahl neu alphabetisierter Personen gibt. Diese wird den Grundbildungsprogrammen zugeschrieben. Gleichzeitig können die Statistiken kritisch betrachtet werden, sodass die gestiegenen Grundbildungsraten einer Verbesserung des formalen Schulsystems zuzuschreiben sind. Im *Education for All Global Monitoring Report* der UNESCO (2009) wird Indien ein niedriger *Education for All Development Index* zugeschrieben. Mit einem geringen Index geht nach dem Bericht einher, dass Grundbildung einen zentralen Aufgabenbereich von Erwachsenenbildung darstellt (vgl. ebd., S. 249f.). Zentrale Themen von Erwachsenenbildung in Ländern mit einem niedrigen *Education for All Development Index* sind Nachhaltigkeit und Gesundheit. In Anlehnung an das UNESCO Institut für Lebenslanges Lernen (2010) soll sich Erwachsenenbildung in Ländern mit einem geringen Index an der persönlichen Lebenswelt von Personen orientieren (vgl. S. 54). In den letzten Jahren tragen in Anlehnung an Shah (2018) die Erhöhung der Grundbildungsrate und der soziale Wandel der indischen Gesellschaft dazu bei, dass dort

Lebenslanges Lernen an Bedeutung gewinnt. Da sich nach Kade (1989) einhergehend mit Individualisierungsprozessen die Angebotsstrukturen von Erwachsenenbildung verändern, ist von ähnlichen Prozessen in der indischen Erwachsenenbildung auszugehen.

Neben ökonomischen Begründungszusammenhängen hat das Paradigma Lebenslangen Lernens in Indien in Anlehnung an Shah (2018) humanistische Wurzeln. In den Jahren 1964 bis 1966 hat die *Kothari*-Kommission[7], eine indische Bildungskommission, das indische Bildungssystem untersucht. Die Kommission wurde von der indischen Regierung ins Leben gerufen, um Leitlinien und Handlungsempfehlungen für die Gestaltung des dortigen Bildungswesens zu erarbeiten. Dabei geht die Kommission auf die Notwendigkeit Lebenslangen Lernens ein und begründet diese humanistisch. Lebenslanges Lernen wird von der Kommission im Indian Ministry of Education (1966) folgendermaßen definiert:

> „In a modernizing and rapidly changing society, education should be regarded, not as a terminal but as a life-long process. It should begin informally in the home itself; and thereafter, it should be the ultimate objective of national policy to strive to bring every Individual under the influence of the formal system of education as early as possible, and to keep him under it, directly or indirectly, throughout his life" (ebd. S. 44).

Die *Kothari*-Kommission sieht die Notwendigkeit Lebenslangen Lernens vor dem Hintergrund der zunehmenden Beschleunigung einer Gesellschaft. Lebenslanges Lernen kann als Antwort auf eine Gesellschaft, die sich schnell verändert, verstanden werden. Diese erfordert, dass sich Personen das Wissen und die Fähigkeiten aneignen, um die gesellschaftlichen Anforderungen selbst zu bewältigen. Lebenslanges Lernen soll auf persönlichen und gesellschaftlichen Ebenen umgesetzt werden. Hier ist zentral, dass das Paradigma nicht nur ein Ziel einzelner Personen, sondern ein Ziel bildungspolitischer Akteure ist. Dies trägt dazu bei, dass möglichst viele Personen im formalen Bildungssystem integriert werden und an Erwachsenenbildung teilnehmen können (vgl. ebd.). Die Notwendigkeit von Erwachsenenbildung wird vom Indian Ministry of Education (1966) bildungspolitisch argumentiert:

> „Education does not end with schooling but it is a life-long process. The adult today has need of an understanding of the rapidly changing world and the growing complexities of society. Even those who have had the most sophisticated education must continue to learn; the alternative is obsolescence" (S. 422).

Angesichts der zunehmenden Komplexität und der Beschleunigung einer Gesellschaft wird die Notwendigkeit Lebenslangen Lernens von der *Kothari*-Kommission bildungspolitisch argumentiert. Die gesellschaftliche Anforderung, sich am Lebenslangen Lernen zu beteiligen, richtet sich an alle Personen, d.h. Personen aus benachteiligten und aus privilegierten sozialen Gruppen unabhängig von ihrem Bildungsstand. In Anlehnung an die *Kothari*-Kommission des Indian Ministry of Education (1966) trägt Lebenslanges Lernen dazu bei, Personen zu stärken. Diese können (auch in Anlehnung an Pongratz, 2010) durch die zunehmende Komplexität einer Gesellschaft überfordert und die Anforderungen einer individualisierten Gesellschaft verunsichert sein. Dies betrifft Personen, die über eine sehr gute

---

[7] Der Name geht auf den Vorsitzenden der *Kothari*-Kommission des Indian Ministry of Education (1966) zurück, der damals für die University Grants Commission (eine bildungspolitische Einrichtung der indischen Regierung) tätig war (vgl. ebd.).

Ausbildung und einen hohen Bildungsstand verfügen. Lebenslanges Lernen richtet sich damit an alle Personen, d.h. Personen aus bislang benachteiligten und Personen aus bislang privilegierten Personengruppen. Als ein Zwischenschritt zu Lebenslangem Lernen, der mit dem sozialen Wandel einhergeht richtet sich Empowerment dagegen vorrangig an Personen aus benachteiligten sozialen Gruppen. Durch Empowerment werden diese dazu befähigt, ihre soziale Zugehörigkeit auszuhandeln. Dies ist notwendig, weil soziale Benachteiligung in traditionell geprägten Gesellschaftsstrukturen dazu führen kann, dass sich Personen nur eingeschränkt Wissen und Fähigkeiten aneignen können (vgl. ebd., Shah, 2018).

In der nationalen Bildungsstrategie (*National Education Policy*) aus dem Jahr 1986 wird die Bedeutung von Lebenslangem Lernen betont. Nach dem Indian Ministry of Education (1992) geht dies mit einem Bedeutungsgewinns von Erwachsenenbildung einher, die Personen einen niederschwelligen Zugang ermöglichen. Dazu zählt auch das Lernen aus der Ferne, d.h. das Lernen über digitale Medien, die keine persönliche Anwesenheit erfordert.

> „Life-long education is a cherished goal of the educational process. This presupposes universal literacy […]. The future thrust will be in the direction of open and distance learning" (Indian Ministry of Education, 1992, S. 6).

Das bildungspolitische Dokument der indischen Regierung formuliert Lebenslanges Lernen als eines ihrer Ziele, wobei Grundbildung eine Voraussetzung dafür darstellt. Grundbildung hat nach dem Indian Ministry of Human Resource Development (2008) und aufgrund der hohen Bedarfe in der indischen Gesellschaft seit Erlangung der Unabhängigkeit Indiens die zentrale Aufmerksamkeit der indischen Erwachsenenbildung eingenommen (vgl. S. 6ff.) Demnach wurden bildungspolitische Begründungszusammenhänge und Strategien für Lebenslanges Lernen weniger thematisiert. Nachdem sich die Grundbildungsbedarfe in Indien verringert haben, werden nach Shah (2018) die bildungspolitischen Bemühungen um Lebenslanges Lernen präsenter. Das indische Bildungsministerium formuliert die Annahme, dass offener Fernunterricht wie *E-Learning* und *Blended-Learning* an Bedeutung gewinnen wird. Das selbstgesteuerte Lernen von Personen wird dadurch möglich, dass sie Lesen und Schreiben gelernt haben und sie sich selbst Wissen aneignen können.

In Indien stellt die University Grants Commission (2010) einen zentralen bildungspolitischen Akteur dar, der die Finanzierung der Universitäten verantwortet und einen hohen Einfluss auf die Förderung von Forschung und Wissenschaft hat. Die Kommission formuliert im Jahr 2010 Richtlinien zum Lebenslangen Lernen. Diese stellen in Anlehnung an Shah (2018) einen Hinweis darauf dar, dass Lebenslanges Lernens in der indischen Gesellschaft an Bedeutung gewinnt. In Anlehnung an die University Grants Commission wurden die bildungspolitischen Manifestationen Lebenslangen Lernens durch die *Kothari*-Kommission vom Indian Ministry of Education (1966) und die nationale Bildungsstrategie aus dem Jahr 1986 (ebd., 1992) durch Bildungsprogramme in die Praxis umgesetzt. Im Vergleich dazu lag in Anlehnung an die University Grants Commission (2010) aufgrund der hohen Anzahl von Personen, die nicht Lesen und Schreiben konnten, der Fokus hauptsächlich auf Alphabetisierungsprogrammen (vgl. ebd., S. 1).

In Anlehnung an Singh, Bora und Egetenmeyer (2016) sind neben ökonomisch-neoliberalen Begründungszusammenhängen von Lebenslangem Lernen in Indien, internationale humanistische Einflüsse von Freire (1971) zu beachten. Diese humanistischen Einflüsse prägen Erwachsenenbildungseinrichtungen, die zur sozialen Zugehörigkeit von Personen aus benachteiligten sozialen Gruppen beitragen möchten. Erwachsenenbildung in Indien wird durch Bildungsprogramme internationaler bildungspolitischer Akteure wie die UNESCO geprägt. Bildungspolitische Ziele werden in der *Education For All*-Kampagne der UNESCO (2015) artikuliert. Das Programm formuliert für die Jahre 2000 bis 2015 sechs Ziele. Dazu zählt, dass alle Kinder gut versorgt sind und Zugang zu Bildung haben. Es ist ein weiteres Ziel, dass alle Kinder eine Grundschule besuchen und der Zugang zu Bildung allen Personen möglich ist. Bildungsprogramme sollen die Lernbedarfe aller Personen decken. Die Grundbildungsrate von Personen über 15 Jahren soll um 50 Prozent erhöht werden. Zudem wird angestrebt, dass Frauen und Männer im Bildungssystem und in ihrer sozialen Zugehörigkeit gleichberechtigt sind. Die Qualität von Bildungsprogrammen soll verbessert werden (vgl. UNESCO, 2012, S. 306ff.). Die Ziele der *Education For All*-Kampagne (2000-2015) der UNESCO (2015) wurden im Rahmen der acht Millenniums-Entwicklungsziele[8] der Vereinten Nationen, der Weltbank und des Internationalen Währungsfonds erarbeitet. Im Anschluss daran haben die Vereinten Nationen 17 Ziele für eine nachhaltige Entwicklung[9] formuliert. Die Ziele sind im Jahr 2016 in Kraft getreten und sollen bis zum Jahr 2030 erreicht werden. Um die Ziele der *Education for All*-Kampagne messbar zu machen wird von der UNESCO (2012) der *Education for All Development Index* verwendet. Dieser ist das arithmetische Mittel von vier der sechs dafür operationalisierten Ziele[10] der Kampagne und soll dazu beitragen, eine internationale Vergleichbarkeit der beteiligten Länder zu ermöglichen (vgl. ebd., S. 306ff.). Im ersten GRALE-Bericht des UNESCO Instituts für Lebenslanges Lernen (2010) werden Länder mit einem niedrigen, mittlerem und hohen *Education for All Development Index* unterschieden:

---

[8] Die acht Milleniums-Entwicklungsziele wurden von den Vereinten Nationen (2000) verabschiedet und sollten bis zum Jahr 2015 dazu beitragen, Armut und Hunger zu verringern, allen Kindern eine Grundschulbildung zu ermöglichen, die Gleichberechtigung von Frauen und Männern zu verbessern, die Kindersterblichkeitsrate zu verringern, die Gesundheit von schwangeren Frauen zu verbessern, Krankheiten wie z.B. HIV und Malaria zu bekämpfen, eine ökologische Nachhaltigkeit zu gewährleisten und globale Partnerschaften zu entwickeln, die zur Entwicklung beitragen (vgl. ebd.).

[9] Die 17 Ziele für eine nachhaltige Entwicklung wurden von den Vereinten Nationen (2015) verabschiedet und sollen von 2016 bis 2030 umgesetzt werden: Dazu zählen, dass Armut und Hunger beendet werden, Gesundheit, eine gute Ausbildung, die Gleichberechtigung von Frauen und Männern soll ermöglicht werden. Sauberes Wasser, nachhaltige Energie, Wirtschaftswachstum und Beschäftigung soll allen Personen zugänglich sein. Infrastrukturen und Industrie sollen nachhaltig sein, die Benachteiligung von sozialen Gruppen soll reduziert werden. Städte und Wohnorte sollen nachhaltig sein, Personen und Unternehmen sollen verantwortungsbewusst konsumieren und produzieren. Der Klimawandel soll angegangen werden, Meere und ihre Bewohner/-innen sollen genauso geschützt werden wie die Natur auf der Erde. Frieden und Gerechtigkeit sollen überall umgesetzt werden. Die Entwicklung globaler Partnerschaften soll zum Erreichen dieser Ziele beitragen (vgl. ebd.).

[10] Dazu zählt der Anteil an Kindern, die eine Grundschule besuchen, die Grundbildungsrate bei Personen über 15 Jahren, die Gleichberechtigung von Frauen und Männern im Bildungssystem und die gleichberechtigte soziale Zugehörigkeit von Frauen und Männern und die Qualität von Bildungsprogrammen (vgl. UNESCO, 2012, S. 306ff.).

- In Ländern mit einem niedrigen Education for All Development Index ist Grundbildung ein zentraler Aufgabenbereich von Erwachsenenbildung. Dabei ist die Lebensweltorientierung zentral, sodass relevante Themen finanzielle Unabhängigkeit, Gesundheit und soziale Zugehörigkeit sind. Empowerment wird als ein Ziel von Grundbildung verstanden, die von Nichtregierungsorganisationen, Gemeindezentren und Universitäten angeboten wird (vgl. ebd., S. 54).
- In Ländern mit einem mittleren Education for All Development Index ist berufliche Bildung ein zentraler Aufgabenbereich von Erwachsenenbildung. Soziale Zugehörigkeit und finanzielle Unabhängigkeit sind Ziele beruflicher Bildung, die von privaten und öffentlichen Anbieter und von Trainingsorganisationen angeboten wird (vgl. ebd., S. 54).

In Ländern mit einem hohen *Education for All Development Index*, in denen Individualisierungsprozesse einen sozialen Wandel prägen, ist das Paradigma Lebenslangen Lernens zentral. Zu den relevanten Aufgabenbereichen von Erwachsenenbildung zählen berufliche Bildung, persönliche und gesellschaftliche Integration von Migrant/inn/en sowie Angebote für ältere oder gering qualifizierte Personen und frühe Bildung. Angebote für Lebenslanges Lernen finden sich bei Universitäten, Trainingsorganisationen oder Bildungsträgern (vgl. ebd., S. 54).

Im ersten GRALE-Bericht aus dem Jahr 2010 wird Indien zu den Ländern mit niedrigem Index gezählt, in welcher Grundbildung zentrales Anliegen ist. Gleichzeitig verändert sich der Fokus von Erwachsenenbildung in den letzten Jahren. Seit einigen Jahren kann nach Shah (2018) in Indien beobachtet werden, dass Paradigma Lebenslangen Lernens an Bedeutung gewinnt, wobei dies durch Diskussion durch internationale politische Akteure wie die UNESCO geprägt wurde. Dies hat politische Akteure und Wissenschaftler/innen in Indien geprägt, die bildungspolitische Entscheidungen treffen und evaluieren. Der Bedeutungsgewinn des Paradigmas Lebenslangen Lernens in Indien ist in dem ökonomisch geprägten Interesse bildungspolitischer Akteure zu sehen. Durch technischen Fortschritt und internationale Vernetzung verändert sich Indien nach Singh (2016) zu einer neoliberalen Wissensgesellschaft. Dies geht mit dem sozialen Wandel einher sowie damit, dass digitale neue Medien das gesellschaftliche Zusammenleben beschleunigen. Daraus entsteht nach Kade (1989) die Notwendigkeit, dass sich die Erwachsenenbildungsangebote an eine durch Individualisierungsprozesse veränderten Bedarfe einer wissensbasierten Gesellschaft flexibel reagieren und sich an diese anpassen (vgl. ebd., S. 800). Erwachsenenbildung soll den Teilnehmenden ermöglichen, sich Wissen und Fähigkeiten anzueignen, um die gesellschaftlichen Anforderungen, die sie in einer individualisierten Gesellschaft konfrontieren, zu bewältigen (vgl. Singh, Bora und Egetenmeyer, 2016, S. 20ff., vgl. Shah, 2018).

Den Bedeutungsgewinn des Paradigmas Lebenslangen Lernens in Indien zeigt, dass an der Universität Delhi im Jahr 2014 den Masterstudiengang *Lifelong Learning & Extension* eingeführt hat, wobei Lebenslanges Lernen thematischer Schwerpunkt des Studiengangs ist. Am Paradigma Lebenslangen Lernens besteht nach Shah (2018) ein bildungspolitisches Interesse der indischen Regierung. Der Bedeutungsgewinn Lebenslangen Lernens in Indien zeigt sich darin, dass die indische Regierung das *Continuing Education Program* zu einem *Lifelong Education and Awareness Program* weiterentwickelte. Die University Grants Commission (2010) führt dies auf die internationale Diskussion des Paradigmas Lebenslangen

Lernens auf den sozialen Wandel zurück (vgl. ebd., S. 1). Der soziale Wandel und die Verortung Lebenslangen Lernens in humanistisch und ökonomisch geprägten Begründungszusammenhängen ist in Indien und im europäischen Raum zu beobachten. Den sozialen Wandel im europäischen Raum kennzeichnen politische Dokumente wie die Strategie *EUROPA 2020* der EU-Kommission (2010). In Anlehnung an Shah (2018) sowie an Singh, Bora und Egetenmeyer (2016, S. 20ff.) hat die internationale Diskussion um Lebenslanges Lernen auf Grundlage ökonomischer Begründungszusammenhänge Individualisierungsprozesse in Indien geprägt.

2.3.2.5 Empowerment als Zwischenschritt zum Paradigma Lebenslangen Lernens

Empowerment als ein Ziel von Erwachsenenbildung hat den Zielzustand des Paradigmas Lebenslanges Lernen. Empowerment kann als ein Zwischenschritt dorthin verstanden werden. In diesem sollen sich Personen aus benachteiligten sozialen Gruppen das Wissen und die Fähigkeiten aneignen, ihre soziale Zugehörigkeit auszuhandeln. Folglich können beide Konzepte vor dem Hintergrund von Individualisierungsprozessen verstanden werden. Empowerment wird im Kontext von sozialer Benachteiligung verwendet und kann als Zwischenschritt zum Paradigma Lebenslangen Lernens verstanden werden. Das Paradigma kennzeichnet einen Zustand, in dem eine traditionell geprägte soziale Benachteiligung an Bedeutung verliert. Soziale Zugehörigkeit wird darin in sozialen Aushandlungsprozessen ausgehandelt. Die soziale Aufteilung einer Gesellschaft verliert durch den sozialen Wandel an Bedeutung. In einer individualisierten Gesellschaft, in der Lebenslanges Lernen zentral ist, wird in Anlehnung an Klingovsky (2017) die soziale Aufteilung weniger durch Traditionen bestimmt, sondern in sozialen Aushandlungsprozessen ausgehandelt (vgl. S. 30f.). Lebenslanges Lernen kann damit als Zielzustand eines sozialen Wandels verstanden werden, in dem soziale Benachteiligung weniger relevant ist als in traditionell geprägten Gesellschaftsstrukturen.

Im Kontext sozialer Benachteiligung wird das Empowerment der Teilnehmenden als ein Ziel verstanden. Ein Beispiel dafür ist die Kampagne *Literacy Initiative for Empowerment* (2005-2015) der UNESCO (2006), die das Ziel hatte, Grundbildungsprogramme in Ländern mit niedriger Grundbildungsrate zu stärken. Nach Stromquist (2014) soll Grundbildung Personen zur schriftlichen Kommunikation befähigen und damit zur sozialen Zugehörigkeit von Personen beitragen. Sobald Personen Lesen und Schreiben gelernt haben, sind sie in der Lage, sich selbst z.B. im Internet oder in Büchern Wissen anzueignen. Der Widerstand, an Erwachsenenbildung teilzunehmen ist für die Frauen niedriger, wenn sie wissen, was sie dort erwartet. Grundbildung trägt damit zum Empowerment von Personen bei, sodass diese in der Lage sind, ihre Zugehörigkeit auszuhandeln und ihre Rechte einzufordern. Den Beitrag von Grundbildung zum Empowerment von Teilnehmenden argumentieren Raya (2012) und die *New Literacy Studies* nach Gee (2015). Weil sich einhergehend mit Individualisierungsprozessen die Unterscheidungen in benachteiligte und privilegierte soziale Gruppen allmählich auflöst, ist anzunehmen, dass mit einem fortschreitenden Bedeutungsgewinn des Paradigmas Lebenslangen Lernens Empowerment als Zielkategorie von Erwachsenenbildung allmählich an Bedeutung verliert. Die Zielgruppe von Empowerment löst sich durch diese Prozesse und den sozialen Wandel Schritt für Schritt auf: Personen aus bislang zu benachteiligten sozialen Gruppen handeln in sozialen Aushandlungsprozessen mit Personen aus bislang privilegierten sozialen Gruppen ihre soziale Zugehörigkeit aus. Dies wird in Abb. 11 aufgezeigt.

Abbildung 11: Sozialer Wandel und Erwachsenenbildung

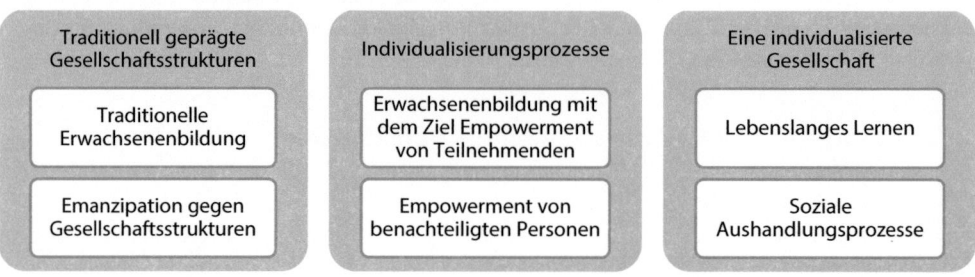

Quelle: Eigene Darstellung

Selbststeuerung ist ein politisches Ziel, das von politischen Akteuren in Indien und im deutschsprachigen und im europäischen Raum artikuliert wird. Erwachsenenbildungsangebote ermöglichen Personen, sich Wissen und Fähigkeiten anzueignen, die sie benötigen, um den Anforderungen einer individualisierten Gesellschaft gerecht zu werden.

2.3.3 Selbststeuerung als verborgene gesellschaftliche Kontrolle

Individualisierungsprozesse werden hier aus gesellschaftskritischer Perspektive betrachtet. Im Fokus der Analyse steht eine veränderte (bildungs-)politische Steuerung, die eine Veränderung von gesellschaftlichen Kontrollinstanzen kennzeichnet. In traditionell geprägten Gesellschaftsstrukturen wird das Handeln von Personen durch sichtbare gesellschaftliche Kontrollinstanzen kontrolliert. Davon sind in Anlehnung an Pongratz (2010) verborgene Kontrollinstanzen zu unterscheiden, die in einer individualisierten Gesellschaft dazu beitragen, dass Personen ihr Handeln selbst kontrollieren. Abschließend wird die Möglichkeit diskutiert, gegen bildungspolitische Entscheidungen und die Teilnahme an Erwachsenenbildung Widerstand zu leisten.

2.3.3.1 Soziale Aushandlungspraktiken und gesellschaftliche Anforderungen

Individualisierungsprozesse zeigen sich in einer veränderten bildungspolitischen Steuerung, die aus gesellschaftskritischer Perspektive reflektiert werden kann. Grundlage hierfür ist das Konzept der *Anrufung* nach Althusser (1977). In Anlehnung an Foucault et al. (1990) zeigt sich die gesellschaftliche Anforderung zur Selbststeuerung darin, dass sich eine Person sozialen Aushandlungsprozessen unterwirft und innerhalb von diesen handelt. Eine Person wird zum Subjekt, wenn sie sich durch soziale Praktiken gesellschaftlichen Strukturen unterordnet. Butler (2006) analysiert die sich wiederholenden sozialen Praktiken, mit welchen Subjektivität in einer Gesellschaft hergestellt wird. Durch die Anrufung als *Frau* oder als

Mann werden soziale Kategorien hergestellt, denen Personen zugeordnet werden können und auf Grundlage derer sie ihre persönliche Individualität gestalten können (vgl. ebd., S. 10ff.). In einer Gesellschaft anerkannte Zuschreibungen werden wiederholt und neu ausgehandelt.

Für das Verständnis von Individualität einer Person ist wichtig, dass die Person als Subjekt noch nicht existiert. Vielmehr gestalten sich Personen in Anlehnung an Bröckling (2012) erst selbst als Subjekt mit einem individuellen Profil. Dies geschieht dann, wenn eine Person nach dem Konzept der Anrufung von Althusser (1977) der gesellschaftlichen Anforderung zur Selbststeuerung folgt. In einer Gesellschaft wird die Individualität von Personen durch soziale Praktiken und soziale Aushandlungsprozesse gestaltet. In diesen Praktiken und Prozessen wird in einer Gesellschaft soziale Zugehörigkeit ausgehandelt. Diese sozialen Aushandlungsprozesse gehen damit einher, dass sich die traditionelle soziale Aufteilung einer Gesellschaft auflöst und soziale Zugehörigkeit neu verhandelt wird (vgl. S. 132f.). Nach Bremer (2010) zeigt sich die soziale Aufteilung einer Gesellschaft darin, dass einige soziale Gruppen privilegierter sind als andere soziale Gruppen (vgl. ebd., S. 8). Personen, die über eine hohe soziale Zugehörigkeit verfügen, sind in der Lage, wichtige Entscheidungen zu treffen. Diese Entscheidungen können sie in ihrer Familie, in ihrer Erwerbstätigkeit oder in der Politik treffen. Die soziale Zugehörigkeit einer Person zeigt sich darin, dass sie in Befähigungsbereichen selbst handeln und ihre persönlichen Interessen und Bedarfe verwirklichen kann. Die Gestaltung des eigenen Lebens ist für Personen, die über soziale Zugehörigkeit verfügen, einfacher möglich als für Personen, die weniger sozial zugehören. In traditionell geprägten Gesellschaftsstrukturen befinden sich erstere in privilegierten sozialen Gruppen und letztere in benachteiligten sozialen Gruppen. Empowerment soll Personen aus benachteiligten sozialen Gruppen, die wenig sozial zugehören, befähigen, ihre soziale Zugehörigkeit selbst auszuhandeln. Im Kontext von Individualisierungsprozessen und sozialem Wandel verändert sich das Verständnis von sozialer Zugehörigkeit. Der soziale Wandel geht damit einher, dass soziale Zugehörigkeit in einer Gesellschaft weniger anhand von bestehenden Strukturen verteilt werden, sondern von den Personen einer Gesellschaft in sozialen Aushandlungsprozessen ausgehandelt werden. Daran schließt die Frage nach dem Empowerment von Personen aus benachteiligten sozialen Gruppen an.

Individualisierungsprozesse sind vor dem Hintergrund eines Paradigmenwechsels zu verstehen. Dieser kennzeichnet eine Veränderung von Strukturen und Denkmustern in einer Gesellschaft. Die Veränderung zeigt sich in sozialen Praktiken und im Handeln von Personen. Im sozialen Wandel von traditionell geprägten Gesellschaftsstrukturen zu einer individualisierten Gesellschaft verändert sich die Frage nach der sozialen Aushandlung von sozialer Zugehörigkeit. Eine individualisierte Gesellschaft erfordert von Personen Empowerment und dass sie ihr Leben möglichst optimal selbst gestalten. Dafür bietet die Gesellschaft in Anlehnung an Klingovsky (2017) eine sogenannte Freiheit an, die aber keine Freiheit an sich ist (vgl. ebd., S. 39). Personen sollen sich für Berufe, Freizeitaktivitäten oder Wohnraum entscheiden, ihr Leben aktiv gestalten, ihren Hobbys nachgehen und die Fähigkeiten und das Potenzial, das in ihnen angelegt ist, entfalten. Hier ist zentral, dass Personen von einer passiv-akzeptierenden Einstellung und der Ausrichtung des eigenen Handelns an Traditionen zu einer aktiven und gestaltenden Einstellung gelangen. In einer individualisierten Gesellschaft ist nach Bröckling (2018) das Paradigma Lebenslangen Lernens zentral (vgl. ebd., S. 44). Eine Biografieorientierung nach Dausien (2001) und Rothe (2015) sowie selbstgesteuertes Lernen nach Faulstich et al. (2005) soll Personen dazu befähigen, sich selbst besser zu verstehen und ihr individuelles Profil selbst zu gestalten. Die Freiheit, die eine individualisierte Gesellschaft anbietet, ist nach Klingovsky (2017) keine Freiheit an sich. Die sogenannte Freiheit soll Personen dazu bringen, ihr Leben selbst zu gestalten und ihr Handeln selbst zu kontrollieren. Dementsprechend folgen sie dem Paradigma der Selbststeuerung (vgl. ebd., S. 39, siehe auch Pongratz, 2010, S. 130). Empowerment kann dazu beitragen, dass Personen dazu befähigt werden, ihr Handeln selbst zu gestalten und zu kontrollieren. Damit wird Empowerment von bildungspolitischen Akteuren als Konzept verwendet, um Personen durch Erwachsenenbildung zur Selbststeuerung zu befähigen.

Die gesellschaftlichen Kontrollinstanzen unterscheiden sich in traditionell geprägten Gesellschaftsstrukturen und in einer Gesellschaft, die durch Individualisierungsprozesse geprägt ist. In traditionellen Gesellschaftsstrukturen sind gesellschaftliche Kontrollinstanzen sichtbar. Dagegen sind diese in Anlehnung an Pongratz (2010) in einer individualisierten Gesellschaft verborgen (vgl. S. 122ff.). Damit eine Gesellschaft funktioniert, muss nach Foucault (1994) das Handeln von Personen kontrolliert werden. Handeln, welches das Zusammenleben in einer Gesellschaft gefährdet, muss untersagt werden. In traditionell geprägten Gesellschaftsstrukturen erfolgt die gesellschaftliche Kontrolle in Anlehnung an Foucault (1994) durch sichtbare Kontrollinstanzen. Ein Beispiel dafür sind Gesetze, die Straftaten oder Ordnungswidrigkeiten, sanktionieren. Sanktionen betreffen soziale Restriktionen und Gesetze, sofern diese überschritten werden. Gesellschaftliche Strukturen vermitteln Personen Sicherheit. Gesellschaftsstrukturen und mögliche Sanktionen ermöglichen eine Vorhersehbarkeit und Kontrollierbarkeit des Handelns von Personen in einer Gesellschaft (vgl. ebd.). In einer individualisierten Gesellschaft sind gesellschaftliche Kontrollinstanzen verborgen, die sich nach Pongratz (2010) in den Paradigmen Selbststeuerung und Lebenslanges Lernen zeigt (vgl. S. 130, S. 152ff.). Von Personen in einer individualisierten Gesellschaft wird erwartet, dass sie ihr Handeln selbst kontrollieren. Selbststeuerung wird als gesellschaftliche Anforderung und als soziale Praktik nach dem Konzept der *Anrufung* stets neu hergestellt. Personen ist meist bewusst, dass sie die Motivation haben, ihr Leben selbst zu gestalten. Dass es sich um eine *Technologie des Selbst* (Foucault et al., 1990) handelt, ist ihnen nicht immer bewusst. Folglich kontrollieren Personen ihr Handeln selbst und arbeiten in Anlehnung an Pongratz (2010) fortwährend an einer Optimierung ihres Wissens und ihrer Fähigkeiten. Personen können lernen, sich Wissen und Fähigkeiten anzueignen, die gesellschaftliche Anforderung zur Selbststeuerung, die an sie gerichtet wird, zu bewältigen (vgl. ebd., S. 164f.). Dass Personen in der Lage sind, dieser Anforderung zu bewältigen, wird als Empowerment bezeichnet. Das Empowerment von Personen, die bislang zu einer benachteiligten sozialen Gruppe gehörten, ist die Antwort auf eine individualisierte Gesellschaft, die durch Komplexität und technischen Fortschritt überlastet ist. Dem passt sich die bildungspolitische Steuerung Lebenslangen Lernens an, welche nach Klingovsky (2017) eine zunächst scheinbar freie Entfaltung der eigenen Person zum Ziel hat (vgl. ebd., S. 39).

2.3.3.2 Verborgene gesellschaftliche Kontrollinstanzen

In einer individualisierten Gesellschaft wird das Handeln von Personen in Anlehnung an Pongratz (2010) verborgen kontrolliert. Die verborgenen Kontrollinstanzen einer individualisierten Gesellschaft unterscheiden sich von den sichtbaren Kontrollinstanzen einer traditionell geprägten Gesellschaft. Personen in einer individualisierten Gesellschaft kontrollieren ihr Handeln selbst. Auf den ersten Blick wird Empowerment als persönliche Motivation von Personen verstanden, ihre Lebenswelt selbst aktiv zu gestalten. Dahinter steht allerdings eine gesellschaftliche Anforderung, die zunächst verborgen ist. Die gesellschaftliche Kontrollinstanz ist nicht mehr sichtbar wie in traditionellen Gesellschaftsstrukturen. Personen kontrollieren ihr Handeln selbst, wobei sie Selbststeuerung unbewusst als ihre persönliche Motivation verstehen. Ein Beispiel dafür kann der Wunsch sein, fortwährend weitere Qualifikationen und Zertifikaten zu erwerben und eine erfolgreiche Karriere zu haben. Das Handeln von Personen in einer individualisierten Gesellschaft wird dadurch kontrolliert, dass Personen dieses selbst kontrollieren und an gesellschaftlichen Anforderungen ausrichten (vgl. ebd., S. 121ff.). Zeuner (2006) bezeichnet dies als „Selbstfunktionalisierung" (S. 309), Bröckling (2003) als „Selbstregierung" (S. 324). Zentral ist, dass Personen stets ihr Handeln möglichst selbstgesteuert gestalten, ihr Leben fortwährend mehr gestalten und selbst mehr Entscheidungen treffen sollen. Indem Personen selbst lernen und handeln, können sie sich Wissen und Fähigkeiten aneignen, um gesellschaftliche Anforderungen zu bewältigen (vgl. ebd.). Gesellschaftliche Strategien zur Kontrolle des Handelns von Personen in einer individualisierten Gesellschaft können nach Foucault (1994) nach dem Konzept des *Panoptismus* differenziert werden. Empowerment stellt eine gesellschaftliche Strategie dar, das Handeln von Personen in einer individualisierten Gesellschaft zu kontrollieren. Dies soll in Anlehnung an Pongratz (2010) und Wrana (2012) anhand von Foucaults (1994) Idee des *Panopticon* erörtert werden. Nach Foucault muss das Handeln von Personen einer Gesellschaft kontrolliert werden, um ein gutes Zusammenleben zu gewährleisten. In traditionell geprägten Gesellschaftsstrukturen sind die Kontrollinstanzen z.B. in Traditionen und Gesetzen sichtbar. In einer individualisierten Gesellschaft erfolgt die Kontrolle des Handelns von Personen verborgen über eine Selbststeuerung. Foucault verdeutlicht die verborgenen Kontrollinstanzen anhand des *Panopticon* vom Philosophen Bentham (vgl. ebd., S. 251ff.). Ein *Panopticon* ist ein fünfeckiges Gefängnis, in dessen Mitte ein Turm steht. Die einzelnen Zimmer sind kreisförmig um den Turm arrangiert. Von diesem können alle Personen beobachtet werden, die sich im *Panopticon* befinden.

Das *Panopticon* wurde von Foucault als Vergleich dafür herangezogen, wie gesellschaftliche Kontrollinstanzen in einer individualisierten Gesellschaft funktionieren. Damit eine Gesellschaft funktioniert sind in Anlehnung an Foucault (1994) Regeln wichtig, die das Handeln der Personen kontrollieren und steuern. Diese werden als Kontrollinstanzen bezeichnet, die verborgen oder sichtbar sein können. In traditionell geprägten Gesellschaftsstrukturen übernehmen sichtbare Kontrollinstanzen wie Gesetze und Traditionen diese Funktion, das Handeln von Personen zu kontrollieren. In einer individualisierten Gesellschaft verändern sich die Kontrollinstanzen dahingehend, dass sie verborgen sind und von Personen auf Grundlage ihrer „(scheinbare[n]) Freiwilligkeit" (Pongratz, 2010, S. 127). Aufgrund der Möglichkeit, dass Personen einer Gesellschaft durch den Turm beobachtet werden, beginnen sie sich in Anlehnung an Wrana (2012) selbst zu steuern und zu gestalten (vgl. ebd., S. 104). Es ist nicht eindeutig, ob das Handeln von Personen tatsächlich vom Turm aus kontrolliert wird. Fest steht nur, dass es theoretisch beobachtet werden kann. Personen im *Panopticon* gehen davon aus, dass sie kontrolliert werden. Sie kennen die Folgen dessen nicht, was passiert, wenn sie ihr Handeln nicht an gesellschaftlichen Anforderungen ausrichten. Dies veranlasst Personen, das eigene Handeln zu kontrollieren. Nach Wrana (2012) entwickeln Personen „Beobachterregime im Inneren" (S. 104) ihrer selbst. Personen steuern und kontrollieren die ihr Handeln selbst. Dies ist einer *Technologie des Selbst* nach Foucault et al. (1990) zuzuordnen, die nach Klingovsky (2017) mit einer veränderten bildungspolitischen Steuerung, einer *new educational governance*, einhergeht. Personen steuern ihr Handeln selbst und richten dieses an den gesellschaftlichen Anforderungen aus, weil sie annehmen, dass sie vom Turm aus beobachtet werden und dass dies von ihnen erwartet wird. Die Personen beginnen, zu kontrollieren, ob ihr Handeln gesellschaftlichen Anforderungen entspricht und richten es an diesen aus. Indem Personen dem Paradigma der Selbststeuerung folgen, tragen sie dazu bei, gesellschaftliche Anforderungen zu bewältigen. Diese werden die nicht ausgesprochen und richten sich verborgen an Personen. Die Personen verstehen die Anforderungen unbewusst als ihre persönliche Motivation. An die Stelle einer sichtbaren Kontrolle des Handelns von Personen in einer Gesellschaft treten verborgene gesellschaftliche Kontrollinstanzen. Diese bringen Personen dazu, ihr Handeln selbst zu steuern und zu kontrollieren (vgl. Foucault, 1994, S. 251ff., Pongratz, 2010, S. 122ff., Wrana, 2012, S. 104).

Die Empowerment-Strategie entlastet eine individualisierte Gesellschaft, die durch Komplexität und technischen Fortschritt überlastet ist. Das *Panopticon* verdeutlicht, wie Personen in einer Gesellschaft ihr Handeln selbst kontrollieren können und wie gesellschaftliche Kontrollinstanzen dadurch entlastet werden. Empowerment zeigt sich darin, dass Personen Probleme ihrer persönlichen Lebenswelt selbst lösen. Sie sind weniger auf soziale Unterstützung angewiesen, was für die Gesellschaft aufgrund einer wachsenden Komplexität entlastend ist. Die Verantwortung für das Handeln von Personen liegt nicht mehr bei gesellschaftlichen Kontrollinstanzen, sondern nach Pongratz (2010) bei den Personen selbst (vgl. S. 126). Traditionen und soziale Restriktionen verlieren an Bedeutung. Personen richten ihr Handeln weniger an traditionell geprägten Gesellschaftsstrukturen aus, sondern steuern dieses selbst. Dies ist notwendig, weil aufgrund des technischen Fortschritts die Komplexität einer Gesellschaft zunimmt. Dies geht nach Pongratz (2010) damit einher, dass Personen dem Paradigma der Selbststeuerung folgen und sich Wissen und Fähigkeiten aneignen, die zunehmende Komplexität selbst zu bewältigen (vgl. S. 23). Dies trägt dazu bei, dass Personen, die in traditionellen Gesellschaftsstrukturen unterstützt werden, weniger auf gesellschaftliche und staatliche Unterstützung angewiesen sind. Wohingegen in traditionell geprägten Gesellschaftsstrukturen die Verantwortung für Personen aus benachteiligten sozialen Gruppen innerhalb einer sozialstaatlich geprägten und solidarischen Gesellschaft liegt, wird diese in einer individualisierten Gesellschaft den Personen selbst zugesprochen. Soziale Unterstützung liegt in einer traditionell geprägten Gesellschaft im Aufgabenbereich von Nichtregierungsorganisationen, die zum Teil religiös oder politisch geprägt sind. Im deutschsprachigen Raum sind Beispiele dafür Einrichtungen wie die

Caritas, die Diakonie oder die Arbeiterwohlfahrt. In Indien werden Nichtregierungsorganisationen von Organisationen der internationalen Entwicklungszusammenarbeit wie der UNESCO, der nationalen Regierung oder von *Corporate Social Responsibility*-Abteilungen von Unternehmen unterstützt. Beispiele für Nichtregierungsorganisationen sind *VIDYA Education for the Less Privileged* (2017) und *Participatory Research in Asia* (2010). Mit Empowerment als ein Ziel von Erwachsenenbildung zeigt sich u.a. in Anlehnung an Theunissen (2013) eine veränderte, aktivierende Form von Unterstützung (vgl. S. 1). In dieser wird die Selbststeuerung von Personen unterstützt, damit sie ihre Bedarfe selbst einfordern und ihre Probleme selbst lösen können. Dies löst eine Form von Unterstützung ab, in der Personen nicht zugetraut wird, ihre Probleme selbst zu lösen und für welche die Probleme stellvertretend gelöst werden.

Die veränderte bildungspolitische Steuerung und das Paradigma Lebenslangen Lernens vermitteln die Möglichkeit zu einer zunächst scheinbar freien Gestaltung des eigenen Lebens. Klingovsky (2017) sieht die bildungspolitische Steuerung, die mit dem Bedeutungsgewinn von Lebenslangem Lernens einhergeht darin, dass dies Personen dazu befähigt, sich selbst und ihr Handeln aktiv zu gestalten. Lebenslanges Lernen wird durch bildungspolitische Entscheidungen politscher Akteure dahingehend instrumentalisiert, Personen zu befähigen, den Anforderungen einer individualisierten Gesellschaft gerecht zu werden. Diese bildungspolitische Steuerung bezeichnet Klingovsky (2017) als *new educational governance*. In einer Gesellschaft, die dem Paradigma Lebenslangen Lernens folgt, sollen Personen ihre Lebenswelt aktiv gestalten und ihr individuelles Profil entwickeln (vgl. ebd., S. 39). Dies kann sich darin äußern, dass sie ihre Beschäftigungsfähigkeit immer weiterentwickeln und eine erfolgreiche Karriere anstreben. Auf den ersten Blick kann das Paradigma Lebenslangen Lernens mit einer Freiheit assoziiert werden. Dabei handelt es sich nach Klingovsky (2017) nicht an Freiheit an sich, sondern vielmehr um eine Selbststeuerung von Personen, die in einer individualisierten Gesellschaft leben:

> „Aber so frei, wie darin unterstellt, sind sie letztlich gar nicht. Sie sind vielmehr aufgefordert, sich zu verändern, und auf welche Weise sie sich verändern sollen, geben die Technologien des Selbst vor" (ebd., S. 39).

Dass Personen ihr Handeln selbst steuern und ihre persönliche Lebenswelt selbst gestalten, scheint zunächst positiv. Gleichzeitig ist die sogenannte Freiheit keine Freiheit an sich. Vielmehr soll *Freiheit* Personen dazu bringen, sich selbst Wissen und Fähigkeiten anzueignen, um ihre soziale Zugehörigkeit zu sichern (vgl. ebd., S. 39). Dabei verstehen sie dies als ihren persönlichen Wunsch. Die *Technologien des Selbst* nach Foucault et al. (1990) werden in Anlehnung an Hirseland und Schneider (2008) als soziale Praktiken verstanden, die dazu beitragen, dass Personen ihr Leben selbst gestalten. Personen sollen sich durch Lernberatung und Erwachsenenbildung „fit-machen" (ebd., S. 5646), um die Anforderungen einer individualisierten Gesellschaft emotional und sozial bewältigen zu können. Dass die einzelne Person ihr Leben selbst gestalten und nicht mehr auf die Unterstützung einer Gesellschaft angewiesen sind, verstehen Hirseland und Schneider (2008) als „Entpflichtungszwänge des Kollektivs gegenüber dem Einzelnen" (S. 5646). Dies ergibt sich aus der zunehmenden Komplexität einer Gesellschaft, die in Anlehnung an Pongratz (2010) durch traditionelle Gesellschaftsstrukturen nicht mehr aufgefangen werden kann (vgl. S. 155). In Anlehnung an Bröckling (2018) können das Konzept Empowerment und das Paradigma

Lebenslangen Lernens als *Technologien des Selbst* nach Foucault et al. (1990) verstanden werden. Diese Technologien tragen dazu bei, die Selbststeuerung von Personen in einer individualisierten Gesellschaft zu stärken. Dadurch kann eine zunehmend komplexe Gesellschaft entlastet werden (vgl. ebd., S. 42). Tab. 7 stellt in Anlehnung an Foucault (1994) und Pongratz (2010) eine Übersicht über sichtbare und verborgene Kontrollinstanzen dar. Diese werden in traditionell geprägten Gesellschaftsstrukturen, im sozialen Wandel und in einer individualisierten Gesellschaft betrachtet (vgl. S. 126ff.). Dabei werden gesellschaftliche Kontrollinstanzen differenziert, die sich durch Individualisierungsprozesse verändern. Damit geht eine veränderte bildungspolitische Steuerung einher: Traditionelle Erwachsenenbildung erfüllt die Funktion der Reproduktion einer sozialen Aufteilung, indem nach Freire (1971) die Unterscheidung in Lehrende und Lernende aufrechterhalten wird (vgl. S. 76ff.). Individualisierungsprozesse tragen erfordern von Personen einer Gesellschaft eine zunehmende Selbststeuerung, die dazu beiträgt, dass sie ihre soziale Zugehörigkeit in sozialen Aushandlungsprozessen selbst aushandeln. Die soziale Aufteilung einer traditionellen Gesellschaft verliert an Bedeutung. Damit werden in Anlehnung an Foucault (1994) sichtbare gesellschaftliche Kontrollinstanzen wie Gesetze und Traditionen weniger relevant. Die Selbststeuerung von Personen nimmt nach Pongratz (2010) die gesellschaftliche Funktion ein, dass Personen ihr Handeln selbst kontrollieren und an gesellschaftlichen Anforderungen ausrichten.

Tabelle 7: Sichtbare und verborgene Kontrollinstanzen

	Traditionell geprägte Gesellschaftsstrukturen	Sozialer Wandel und Individualisierung	Eine individualisierte Gesellschaft
Kontrollinstanzen	Sichtbare gesellschaftliche Kontrollinstanzen	Sichtbare und verborgene gesellschaftliche Kontrollinstanzen	Verborgene gesellschaftliche Kontrollinstanzen
Kontrolle des Handelns	Soziale Eingebundenheit des Handelns in Traditionen, Ausrichtung an Gesetzen und Traditionen, Sanktionen für das Übertreten der Strukturen	Bedeutungsverlust traditioneller Kontrollinstanzen, gesellschaftliche Anforderung zur Selbststeuerung, Unsicherheit und Überforderung → Bedarf an Wissen und Fähigkeiten	Selbststeuerung durch die z.T. unbewusste Motivation nach Individualität, soziale Aushandlungsprozesse, Entlastung der Gesellschaft
Politische Steuerung	Soziale Aufteilung in privilegierte und benachteiligte soziale Gruppen	Befähigung zur Selbststeuerung	Selbststeuerung und soziale Aushandlungsprozesse
Erwachsenenbildung	Traditionelle Erwachsenenbildung	Erwachsenenbildung mit dem Ziel Empowerment	Lebenslanges Lernen

Quelle: Eigene Darstellung

Im Paradigma Lebenslangen Lernens einer individualisierten Gesellschaft sind die gesellschaftlichen Kontrollinstanzen verborgen und zeigen sich darin, dass Personen unbewusst den Drang verspüren, sich selbst zu optimieren (vgl. ebd., S. 126ff.).

2.3.3.3 Widerstand gegen Erwachsenenbildung und Empowerment

Nach Faulstich und Grell (2005) können Lernwiderstände für die Teilnehmenden individuell Sinn machen (vgl. S. 76ff.). Ein Widerstand gegen Erwachsenenbildung, die das Empowerment von Teilnehmenden zum Ziel hat, kann sich gegen die Individualisierung einer Gesellschaft richten. Der Widerstand kann aufgrund von der gesellschaftlichen Anforderung, sich selbst zu gestalten und nach Bröckling (2012) anders zu sein, entstehen (vgl. ebd., S. 140ff.). Personen gehen gegen verborgene gesellschaftliche Steuerung an, die sich als eine Selbststeuerung von Personen einer Gesellschaft zeigt. Einige Personen, an die sich die verborgene gesellschaftliche Anforderung richtet, wehren sich dagegen. Der Widerstand zeigt sich darin, dass Personen nicht bereit sind, an Erwachsenenbildung teilzunehmen oder indem sie in der Erwachsenenbildung Lernwiderstände zeigen. Diese können in Anlehnung an Faulstich und Grell (2005) für die Personen individuell sinnvoll sein. Personen gehen gegen den sozialen Wandel an, Erwachsenenbildung auf die Funktion hin zu instrumentalisieren, Personen zur Selbststeuerung zu befähigen. Das Paradigma der Selbststeuerung ist ein zentraler Wert einer individualisierten Gesellschaft. Der Widerstand gegen Lebenslanges Lernen stellt in Anlehnung an Pongratz (2010) einen Widerstand gegen gesellschaftliche Individualisierungsprozesse und gegen die damit einhergehenden verborgenen Formen von gesellschaftlicher Kontrolle dar. Personen wehren im Widerstand die gesellschaftlichen Anforderungen ab, die an sie gerichtet werden (vgl. S. 164ff.). Nach Holzer (2017) können sie diese aktiv zurückweisen oder mit einem „einfache[n] uninteressierte[n] Abwenden" (S. 439) reagieren. In ihrer Konstitution als Subjekt wird von Personen gefordert, dass sie sich selbst gestalten und ihr eigenes Profil entwickeln. Personen sollen ihre Individualität nicht aufgrund von Traditionen und bestehenden Gesellschaftsstrukturen schaffen, sondern diese selbst gestalten, Dies erfordert, die Möglichkeit zum Widerstand. Dies ist darin begründet, da die Freiheit einer Person nur dann bestehen kann, wenn sie die Möglichkeit zum Widerstand hat, der sich gegen die Teilnahme an Erwachsenenbildung richten kann. Folglich wäre eine Person kein Subjekt, wenn sie keine Entscheidungen treffen könnte. Ein Widerstand gegen die gesellschaftlichen Anforderungen kann sich in einem Aussteigen von einer Gesellschaft zeigen. Diesem Widerspruch, frei zu sein und sich gleichzeitig einem Gesellschaftssystem zu unterwerfen, der mit Individualisierungsprozessen einhergeht, widmet sich Bröckling (2002, S. 177). Nach Bröckling (2012) handelt es sich um ein „flüchtendes Selbst" (S. 141), das im Widerstand seine Individualität gestalten kann.

Das Recht aller Personen auf Bildung wird in Zielformulierungen politischer Akteure der UNESCO, in der *Education for All-Kampagne* der UNESCO (2015) und der Europäischen Union (2000) gefordert. Es besteht ein politisches Interesse daran, dass Personen im Paradigma der Selbststeuerung einen Zugang zu Bildung haben. Dies befähigt sie, sich Wissen und Fähigkeiten anzueignen, die sie benötigen, um in einer individualisierten Gesellschaft, ihre soziale Zugehörigkeit auszuhandeln. Personen können diese Ansprüche zurückweisen und eben nicht an Bildung teilnehmen. Verborgene Formen von gesellschaftlicher Kontrolle funktionieren derart, dass sich Personen durch gesellschaftliche Anforderungen unbewusst unter Druck gesetzt fühlen oder das Paradigma der Selbststeuerung als ihre persönliche Motivation verstehen. Personen, die Lebenslanges Lernen und Selbststeuerung ablehnen, machen dies bewusst *oder* unbewusst. Beispiele dafür sind, dass sie sich auf traditionelle Werte beziehen und sich von der Nutzung digitaler Medien zurückziehen. In Anlehnung an Holzer (2017) zeigt sich der Widerstand *aktiv* oder *passiv*. In Tab. 8 werden aktiver und passiver Widerstand in traditionell geprägten Gesellschaftsstrukturen und in einer individualisierten Gesellschaft aufgezeigt. Dabei wird Widerstand, der sich gegen eine Gesellschaft richtet vom Widerstand, der sich in der Erwachsenenbildung nach Faulstich und Grell (2005) zeigt, differenziert. Der Widerstand gegen eine traditionell geprägte Gesellschaft kann sich nach Tab. 8 auf der *Makro*-Ebene in einer Auflehnung gegen Gesetze und gegen die staatliche Gewalt zeigen. Der Widerstand kann in Anlehnung an Foucault (1994) mit Strafen oder einer Ausgrenzung von einer Gesellschaft (z.B. im Gefängnis oder in einer geschlossenen Psychiatrie) sanktioniert werden. Ein Widerstand gegen die soziale Benachteiligung von Personen aus benachteiligten sozialen Gruppen, wird in Anlehnung an Inglis (1997) als Emanzipation oder als Protest bezeichnet. Dieses Handeln kann bei Personen aus privilegierten sozialen Gruppen ebenso Widerstand hervorrufen. Personen können passiv auf die gesellschaftlichen Anforderungen reagieren und ihnen nicht Folge leisten. Auf der *Meso*-Ebene zeigt sich Widerstand darin, dass Personen ihr Handeln nicht an den traditionellen Strukturen ausrichten. Wenn Personen in einer traditionell geprägten Gesellschaft z.B. einer Erwerbstätigkeit nachgehen, die den Strukturen entsprechend nicht für sie vorgesehen ist, leisten sie Widerstand. Auf der *Mikro*-Ebene zeigt sich Widerstand darin, dass Personen ihre Lebenswelt unabhängig von Traditionen gestalten.

Tabelle 8: Widerstand gegen gesellschaftliche Anforderungen

	Gegen gesellschaftliche Anforderungen einer traditionell geprägten Gesellschaft	Gegen gesellschaftliche Anforderungen einer individualisierten Gesellschaft
Makro-Ebene (Staat)	Auflehnung gegen Gesetze und exekutive Gewalt, Emanzipation gegen Traditionen und soziale Benachteiligung in sozialen Bewegungen (z.B. Frauenbewegung)	Verweigerung von Selbststeuerung, Abhängigkeiten von sozialer Unterstützung, Proteste gegen eine Ökonomisierung von Bildung (z.B. Studierendenproteste)
Meso-Ebene (Erwachsenenbildung, Erwerbstätigkeit)	Erwachsenenbildung und Erwerbstätigkeit außerhalb vorgegebener traditioneller Strukturen	Desinteresse an einer beruflichen Karriere und Entwicklung eines individuellen beruflichen Profils
Mikro-Ebene (Persönliche Lebenswelt)	Verweigerung von gesellschaftlichen Zuschreibungen und sozialer Benachteiligung, Desinteresse an sozialem Aufstieg und sozialer Zugehörigkeit	Verweigerung von Individualität, Beharren auf Traditionen, Desinteresse an der Gestaltung der eigenen Lebenswelt und der Entwicklung einer individuellen Persönlichkeit

Quelle: Eigene Darstellung

In einer individualisierten Gesellschaft zeigt sich Widerstand auf der *Makro*-Ebene darin, dass Personen der gesellschaftlichen Anforderung zur Selbststeuerung nicht Folge leisten. Zum Teil zeigt sich der aktive Widerstand in Protesten, die sich gegen die Ökonomisierung einer Gesellschaft wenden. Der Widerstand auf der *Meso*-Ebene kann sich darin zeigen, dass Personen nicht bereit sind, ihr individuelles Profil zu entwickeln und eine Karriere anzustreben. Wenn eine Teilnahme z.B. aus beruflichen Gründen verpflichtend ist, kann es zu einer Auflehnung gegen Mitarbeitende von Erwachsenenbildung und in einer

Störung von Lernprozessen kommen. Zudem kann sich ein unbewusster Widerstand in einer geringen Teilnahmebereitschaft und in einer geringen Lernbereitschaft zeigen. Auf der *Mikro*-Ebene zeigt sich Widerstand gegen eine individualisierte Gesellschaft darin, dass Personen es verweigern, ein individuelles Profil zu entwickeln und an Traditionen beharren.

2.3.4 Zwischenfazit

In Abb. 12 werden die zentralen Erkenntnisse von Kap. 2.3 zusammengefasst. Abb. 12 zeigt wie Individualisierungsprozesse die gesellschaftliche Funktion von Erwachsenenbildung in einer Gesellschaft verändern. In traditionell geprägten Gesellschaftsstrukturen ist das Handeln von Personen in traditionell geprägte Gesellschaftsstrukturen eingebunden. Erwachsenenbildung erfüllt in Anlehnung an Freire (1971) die gesellschaftliche Funktion, bestehende traditionell geprägte Strukturen zu stärken (S. 76f.). Die Kontrolle des Handelns von Personen ist in einer traditionell geprägten Gesellschaft sichtbar. Ein Übertreten der bestehenden Gesellschaftsstrukturen, die in Gesetzen und Traditionen formuliert werden, wird in Anlehnung an Foucault (1994) sanktioniert. In einer Gesellschaft, die durch Individualisierung geprägt ist, richtet sich die gesellschaftliche Anforderung zur Selbststeuerung an Personen. Die Anforderung richtet sich an alle Personen, wobei die soziale Aufteilung einer Gesellschaft in benachteiligte und privilegierte soziale Gruppen an Bedeutung verliert. Durch ihr Empowerment sollen Personen aus benachteiligten sozialen Gruppen befähigt werden, ihre soziale Zugehörigkeit auszuhandeln.

Abbildung 12: Tradition und Individualisierung

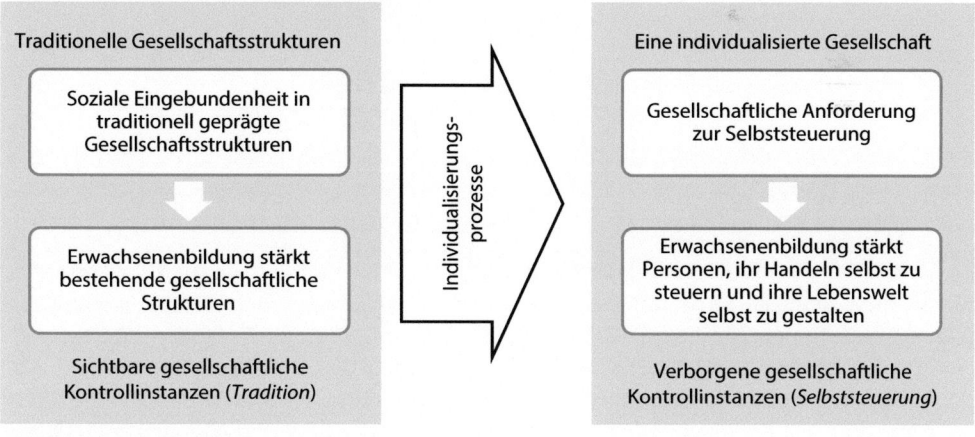

Quelle: Eigene Darstellung

2.4 Zur Gestaltung von Erwachsenenbildung

Erwachsenenbildungsangebote werden von Erwachsenenbildungseinrichtungen gestaltet und können nach Siebert (2012) auf der *Meso*-Ebene verortet werden. In Anlehnung an Egetenmeyer, Breitschwerdt und Lechner (2018) können auf den unterschiedlichen Ebenen von Erwachsenenbildung Wechselwirkungen stattfinden. Die Gestaltung von Erwachsenenbildung auf der *Meso*-Ebene hat folglich Wechselwirkungen mit Lernprozessen und persönlichem Austausch (*Mikro*-Ebene) sowie mit einer bildungspolitischen Steuerung (*Makro*-Ebene) (vgl. ebd., S. 13). Die Gestaltung von Erwachsenenbildung ist auf der *Meso*-Ebene zu verorten. Wie Abb. 13 aufzeigt, wird Erwachsenenbildung durch bildungspolitische Steuerung auf der *Makro*-Ebene geprägt, wobei die Einrichtung selbst das Handeln bildungspolitischer Akteure prägt. Dies erfolgt durch Interessenvertretungen der Erwachsenenbildungseinrichtungen und Bedarfsanalysen bildungspolitscher Akteure, bei denen Bedarfe der Einrichtungen analysiert werden. Die bildungspolitischen Akteure auf der nationalstaatlichen *Makro*-Ebene und internationale bildungspolitische Akteure prägen sich in politischen Aushandlungsprozessen wechselseitig. Dies erfolgt dadurch, dass politische Interessenvertretungen einzelner nationaler bildungspolitischer Akteure in bildungspolitischen Gremien der internationalen Akteure ihre Interessen einbringen. Gleichzeitig besteht ein direkter wechselseitiger Austausch von internationalen bildungspolitischen Akteuren und Erwachsenenbildungseinrichtungen.

Abbildung 13: Analyseebenen

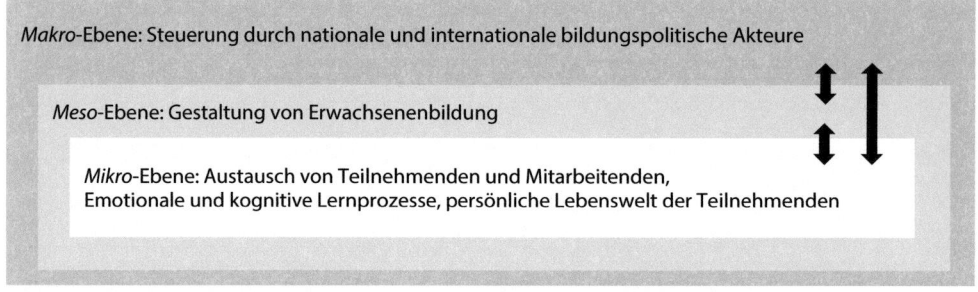

Quelle: Eigene Darstellung in Anlehnung an Stromquist (1995, S. 17) und Siebert (2012, S. 15ff.)

Es richten sich Bildungsprogramme der UNESCO und der EU an die Einrichtungen, welche diese finanziell darin unterstützen, zu den bildungspolitischen Zielen der jeweiligen Akteure beizutragen. Ein Beispiel dafür ist das Programm *Strategische Partnerschaften*, welches die Vernetzung von Erwachsenenbildungseinrichtungen in Europa anstrebt (vgl. Nationale Agentur beim Bundesinstitut für Berufsbildung, 2018). Auf der *Mikro*-Ebene findet ein Austausch der Teilnehmenden untereinander und mit den Mitarbeitenden statt. Dieser ermöglicht Lehr- und Lernprozesse. Die Erfahrungen mit den Lernprozessen von Teilnehmenden prägen ihr Handeln in der Gestaltung von Erwachsenenbildung. Die Gestaltung der Angebote kann dazu beitragen, dass sich diese Wissen und Fähigkeiten aneignen können, die sie benötigen, um dem Paradigma der Selbststeuerung zu folgen. Zu diesen zählt die Selbstreflexion von Mitarbeitenden (Pachner, 2013) und ihr Umgang mit Diversität

(Riegel, 2016) (Kap. 2.4.1). Auf der Grundlage einer Zielgruppenanalyse kann Erwachsenenbildung teilnehmendenorientiert gestaltet werden (Kap. 2.4.2). Didaktik und Lerninhalte können sich an der Lebenswelt der Teilnehmenden orientieren und Reflexion und Selbststeuerung anstreben (Kap. 2.4.3). Gemeinschaft und Austausch ermöglichen emotionale Lernprozesse der Teilnehmenden und können zu ihrem Empowerment beitragen (Kap. 2.4.4). Abschließend wird auf der Grundlage der theoretischen Erkenntnisse ein theoretisches Modell erarbeitet, welches die Grundlage für die empirische Studie darstellt.

2.4.1 Zur Selbstreflexion von Mitarbeitenden

Die Selbstreflexion von Mitarbeitenden kann zum Empowerment der Teilnehmenden beitragen, weil sie die Rahmenbedingungen von Erwachsenenbildung gestalten. Kade (1989) betont, dass Erwachsenenbildung Teilnehmende stärken kann, die durch Individualisierungsprozesse verunsichert sind. Die Stärkung von Teilnehmenden wird in Anlehnung Kade (1989) durch die Identifizierung mit den Mitarbeitenden möglich (vgl. ebd., S. 798). Sie bringen sich als Person ein und gehen mit den Teilnehmenden Beziehungen ein, sodass ihre Persönlichkeit den Austausch und die Rahmenbedingungen von Erwachsenenbildung prägen. Die Mitarbeitenden sollen sich nach Aschemann (2015) selbst für ihr persönliches Empowerment hinsichtlich ihrer Arbeitsbedingungen einsetzen. Die Selbstreflexion der Mitarbeitenden zeigt sich in Anlehnung an Pachner (2013) darin, dass sie ihr eigenes Handeln anhand von wissenschaftlichen Erkenntnissen reflektieren. *Othering*-Prozesse (Said, 2009, Riegel, 2016) können dann stattfinden, wenn sich Personen, begegnen, die zu unterschiedlichen sozialen Gruppen gehören. Eine Reflexion der eigenen *Othering*-Prozesse der Mitarbeitenden trägt dazu bei, dass sie den Teilnehmenden, wenn sie zu anderen sozialen Gruppen gehören, gleichberechtigt und auf Augenhöhe begegnen (vgl. ebd.).

Die Mitarbeitenden gestalten Erwachsenenbildung und fungieren als Vorbild für die Teilnehmenden. Ihre Persönlichkeit ist für das Empowerment der Teilnehmenden von Bedeutung. Nach Kade (1989) nehmen sie für die Teilnehmenden eine Vorbildfunktion ein und gehen mit ihnen eine persönliche Beziehung ein. Die Teilnehmenden können sich mit ihnen identifizieren (vgl. ebd., S. 798). Um zum Empowerment von Teilnehmenden beizutragen, ist es wichtig, dass Mitarbeitende ihr Leben, ihr Handeln und ihr Lernen selbst gestalten. Damit zeigen sie in ihrem eigenen Handeln Empowerment. Hier ist relevant, dass sie in konkreten Situationen im Austausch mit den Teilnehmenden reflektiert handeln. Wenn sie ad hoc auf Bedarfe und Probleme der Teilnehmenden reagieren, soll ihr Handeln durch Selbststeuerung geprägt sein. Die Selbstreflexion der Mitarbeitenden trägt dazu bei, dass sie die Lerninhalte selbst verstehen, über Methodenkenntnisse verfügen, diese angemessen umsetzen und Bedarfe der Teilnehmenden berücksichtigen (vgl. Kade 1989, S. 798, Siebert, 2012, S. 81). Die Persönlichkeit der Mitarbeitenden ist von Bedeutung, weil diese in eine persönliche Beziehung mit den Teilnehmenden treten und der gegenseitige Austausch zu deren Empowerment beiträgt. Nach Franz (2013) ermöglicht deren Reflexion, dass sie die Teilnehmenden in konkreten Situationen in ihren kognitiven und emotionalen Lernprozessen begleiten und unterstützen können (vgl. S. 8). Die Mitarbeitenden sollen den

Teilnehmenden den Aufbau von Vertrauen und eine emotional-reziproken Beziehung anbieten. Es ist wichtig, dass sie den Teilnehmenden gegenüber zuverlässig, empathisch und unterstützend sind. Die Beziehung befähigt die Teilnehmenden, Bedarfe und Probleme ihrer persönlichen Lebenswelt besser zu verstehen und zu artikulieren, was in Anlehnung an Heite (2015) zu ihrem Empowerment beitragen kann. Die Aneignung von Wissen, das für die Teilnehmenden in ihrer persönlichen Lebenswelt relevant ist, trägt dazu bei, dass sie diese besser verstehen. Die Teilnehmenden können im Austausch mit anderen Teilnehmenden ihre persönlichen Anliege und Bedarfe artikulieren (vgl. ebd., S. 149). Die Gestaltung von Erwachsenenbildung durch die Mitarbeitenden bedarf dem Verstehen von Theorie und Praxis von Erwachsenenbildung. Die Mitarbeitenden können sich in ihrem Handeln auf wissenschaftliche Erkenntnisse beziehen und ihr Handeln anhand von wissenschaftlichen Erkenntnissen verstehen. Gleichzeitig ist von Bedeutung, dass die Mitarbeitenden aus der Erwachsenenbildungspraxis Erkenntnisse gewinnen und selbstreflektiert auf die Bedarfe der Teilnehmenden antworten und ihre Angebote an der Lebenswelt der Teilnehmenden ausrichten.

Selbstreflexion kann nach Pachner (2013) Mitarbeitende zu einer Balance von Theorie und Praxis befähigen. Diese können das eigene Handeln im reziproken Austausch besser verstehen. Theoretisches Wissen über die Erwachsenenbildungspraxis reicht nicht aus, damit diese im Umgang mit den Teilnehmenden reflektiert handeln. Die Selbstreflexion der Mitarbeitenden zeigt sich im Austausch mit Teilnehmenden. Sie sollen im Austausch ihr Handeln in Bezug zu wissenschaftlichen Theorien setzen und reflektieren (vgl. ebd., S. 7). Es ist von Bedeutung, dass sie die Teilnehmenden vor dem Hintergrund ihrer persönlichen Lebenssituation und ihrer sozialen Benachteiligung verstehen. Konstruktivistischen Überzeugungen entsprechend konstruieren Mitarbeitende und Teilnehmende gegenseitig Vorstellungen voneinander. Selbstreflexion ist daran zu beobachten, dass die Mitarbeitenden ihre persönlichen Vorannahmen verstehen. Indem sie sich über ihre persönlichen Vorannahmen bewusst sind, können sie im Umgang mit Teilnehmenden reflektiert handeln. Nach Kade (1989) werden durch Individualisierungsprozesse neue Ansprüche an die Mitarbeitenden gerichtet. Diese handeln als individuelle Personen, sodass weniger ihre fachliche Qualifikation als ihre persönlichen Erfahrungen und Bildung von Bedeutung sind, um mit den Teilnehmenden eine persönliche Beziehung einzugehen. Diese kann zu deren Empowerment beitragen (vgl. ebd., S. 805). Die eigene Selbstreflexion ist von Bedeutung, damit sie die Teilnehmenden nicht überfordern und in ihrer Eingebundenheit in traditionelle Gesellschaftsstrukturen annehmen und verstehen. Ein reflektierter Umgang mit und das Verstehen der Teilnehmenden trägt dazu bei, dass sich diese verstanden fühlen und Zugehörigkeit in der Gemeinschaft von Erwachsenenbildung erleben. Nach Brüning et al. (2001) ist neben dem Wissen über die Zielgruppe wichtig, dass die Mitarbeitenden die Teilnehmenden gut beraten können (vgl. ebd., S. 108f.). Letztere können in der Erwachsenenbildung ein neues Handeln erproben, in welchem sie nicht von Benachteiligung geprägt sind. Dies führt dazu, dass die Teilnehmenden verstehen, dass soziale Benachteiligung nicht feststeht, sondern dass sie aktiv gegen ihre Benachteiligung angehen können. Sie machen die Erfahrung, dass sie aktiv auf ihr Handeln Einfluss nehmen können. Sie können lernen zu verstehen, dass sie in der Lage sind, soziale Zugehörigkeit auszuhandeln. Dies trägt dazu bei, dass sich Mitarbeitende mit Teilnehmenden austauschen, in welchem diese in Anlehnung an Kade (1989) ein Gefühl von Gemeinschaft und Zugehörigkeit erfahren (vgl. S. 798). Eine Selbstreflexion der Mitarbeitenden kann zum Empowerment der Teilnehmenden beitragen. Nach Pachner (2013) kann Selbstreflexion den Teilnehmenden ermöglichen, dass sie ihr Handeln verändern, ihre persönliche Lebenswelt gestalten und ihr individuelles Profil entwickeln. Die Selbstreflexion von Mitarbeitenden kann dazu beitragen, dass sich die Teilnehmenden zunehmend selbst Wissen und Fähigkeiten aneignen (vgl. ebd., S. 4).

Die Einrichtungen befinden sich nach David (2018) in einer „Ambiguität in Bezug auf Wirkung und Wirksamkeit von organisierten Lehr-Lernprozessen" (S. 160). Dass sie als Mitarbeitende von Erwachsenenbildung reflektiert handeln, ermöglicht kognitive und v.a. emotionale Lernprozesse der Teilnehmenden. Dies trägt dazu bei, dass sich die Teilnehmenden selbst besser verstehen können. Die Beziehungsgestaltung geschieht spontan. Dabei ist wichtig, dass das eigene Handeln stets an wissenschaftlichen Erkenntnissen und persönlichen Überzeugungen reflektiert wird. Nach Kade (1989) sollen die Mitarbeitenden zu einem „anregenden Gegenüber persönlicher Auseinandersetzung" (S. 805) für die Teilnehmenden werden. In Anlehnung an David (2018) müssen die Mitarbeitenden das Spannungsfeld aushalten, in dem sich die Teilnehmenden befinden. Es ist ihre Aufgabe, die Unsicherheit und die Offenheit des Austausches in der Erwachsenenbildung zu gestalten. Diese Unsicherheit und die Offenheit sollen ausgehalten werden, damit die Teilnehmenden diesen Raum zur eigenen Entwicklung nutzen können. Wenn Bildungsräume zu stark strukturiert und in zu hohem Umfang evaluiert werden, stellt die Frage, wo die Teilnehmenden den Raum haben, selbst zu entscheiden, wie sie reagieren und handeln. Emotionalen und kognitiven Lernprozessen ist von den Mitarbeitenden ein Freiraum einzuräumen, in dem sich die Teilnehmenden entwickeln und ein neues Handeln erproben können (vgl. ebd., S. 152). Dies ermöglicht ihnen, Selbstvertrauen und einen Glauben an die eigene Selbstwirksamkeit nach Bandura (1994) zu entwickeln. Lernprozesse, die zum Empowerment der Teilnehmenden beitragen, werden dadurch ermöglicht, dass Erwachsenenbildung Ihnen einen Raum ermöglicht, in dem sie sich frei entwickeln können und der nicht vorab durch Lerninhalte strukturiert ist. Nach David (2018) ist es die Aufgabe der Mitarbeitenden, diesen Raum zu ermöglichen. Dies geht damit einher, dass sie mit der Unsicherheit, den ein reziproker Austausch mit sich bringt, umgehen und aushalten können (vgl. S. 160). Auch Pachner (2018) betont die Notwendigkeit einer Selbstreflexion der Mitarbeitenden, die sie befähigt mit der Offenheit einer Beziehungsgestaltung umzugehen (vgl. ebd., S. 146).

Frauen in der Erwachsenenbildung thematisierten u.a. Faulstich-Wieland, Nuissl und Siebert (1994). Darin wurde die berufliche Beschäftigung von Frauen in der Erwachsenenbildung analysiert, wobei die Arbeitsbedingungen zum Teil problematisch sind. Frauen, die hier im Rahmen von Honorartätigkeiten tätig sind, sollen sich nach Hübner, Schittko und Schmidt (1994) „am eigenen Zopf aus dem Sumpf" (S. 111) ziehen und bessere Arbeitsbedingungen einfordern. Dies entspricht dem Grundgedanken von Empowerment, das von Mitarbeitenden zu leisten ist. Um Teilnehmende zu unterstützen und ihnen ein gutes Vorbild sein zu können, ist von Bedeutung, dass die Mitarbeitenden selbst ihre Rechte einfordern. Dies zeigt sich darin, dass sie eine langfristige Beschäftigung anstelle von freiberuflichen Tätigkeiten einfordern und darin, dass ihre Leistung finanziell angemessen vergütet wird (vgl. ebd., S. 106ff.). Ihre Selbstreflexion zeigt sich darin, ob sie die zum Teil problematischen Arbeitsbedingungen in Erwachsenenbildungseinrichtungen hinnehmen oder dagegen angehen. Die Arbeitsbedingungen betreffen v.a. Frauen, die einen Großteil der Mitarbeitenden ausmachen. Aschemann (2015) beobachtet in Einrichtungen in Österreich „Widersprüche zwischen Schein und Wirklichkeit" (S. 4). Diese zeigen sich darin, dass sich die Einrichtungen nach außen hin anders präsentieren, als die inneren Verhältnisse tatsächlich sind. Dies zeigt sich in einer „Ausbeutung" (ebd., S. 4) der Mitarbeitenden. In ihrer Vorbildfunktion für die Teilnehmenden nach Kade (1989, S. 798) ist es wichtig, dass die Mitarbeitenden sich selbst für ihre Rechte einsetzen und gute Arbeitsbedingungen einfordern. Diese sollen sich aktiv für bessere Arbeitsbedingungen einsetzen und organisiert in Gewerkschaften aushandeln. Bessere Arbeitsbedingungen und eine höhere Zufriedenheit mit der eigenen beruflichen Tätigkeit tragen dazu bei, dass die Mitarbeitenden den Teilnehmenden, einen Raum ermöglichen können, den sie engagiert gestalten können. Wenn die Teilnehmenden das Handeln der Mitarbeitenden beobachten und im gegenseitigen Austausch ihre persönlichen Überzeugungen erfahren, können diese eine Vorbildfunktion einnehmen (vgl. Aschemann, 2015, S. 2ff.). In einem sozialen Wandel verlieren traditionelle Strukturen an Bedeutung. Im Kontext von sozialer Benachteiligung richtet sich das Konzept Empowerment in Anlehnung an Stromquist (2014) an Personen, die in einer Gesellschaft benachteiligt werden. Empowerment als ein Ziel von Erwachsenenbildung soll dazu beitragen, dass die Teilnehmenden lernen, dass sie ihr Handeln selbst steuern und ihre Lebenswelt selbst gestalten (vgl. S. 319).

Othering-Prozesse kennzeichnen den Umgang von Personen untereinander, wenn sie zu unterschiedlichen sozialen Gruppen gehören. Dies geht damit einher, dass sie anderen persönlichen und sozialen Kategorien zuzuordnen sind. Dazu zählt z.B. die Zugehörigkeit zu einer anderen Religion, andere Lerninteressen oder ein anderes Alter. Der konkrete Austausch ist nicht nur als einzelnes Gespräch zu verstehen, sondern in einen Kontext sozialer Praktiken einzuordnen. Diese zeigen, wie Personen einer Gesellschaft mit Diversität umgehen. Es geht um soziale Aushandlungsprozesse und inwiefern soziale Benachteiligung geprägt oder reflektiert wird. Benachteiligung kann sich im Austausch unter Mitarbeitenden und Teilnehmenden zeigen. Wenn diese reflektiert wird, haben die Teilnehmenden die Möglichkeit, neue Beziehungserfahrungen zu machen, in denen sie in Anlehnung an Freire (1971) den Mitarbeitenden auf Augenhöhe begegnen. Nach Schreiber-Barsch und Fawcett (2017) ist eine Anerkennung und Reflexion von Diversität notwendig, um Gleichberechtigung und soziale Zugehörigkeit zu ermöglichen. Das Bewusstsein über Diversität kann zu dem Empowerment von Teilnehmenden beitragen. Darin sehen Schreiber-Barsch und Fawcett die Möglichkeit, wie sich soziale Benachteiligung einhergehend mit dem Paradigma Lebenslangen Lernens auflösen kann (vgl. ebd., S. 297). Pädagogisches Handeln der Mitarbeitenden ist mit Diversität und mit *Othering*-Prozessen verbunden. *Othering* stellt die Frage danach, wie Mitarbeitenden mit Teilnehmenden aus anderen sozialen Gruppen umgehen. Personen aus anderen sozialen Gruppen sind insofern *anders*, als dass sie sich anderen sozialen Kategorien zuordnen, wie Kastenzugehörigkeit oder ethnische Herkunft. Das *Anders*-Sein betrifft soziale Kategorien wie die ethnische Herkunft, sodass Diversität ein zentrales Thema ist. *Othering*-Prozesse kennzeichnen diesen Umgang mit Diversität in Erwachsenenbildungsangeboten und finden im Umgang der Mitarbeitenden mit Teilnehmenden statt, deren Gemeinschaft durch Diversität geprägt ist. Selbstreflexion nach Pachner (2013) zeigt sich darin, dass die Mitarbeitenden mit unklaren und diffusen Situationen umgehen können (vgl. ebd., S. 5). Dazu führt, dass sie ihren Umgang mit Diversität reflektieren. Pädagogische Mitarbeitende sollen dies für sich persönlich reflektieren und sich darüber möglichst bewusst sein, wie sie mit Personen umgehen, die *anders* sind als sie selbst. Hierzu zählt, dass sie ihre Deutungsmuster und unbewussten Zuschreibungen reflektieren (siehe Schüßler, 2000). *Othering*-Prozesse gehen mit sozialen Prozessen in einer Gesellschaft einher, in denen soziale Benachteiligung geschieht. In Anlehnung an Riegel (2016) trägt der Reflexion ihres eigenen Umgangs mit Diversität, dazu bei, dass die Mitarbeitenden mit Teilnehmenden reflektiert umgehen und ihnen nach Freire (1971) auf Augenhöhe zu begegnen. Dies kann zu einer Vermeidung einer Reproduktion einer sozialen Aufteilung, wie sie in traditioneller Erwachsenenbildung geschieht, führen (vgl. ebd., S. 176ff.).

2.4.2 Zielgruppen- und Teilnehmendenorientierung

Zielgruppenorientierung und die Gestaltung von Erwachsenenbildung kann zum Empowerment der Teilnehmenden beitragen. Nach Schiersmann (1994) ist es ein Ziel der Zielgruppenorientierung, das Personen aus benachteiligten sozialen Gruppen, die nicht oder wenig an Erwachsenenbildung teilnehmen, von den Angeboten erreicht werden (vgl. ebd., S. 502). Es wird der Frage nachgegangen, inwiefern Empowerment als ein Ziel von Erwachsenenbildung eine stärkere Zielgruppenorientierung erfordert. Im Rahmen einer Zielgruppenanalyse wird analysiert, was dazu beitragen kann, dass Personen individuelle Widerstände abbauen und an Erwachsenenbildung teilnehmen. Sozialintegrative Ansätze ermöglichen ein Verständnis der Zielgruppe auf Grundlage ihres Handelns. Abschließend wird auf die Frage eingegangen, wie Erwachsenenbildung zielgruppenorientiert gestaltet werden kann.

Nach Kade (1989) erfordern Individualisierungsprozesse von Erwachsenenbildung, dass die Teilnehmenden sie für die individuelle Gestaltung ihres persönlichen Profils verwenden können und durch die Teilnahme einen Nutzen erlangen (vgl. ebd., S. 800). Schäffter (2014) analysiert Empowerment im Rahmen von Zielgruppenorientierung im Kontext von sozialer Benachteiligung. Erwachsenenbildung wird vor dem Hintergrund eines sozialen Wandels erörtert. Mit dem sozialen Wandel geht nach Kade (1989) eine veränderte Angebotsstruktur von Erwachsenenbildung einher, in der eine Zielgruppenorientierung zentral ist. Die Angebote verändern sich nach Schäffter (2014) dahingehend, dass von den Teilnehmenden „ein bislang ungewohntes Maß an individueller Eigenverantwortung" (ebd., S. 8) erwartet wird. Folglich gewinnt die Selbststeuerung der Teilnehmenden an Bedeutung. Damit zeigt sich in den Erwachsenenbildungsangeboten der soziale Wandel, in dem Individualisierung und Selbststeuerung an Bedeutung gewinnen. Mit der Zielkategorie Empowerment orientiert sich Erwachsenenbildung an der persönlichen Lebenswelt der Teilnehmenden und der Zielgruppe. Erwachsenenbildung adressiert die Teilnehmenden in ihrer persönlichen Lebenswelt. Die Mitarbeitenden sollen gemeinsam mit den Teilnehmenden deren Lebenswelt besser verstehen. Der gemeinsame Austausch und das gemeinsame Verstehen können dazu beitragen, die soziale Aufteilung in benachteiligte und privilegierte soziale Gruppen aufzulösen, sodass Erwachsenenbildung einen Beitrag zur sozialen Zugehörigkeit von Teilnehmenden leistet. In einer Zielgruppenorientierung ist die Gleichberechtigung von Mitarbeitenden und Teilnehmenden zentral, wobei diese zum Empowerment der Teilnehmenden beiträgt.

Daran schließen Schreiber-Barsch und Fawcett (2017) in einer Untersuchung zu *Inklusionsarchitekturen* an. Dort widmen sie sich inklusiven Lernorten, wobei die Frage gestellt wird, was einen inklusiven Lernort im Paradigma Lebenslangen Lernens ausmacht und wie dieser möglich ist. Dies ist vor dem Kontext der Auflösung von bestehenden sozialen Gruppen zu verstehen, die mit Individualisierungsprozessen einhergeht. Die Frage ist, inwiefern sich die „Empowermentstrategie einer sozialen Gruppe" (ebd., S. 315) darin zeigt, dass sie sich selbst als Zielgruppe von Erwachsenenbildungsangeboten verstehen. Anschließend wird der Frage nachgegangen, inwiefern dies für die Zielgruppenanalyse und Planung von Erwachsenenbildung von Bedeutung ist. Damit geht die Frage einher, inwiefern Erwachsenenbildung als Raum gestaltet wird, an welchen Teilnehmende Gemeinschaft und Zugehörigkeit erfahren (vgl. ebd.). Eine Zielgruppenanalyse trägt dazu bei, die Angebote an den Bedarfen und Problemen der Teilnehmenden auszurichten. Nach Brüning et al. (2001) ist dies in Erwachsenenbildungsangeboten, die sich an benachteiligte Personen richten, von Bedeutung (vgl. ebd., S. 108f.). Wenn die Mitarbeitenden die persönlichen Bedarfe und Probleme der Teilnehmenden verstehen, können sie in der Gestaltung von Erwachsenenbildung darauf eingehen und an den Bedarfen und Problemen der Teilnehmenden ausrichten. Dies entspricht einer Zielgruppen- und Teilnehmendenorientierung, wobei diese für die Gestaltung von Erwachsenenbildung grundlegend sind. Beides sind Aufgabenbereiche von Mitarbeitenden der Einrichtungen. Eine Zielgruppe von Erwachsenenbildung ist nach Hippel, Tippelt und Gebrande (2018) ist durch „gemeinsame sozialstrukturelle Merkmale" (S. 1133) gekennzeichnet. Durch ihre Zugehörigkeit zu derselben sozialen Gruppe unterscheidet sich eine Zielgruppe von Adressat/inn/en. Diese sind die Personen, die durch die Ansprache einer Erwachsenenbildungseinrichtung zur Teilnahme bewegt werden sollen (vgl. ebd.). Die Ansprache von potenziellen Teilnehmenden erfolgt aufgrund ihrer Zugehörigkeit zu einer sozialen Gruppe oder aufgrund von sozialen Kategorien, denen sie zugeordnet werden können. Nach Schiersmann (1994) soll eine Zielgruppenorientierung Personen aus benachteiligten sozialen Gruppen erreichen, die durch soziale Benachteiligungen aufgrund ihrer Zugehörigkeit zu unterschiedlichen sozialen Kategorien, nicht oder nur wenig an Erwachsenenbildung teilnehmen (vgl. ebd., S. 502). Die Gestaltung des Angebots orientiert sich an den Bedarfen der sozialen Gruppen, welche denselben sozialen Kategorie zugeordnet werden können. Eine Zielgruppe definiert sich durch ihre Zuordnung zu sozialen Kategorien, in denen sie sich von anderen Zielgruppen unterscheiden. Die Mitarbeitenden haben eine Vorstellung davon, welche Bedarfe ihre Zielgruppe hat und können versuchen die Angebote dementsprechend zu gestalten. In diesem Verständnis ist eine soziale Gruppe, sofern sie von Erwachsenenbildung adressiert wird, einer Zielgruppe. Zielgruppen lassen sich in Anlehnung an Lassnigg (2010) nach sozialen Kategorien und Lebensphase der Teilnehmenden differenzieren:

Lassnigg (2010) differenziert soziale Kategorien, anhand derer die Bedarfe der Zielgruppe verstanden werden können. Dazu zählen Geschlecht, Alter, Bildungsstand und soziale Zugehörigkeit (vgl. ebd., S. 5). Sozialen Benachteiligung kann aufgrund von einer Behinderung entstehen, womit sich Schreiber-Barsch und Fawcett (2017) beschäftigen. Weitere mögliche soziale Kategorien sind ethnische Herkunft, Religion und die Zugehörigkeit zu einer registrierten Kaste oder zu einem registrierten Stamm wie in Indien. Nach Bremer (2010) gehen soziale Kategorien, die soziale Milieus prägen, mit anderen Anforderungen an Erwachsenenbildung einher. Die soziale Aufteilung einer Gesellschaft erfolgt in soziale Gruppen, die in höherem oder geringerem Umfang benachteiligt oder privilegiert sind. Wohingegen privilegierte soziale Gruppen die Gestaltung ihrer Lebenswelt und die Entwicklung ihrer Persönlichkeit anstreben, nehmen benachteiligte soziale Gruppen an Erwachsenenbildung aus einer beruflichen Notwendigkeit oder zum „Mithalten" (ebd., S. 7) teil. Die Bildungsstrategien unterscheiden sich je nachdem, ob sie die die Privilegien privilegierter sozialer Gruppen sichern oder die Ausgrenzung benachteiligter sozialer Gruppen vermeiden sollen. Zwischen privilegierten und benachteiligten sozialen Gruppen befinden sich soziale Gruppen, die weder privilegiert noch benachteiligt sind, sondern sich dazwischen befinden. Diese erwarten sich einen persönlichen Nutzen von ihrer Teilnahme und dass sie in ihrem sozialen Ansehen steigen (vgl. ebd., S. 7). Im Rahmen einer Zielgruppenanalyse können spezifische Bedarfe eruiert werden, die mit sozialen Kategorien einhergehen. Tab. 9 differenziert spezifische Bedarfe von Zielgruppen und wie diese in der Gestaltung von Erwachsenenbildung berücksichtigt werden können.

Tabelle 9: Bedarfe von Zielgruppen und Erwachsenenbildung

Persönliche / soziale Kategorie	Unterschiede in der Bedarfe der Zielgruppe	Berücksichtigung in der Gestaltung von Erwachsenenbildung
Geschlecht	Unterschiedliche Motivation für die Teilnahme	Kleingruppen, in denen nur Frauen oder nur Männer sind
Behinderung	Barrierefreiheit	Barrierefreie Gestaltung von Rahmenbedingungen wie z.B. Raum und Lernmaterial
Bildungsstand	Unterschiedliches Vorwissen, kognitive Fähigkeiten, Interesse an Bildung	Lernmaterial und Lerninhalte, die dem Bildungsstand angemessen sind
Zugehörigkeit zu einer sozial benachteiligten Gruppe	Bedarf an Anerkennung und Wertschätzung	Reflexion von Bedarfen und Problemen, Austausch über Diversität, Wertschätzung
Religion	Zeit an religiösen Feiertagen und Einschränkungen aufgrund von sozialen Praktiken (z.B. Fasten)	Eine Terminplanung, die sich an religiöse Feiertagen und religiöse soziale Praktiken anpasst

Quelle: Eigene Darstellung

Unterschiedliche geschlechtsspezifische Interessen können mit didaktischen Methoden berücksichtigt werden. Kleingruppen, in denen Frauen und Männer unter sich sind, können einen offenen und reziproken Austausch ermöglichen. Die Gestaltung der Räume und der Lernmaterialien kann an die Bedarfe von Teilnehmenden, die eine Behinderung haben, angepasst werden. Das Lernmaterial und die Lerninhalte eines Erwachsenenbildungsangebots können an den Lerninteressen und an dem Bildungsstand der Teilnehmenden ausgerichtet werden. Neben kognitiven Lernprozessen sind in Anlehnung an Gieseke (2009) emotionale Lernprozesse zu berücksichtigen. Dazu zählt, dass Erwachsenenbildung in Anlehnung an Kade (1989) einen beziehungsstiftenden Kontext ermöglicht, der den Teilnehmenden mit Wertschätzung und mit Respekt begegnet (vgl. S. 798). Zudem können spezifische religiöse Bedarfe von sozialen Gruppen in der Gestaltung von Erwachsenenbildung berücksichtigt werden. Dies umfasst z.B. eine Terminplanung, die sich an religiösen sozialen Praktiken und Feiertagen orientiert. Die Angebote können zeitlich so geplant werden, dass sie nicht zur gleichen Zeit wie Gottesdienste oder regelmäßige Gebete stattfinden.

Nach Lassnigg (2010) sind Lebensphasen von Teilnehmenden zentral für ihre jeweiligen Bedarfe. Im Rahmen einer Zielgruppen- und Teilnehmendenorientierung sollen Lebensphasen berücksichtigt werden. Lebensphasen im Erwachsenenalter sind die „rush hour of life" (ebd., S. 5), in welcher die Ausübung einer Erwerbstätigkeit einen hohen Einfluss auf die Bereitschaft hat, an Erwachsenenbildung teilzunehmen. Im Anschluss an diese Lebensphase zeigt sich ein verstärktes Interesse an Erwachsenenbildung von Personen, die sich beruflich profiliert haben. Diese nutzen die Angebote um sich beruflich oder privat neu zu orientieren und ihr individuelles Profil neu zu gestalten. Die Gestaltung von Erwachsenenbildung kann auf die Bedarfe von Teilnehmenden eingehen, die sich je nach der Lebensphase, in der sie sich befinden, unterscheiden (vgl. ebd.). Anhand der Zielgruppenanalyse soll die Gestaltung von Erwachsenenbildung erfolgen, die sich an den Bedarfen der potenziellen Teilnehmenden ausrichtet. Dafür sind verschiedene Gesichtspunkte zu beachten: Der Zeitpunkt und die Dauer von Erwachsenenbildung stellen ein wichtiges Kriterium für die Entscheidung dar, ob Personen daran teilnehmen oder nicht. Ein gut gewählter Zeitpunkt, der an Bedarfen der Zielgruppe ausgerichtet ist, trägt dazu bei, diese Bereitschaft zu erhöhen. Es ist zu bedenken, ob zu der Zeit, an der das Angebot stattfindet, eine Kinderbetreuung möglich ist. Wenn die Zielgruppe berufliche tätig ist, ist wichtig, dass Erwachsenenbildung dann stattfindet, wenn sie nicht arbeiten müssen. Dies ermöglicht, dass die Teilnehmenden gleichzeitig eine Erwerbstätigkeit ausüben und an Erwachsenenbildung teilnehmen können. Es ist zu bedenken, ob die Dauer angemessen ist und ob diese für die Zielgruppe nicht zu umfangreich wirken könnte. Personen wird ein erster Einblick in Erwachsenenbildung ermöglicht, wenn diese mit geringer Stundenanzahl und jeweils mit kurzer Dauer angeboten wird. Dies ermöglicht ihnen ein erstes niederschwelliges Kennenlernen des Angebots. Wichtig ist, dass die Personen verstehen, dass sie keine Verpflichtungen eingeht, ohne das Angebot zu kennen. Wenn im ersten Kennenlernen das Interesse geweckt wurde, können sie längerfristig teilnehmen. Die Mitarbeitenden sollen dies beim ersten Treffen in der Erwachsenenbildungseinrichtung den Personen, die Interesse an einer weiteren Teilnahme haben, kommunizieren.

Auszra (2001) betont die Bedeutung eines Raums, in dem nur Frauen und keine Männer teilnehmen. Dieser gibt ihnen die Möglichkeit, sich in einem Raum „frei von patriarchaler Herrschaft" (ebd., S. 321) zu lernen und sich zu entwickeln. Die Bedeutung dieser Teilnehmendenorientierung wurde von politischen Akteuren im deutschsprachigen Raum aufgegriffen. Das Bundesamt für Migration und Flüchtlinge (2018) veröffentlichte ein Angebot für Integrationskurse, die sich nur an Frauen richten. Erwachsenenbildungsangebote sollen in der Nähe des Wohnorts der Frauen durchgeführt werden, wobei es von Vorteil ist, wenn die Frauen den Ort kennen. Dafür bietet sich der Kindergarten an, zu dem die Frauen ihre Kinder bringen (vgl. ebd.). Damit Erwachsenenbildung zum Empowerment von Teilnehmenden beitragen kann, sollen persönliche Widerstände und Ängste verstanden werden, die mit der Teilnahme verbunden sein können. In Anlehnung an Kapeller und Stiftinger (2010) sind bildungsbenachteiligten Frauen zum Teil verunsichert, an Erwachsenenbildung teilnehmen. Eine Ursache dafür liegt darin, dass sie lange nicht an formaler Erwachsenenbildung teilgenommen haben. Wenn die Frauen im formalen Schulsystem negative Erfahrungen gemacht haben und sie nicht wissen, was sie in der Erwachsenenbildung erwartet, kann die Teilnahme mit Angst und Unsicherheit verbunden sein. Die Gestaltung von Erwachsenenbildung soll sich an den Bedarfen der Frauen ausrichten, wozu zählt, dass die Angebote finanziell für die Zielgruppe ermöglicht werden kann. Wichtig ist eine Zielgruppenanalyse, die zu einem besseren Verständnis der Zielgruppe beiträgt. Die Erkenntnisse der Analyse sollen in die Gestaltung und Planung von Erwachsenenbildung eingebunden werden. Es ist von Bedeutung, dass die Zielgruppenansprache Personen in ihrer persönlichen Lebenswelt erreichen und in ihnen eine Teilnahmebereitschaft wecken kann. Personen, die beruflich im Kontakt mit der Zielgruppe stehen, verfügen über Informationen über und Erfahrungen ihnen. Diese können in eine Zielgruppenanalyse miteingebunden werden (vgl. ebd., S. 7ff.).

Der Zielgruppe soll ein niederschwelliger räumlicher Zugang zu Erwachsenenbildung ermöglicht werden. Dieser zeigt sich darin, dass die Räume, an denen die Angebote stattfinden, in räumlicher Nähe zur persönlichen Lebenswelt von Personen liegen. Erwachsenenbildung wird diesem Ansatz entsprechend in Räumen oder nahe bei Gebäuden angeboten, in denen sich Kinderbetreuung oder Beratungsangebote befinden. Wenn Personen die Räume bekannt sind, fällt es ihnen leichter, dort teilzunehmen. Ein ihnen unbekannter Stadtteil trägt dazu bei, dass die Bereitschaft von Personen zur Teilnahme geringer ist als wenn sie den Ort kennen. Wenn Erwachsenenbildung in räumlicher Nähe zum Wohnort der Personen angeboten wird fühlen sie sich bei der Teilnahme sicher. Wenn Erwachsenenbildung in einem räumlichen Bereich angeboten wird, in denen sich Personen nicht auskennen und der ihnen fremd ist, sind die Widerstände, teilzunehmen, höher. Die Räume, in denen Erwachsenenbildung angeboten wird, sollen erreichbar und barrierefrei sein, damit Personen mit körperlichen Einschränkungen teilnehmen können. Schneider und Wagner (2011) beschäftigen sich mit sozialintegrativen Ansätzen in der Alphabetisierungsarbeit. Sozialintegrative Ansätze sind in einer Gesellschaft, die durch Individualisierungsprozesse geprägt ist, von Bedeutung. In einer traditionell geprägten Gesellschaft wird Personen über die soziale Aufteilung in soziale Gruppen und durch Traditionen Sicherheit vermittelt. Es ist eine Leistung von Bremer (2010), der für die Erwachsenenbildung die Handlungsmöglichkeiten von Personen, die sozialen Gruppen zugeschrieben werden können, aufgezeigt hat. Dies impliziert, dass Personen ihr Lernen und ihr Handeln aktiv steuern können und bestehenden Gesellschaftsstrukturen nicht ausgeliefert sind (vgl. ebd., S. 9). Diese Differenzierungen prägen die Lebenswelt von Personen. Weil traditionelle Strukturen an Bedeutung verlieren, geht der soziale Wandel mit der Frage nach neuen Möglichkeiten einher, wie nach Schreiber-Barsch und Fawcett (2017) Gemeinschaft und Integration hergestellt werden können (vgl. ebd., S. 316). Personen aus benachteiligten sozialen Gruppen sollen eine Teilnahme- und eine Lernbereitschaft entwickeln. In traditionellen Gesellschaftsstrukturen war Lernen sozial eingebunden. Nach dem *Bankiers*-Konzept von Freire (1971) wurden in traditioneller Erwachsenenbildung Wissen vermittelt, die zugrundeliegenden traditionell geprägten Gesellschaftsstrukturen aber nicht hinterfragt. In einer individualisierten Gesellschaft ergibt sich die Notwendigkeit zu lernen daraus, dass Personen ihre Zugehörigkeit sozial aushandeln sollen. Wissen und Fähigkeiten, die sie sich in der Erwachsenenbildung aneignen können, befähigen sie, sich an den sozialen Aushandlungsprozessen zu beteiligen. Emotionale und kognitive Lernprozesse tragen dazu bei, dass Personen ihre Lebenswelt besser verstehen. Es besteht die Notwendigkeit, dass Lernen im Kontext der persönlichen Lebenswelt der Teilnehmenden verstanden wird. Dafür ist in Anlehnung an Schneider und Wagner (2011) die Sozialintegration von Lerninhalten grundlegend, sodass die Lerninhalte im Kontext der Gesellschaft, in der die Teilnehmenden leben, relevant sind. Lernen ist in einer Gesellschaft sozial eingebunden und geschieht vor dem Hintergrund der persönlichen Erfahrungen und der Persönlichkeit der Teilnehmenden (vgl. ebd., S. 31).

Funktionale Analphabet/inn/en, die zum Teil zu benachteiligten sozialen Gruppen gehören, können in der Erwachsenenbildung lernen, wie sie sich selbst Wissen und Fähigkeiten aneignen können. Die Mitarbeitenden sollen die Teilnehmenden darin unterstützen, indem sie mit ihnen eine Beziehung eingehen und sich mit ihnen auf Augenhöhe austauschen. Es geht darum, dass die Teilnehmenden mit neuen Lerninhalten nicht überfordert werden, sondern dass Lernprozesse in einem Tempo angeregt werden, das für sie angemessen ist. Nach Schneider und Wagner (2011) geht es bei der Vermittlung von Grundbildung darum, Lernprozesse zu ermöglichen, die an die persönliche Lebenswelt der Teilnehmenden anknüpfen. Die Lernprozesse geschehen zwischen einer „Erkundung von Altem, Vertrautem und der Aneignung von Neuem, letztlich mit der Anknüpfung an subjektive, objektive und soziale Weltbezüge" (ebd., S. 35f.). Damit bewegt sich Lernen in der Erwachsenenbildung zwischen biografieorientierten und selbstgesteuerten Lernprozessen. Diese sind vor dem Hintergrund ihrer persönlichen Kontexte der Teilnehmenden zu verstehen und werden möglich, wenn die neuen Lerninhalte an bestehendes Wissen und bestehende Erfahrungen anknüpfen. Diese sind in der persönlichen Lebenswelt der Teilnehmenden zu verorten. Ein Austausch auf Augenhöhe und ein gemeinsames Erkunden der Lebenswelt der Teilnehmenden, um diese besser zu verstehen, trägt dazu bei, dass sozialintegrative Lernprozesse ermöglicht werden (vgl. ebd.).

2.4.3 Didaktik zwischen Lebenswelt, Aktivierung und Reflexion

Lerninhalte und didaktische Methoden werden in die Gestaltung von Erwachsenenbildung einbezogen. Hier sollen individuelle Bedarfe der Teilnehmenden berücksichtigt werden. Lebensweltorientierte Lerninhalte und didaktische Methoden können dazu beitragen, dass Teilnehmende ihr Lernen stärker selbst bestimmen und gestalten. Selbstgesteuertes Lernen und die Aktivierung von Teilnehmenden ist zentral für ihr Empowerment. Eine Biografieorientierung trägt zur Selbstreflexion der Teilnehmenden bei und kann sie befähigen, ihr individuelles Profil zu entwickeln und ihre Lebenswelt selbst zu gestalten.

2.4.3.1 Individuelle Bedarfe von Teilnehmenden

In der deutschsprachigen Erwachsenenbildung zeigt sich, dass sich der Fokus in den letzten Jahren von den Unterschieden zwischen Frauen und Männern hin zu der Forderung eines reflektierten Umgangs mit Diversität (Rieger-Goertz, 2013) gerichtet hat. Auszra (2001) beschäftigt sich mit dem Lernen von Frauen und Männern und stellt fest, dass das „männliche' Lernen dominiert" (S. 321), wenn Frauen und Männer gemeinsam lernen. Gleichzeitig kann die Lebenswelt von Frauen anders strukturiert sein als die Lebenswelt von Männern. Dies zeigen die Daten des Statistischen Bundesamts (2018), nach denen Frauen für die Ausübung derselben Tätigkeit schlechter bezahlt werden als Männer. Einschränkend ist zu sehen, dass sich die Lebenswelten von Frauen und Männern seit der Veröffentlichung im Jahr 2001 stärker angeglichen haben, was sich nach dem Bundesministerium für Familie, Senioren, Frauen und Jugend, Juncke, Braukmann und Heimer (2016) darin zeigt, dass mehr Männer Elternzeit nehmen (vgl. ebd., S. 16). Erwachsenenbildung soll sich an die Bedarfe von Frauen und Männern anpassen. Die Möglichkeit zur Kinderbetreuung ist mittlerweile aufgrund der stärker ausgeprägten Gleichberechtigung für Frauen und Männer von Bedeutung. Unterschiede und Präferenzen von Teilnehmenden sind nach Auszra (2001) für die Wahl didaktischer Methoden zu beachten (vgl. ebd., S. 321).

In Anlehnung an die Diskussion einer geschlechtergerechten Didaktik in der Erwachsenenbildung von Kaschuba (2005) sind die Unterschiede von Frauen und Männern in diesem Bereich bislang zu wenig beachtet wurden. Erkenntnisse über das Lernen und Handeln von Frauen und Männern können in die Erwachsenenbildung miteinbezogen werden. Dies kann dazu beitragen, dass die Teilnehmenden ihre soziale Benachteiligung differenziert betrachten und besser verstehen können. Soziale Kategorien und die Zugehörigkeit zu sozialen Gruppen prägen die individuelle Persönlichkeit von Teilnehmenden. In der Erwachsenenbildung können diese reflektiert werden (vgl. ebd., S. 70ff.). Perko und Czollek (2009) stellen die Frage, wie im Kontext von Diversität eine Didaktik gestaltet werden kann, die den individuellen Bedarfen von Frauen und Männern gerecht wird. Dafür ist eine Selbstreflexion der Mitarbeitenden erforderlich, die ermöglichen kann, dass die individuellen Bedarfe der Teilnehmenden in der didaktischen Gestaltung berücksichtigt werden. Dabei kann die Diversität der Teilnehmenden anerkannt, thematisiert, genutzt und „enthierarchisiert" (ebd., S. 23) werden. Dies ermöglicht den Teilnehmenden emotionale und kognitive Lernprozesse. Die Lernprozesse können wiederum zum Empowerment der Teilnehmenden beitragen. Folglich trägt die Gleichheit und der gleichberechtigte Austausch aller Teilnehmenden und Mitarbeitenden zum Empowerment von Teilnehmenden bei. Eine Gleichberechtigung ist vor dem aktiven Umgang mit und der Thematisierung von Diversität anzustreben. Budde (2008) spricht sich für die Notwendigkeit einer „Genderkompetenz" (S. 45) in der Erwachsenenbildung aus. Diese ist notwendig, um die Veränderung geschlechterbezogener Unterschiede aufzufangen und Frauen und Männern einen Raum, losgelöst von vorgeschriebenen sozialen Kategorien zu geben, auf den sie ein Recht haben. Die Fähigkeit, mit einer Diversität von Teilnehmenden nach Rieger-Goertz (2013) umzugehen, kennzeichnet die Selbstreflexion der Mitarbeitenden. Diese zeigt sich nach Pachner (2018) in konkreten Situationen, die durch Komplexität und Unsicherheit geprägt sind und die für die Teilnehmenden einen Entwicklungsraum darstellen. Damit kann die Selbstreflexion von Mitarbeitenden dazu beitragen, den Teilnehmende einen Raum zu ermöglichen, in dem sie sich entwickeln und ihr Handeln verändern können (vgl. ebd., S. 146). Der Umgang mit Diversität innerhalb von Erwachsenenbildung umfasst den Umgang von Mitarbeitenden mit Teilnehmenden, die zu anderen sozialer Gruppen gehören als sie selbst.

Nach Perko und Czollek (2009) ist wichtig, dass Lerninhalte und didaktische Methoden flexibel und situationsgemäß an der aktuellen Situation und den aktuellen Bedarfen der Teilnehmenden angewandt werden. Die Lerninhalte und die Methoden sollen an den Bedarfen und Handlungsmöglichkeiten der Teilnehmenden ausgerichtet werden (vgl. ebd., S. 12). Dabei ist von Bedeutung, dass die didaktischen Methoden die Teilnehmenden nicht überfordern. Vielmehr sollen die Teilnehmenden ermutigt werden, sich persönlich zu öffnen und im Austausch mit anderen ein neues Handeln zu erproben. Es ist von Bedeutung, dass die Mitarbeitenden verschiedene Methoden kennen und ein großes Repertoire an Lerninhalten und Lernmaterialien zur Verfügung haben. Dass die Mitarbeitenden in der didaktischen Gestaltung von Erwachsenenbildung auf die individuellen Bedarfe und Probleme der Teilnehmenden eingehen, soll die Teilnehmenden stärken. Dies ist von Bedeutung, weil die Teilnehmenden durch Individualisierungsprozesse in Anlehnung an Pongratz (2010) verunsichert und überfordert sein können (vgl. S. 158f.). Erwachsenenbildung soll so gestaltet sein, dass die Teilnehmenden von ihrer Teilnahme einen individuellen Nutzen haben. Hierzu zählt eine Teilnehmendenorientierung, die sich darin zeigt, dass die Mitarbeitenden nach Freire (1971) Erwachsenenbildung gemeinsam und auf Augenhöhe mit den Teilnehmenden gestalten. Lernanforderungen sind die Anforderungen, die durch Lerninhalte, didaktische Methoden und Lernmaterialen an die Teilnehmenden gerichtet werden. Mitarbeitenden sollen die Teilnehmenden nicht überfordern und nicht zu hohe Anforderungen an sie richten. Dies könnte dazu führen, dass die Teilnehmenden nicht weiter an der Erwachsenenbildung teilnehmen. Gleichzeitig können sich die Teilnehmenden unterfordert fühlen, wenn die inhaltlichen Anforderungen zu gering sind. Um ein angemessenes Niveau zu finden, auf welchem sich die Teilnehmenden lebensweltliches Wissen aneignen, können Einstufungstests und Bedarfsanalysen zu Beginn von Erwachsenenbildung durchgeführt werden. Die Einstufungstests können zeigen, wie gut die Teilnehmenden Lesen und Schreiben können. Im Anschluss werden Lerninhalte daran angepasst werden, sodass sich die Teilnehmenden das Wissen aneignen, das für sie in ihrer persönlichen Lebenswelt relevant ist. Die Lernmaterialien sollen zu den Lerninhalten passen und Wissen beinhalten, dass für die Teilnehmenden persönlich relevant ist. Dafür sind ein wertschätzender und beziehungsorientierter Kontext von Bedeutung. In diesem können die Teilnehmenden verstehen, dass sie sich dort Wissen aneignen, das für sie persönlich relevant ist.

In kleinen Schritten lernen die Teilnehmenden, das neue Wissen zu verstehen und die persönlichen Erkenntnisse umzusetzen. Indem sie ihre Lebenswelt besser verstehen und ihre Bedarfe und Probleme nach Heite (2015, S. 149) artikulieren, können sie das Gelernte konkret in ihrer persönlichen Lebenswelt umsetzen. Nachdem sie in Anlehnung an Stromquist (2015) ihre Bedarfe und Probleme im geschützten Rahmen von Erwachsenenbildung artikuliert haben, können sie die Themen in ihrer Familie ansprechen. Die Teilnehmenden können sich lebensweltorientiertes Wissen aneignen. Damit sie sich Wissen aneignen, werden Lerninhalte an der persönlichen Lebenswelt der Teilnehmenden ausgerichtet. Wissen kommt in den Erwachsenenbildungsangeboten eine zentrale Bedeutung zu. Wissen über ihre persönliche Lebenswelt trägt dazu bei, dass die Teilnehmenden mehr Entscheidungen selbst treffen. Im Austausch können die Mitarbeitenden konkrete Bedarfe und Probleme der persönlichen Lebenswelt der Teilnehmenden erfragen. Sie recherchieren Lernmaterialien und Lerninhalte, die für die Teilnehmenden relevant sind. Indem sich die Teilnehmenden mit den Lernmaterialien und Lerninhalten auseinandersetzen, eignen sie sich Wissen an. Sie verstehen, dass sie ihre persönlichen Erfahrungen artikulieren können und dass andere Teilnehmende ähnliche Erfahrungen machen. Dies erweitert ihre Perspektiven insofern, als das sie zueinander Bezug nehmen und andere Lösungsmöglichkeiten für Probleme erfahren können. Es soll ein Austausch möglich werden, in dem sich die Teilnehmenden öffnen und gemeinsam Bedarfe und Probleme der persönlichen Lebenswelt diskutieren können (vgl. ebd., S. 319f.).

2.4.3.2 Selbstgesteuertes Lernen und Aktivierung

Das Konzept Selbstgesteuertes Lernen kennzeichnet nach Faulstich et al. (2005) einen Paradigmenwechsel, der durch Individualisierungsprozesse geprägt ist und in welchem Themen wie Gleichberechtigung und Inklusion gehäuft diskursiv aufgegriffen werden (vgl. ebd., S. 11). Die Anwendung von didaktischen Methoden in der Erwachsenenbildung erfordert Methodenkenntnisse, die durch theoretisches Wissen und praktische Erfahrungen erworben sein können, sowie nach Pachner (2013, 2018) die Selbstreflexion der Mitarbeitenden. Diese sollen die Methoden verstehen und den Teilnehmenden verständlich erklären. Dies kann dazu beitragen, dass die Teilnehmenden aktiviert und motiviert werden, sich persönlich einzubringen. Es ist von Bedeutung, dass die Mitarbeitenden Methoden wie eine Gruppendiskussion oder eine Gruppenarbeit moderieren und begleiten. Dafür sind persönliche und kommunikative Fähigkeiten von Bedeutung.

Didaktische Methoden tragen dazu bei, dass die Teilnehmenden lernen, wie sie sich selbst Wissen aneignen können indem sie sich mit Lernmaterialien auseinandersetzen oder selbst in Büchern oder im Internet recherchieren. Die Aktivität der Teilnehmenden soll stets steigen, damit sie lernen, sich selbst ohne Unterstützung der Mitarbeitenden mit Lerninhalten auseinanderzusetzen. Ziel ist, dass Erwachsenenbildung gemeinsam durch die Mitarbeitenden und die Teilnehmenden gestaltet wird. Die Teilnehmenden entscheiden selbst, wann und in welchem Umfang sie sich einbringen, was dadurch geprägt ist, dass den Teilnehmenden manche didaktischen Methoden mehr und andere weniger liegen. Die Teilnehmenden sollen sich persönlich angesprochen fühlen und motiviert sein, sich persönlich mit ihren Erfahrungen und Bedarfen in die Erwachsenenbildung einzubringen. Dadurch, dass sich die Teilnehmenden öffnen und aktiv einbringen, gestalten sie ihr Lernen und ihre Lernerfolge gemeinsam mit den Mitarbeitenden. Die Teilnehmenden sollen verstehen, dass sie selbst beeinflussen, ob sie in der Erwachsenenbildung etwas lernen und ob ihre Teilnahme für sie einen Nutzen bringt. Sie können verstehen, dass sie zur Gestaltung von Erwachsenenbildung aktiv beitragen können und dass ihr persönliches Handeln Auswirkungen auf andere Personen hat. Die Teilnehmenden beginnen an ihre persönliche Selbstwirksamkeit (Bandura, 1994) zu glauben, was sich positive auf ihr Selbstvertrauen auswirkt (vgl. Siebert, 2012, S. 7).

Ein abwechslungsreicher und zielgruppenorientierter Zugang zu den Lerninhalten begünstigt, dass sich die Teilnehmenden Wissen aneignen. Didaktische Methoden tragen dazu bei, Teilnehmende zu motivieren, sich selbst mit Lerninhalten auseinanderzusetzen und zu reflektieren. Gruppenarbeiten, in welchen Erkenntnisse aus einem Text auf einem Poster visualisiert werden, ermöglichen, dass sich die Beteiligten aktiv in die Diskussion um Lerninhalte aus dem Text und die Gestaltung des Posters einbringen können. Dafür ist eine Transferleistung der Teilnehmenden notwendig, die ihnen einen reflektierten Umgang mit den Lerninhalten ermöglicht. Dies schult die Fähigkeit der Teilnehmenden, Lerninhalte zu subsumieren und neu zu kategorisieren. Gleichzeitig werden Lerninhalte in der Form neu strukturiert, um sie anderen Teilnehmenden zugänglich zu machen. Ein anderes Beispiel für eine didaktische Methode ist die Gruppendiskussion. In Anlehnung an Faulstich und Grell (2005) versetzen sich die Teilnehmenden in eine ihnen fremde Perspektive hinein und diskutieren eine Fragestellung mit anderen Teilnehmenden. Dadurch lernen sie, ihre Bedarfe und Probleme zu artikulieren und ihre Rechte einzufordern. Sie lernen, wie man Argumente formuliert und die eigene Überzeugung in einer Diskussion verhandelt (vgl. ebd., S. 79). Lerninhalte sollen mit dazu passenden didaktischen Methode angemessen erarbeitet werden. So können fachlich komplexe Texte in einem ersten Schritt verbalisiert und im Anschluss visualisiert werden. Gleichzeitig ist wichtig, dass die didaktische Methode zum Lerninhalt und zu den Teilnehmenden passt. Eine Gruppendiskussion (Faulstich & Grell, 2005, S. 79) könnte die Teilnehmenden gleich zu Beginn von Erwachsenenbildung überfordern. Lernwiderstände sollen durch die Fokussierung auf die Bedarfe und Interessen der Teilnehmenden verringert werden. In Anlehnung an Faulstich, Forneck, Grell, Häßner, Knoll und Springer (2005) kann selbstgesteuertes Lernen dazu beitragen, Lernwiderstände zu überwinden. Anhand der Analyse von Lernwiderständen widmen sich Faulstich und Grell (2005) der Frage, wie Teilnehmende ihr Lernen selbst bestimmen können, „wo Lernen Spaß machen, wo Lernen bilden kann" (S. 19). Es geht darum, wie die Rahmenbedingungen von Erwachsenenbildung gestaltet werden können, damit bei den Teilnehmenden Lernprozesse angeregt werden. Die Bedarfe der Teilnehmenden stehen nach Franz (2013) im Fokus (vgl. S. 8). Die Teilnehmendenorientierung und die Ausrichtung an den Bedarfen der Teilnehmenden sollen beitragen, die Lernbereitschaft und das Lerninteresse der Teilnehmenden zu stärken.

Am Selbstgesteuerten Lernen bestehen bildungspolitische Interessen (z.B. Bund-Länder-Kommission zur Bildungsplanung und zur Forschungsförderung (2004), sodass sich die Teilnehmenden in der Erwachsenenbildung selbstgesteuert Wissen und Fähigkeiten aneignen sollen. Lernen wird von der EU-Kommission (2000) hinsichtlich seiner Funktion verstanden, dass es zu einer höheren sozialen Zugehörigkeit beitragen kann. Forneck und Springer (2005) verstehen das Paradigma Lebenslangen Lernens als einen „gigantischen Umerziehungsprozess" (S. 100) einer Gesellschaft, in dem Personen lernen, dem Paradigma der Selbststeuerung zu folgen. Dies zeigt sich in sozialen Praktiken, die wiederholt in veränderter Form die gesellschaftliche Anforderung zur Selbststeuerung an Personen richten (vgl. ebd., S. 101). Erwachsenenbildung kann bildungspolitisch dazu instrumentalisiert werden, zu einer Selbststeuerung ihrer Teilnehmenden beizutragen und damit zu dem sozialen Wandel beizutragen. Bei bildungspolitischen Akteuren zeigt sich ihr Interesse in politischen *Top-Down*-Entscheidungen, dass Personen lernen, ihre soziale Zugehörigkeit aktiv auszuhandeln. Dies zeigt sich darin, dass sie ihre sozialen Praktiken an die veränderten Aushandlungsprozesse anpassen. Diese sind nicht mehr wie in traditionell geprägten Gesellschaftsstrukturen vorbestimmt, sondern finden in sozialen Aushandlungsprozessen statt. In diesen wird soziale Zugehörigkeit unabhängig von bisherigen Privilegien und einer bisherigen Benachteiligung verhandelt wird. Franz (2013) sieht in diesen Veränderungen die Gefahr, dass Erwachsenenbildungsangebote einem Bildungsanspruch nicht gerecht werden, in dem Bildung einen Wert an sich darstellt (S. 8). Es ist zu differenzieren, inwiefern Bildung ein Zweck an sich ist oder inwiefern sie in humanistisch oder ökonomisch geprägten Begründungszusammenhängen instrumentalisiert wird. Die Zielkategorie Empowerment stellt ein Ziel von Erwachsenenbildung dar und kann humanistisch und ökonomisch geprägte Interessen bedienen. Damit erfüllt Empowerment eine ähnliche Funktion wie sie das Paradigma Lebenslangen Lernens in Anlehnung an Geiss (2017). Empowerment kann als ein Zwischenschritt von traditioneller Erwachsenenbildung zum Paradigma Lebenslangen Lernens verstanden werden. Ein Ziel von Erwachsenenbildung ist es, die Teilnehmenden dazu zu befähigen, sich an den sozialen Aushandlungsprozessen einer individualisierten Gesellschaft zu beteiligen. Die Zielgruppe der Angebote sind Personen, die durch den sozialen Wandel verunsichert und überfordert sind.

Selbstgesteuertes Lernen nach Faulstich et al. (2005) kann als eine Antwort auf die Diversität an Lernbedarfen der Teilnehmenden verstanden werden. Diversität ist als ein Resultat einer zunehmenden Komplexität zu sehen, die mit einer Individualisierung von Lerninteressen und Bedarfen einhergeht. Dass die Diversität von Zielgruppen und Teilnehmenden steigt, fragt nach einer Zielgruppen- und nach einer Teilnehmendenorientierung der Erwachsenenbildung. Die Angebote sollen sich an den Bedarfen der (potenziellen) Teilnehmenden ausrichten. Dadurch, dass sich die Teilnehmenden emotionale und soziale Fähigkeiten aneignen können, lernen sie, ihre Bedarfe und Probleme selbst zu verstehen. Sie lernen, selbst Lösungen zu finden und selbst Entscheidungen darüber zu treffen, wann und was sie lernen möchten. Mit dem Bedeutungsgewinn selbstgesteuerten Lernens geht nach Schäffter (2014) die „Entwicklung, Ermutigung und Förderung autodidaktischer Kompetenzen" (S. 52) einher, sodass emotionale und soziale Fähigkeiten, die überfachlich anwendbar sind, an Bedeutung gewinnen. Diese Fähigkeiten können die Teilnehmenden befähigen, selbst Probleme zu lösen. Erwachsenenbildung vermittelt in diesem Kontext weniger konkretes und spezialisiertes Wissen, sondern soll die Fähigkeit ausbilden, dass sich die Teilnehmenden dieses selbst aneignen. Selbstgesteuertes Lernen bedarf in Anlehnung an Schäffter (2014) einer Teilnehmendenorientierung der Erwachsenenbildungseinrichtung. Diese entsteht dadurch, dass die Einrichtung und deren Mitarbeitenden die Diversität der Lernbedarfe der Zielgruppe anerkennt und auf diese eingeht. Um die Teilnehmenden zu stärken, sollen sich Erwachsenenbildungsangebote flexibel an deren Bedarfe und deren persönlicher Lebenswelt anpassen (vgl. ebd., S. 50).

2.4.3.3 Biografieorientierung und Selbstreflexion

Rothe (2015) plädiert für eine Biografieorientierung in Erwachsenenbildungsangeboten, die sich an Personen aus benachteiligten sozialen Gruppen richten. Die Teilnehmenden sollen verstehen, dass sie selbst steuern können, wann und wie sie lernen. Indem sie sich mit ihrer persönlichen Lebensgeschichte auseinandersetzen können sie ihre Individualität verstehen. Sie können ihr individuelles Profil ihrer Biografie entsprechend weiterentwickeln und ihre persönliche Lebenswelt selbst gestalten (vgl. ebd., S. 33). Didaktische Methoden sollen dazu beitragen, dass Teilnehmende, ihre Emotionen und Deutungsmuster besser verstehen und reflektieren können. Im Austausch, der durch didaktische Methoden ermöglicht wird, lernen Teilnehmende nach Gieseke (2009) ihre eigenen Emotionen besser zu verstehen und einzuordnen (vgl. ebd., S. 15). Die Teilnehmenden vergleichen sie ihre Wahrnehmungen mit denen anderer Teilnehmender und verstehen ihre persönlichen Deutungsmuster nach Schüßler (2000) besser und dass diese durch frühere Erfahrungen geprägt sind. Indem sich Teilnehmende dessen bewusstwerden, erweitern sie ihre Perspektive und können ihre persönlichen Deutungsmuster distanziert betrachten und verstehen. Wenn sie negative Erfahrungen im formalen und non-formalen Bildungssystem gemacht haben, prägen diese ihre aktiv an Erwachsenenbildung teilzunehmen (vgl. ebd.). Nach Dausien (2001) ermöglicht eine Biografieorientierung Frauen individuelle Lernprozesse. Einhergehend mit dem sozialen Wandel verändert sich das Verhältnis von Frauen und Männern. Dies zeigt sich darin, dass Frauen Gleichberechtigung einfordern. Biografieorientiertes Lernen kann einen Beitrag leisten, Frauen zu bestärken, selbst aktiv zu werden und sich selbst für ihre Gleichberechtigung einzusetzen. Dass die Teilnehmenden ihre persönliche Biografie besser verstehen, trägt dazu bei, dass sie ihr Leben aktiver gestalten können und mehr Einfluss darauf nehmen anstelle Benachteiligung schweigend zu akzeptieren. Das was Dausien (2001) als Biografieorientierung bezeichnet, wird in der Forschung zum Empowerment-Konzept zum Teil als Reflexion der eigenen Lebenswelt und der eigenen sozialen Eingebundenheit verstanden. Durch biografieorientierte Methoden können sich nach Dausien (2001) Frauen Wissen und Fähigkeiten aneignen, die sie benötigen, um den Anforderungen einer „Lern- und Wissensgesellschaft" (S. 101) gerecht zu werden.

Eine Anknüpfung an die persönliche Lebenswelt der Teilnehmenden nach E9 trägt dazu bei, dass sich die Teilnehmenden ihren Erfahrungen mit Bildungsprogrammen bewusstwerden. Diese befähigt sie, sich zu öffnen und sich aktiv mit ihren persönlichen Bedarfe und Problemen in die Erwachsenenbildung einzubringen. Die Mitarbeitenden können die Teilnehmenden zu Beginn fragen, welche Bedarfe sie an das Angebot richten und was sie sich von ihrer Teilnahme erhoffen. Die Teilnehmenden sollen diese in Kleingruppen reflektieren, besprechen und notieren. Im Anschluss werden die individuellen Bedarfe im Plenum ausgetauscht und besprochen. Den Mitarbeitenden ermöglicht dies, die Bedarfe und Probleme der Teilnehmenden zu verstehen und in der Gestaltung von Erwachsenenbildung darauf einzugehen. Dadurch, dass sie in ihrer persönlichen Lebenswelt konkret angesprochen werden, verstehen die Teilnehmenden, dass sie sich mit den Mitarbeitenden und anderen Teilnehmenden auf Augenhöhe austauschen können und dass sie selbst Erwachsenenbildung mitgestalten können. Die Anknüpfung an die persönliche Lebenswelt der Teilnehmenden nach E9 trägt dazu bei, dass sich die Teilnehmenden persönlich angesprochen fühlen. Dies wirkt sich positiv darauf aus, dass sich die Teilnehmenden öffnen und Erwachsenenbildung gemeinsam mitgestalten.

Die Selbstreflexion der Teilnehmenden kann durch die Diskussion in Gruppenarbeiten gestärkt werden. Die Teilnehmenden sollen sich ihrer positiven und negativen Erwartungen bewusstwerden und sich für neue Beziehungserfahrungen öffnen. Wenn die Teilnehmenden negative Erwartungen an die Erwachsenenbildung richten, kann dies dazu beitragen, dass sich die Teilnehmenden nicht persönlich öffnen und ihre Bedarfe und Probleme nicht aktiv in die Erwachsenenbildung einbringen. Es ist es wichtig, dass die Teilnehmenden ihre Erwartungen und Erfahrungen reflektieren. Dies geschieht z.B., wenn die Teilnehmenden in einer Gruppenarbeit ein Thema diskutieren und merken, dass sie unterschiedliche Meinungen hierzu haben. Die Meinungen und Überzeugungen können gegenseitig ergänzt, erweitert und ggf. widerlegt werden. Diese Lernprozesse können nach Ghose (2009) dazu beitragen, die Perspektiven der Teilnehmenden zu erweitern. Die Teilnehmenden bestärken und erweitern im Austausch nach Schüßler (2000) gegenseitig ihre Emotionen und Deutungsmuster. Sie lernen, dass andere Teilnehmende andere Emotionen und Deutungsmuster haben. Dadurch, dass sich die Teilnehmenden über ihre Diversität bewusstwerden, lernen sie, sich selbst besser zu verstehen. Die individuellen Bedarfe von Teilnehmenden sollen in der didaktischen Gestaltung von Erwachsenenbildung berücksichtigt werden, um Lernprozesse zu ermöglichen, die zum Empowerment der Teilnehmenden beitragen (vgl. Faulstich-Wieland et al., 1994, Siebert, 2012, S. 9).

2.4.4 Gemeinschaft und Austausch

Gemeinschaft und Austausch können in Anlehnung an Kade (1989) die Teilnehmenden von Erwachsenenbildung stärken, die mit den gesellschaftlichen Anforderungen einer individualisierten Gesellschaft überfordert oder durch sie verunsichert sein können (vgl. S. 798). Folglich können die Gemeinschaft und der Austausch in der Erwachsenenbildung zum Empowerment von Teilnehmenden beitragen. Dabei sind die Emotionen der Teilnehmenden relevant, sodass emotionale Lernprozesse nach Gieseke (2009) kognitive Lernprozesse ergänzen. Um zum Empowerment von Teilnehmenden beizutragen, bedarf es einer Gemeinschaft der Teilnehmenden. Das Verständnis des Beitrags von Gemeinschaft und Austausch wird durch den Deutungsmusteransatz nach Schüßler (2000) und einem tiefenpsychologisch geprägten Verständnis von Gemeinschaft und Austausch in der Erwachsenenbildung vertiefend ergänzt.

In der deutschsprachigen Erwachsenenbildung beschäftigen sich Arnold (1985) und Gieseke (2009) mit Emotionen. In Anlehnung an Arnold und Gómez Tutor (2006) sind neben kognitiven Lernprozessen die Emotionalität von Lernprozessen zu berücksichtigen. Dies ist von zentraler Bedeutung, um „nachhaltiges Lernen" (ebd., S. 7) zu ermöglichen. In Anlehnung an Arnold und Holzapfel (2008) wurde lange Zeit in der Erwachsenenbildung die Tatsache vernachlässigt, dass Lernprozesse mit Emotionen verbunden sind. In Anlehnung an Gieseke (2009) sind emotionale ebenso relevant wie kognitive Lernprozesse. Gieseke untersucht Emotionalität in Lernprozessen auf Grundlage von psychologischen und neurobiologischen Erkenntnissen. Nach Kade (1989) kann der beziehungsstiftende Kontext von Erwachsenenbildung einen Beitrag dafür leisten, die Teilnehmenden zu stärken, an die eine gesellschaftliche Erwartung zur Selbststeuerung gerichtet wird. Die Emotionalität des

Lernens wurde nach Gieseke (2009) in der deutschsprachigen Bildungstheorie „vernachlässigt" (S. 18). Dazu hat der Fokus auf die Rationalität und die Orientierung auf Inhalte in der Wissenschaft beigetragen. In der Erwachsenenbildungsforschung sind emotionale Lernprozesse im Gegensatz zu kognitiven Lernprozessen zu lange Zeit zu wenig beachtet worden. Kognitiven Lernprozesse wurde eine höhere Relevanz als emotionalen Lernprozessen zugeschrieben. Eine Emotionalität wurde zum Teil als „Irrationalität" (ebd. S. 18) interpretiert. Dies hat dazu beigetragen, dass emotionale Lernprozessen und ihre Bedeutung für kognitive Lernprozesse in der Erwachsenenbildungsforschung nicht angemessen berücksichtigt wurden. Emotionen sind für Erwachsenenbildung, die Empowerment und eine Veränderung im Handeln anstrebt, von Bedeutung. Weitere Forschung zum beziehungsstiftenden Kontext von Erwachsenenbildung könnte wertvolle Beiträge zu einem ganzheitlichen Verständnis von Lernprozessen leisten. Empowerment zeigt sich durch eine Verbindung von emotionalen und kognitiven Prozessen und im Handeln.

Abbildung 14: Handeln, emotionale und kognitive Lernprozesse

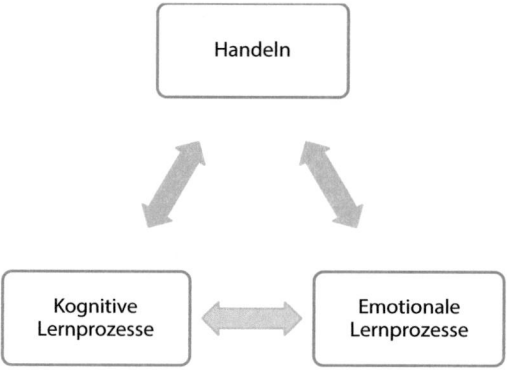

Quelle: Eigene Darstellung

Abb. 14 zeigt in Anlehnung an Gieseke (2009, S. 18) und Hautzinger (2007, S. 39), dass sich Empowerment im Handeln, in Emotionen und in Kognitionen von Personen zeigt. Die Erkenntnisse zum Zusammenspiel von Emotion, Kognition und Handeln stammen aus der Psychotherapieforschung. In Anlehnung an Hautzinger (2007) wird davon ausgegangen, dass Emotionen auf Grundlage von kognitiven Denkprozessen (vgl. S. 39) bestehen. Im psychotherapeutischen Diskurs werden diese als „Bewertungen" (ebd.) bezeichnet. Personen können Situationen positiv und negativ bewerten. Dementsprechend können bei ihnen positive oder negative Emotionen entstehen. Die Deutungsmuster und Emotionen einer Person prägen ihre Motivation, ihr Handeln und ihre Lernbereitschaft. Anhand dieser Erkenntnisse können emotionale Lernprozesse besser verstanden werden. Malloy und Schüßler (2013) beschäftigen sich mit „emotional-archetypische[m] Deutungslernen" (S. 31) und betonen die Bedeutung von Emotionen von Teilnehmenden für Lernprozesse. Diese sind vor dem Kontext eines sozialen Wandels von Bedeutung, in dem Belastungen in der Erwerbstätigkeit steigen. Individualisierungsprozesse sind demnach vor dem Hintergrund einer ökonomischen Begründungsrationalität zu verstehen. Diese gehen mit einer Zunahme von gesellschaftlichen Anforderungen einher, die sich an einzelne Personen richten. Nach

Giddens (2012) lösen sich aus ihrer sozialen Eingebundenheit und sollen für ihr Handeln individuell verantwortlich gemacht werden können (vgl. ebd., S. 21ff.). Zentrales Anliegen ist, dass die Mitarbeitenden mit emotionalen Bedarfen und mit Problemen von Teilnehmenden reflektiert umgehen können.

Empowerment hat einen Gemeinschaftsaspekt. Damit ist die Gemeinschaft der Teilnehmenden untereinander und die Gemeinschaft der Teilnehmenden mit Mitarbeitenden gemeint. Empowerment wird von dem österreichischen Netzwerk *Women in Development Europe*, das sich in der Entwicklungspolitik engagiert, als eines ihrer Ziele verstanden. Das Netzwerk engagiert sich seit Mitte der 1990er Jahre für das Empowerment von Frauen in Österreich. Nach Dabringer und Gubitzer (2009) stellt Alphabetisierung, v.a. „Wirtschaftsalphabetisierung" (S. 2) einen Schwerpunkt des Netzwerks dar. Frauen sollen ermutigt werden, in ihrer Erwerbstätigkeit und in anderen Befähigungsbereichen selbst aktiv zu handeln und sich für ihre Gleichberechtigung einzusetzen. Dies wird dadurch möglich, dass sie soziale Praktiken und Aushandlungsprozesse verstehen und lernen wie sie ihr Handeln innerhalb diesen individuell gestalten können. Der Beitrag von Erwachsenenbildung zum Empowerment von Teilnehmenden liegt darin, dass sich die Teilnehmenden in der Gemeinschaft gegenseitig wertschätzen und respektieren. Der Austausch der Frauen untereinander kann zu ihrem Empowerment beitragen. Die Veränderung im Handeln der Frauen soll sich darin zeigen, dass sie in ihrer Erwerbstätigkeit ihre Gleichberechtigung aushandeln (vgl. ebd., S. 1ff.). Die Gemeinschaft der Teilnehmenden und Mitarbeitenden stellt einen Kontext von Erwachsenenbildung dar. Die Gemeinschaft kann die Teilnehmenden stärken, die durch Individualisierungsprozesse verunsichert sein können. Erwachsenenbildung ist nach Kade (1989) ein „Ort konfliktloser Gemeinschaftserlebnisse" (S. 798), in dem die Anforderungen einer individualisierten Gesellschaft reflektiert werden können. Die Rahmenbedingungen dafür werden von den Mitarbeitenden geschaffen. Dies geschieht dadurch, dass sie eine Gruppengröße wählen, in der ein Austausch und ein Beziehungsaufbau möglich ist. Die Mitarbeitenden handeln als Personen, die sich mit den Teilnehmenden austauschen und mit ihnen in einer persönlichen Beziehung stehen. Es entwickelt sich eine Gemeinschaft, zu der die Mitarbeitenden gehören. Erwachsenenbildung bietet die Zeit und den Raum für Gemeinschaft und Austausch. Im Austausch können die Teilnehmenden ihre Emotionen (Gieseke, 2009) und Deutungsmuster (Schüßler, 2000) verstehen und artikulieren. Dabei können sich die Teilnehmenden gegenseitig bestätigen oder ihre persönlichen Überzeugungen ergänzen. Erwachsenenbildung gibt Teilnehmenden den Raum und die Zeit, die Bedarfe und Probleme ihrer persönlichen Lebenswelt einzubringen. Die Teilnehmenden können sich gemeinsam Lösungen und Strategien für ihre Bedarfe und Probleme überlegen (vgl. Siebert, 2012, S. 22).

Das Empowerment von Teilnehmenden durch ihre Teilnahme an Erwachsenenbildung kann in Anlehnung an die Analyse des Deutungsmusteransatzes verstanden werden. Indem die Mitarbeitenden ihre eigenen Deutungsmuster nach Schüßler (2000) verstehen und selbstreflektiert handeln, können sie zum Empowerment von Teilnehmenden beitragen. Die mögliche Angst vor Misserfolgen und die unbewusste Wiederholung persönlicher Erfahrungen werden in Anlehnung an Brocher (2015) analysiert. Hier ist zentral, dass diese reflektiert werden sollen, um eine unbewusste Wiederholung zu vermeiden. Das Verstehen der eigenen Deutungsmuster (Schüßler, 2000) und Emotionen (Gieseke, 2009) kann zum

Empowerment von Teilnehmenden beitragen. Der Austausch und die Gemeinschaft in der Erwachsenenbildung ermöglichen bei den Teilnehmenden emotionale und kognitive Lernprozesse. Durch den Deutungsmusteransatz nach Schüßler (2000) soll Teilnehmenden, die Angst vor Scheitern oder vor Misserfolgen haben, ein Verständnis über ihre eignen Vorannahmen vermittelt werden. Personen, die im formalen Bildungssystem negative Erfahrungen gemacht haben, können eine niedrige Bereitschaft haben, an Erwachsenenbildung teilzunehmen. Dahinter könnte in Anlehnung an Faulstich und Grell (2005) die soziale Eingebundenheit in ein Umfeld sein, das distanziert gegenüber Lernprozessen ist. Dahinter kann die Befürchtung stehen, dass sich negative Erfahrungen und Misserfolge wiederholen (vgl. ebd., S. 26ff.). Umso wichtiger ist es, dass die Teilnehmenden neue Erfahrungen machen und dass sie verstehen, dass sie sich in die Gestaltung von Erwachsenenbildung einbringen können. Ein positives und förderndes Umfeld, in welchem die Teilnehmenden eine Gemeinschaft bilden, soll dazu beitragen, dass sie sich emotional öffnen können. In der Gemeinschaft soll ein gleichberechtigter Austausch möglich sein, in dem ein wertschätzender Umgang möglich ist. Dies kann dazu beitragen, dass die Teilnehmenden in der Erwachsenenbildung positive Erfahrungen machen und allmählich einen Glauben an die eigene Selbstwirksamkeit (Bandura, 1994) entwickeln.

Der Psychoanalytiker Brocher (2015) beschäftigt sich mit bewussten und unbewussten Vorgängen, die sich in einer Gemeinschaft von Teilnehmenden in der Erwachsenenbildung bilden kann. Zentral ist die tiefenpsychologische Theorie des Wiederholungszwangs. Dieser geht davon aus, dass unbewusste Übertragungen und Deutungsmuster fortwährend wiederholt werden. Diese haben sich die Teilnehmenden in Beziehungen ihrer Kindheit und in ihrer persönlichen Lebenswelt angeeignet und wiederholen diese unbewusst. Die Teilnehmenden inszenieren unbewusst eine soziale Situation stets auf eine neue und veränderte Weise. Der Wiederholungszwang zeigt sich nach Brocher (2015) dann, wenn „immer wieder die gleiche psychologische Situation in einer neuen Gruppe hergestellt [wird], damit keine wirkliche Veränderung eintritt" (S. 64). Der Wiederholungszwang zeigt sich dann, wenn eine Person stets neue Gruppen sucht, um einen bestimmten Zweck zu erfüllen. Es kann sein, dass der Person dieser Zweck selbst nicht bewusst ist. Indem sie die Gruppe wechselt, wehrt sie eine mögliche Lösung für ihre Bedarfe und Probleme ab (vgl. ebd., S. 63f.). Emotionen (Gieseke, 2009) und Deutungsmuster (Schüßler, 2000) prägen das Handeln der Teilnehmenden. Indem sie diese reflektieren und verstehen, können sie nach Gieseke (2009) ihr Handeln verändern (vgl. ebd., S. 88). Handeln ist mit Emotionen und Deutungsmustern verbunden, sodass sich das Handeln verändert, wenn die Teilnehmenden ihre Emotionen und Deutungsmuster verändern. Emotionen können durch eine bewusste Reflexion und die Kontextualisierung dieser verändert werden. Das Wissen über Emotionen kann dazu beitragen, diese zu verändern. So lässt die Emotion Angst nach, wenn man sich der Situation, die sie auslöst, stellt und nicht vermeidet. Personen können in Anlehnung an Morschitzky (2009) die Erfahrung machen, dass eine Angst nicht schlimmer wird, sondern nach einer gewissen Zeit, in der man sich ihr konfrontiert, nachlässt. Dies befähigt sie dazu, sich ihrer Angst zu stellen und diese dadurch zu verringern. Dies wird durch das Üben von Bewältigungsstrategien von Panik und Stress möglich (vgl. ebd., S. 564ff., S. 586ff.). Die Teilnehmenden können ihre Deutungsmuster besser verstehen und erkennen, auf welche persönlichen Deutungsmuster sie mit welchen Emotionen reagieren. Dies können sie reflektieren und aktiv lernen, darauf Einfluss zu nehmen. Diese kognitiven Prozesse können die Teilnehmenden in Anlehnung an Schüßler (2000) lernen und dadurch aktiver ihre Emotionen und Deutungsmuster steuern. Die Mitarbeitenden sollen ihre eigenen Deutungsmuster verstehen und verstehen, dass die Teilnehmenden eigene Deutungsmuster haben. Dies sensibilisiert sie für Situationen in der Erwachsenenbildung, in denen sie in einer persönlichen Beziehung zu den Teilnehmenden stehen. Soziale Situationen können dadurch besser verstanden und reflektiert gelöst werden. Die persönliche und emotionale Unterstützung von Teilnehmenden kann nach Malloy und Schüßler (2013) „quasi-therapeutisch" (S. 30) wirken. Gleichzeitig sollen die Teilnehmenden verstehen, dass individuelle Deutungsmuster durch ihre persönlichen Erfahrungen geprägt sind. Das Verstehen persönlicher Deutungsmuster bewirkt, dass Situationen differenziert wahrgenommen werden. Zunächst als kritisch verstandene Blicke können als Neugierde verstanden werden. Innerhalb systemischen Denkens wird die veränderte Rahmung und das veränderte Verstehen eigener Deutungsmuster als *Reframing* bezeichnet. Das Verstehen der eigenen Deutungsmuster trägt dazu bei, dass die Teilnehmenden ihre eigenen Emotionen besser einordnen und differenzierter betrachten.

2.5 Theoretisches Modell

Das theoretische Modell wurde anhand der bisherigen Erkenntnisse erarbeitet. Eine zentrale Erkenntnis ist, dass Erwachsenenbildung einen Beitrag dazu leisten kann, dass sich Teilnehmenden Wissen und Fähigkeiten aneignen können. Diese können sie dazu befähigen, dass sie ihre persönliche Lebenswelt selbst gestalten und ihr Handeln selbst steuern. Das veränderte Handeln von Teilnehmenden trägt zu einem sozialen Wandel bei. Das Empowerment von Teilnehmenden ist im Kontext von Individualisierungsprozessen zu verstehen. Der soziale Wandel, in dem die Selbststeuerung von Personen zentral ist geht damit einher, dass wie Beck (2015) zeigt traditionell geprägte Gesellschaftsstrukturen an Bedeutung verlieren.

Empowerment ist in sozialen Bewegungen entstanden, die gegen Benachteiligung angegangen sind. Das Konzept wurde von Erwachsenenbildung aufgegriffen, die sich an Personen aus benachteiligten sozialen Gruppen richtet und das Ziel hat, dass die Teilnehmenden ihr Handeln selbst steuern. Die Benachteiligung von sozialen Gruppen in einer Gesellschaft ist Ausgangslage für Empowerment. Erwachsenenbildungsangebote können das Ziel haben, dass sich die Teilnehmenden aus benachteiligten sozialen Gruppen Wissen und Fähigkeiten aneignen, um ihr Handeln stärker selbst zu steuern. Mit diesem Ziel sollen sie so gestaltet werden, dass sie zum Empowerment der Teilnehmenden beitragen. Dazu zählt die Gestaltung von Zielgruppenanalyse und Planung, Selbstreflexion von Mitarbeitenden, die Lebensweltorientierung von Lerninhalten, didaktische Methoden sowie die Gemeinschaft und der Austausch. Abb. 15 zeigt das der empirischen Studie zugrundeliegende theoretische Modell. Dieses wurde anhand der theoretischen Erkenntnisse des zweiten Kapitels erarbeitet:

Abbildung 15: Theoretisches Modell

Ausgangslage: Soziale Benachteiligung von Frauen aus registrierten Kasten und Stämmen in Indien

Gestaltung von Erwachsenenbildung, um die Teilnehmenden zur Selbststeuerung zu befähigen			
Selbstreflexion von Mitarbeitenden	Zielgruppenanalyse und Teilnehmenden-orientierung	Lebensweltorientierte Lerninhalte und didaktische Methoden	Gemeinschaft und Austausch

Veränderungen im Handeln in der persönlichen Lebenswelt der Teilnehmenden			
Ethische Befähigungsbereiche	Emotionale Befähigungsbereiche	Soziale Befähigungsbereiche	Physische Befähigungsbereiche

Sozialer Wandel (Individualisierungsprozesse)

Quelle: Eigene Darstellung

Erwachsenenbildung soll dazu beitragen, dass sich die Teilnehmenden Wissen und Fähigkeiten aneignen. Diese können sie befähigen, die Befähigungsbereiche ihrer persönlichen Lebenswelt stärker selbst zu gestalten. In Anlehnung an Nussbaum (2000, S. 231ff.) und Stromquist (2015, S. 310ff.) können ethische, emotionale, soziale und physische Befähigungsbereiche differenziert werden. Zwischen diesen sind komplexe Wechselwirkungen anzunehmen. Diese bieten einen Anknüpfungspunkt für weitere Forschung zum Empowerment von Teilnehmenden. Ein Beispiel dafür ist der Zusammenhang eines steigenden Selbstvertrauens als emotionalem Befähigungsbereich und des äußerlichen Auftretens als physischem Befähigungsbereich. Die Differenzierung von Befähigungsbereichen soll dazu beitragen, das Empowerment von Teilnehmenden in ihrer persönlichen Lebenswelt besser zu verstehen. Dadurch, dass die Teilnehmenden ihr Handeln selbst steuern tragen sie dazu bei, dass sich gesellschaftliche Strukturen verändern. Die gesellschaftskritische Perspektive wurde nicht in das theoretische Modell mitaufgenommen. Dies hat den Grund, dass in der empirischen Studie die zentrale Forschungsfrage nach dem Beitrag von Erwachsenenbildung zum Empowerment von Frauen im Fokus steht. In einem zweiten Schritt werden die Erkenntnisse dahingehend untersucht, inwiefern sie an Forschung der deutschsprachigen Erwachsenenbildung anschließen. Diese Erkenntnisse werden abschließend gesellschaftskritisch reflektiert.

3 Methodisches Vorgehen

Dieses Kapitel widmet sich dem methodischen Vorgehen der empirischen Studie. Das Untersuchungsfeld sind Erwachsenenbildungsangebote für Frauen aus registrierten Kasten und Stämmen in Indien (Kap. 3.1). Das methodische Vorgehen orientiert sich an der Wissenssoziologie, Konzeptforschung und an international-vergleichender Forschung in der Erwachsenenbildung (Kap. 3.2). Als Erhebungsmethode wurden Expert/inn/en-Interviews gewählt, wobei zehn Interviews geführt wurden (Kap. 3.3). Für die Auswertung wurde die qualitative Inhaltsanalyse nach Mayring und Fenzl (2014) gewählt (Kap. 3.4). Abschließend wird das methodische Vorgehen reflektiert (Kap. 3.5).

3.1 Untersuchungsfeld

Das Untersuchungsfeld dieser Studie sind Erwachsenenbildungsangebote in Indien. Diese sollen hinsichtlich ihrer bildungspolitischen Kontexte und gesellschaftlichen Bedarfe differenziert werden, um die Erkenntnisse der Expert/inn/en-Interviews einordnen zu können. Eine Ausgangslage für die Gestaltung von Erwachsenenbildung in Indien stellt die kulturelle Diversität des Landes dar (Kap. 3.1.1). Erwachsenenbildung kann vor dem Hintergrund von bildungspolitischen Entscheidungen und Strategien nationaler und internationaler bildungspolitischer Akteure verstanden werden (Kap. 3.1.2). Die Angebote in Indien werden an gesellschaftlichen Bedarfen der indischen Gesellschaft ausgerichtet. Grundbildung war nach dem Indian Ministry of Human Resource Development (2008, S. 6ff.) und Shah (2018) seit Erlangung der Unabhängigkeit Indiens ein zentrales Aufgabenfeld der indischen Erwachsenenbildung. Mit mehreren Bildungsprogrammen hat die indische Regierung dazu beitragen, dass mehr Personen Lesen und Schreiben lernen (Kap. 3.1.3). Abschließend werden exemplarisch Erwachsenenbildungsangebote in Delhi aufgezeigt, die sich an Frauen aus benachteiligten sozialen Gruppen richten und die deren Empowerment zum Ziel haben (Kap. 3.1.4).

3.1.1 Zur Diversität Indiens

Aufgrund einer historisch und religiös geprägten kulturellen Diversität und der hohen Bevölkerung von über 1,3 Milliarden Personen gibt in Indien unterschiedliche soziale Gruppen. Diese verfügen über einen unterschiedlichen kulturellen und religiösen Hintergrund und über einen unterschiedlichen Umfang an sozialer Zugehörigkeit. Manche Bundesstaaten im Süden (z.B. Kerala) und Nordosten Indiens (z.B. Mizoram) sind christlich, andere Bundesstaaten im Norden (z.B. Jammu und Kashmir) eher muslimisch geprägt. Die meisten anderen Bundesstaaten sind in erster Linie hinduistisch geprägt. Es ist wichtig, dass sich Erwachsenenbildung konkret an den regional geprägten Bedarfen der Zielgruppe anpasst.

Lernmaterialien und Lerninhalte können an der persönlichen Lebenswelt der Teilnehmenden ausgerichtet werden. Es ist ein Zeitpunkt festzulegen, an dem die Personen keinen sozialen Verpflichtungen nachgehen. Die Lebenswelt von Personen unterscheidet sich in Städten und im ländlichen Raum. Das Ausmaß der Benachteiligung von Frauen unterscheidet sich in den Regionen Indiens. Aufgrund der hohen räumlichen, Diversität Indiens, wurde das Untersuchungsfeld auf Delhi beschränkt. Gleichzeitig beziehen sich manche Expert/-inn/en zum Teil auf Erwachsenenbildungsangebote außerhalb von Delhi. Sofern dies ersichtlich war, wurde dies gekennzeichnet.

3.1.2 Bildungspolitische Rahmenbedingungen

Die indische Regierung verfasst Fünf-Jahres-Pläne, in welchen konkrete politische Ziele formuliert werden, die innerhalb von fünf Jahren umgesetzt werden sollen (vgl. Indian Ministry of Human Resource Development, 2008, S. 16). Erwachsenenbildung richtet sich in Anlehnung an das Indian Ministry of Human Resource Development (2016c) an Personen, die u.a. aufgrund ihres Alters nicht mehr am formalen Bildungssystem teilnehmen. Zu Erwachsenenbildung zählen z.b. Grundbildung und berufliche Bildung. Das formale Bildungssystem in Indien beinhaltet nach den Daten des UNESCO Instituts für Statistik (o.J.) Vorschule, Grundschule, weiterführende Schule und Universität. Kinder zwischen sechs und 13 Jahren unterliegen der Schulpflicht. Eine weiterführende Schule soll von der fünften bis zur 12. Klasse besucht werden. In der indischen Regierung liegt die Zuständigkeit für Erwachsenenbildung im *Directorate of Adult Education*, das dem *Department of School Education & Literacy* zugeordnet ist. Dieses gehört zum Indian Ministry of Human Resource Development (2016f). Aufgaben des Direktorats für Erwachsenenbildung sind die Unterstützung und Evaluation von Programmen zur Förderung von Grundbildung, die Entwicklung von Lernmaterialien und die Organisation von Trainings (vgl. ebd.). Das *Directorate of Adult Education* ist für die zentrale Steuerung von Erwachsenenbildung in Indien zuständig ohne diese selbst anzubieten. Diese wird dezentral meistens von Nichtregierungsorganisationen angeboten, die in den meisten Regionen Indiens verbreitet sind und sich an den jeweiligen regionalen Bedarfen ausrichten. Die dezentrale Angebotsstruktur ist notwendig, weil aufgrund der hohen kulturellen und religiösen Diversität Indiens verschiedene individuelle Bedarfen bestehen. Die Nichtregierungsorganisationen, die Grundbildungsprogramme anbieten, werden sie von dem *Directorate of Adult Education* der indischen Regierung und von internationalen Organisationen wie der UNESCO unterstützt. Private Stiftungen und Unternehmen wie z.B. die *Bosch India Foundation* (Bosch Limited, 2019) unterstützen Erwachsenenbildungsangebote, die sich v.a. an Personen aus benachteiligten sozialen Gruppen richten. Angeboten wird Grundbildung üblicherweise von Nichtregierungsorganisationen vor Ort in Stadtvierteln oder Dörfern (vgl. Indian Ministry of Human Resource Development, 2008, S. 22, ebd., 2016f).

Nachdem Indien nach Rothermund (für bpb.de, 2014) im Jahr 1947 von Großbritannien unabhängig wurde und sich als Republik konstituierte, war die Erhöhung der Grundbildungsrate eine zentrale Aufgabe von Erwachsenenbildung in Indien. Dieser Bedarf ergab sich aus den niedrigen Grundbildungsraten (vgl. Indian Ministry of Human Resource Development, 2008, S. 74). Davon waren nach den Daten vom UNESCO Institut für Statistik (o.J.) Frauen, Personen aus benachteiligten sozialen Gruppen und Personen im ländlichen Raum betroffen. Dass nicht gut Lesen und Schreiben können geht mit einer sozialen Benachteiligung und geringen Bildungsmöglichkeiten einher. Die Statistiken der indischen Regierung (Indian Ministry of Human Resource Development, 2016c) zeigen einen Anstieg der Grundbildungsrate. Dies wird zum Teil von Singh, Bora und Egetenmeyer (2016) kritisch betrachtet. Die Daten des UNESCO Instituts für Statistik (o.J.) zeigen aktuell eine vergleichbare Teilnahme von Frauen und Männern am formalen Bildungssystem. Die geschlechtsbezogenen Unterschiede, die zuvor existiert haben und mit einer sozialen Benachteiligung von Frauen einhergehen, haben abgenommen (vgl. ebd.).

3.1.3 Zur Grundbildung von Personen aus benachteiligten sozialen Gruppen

Seit Erlangung der Unabhängigkeit Indiens hat in Anlehnung an das Indian Ministry of Human Resource Development (2008) ein hoher Bedarf an Grundbildung die indische Erwachsenenbildung geprägt (vgl. S. 6ff.). Diese hat auf den Bedarf reagiert und sich vorrangig mit der Vermittlung von Grundbildung beschäftigt. Einhergehend mit den Volkszählungen in den Jahren 2001 und 2011 wurde erhoben, wie viele Personen in Indien Lesen und Schreiben konnten. Die Daten der Volkszählungen sind bei der Abteilung für Schulbildung und Grundbildung im Indian Ministry of Human Resource Development (2016c) online verfügbar. Die Daten wurden dahingehend analysiert, welche Unterschiede in der Grundbildungsrate hinsichtlich Geschlecht und Alter bestehen und ob es einen Unterschied macht, ob die Personen in Städten oder im ländlichen Raum leben. Die Erhebung der indischen Regierung zeigte, dass im Jahr 2011 beinahe 73 Prozent der Bevölkerung über 15 Jahre Lesen und Schreiben konnten. Im Jahr 2001 lag die Grundbildungsrate noch bei beinahe 65 Prozent, sodass diese in zehn Jahren um über 8 Prozent gestiegen ist (vgl. ebd.). Abb. 16 zeigt, dass die Grundbildungsrate in den Jahren von 2001 bis 2011 sowohl bei Frauen als auch bei Männern gestiegen ist. In den Jahren 2001 bis 2011 ist sich die Grundbildungsrate in Indien nach Abb. 16 um über acht Prozent gestiegen. Es haben verhältnismäßig mehr Frauen Lesen und Schreiben gelernt als Männer. So ist die Grundbildungsrate von Frauen um beinahe elf Prozent gestiegen, wohingegen die Grundbildungsrate von Männern um 5,62 Prozent gestiegen ist. Folglich haben sich die geschlechtsbezogenen Unterschiede von Frauen und Männern verringert. Das Indian Ministry of Human Resource Development (2016c) bestätigt die Abnahme geschlechtsbezogener Unterschiede in der Grundbildungsrate seit dem Jahr 1991 um beinahe 25 Prozent. Im Jahr 2001 lagen die geschlechtsbezogenen Unterschiede bei über 21 Prozent und im Jahr 2011 bei etwas über 16 Prozent (vgl. ebd.).

Weitere Daten vom UNESCO Institut für Statistik zeigen, dass die Grundbildungsrate bei der jüngeren Bevölkerung (15-24 Jahre) höher ist als bei der älteren Bevölkerung. Bei jüngeren Personen verringern sich die geschlechtsbezogenen Unterschiede.

Abbildung 16: Grundbildungsrate von Frauen und Männern in den Jahren 2001 und 2011 in Prozent

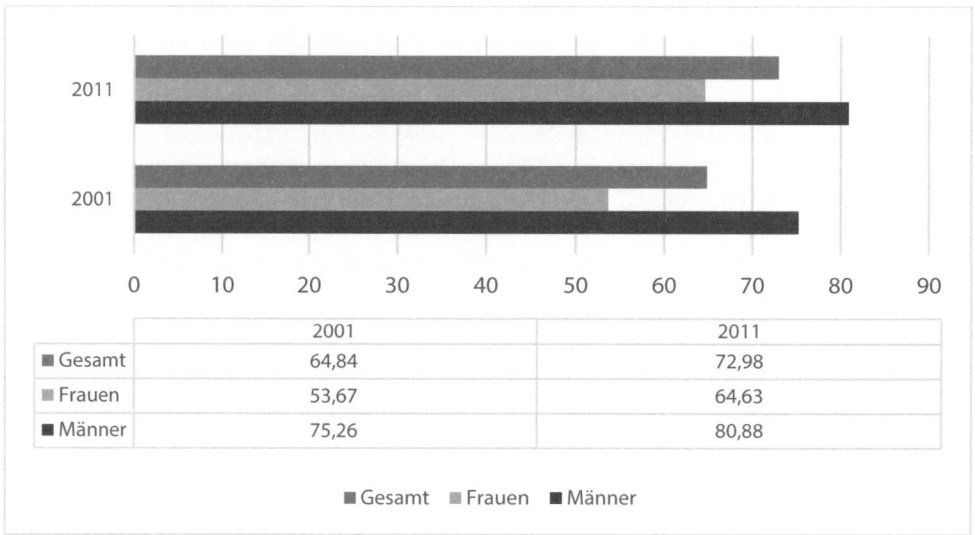

	2001	2011
■ Gesamt	64,84	72,98
■ Frauen	53,67	64,63
■ Männer	75,26	80,88

■ Gesamt   ■ Frauen   ■ Männer

Quelle: Eigene Darstellung nach Statistiken vom Indian Ministry of Human Resource Development, 2016c

Diese Daten werden dadurch gestützt, dass die Teilnahme von Frauen am formalen Bildungssystem in den letzten Jahren nach den Daten vom UNESCO Institut für Statistik (o.J.) zugenommen hat. Die Statistiken können so interpretiert werden, dass für Frauen der Zugang zum Bildungssystem einfacher geworden ist und dass ihre Lernbedarfe besser gedeckt werden. Für Frauen vereinfacht sich damit der Zugang zu Erwachsenenbildung und der damit verbundenen Möglichkeit, Lesen und Schreiben zu lernen (vgl. Indian Ministry of Human Resource Development, 2016c). Die Grundbildungsrate unterscheidet sich in den Regionen Indiens. Die Daten vom Indian Ministry of Human Resource Development (2016c) zeigen, dass die Grundbildungsrate in Städten höher ist als im ländlichen Raum. Wie in Abb. 17 dargestellt unterscheidet sich die Grundbildungsrate von Frauen und Männern im ländlichen Raum und in Städten in Indien im Jahr 2011. Die Daten vom Indian Ministry of Human Resource Development (2016c) zeigen, dass jeweils weniger Frauen im ländlichen Raum und in Städten Lesen und Schreiben können als Männer. Abb. 17 zeigt, dass im Jahr 2011 die Grundbildungsrate von Personen im ländlichen Raum geringer war als von Personen in Städten. Zudem sind die geschlechtsbezogenen Unterschiede mit über 19 Prozent im ländlichen Raum größer als in Städten mit unter 10 Prozent. Bei Frauen im ländlichen Raum zeigt sich die geringste Grundbildungsrate. Nur knapp über die Hälfte der Frauen aus dem ländlichen Raum erfüllen die Bedingungen, um nach der Definition der indischen Regierung als alphabetisiert zu gelten. Die soziale Benachteiligung von Frauen zeigt sich in der Grundbildungsrate, wobei sich die soziale Benachteiligung besonders im ländlichen Raum zeigt.

Die Daten vom Indian Ministry of Human Resource Development (2016c) zeigen, dass die Grundbildungsrate der indischen Bevölkerung aus registrierten Kästen und registrierten Stämmen durchschnittlich geringer ist als in der Gesamtbevölkerung.

Abbildung 17: Grundbildungsrate von Frauen und Männern im ländlichen Raum und in Städten (2011) in Prozent

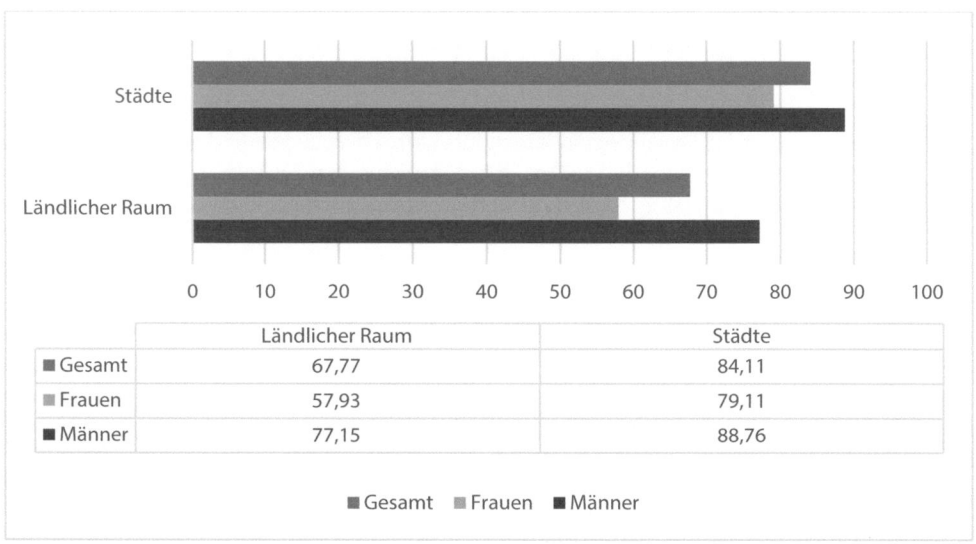

	Ländlicher Raum	Städte
■ Gesamt	67,77	84,11
■ Frauen	57,93	79,11
■ Männer	77,15	88,76

■ Gesamt ■ Frauen ■ Männer

Quelle: Eigene Darstellung nach Statistiken vom Indian Ministry of Human Resource Development, 2016c

Abb. 18 zeigt auf, dass die Grundbildungsrate in registrierten Kasten und Stämmen im Jahr 2011 geringer war als in der Gesamtbevölkerung.

Abbildung 18: Grundbildung in benachteiligten sozialen Gruppen (2011)

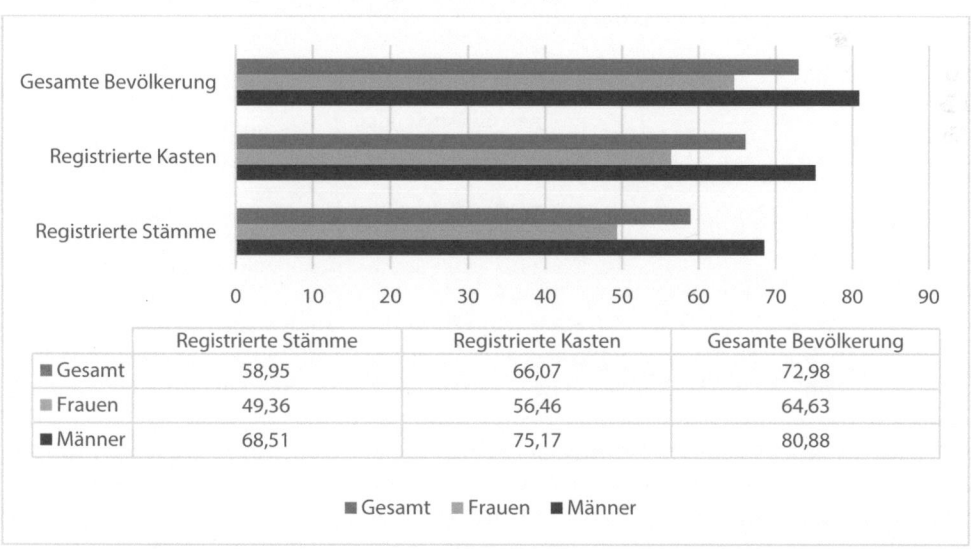

	Registrierte Stämme	Registrierte Kasten	Gesamte Bevölkerung
■ Gesamt	58,95	66,07	72,98
■ Frauen	49,36	56,46	64,63
■ Männer	68,51	75,17	80,88

■ Gesamt ■ Frauen ■ Männer

Quelle: Eigene Darstellung nach Statistiken vom Indian Ministry of Human Resource Development, 2016c

Wohingegen im Jahr 2011 in der gesamten Bevölkerung beinahe 73 Prozent Lesen und Schreiben konnten, galten nur beinahe 59 Prozent von Personen aus registrierten Stämmen und etwas über 66 Prozent von Personen aus registrierten Kasten als alphabetisiert. Wie bei der Gesamtbevölkerung konnten damals weniger Frauen aus registrierten Kasten und Stämmen Lesen und Schreiben als Männer in registrierten Kasten und Stämmen. Die Statistik zeigt, dass die geschlechtsbezogenen Unterschiede in benachteiligten sozialen Gruppen stärker sind als in der Gesamtbevölkerung Indiens. Diese liegen in der Gesamtbevölkerung bei etwas über 15 Prozent, bei registrierten Stämmen bei über 19 Prozent und bei registrierten Kasten bei über 18 Prozent (vgl. Indian Ministry of Human Resource Development, 2016c). In Anlehnung an die Diskussion von Wechselwirkungen sozialer Kategorien und Intersektionalität von Degele und Winker (2010) sind bei Frauen aus benachteiligten sozialen Gruppen Wechselwirkungen zu erwarten. Diese ergeben sich dann, wenn die Frauen nicht Lesen und Schreiben können, wenn sie zu einer benachteiligten sozialen Gruppe gehören und wenn sie aufgrund ihres Geschlechts benachteiligt werden. Soziale Benachteiligung prägt demnach eine Person auf unterschiedlichen Ebenen: Abb. 19 zeigt, dass die Zugehörigkeit zu unterschiedlichen sozialen Kategorien untereinander Wechselwirkungen zeigen. Die Individualität von Frauen aus benachteiligten sozialen Gruppen ist durch unterschiedliche Wechselwirkungen geprägt. Die o.g. Statistiken zeigen, dass im Jahr 2011 überdurchschnittlich viele Frauen aus benachteiligten sozialen Gruppen nicht Lesen und Schreiben konnten. Dies lässt die Schlussfolgerung zu, sodass soziale Benachteiligung mit einer geringen Grundbildung einhergehen kann. Weil schriftsprachliche Kommunikation für die soziale Zugehörigkeit von Personen zu einer Gesellschaft, in der Personen schriftsprachlich kommunizieren, zentral ist, verstärkt eine geringe Grundbildung soziale Benachteiligung.

Abbildung 19: Individualität von Teilnehmenden

Quelle: Eigene Darstellung

Die indische Regierung hat Programme zur Förderung von Erwachsenenbildung v.a. im Bereich Grundbildung ins Leben gerufen. Dazu zählt das *National Adult Education Programme* im dem Jahr 1978. Das nationale Bildungsprogramm hatte das Ziel, die Grundbildungsrate zu erhöhen. Zudem sollten Personen zwischen 15 und 35 Jahren ein höheres Bewusstsein für ihre persönliche Lebenswelt entwickeln. Vor dem Hintergrund der *National Policy on Education* aus dem Jahr 1986 wurde im Jahr 1988 das nationale Bildungsprogramm *National Literacy Mission* und im Jahr 2009 dessen Folgeprogramm *Saakshar Bharat* implementiert. Schwerpunkte des Programms waren die Alphabetisierung von Frauen und von Personen aus benachteiligten sozialen Gruppen. Dies soll dazu beitragen, die geschlechtsbezogenen Unterschiede und die Unterschiede aufgrund von sozialer Benachteiligung, die sich in der Grundbildungsrate gezeigt haben, zu reduzieren. Das Programm richtet sich an neu-alphabetisierte Personen, die erst seit kurzem Lesen und Schreiben können. Beide Programme richteten sich in erster Linie an Personen zwischen 15 und 35 Jahren und wurden zentral von der indischen Regierung koordiniert. Nichtregierungsorganisationen haben Erwachsenenbildungsangebote direkt vor Ort organisiert und angeboten. Die Bildungsprogramme zeigte einen Anstieg in der Grundbildungsrate in Indien in Städten und im ländlichen Raum (vgl. Indian Ministry of Human Resource Development, 2008, S. 7f., 2016d, -g).

Mit dem aktuellen Programm, dem *Scheme for Support to Voluntary Agencies for Adult Education and Skill Development*, unterstützt die indische Regierung Nichtregierungsorganisationen, die Erwachsenenbildung anbieten. Die Organisationen haben das Ziel, dass Personen Lesen und Schreiben lernen und, dass sie die Gründe dafür verstehen, warum sie benachteiligt werden. Dies soll dazu beitragen, die finanzielle Situation der Personen zu verbessern. Wichtig ist dies, weil einige Personen, die nicht gut Lesen und Schreiben können, in Anlehnung an Kaul and Dale (2012) Erwerbstätigkeiten nachgehen, in denen keine guten Arbeitsbedingungen herrschen und in denen sie nicht gut bezahlt werden. Das Programm richtet sich v.a. an Personen zwischen 15 und 35 Jahren und ist in die folgenden Teilprogramme zu unterscheiden, die in erster Linie Nichtregierungsorganisationen unterstützen: Die *State Resource Centers* sind staatliche Zentren, die Nichtregierungsorganisationen, die Erwachsenenbildung anbieten, unterstützen. Dafür werden Lernmaterialien erarbeitet, die von Einrichtungen verwendet werden können. Sie forschen zur Förderung von Grundbildung und evaluieren Erwachsenenbildungsangebote. Bedarfsanalysen dienen als Grundlage für die Entwicklung solcher Angebote. Das Programm *Jan Shikshan Sansthan* fördert berufliche Bildung für Personen mit geringer Grundbildung, Personen, die vor kurzer Zeit Lesen und Schreiben gelernt haben, und Personen ohne Schulabschluss. Erwachsenenbildungseinrichtungen sollen unterstützt werden, Netzwerke mit Unternehmen aufzubauen. Diese können dazu beitragen, die Chancen der Teilnehmenden auf dem Arbeitsmarkt zu erhöhen. Das Programm *Assistance to Voluntary Agencies* fördert von Programme im Bereich Grundbildung und unterstützt Nichtregierungsorganisationen, die v.a. für Personen aus benachteiligten sozialen Gruppen Grundbildung anbieten (vgl. Indian Ministry of Human Resource Development, 2008, S. 31f., 2016, -b, -e).

3.1.4 Erwachsenenbildungsangebote für Frauen aus benachteiligten sozialen Gruppen

In Indien gibt es Erwachsenenbildungsangebote mit der Zielkategorie Empowerment, die sich an Frauen aus benachteiligten sozialen Gruppen richten. Als benachteiligte soziale Gruppen werden registrierte Kasten und registrierte Stämme bezeichnet, die im Kastensystem nicht zu den vier übergeordneten Kasten gehören. Personen aus registrierten Kasten und Stämmen werden zum Teil als „unberührbare" Personen bezeichnet. Sie werden in Teilen der traditionell geprägten indischen Gesellschaft, die sich am Kastensystem orientiert, benachteiligt und ausgegrenzt. Das Untersuchungsfeld dieser Studie sind Erwachsenenbildungsangebote in Indien, die das Empowerment von Frauen aus benachteiligten sozialen

Gruppen zum Ziel haben. Tab. 10 zeigt Erwachsenenbildungsangebote für Frauen aus benachteiligten sozialen Gruppen in Indien, die von Nichtregierungsorganisationen koordiniert werden. In der Recherche wurden lediglich Angebote aufgenommen, die über eine englischsprachige Website verfügen. Es handelt sich um einen Teil der Angebote, die einen besonderen internationalen Bezug aufweisen können. Dieser kann in der finanziellen Förderung durch internationale Organisationen bestehen. Die Angebote in der Übersicht in Tab. 10 richten sich an Frauen aus benachteiligten sozialen Gruppen. Dazu zählen Frauen ohne schulische oder berufliche Ausbildung, Frauen mit finanziellen Problemen und Frauen, die in Slums und in Armut leben. Die Angebote haben das Ziel, dass Frauen Lesen und Schreiben lernen und sich berufliche Fähigkeiten wie Autofahren oder Nähen aneignen. Die Frauen sollen darin unterstützt werden, eine Erwerbstätigkeit zu finden, indem gemeinsam Unternehmen besucht werden, die für die Frauen potenzielle Arbeitgeber darstellen.

Tabelle 10: Erwachsenenbildung für benachteiligte Frauen in Indien

Einrichtung	Programm	Inhalte, Angebote und Ziele	Zielgruppe	Quelle
Samarpan Foundation	Women's Empowerment: Kishangarh	Inhalte: Schneidern, Eröffnen eines eigenen Bankkontos Ziel: Eigenes Einkommen	Frauen, aus einem Slum in Neu-Delhi, die Gewalt und Armut erleben	Samarpan Foundation, 2017
VIDYA Education for the Less-Privileged	Mandira Women's program	Inhalte: Nähen, Schneidern, IT, Sprachkurse, Wissensvermittlung Ziele: Entwicklung von (Selbst-) Vertrauen, eigenes Einkommen	Frauen, die in Slums in Delhi leben	VIDYA Education for the Less Privileged, 2017
Nirantar: Centre for Gender and Education	Khabar Lahariya (News Waves) – seit 2002	Inhalte: Erstellen, Herausgeben und Verkauf einer Wochenzeitung, Übungsangebote für Neu-Alphabetisierte Ziele: Artikulation von Bedarfen und Problemen, Vermittlung der Bedeutung von Grundbildung	Frauen aus benachteiligten sozialen Gruppen im ländlichen Raum in Uttar Pradesh	UNESCO Institut für Lebenslanges Lernen, 2015, S. 65ff.
	SSK: Literacy und Education for Women's Empowerment – seit 2002	Inhalte: Grundbildung in Bezug zur persönlichen Lebenswelt, Reflexion über geschlechtsbezogene Unterschiede, Thematisierung von Gewalt und Gesundheit	(Junge) Frauen aus benachteiligten sozialen Gruppen aus dem ländlichen Raum im Norden von Uttar Pradesh	UNESCO Institut für Lebenslanges Lernen, 2015., S. 69ff.
Participatory Research in Asia	-	Inhalte: Wissensvermittlung über Rechte, Demokratie und Gleichberechtigung Ziele: Aufbau von sozialen Netzwerken, Persönlichkeitsentwicklung	Personen aus benachteiligten sozialen Gruppen im ländlichen Raum	Participatory Research in Asia, 2010
AZAD Foundation	Women on wheels – seit 2008	Inhalte: Erwerb eines Führerscheins, Wissen über ihre Rechte, Selbstverteidigung Ziel: Selbstentwicklung	Junge Frauen in Slums und Armut in Delhi, Kalkutta, Ahmadabad	AZAD Foundation, 2015

Quelle: Eigene Darstellung

Die Auswahl der Erwachsenenbildungsreinrichtungen und -angebote in Tab. 10 soll einen Einblick in das Untersuchungsfeld ermöglichen. In der Gemeinschaft von Erwachsenenbildung tauschen sich die Frauen über lebensweltorientiertes Wissen aus. Sie erfahren, dass sich andere Frauen in ähnlichen Lebenssituationen wie sie selbst befinden. In Erwachsenenbildungsangeboten der *Samarpan Foundation* (2017) können Frauen Nähen lernen und sich betriebswirtschaftliche Kenntnisse aneignen. Dies soll dazu beitragen, dass die Frauen Selbstvertrauen entwickeln und finanziell unabhängig werden. Zielgruppe des Programms sind Frauen, die in ihrer persönlichen Lebenswelt mit Gewalt und Armut konfrontiert sind und die über keine berufliche Ausbildung verfügen. Neben der Möglichkeit, sich Fähigkeiten und Wissen anzueignen, sollen die Frauen durch gemeinsame Erkundungen und das Angebot zur Kinderbetreuung, entlastet und in ihrem Empowerment bestärkt werden (vgl. ebd.).

Zu den didaktischen Methoden zählen Gruppenarbeiten, in welchen die Frauen gemeinsam Lerninhalte erarbeiten. Lernmaterialien sind Stifte und Papier, auf denen Erkenntnisse visualisiert und schriftlich festgehalten werden. Im Projekt *Women on wheels* der AZAD Foundation (2015) ist ein Lernziel, dass Frauen, die bislang nicht Auto fahren konnten, dies lernen. Dies soll sie befähigen, eine Erwerbstätigkeit zu finden. Ein Teil des Erwachsenenbildungsangebots ist ein Selbstverteidigungstraining. Dort üben die Frauen Selbstverteidigungstechniken ein. In der AZAD Foundation lernen die Frauen Auto fahren. Sie lernen, am Auto den Ölstand und die Kühlflüssigkeit zu überprüfen. Damit können sich die Frauen Wissen aneignen, die sie befähigen eigenständig Auto zu fahren und das Auto gut zu pflegen. Wenn sie nach der Teilnahme an der Erwachsenenbildung z.B. als Taxifahrerin arbeitet, befähigt sie das Wissen darüber dazu, ihrer Erwerbstätigkeit eigenständig nachzugehen

3.2 Methodologische Überlegungen

Ausgehend von der Wissenssoziologie (Kap. 3.2.1), welche die Grundlagentheorie dieser Studie darstellt, wurden Expert/inn/en-Interviews in Delhi geführt. In der Erwachsenenbildung ist die Studie der Konzeptforschung zuzuordnen (Kap. 3.2.2). Das Untersuchungsdesign ist der international vergleichenden Erwachsenenbildungsforschung zuzuordnen. Der explorative Zugang soll dazu beitragen, eine Anschlussfähigkeit der Erwachsenenbildung im deutschsprachigen Raum und in Indien herzustellen. Dies kann zu einem gegenseitigen Austausch und einem gegenseitigen Verstehen beitragen (Kap. 3.2.3).

3.2.1 Anknüpfung an die Wissenssoziologie

Die Wissenssoziologie hat Ursprünge bei Berger und Luckmann (1977). Eine zentrale Annahme ist, dass eine Gesellschaft die Wahrheiten und persönliche Lebenswelt von Personen prägt, die zu ihr gehören. Wissen über die Welt ist subjektiv und kann sich in mehreren Gesellschaften unterscheiden. Eine zentrale Erkenntnis davon ist, dass in unterschiedlichen Gesellschaften unterschiedliches Wissen wahr ist (vgl. ebd.). Nach Schütz und Brodersen

(1972) lassen sich drei Formen von Wissens unterscheiden. Diese sind Expert/inn/en, Personen, die über Informationen verfügen, und Personen, die nicht über Informationen verfügen. In der Anwendung der Methode der Expert/inn/en-Interviews wurden Expert/inn/-en von Laien unterschieden. Diese unterscheiden sich durch Sonderwissen, über das Expert/inn/en verfügen. Expert/inn/en erhalten durch ihren Beruf in der Erwachsenenbildung einen privilegierten Zugang zu bestimmtem Wissen, das als Sonderwissen bezeichnet wird. Durch Expert/inn/en-Interviews wird Sonderwissen in Bezug auf die zentrale Forschungsfrage abgefragt. Nach Meuser und Nagel (2009) ist der Expert/inn/en-Status ein „vom Forscher verliehener Status" (S. 466). Als Expert/inn/en in dieser Studie wurden Personen bezeichnet, die in der indischen Erwachsenenbildung beruflich tätig sind. Die Expert/inn/en haben Erfahrungen in der Gestaltung und der Evaluation von Erwachsenenbildungsangeboten in Delhi und Neu-Delhi sowie zum Teil in anderen Regionen Indiens. Sie sind in ihrer beruflichen Tätigkeit und mit ihren persönlichen beruflichen Erfahrungen und Überzeugungen von Interesse. Es wird davon ausgegangen, dass die Expert/inn/en über Wissen in den folgenden Bereichen verfügen: Die Expert/inn/en sollen über Wissen über Empowerment verfügen. Dazu zählt das Wissen darüber, wie Erwachsenenbildung in Indien gestaltet wird, die zum Empowerment der Teilnehmenden beiträgt. Sie verfügen über *Sonderwissen* über Frauen aus benachteiligten sozialen Gruppen und wie diese als Zielgruppe von Erwachsenenbildung adressiert werden. Sie sollen über Erfahrung in Erwachsenenbildung in Indien verfügen und bildungspolitische Kontexte kennen. Zudem ist ein Wissen darüber relevant, wie bildungspolitische Akteure die Einrichtungen in ihrem Planungshandeln prägen. Ein Teil der Expert/inn/en waren in die Gestaltung von Erwachsenenbildung und die Entwicklung von Lernmaterialien eingebunden. Beide Tätigkeiten stellen Planungshandeln dar. Die Expert/inn/en sollen ihr Wissen darüber vermitteln, damit ihre persönlichen Entscheidungen nachvollzogen werden können. Ein Teil der Expert/inn/en war in die akademische Ausbildung von Studierenden der Erwachsenenbildung eingebunden.[11] Insofern sie in der Erwachsenenbildungspraxis tätig sind, wird vermutet, dass sie ihre praktischen Erfahrungen in akademisch geprägten Begriffen artikulieren. Die Expert/inn/en waren zum Teil in Nichtregierungsorganisationen tätig. Zu einem großen Teil wird in Indien in diesen Einrichtungen Erwachsenenbildung mit der Zielkategorie Empowerment angeboten. Viele Nichtregierungsorganisationen werden darin von der indischen Regierung und von internationalen Organisationen wie der UNESCO unterstützt. Alle Expert/inn/en verfügten über eine akademische Ausbildung. Ein Teil der Expert/inn/en ist promoviert. Es wird angenommen, dass die Perspektive von Expert/inn/en durch akademische Reflexion geprägt ist.

Nach Bogner, Littig und Menz (2014) werden technisches Wissen, Prozesswissen und Deutungswissen unterschieden:

- Technisches Wissen umfasst nach Bogner et al. (2014) neutrale Fakten und ist von Expert/inn/en unabhängig. Dazu zählen wissenschaftliche Erkenntnisse und empirisch abgesicherte Informationen. Expert/inn/en-Interviews erfragen techni-

---

[11] Erwachsenenbildung wird in Delhi an der *Delhi University* und der *Jamia Milia Islamia University* als Masterprogramm gelehrt. An der *Jawarharlal Nehru University* sowie den anderen beiden Universitäten besteht die Möglichkeit zur Promotion in der Erwachsenenbildung.

sches Wissen, über das Expert/inn/en aufgrund ihrer fachlichen Expertise und aufgrund ihres umfassenden Verstehens eines Forschungsfelds verfügen. Gleichzeitig ist technisches Wissen nicht das primäre Erkenntnisinteresse von Expert/inn/en-Interviews (vgl. ebd., S. 17f.).

- Prozesswissen ist stärker an einzelne Personen gebunden und ist ein Wissen über Handlungen und Entscheidungen, in welche die Expert/inn/en eingebunden waren (vgl. ebd., S. 18).

- Deutungswissen ist das Wissen darüber, wie die Expert/inn/en Entscheidungen und Handlungen im Kontext von Erwachsenenbildung verstehen. Deutungswissen ist persönlich an die Expert/inn/en gebunden und ist subjektiv, dass die persönliche Überzeugung der Expert/inn/en fokussiert wird. Die Expert/inn/en-Interviews der Studie wurden konzipiert, um das Deutungswissen der Expert/inn/en erfragen. Die Expert/inn/en sollten ihre persönliche Überzeugung, die sie aufgrund ihrer Erfahrung in Erwachsenenbildungsangeboten mit der Zielkategorie Empowerment haben, erörtern (vgl. ebd., S. 18ff.).

Im Rahmen der Studie wurde v.a. Deutungswissen über die Gestaltung von Erwachsenenbildung und Veränderungen in der persönlichen Lebenswelt der Teilnehmenden erfragt. Nach Meuser und Nagel (2009) sind im Deutungswissen die persönlichen Erkenntnisse und die Überzeugungen der Expert/inn/en und ihre „biographische Motiviertheit" (S. 470) von Bedeutung.

Das *Sonderwissen* von Expert/inn/en lässt sich in *Betriebs-* und *Kontextwissen* unterscheiden. *Betriebswissen* fokussiert Entscheidungen von Mitarbeitenden, die Erwachsenenbildung mit der Zielkategorie Empowerment gestalten. Dazu zählen Entscheidungen der Expert/inn/en im Bereich der Zielgruppen- und Teilnehmendenorientierung sowie die Gestaltung von Erwachsenenbildung und die eigene Selbstreflexion. Expert/inn/en-Interviews, die Betriebswissen erfragen, richten sich auf das Handeln von Expert/inn/en, welches vor dem Hintergrund des Kontexts verstanden werden soll. Im *Kontextwissen* werden Kontexte von Erwachsenenbildung erfasst, vor deren Hintergrund Mitarbeitende Entscheidungen treffen. Dazu zählt das Wissen über Frauen aus benachteiligten sozialen Gruppen, welche die Zielgruppe der Angebote darstellen. Dazu zählt das Wissen über bildungspolitische Kontexte und Wissen darüber, welche Lernmaterialien für Mitarbeitenden zur Gestaltung von Erwachsenenbildung zur Verfügung stehen. Wohingegen nach Meuser und Nagel (2009) Kontextwissen in den meisten Fällen explizit artikuliert wird, ist Betriebswissen entweder implizit oder explizit. Implizites Wissen ist nicht konkret artikuliert und wird von Expert/inn/en über ihr Handeln rekonstruiert (vgl. ebd., S. 472). In dieser Studie sind das Betriebs- und Kontextwissen der Expert/inn/en relevant. Von den Expert/inn/en soll erfahren werden, welchen Beitrag Erwachsenenbildung ihrer Meinung nach dazu leisten kann, dass Frauen aus benachteiligten sozialen Gruppen ihr Handeln selbst steuern. Sie sollten dazu ihre persönlichen Überzeugungen erörtern. Zudem sollen sie von ihren Erfahrungen, die sie in Erwachsenenbildungskursen mit der Zielkategorie Empowerment gemacht haben, berichten. Es wird angenommen, dass die Expert/inn/en persönliche Präferenzen von Methoden und Lerninhalten haben, die ihrer Meinung nach dazu beitragen, dass Personen ihr Handeln selbst steuern. Das Expert/inn/en-Interview stellt in diesem Forschungsfeld die Methode erster Wahl dar.

3.2.2 Konzeptforschung

Mit der Analyse von Empowerment handelt es sich um Konzeptforschung. Diese widmet sich nach Nolda (2011) „der Herkunft, Entwicklung und Verwendung von Konzepten der Erwachsenenbildung" (S. 16). Im theoretischen Teil wird die Herkunft und Entwicklung des Konzepts fokussiert (Kap. 2.1). Der empirische Teil fokussiert dagegen die Fragestellung nach der Verwendung des Konzepts Empowerment. Hier ist die Frage zentral, welchen Beitrag Erwachsenenbildung zum Empowerment von Personen leisten kann. Rausch (2015) untersuchte Dokumente der Europäischen Union hierzu diskursanalytisch, Dellori (2016) untersuchte Lebenslanges Lernen mit einer Argumentationsanalyse. Alheit und Dausien (2002) untersuchten das „Konzept biographischen Lernens" (S. 566) im Kontext Lebenslanges Lernens. Luchte (2014) widmete sich der inhaltsanalytischen Untersuchung von Teilnehmendenorientierung und Haeske (2008) einer diskursanalytischen Analyse von Kompetenz. Dem Leistungskonzept in der Pädagogik widmet sich ein Sammelband von Reh und Ricken (2018). Konzepte können diskursanalytisch erforscht werden, wobei die Verwendung dessen im Vordergrund steht. Die dokumentarische Methode ist in Anlehnung an Nolda (2011) zur Analyse von Konzepten geeignet (vgl. S. 17). In der Erwachsenenbildung zeigen dies Untersuchungen an Comics von Dörner (2009). Das Vorgehen der Studie weicht von den bisherigen Studien innerhalb von Konzeptforschung ab. Die Wahl von Expert/inn/en-Interviews begründet sich im explorativen Charakter des Untersuchungsfeldes. In einem weiteren Schritt wäre eine diskursanalytische Untersuchung von Empowerment in der europäischen Erwachsenenbildung möglich. Dabei könnten Bildungspolitik sowie Forschung und Praxis analysiert werden.

3.2.3 Qualitative international-vergleichende Forschung

In Anlehnung an Egetenmeyer (2016) besteht die Notwendigkeit einer weiteren qualitativen Fundierung von Interpretationsmustern in der international-vergleichenden Erwachsenenbildungsforschung. Diese sollen quantitative Erkenntnisse aus internationalen Vergleichsstudien fundieren. Die Erkenntnisse sollen vor dem Hintergrund komplexer sozialer Wechselwirkungen besser verstanden werden (vgl. ebd., S. 149). Nach Egetenmeyer (2014) kann international-vergleichende Erwachsenenbildungsforschung im Kontext bildungspolitischer Akteure verortet werden. Die bildungspolitische Einbindung erfordert eine kritische Auseinandersetzung und Reflexion. Der Blick auf andere Länder ermöglicht eine Reflexion eigener nationaler Bildungsprogramme, die weiter ergänzt werden können. Das bildungspolitische Interesse an internationalen Vergleichsstudien besteht in einer angestrebten Optimierung nationaler Bildungsstrategien. Dies trägt zu einer höheren Wettbewerbsfähigkeit der einzelnen Länder bei (vgl. Zeuner, 2018, S. 664, OECD, 2018).

Internationale Erwachsenenbildungsforschung zum Empowerment-Konzept ist in humanistisch geprägten bildungspolitischen Kontexten zu verorten. Damit wird eine Erwartung an Erwachsenenbildungseinrichtungen und -angebote gerichtet, die mit einer bildungspolitischen Instrumentalisierung von Erwachsenenbildung verbunden ist. Eine Aufgabe von Erwachsenenbildungsforschung ist es, die Einbindung in bildungspolitische Begründungszusammenhänge zu reflektieren. Nach Egetenmeyer (2016) zeigt sich eine Notwendigkeit weiterer qualitativ fundierter Interpretationsmuster zur Interpretation quantitativer Daten über Erwachsenenbildung in unterschiedlichen Ländern. In der Forschung im deutschsprachigen Raum hat das international-vergleichende Vorgehen nach Egetenmeyer (2014) in den letzten Jahren an Bedeutung gewonnen. Dies ermöglicht nach Zeuner (2018) „gegenseitige[s] Verstehens und [die] Erweiterung des jeweils national geprägten Horizonts" (S. 672). Erwachsenenbildung soll vor dem jeweiligen nationalen, sozialen und kulturellen Kontext verstanden werden. Hier wird angenommen, dass sich Erwachsenenbildung durch mehrere Wechselwirkungen geprägt wird und vor dem Hintergrund dieser gestaltet wird. Neben der Interpretation von Gemeinsamkeiten und Unterschieden soll nach Egetenmeyer (2014) das „Interrelationsgefüge von Erscheinungsformen" (S. 15) analysiert werden. Erwachsenenbildung soll vor dem Hintergrund sozialer Kontexte interpretiert werden. Dabei kann aktuell auf wenig Interpretationsmuster zurückgegriffen werden, die durch qualitative Forschung konzeptualisiert werden können. Nach Egetenmeyer (2016) besteht die Notwendigkeit eines

> „komplexe[n] Interpretationscluster[s], das den Interdependenzen von Erwachsenenbildung/Weiterbildung in seinen verschiedenen gesellschaftlichen – insbesondere bildungsbezogenen – Rahmenbedingungen gerecht wird" (S. 149f.).

Es bedarf qualitativer Forschung, die dazu beiträgt, die Erkenntnisse quantitativer Studien zu interpretieren. Erwachsenenbildung kann auf der *Mikro-, Meso-* und *Makro-*Ebene nach Bronfenbrenner (1981) betrachtet werden. Empowerment kann auf den Ebenen von Gesellschaft, Einrichtung und in der persönlichen Lebenswelt der Teilnehmenden verstanden werden. Nach den Erkenntnissen zur qualitativen Mehrebenenanalyse nach Egetenmeyer, Breitschwerdt und Lechner (2018) finden sich zwischen den unterschiedlichen Ebenen Interdependenzen (vgl. S. 13). Bildungspolitische Akteure, welche die Bedeutung von Erwachsenenbildung in humanistisch und ökonomisch geprägten Begründungszusammenhängen verorten, unterstützen Erwachsenenbildung. Erwachsenenbildung wird von Unternehmen und Nichtregierungsorganisationen gestaltet. Dementsprechend unterscheiden sich die Arbeitsbedingungen und die Selbstreflexion der Mitarbeitenden. Dies hat Auswirkungen auf die didaktische Gestaltung und die Beziehungsgestaltung, die auf der *Mikro-*Ebene analysiert werden können. Qualitative Forschung kann in Anlehnung an Egetenmeyer et al. (2018) dazu beitragen, die komplexen Wechselwirkungen, die Erwachsenenbildung prägen, besser zu verstehen. Dies ermöglicht eine zielgerichtete Interpretation quantitativer Daten zu Erwachsenenbildungsteilnahme, Kompetenzniveaus (PIAAC) und Lernerfolgen. Dafür müssen die wechselseitigen sozialen und kulturellen Kontexte von Erwachsenenbildung beachtet werden. Diese Studie widmet sich diesem Bedarf und leistet den Beitrag, Erwachsenenbildungsangebote und deren Begründungszusammenhänge vor dem Kontext von Individualisierungsprozessen im deutschsprachigen Raum und in Indien aufzuzeigen. Erwachsenenbildung wird in diesem Kontext durch bildungspolitische Akteure zum Erreichen gesellschaftlicher Ziele instrumentalisiert.

Mit dem international-vergleichenden Vorgehen soll ein Beitrag zur Anschlussfähigkeit der Erkenntnisse über Erwachsenenbildung in Indien an Erwachsenenbildung im deutschsprachigen Raum geleistet werden. Beispiele für die international-vergleichende Forschung in Deutschland und Indien sind in ersten Anfängen zu finden: Zur beruflichen Bildung und Kompetenzerwerb forscht Pilz (u.a. 2016, siehe Jung & Pilz, 2016). Doyle, Egetenmeyer, Singai und Devi (2016) untersuchten Professionalisierung in der Erwachsenenbildung in Deutschland, Großbritannien und Indien. Das international-vergleichend Vorgehen fokussiert zunächst die Frage danach, inwiefern Erkenntnisse aus der indischen Erwachsenenbildung an Erwachsenenbildung im deutschsprachigen Raum anschließen können. In der zweiten übergeordneten Fragestellung erfolgt eine gesellschaftskritische Betrachtung in Anlehnung an Holzer (2009, 2017), Klingovsky (2017) und Wrana (2012). Hier zeigt sich, dass Empowerment im deutschsprachigen Raum und in Indien vor dem Kontext von Individualisierungsprozessen verstanden werden kann. In beiden Gesellschaften zeigen sich ähnliche Begründungszusammenhänge für Erwachsenenbildungsangebote, die im Rahmen von Individualisierungsprozessen und sozialem Wandel nach Kade (1989) einer Anpassung ihrer Angebotsstrukturen bedürfen.

Die zentrale Fragestellung nach dem Beitrag von Erwachsenenbildung zum Empowerment von Frauen aus benachteiligten sozialen Gruppen in Indien ist vor dem Kontext zu verstehen, inwiefern Erwachsenenbildung zum Empowerment von Personen aus benachteiligten sozialen Gruppen beiträgt. Dadurch sollen die Erkenntnisse der empirischen Studie auf den deutschsprachigen Kontext bezogen werden. Hier soll konkret an die deutschsprachige Erwachsenenbildung angeknüpft werden. Die Annahme, die hinter diesem Vorgehen steht, ist, dass sich Individualisierungsprozesse in der indischen und in der deutschsprachigen Gesellschaft zeigen. Mit der zentralen Fragestellung soll ein Beitrag zur Beantwortung der Frage geleistet werden, inwiefern sich Individualisierungsprozesse auf die Angebotsstrukturen von Erwachsenenbildung auswirken. Erwachsenenbildung mit der Zielkategorie Empowerment ist ein *Zwischenschritt*, der von sozialen Bewegungen ausgeht und der Individualisierungsprozessen zuzuordnen ist. Die gesellschaftliche Funktion dieses Zwischenschrittes ist, dass sie benachteiligte Personen dazu befähigt, sich selbst Wissen und Fähigkeiten anzueignen. Diese sind notwendig, damit sie in einer individualisierten Gesellschaft, in der das Paradigma Lebenslangen Lernens zentral ist, ihre soziale Zugehörigkeit selbst aushandeln können. Dass sie ihr individuelles Profil entwickeln und ihre Lebenswelt selbst gestalten zeigt, inwiefern Personen zu einer individualisierten Gesellschaft gehören und dem Paradigma der Selbststeuerung Folge leisten. Die empirische Untersuchung widmete sich Erwachsenenbildungsangeboten mit der Zielkategorie Empowerment in Indien. Die Untersuchung erfolgte anhand von Erkenntnissen der deutschsprachigen Erwachsenenbildung (Kap 2.4) sowie anhand von Erkenntnissen der internationalen Erwachsenenbildung zum Empowerment in der persönlichen Lebenswelt (Kap. 2.2). Die Erkenntnisse, die zur Beantwortung der zentralen Forschungsfrage nach dem Beitrag von Erwachsenenbildung zum Empowerment von Frauen aus benachteiligten sozialen Gruppen beitragen, werden in Bezug zur Erwachsenenbildung im deutschsprachigen Raum gesetzt.

3.3 Erhebung: Expert/inn/en-Interviews

Die Wissenssoziologie stellt die Grundlagentheorie dieser Studie dar. In Anlehnung an die zentralen Erkenntnisse der Wissenssoziologie wurden zehn Expert/inn/en-Interviews durchgeführt. Der Entscheidung für Expert/inn/en-Interviews liegen forschungstheoretische Überlegungen zugrunde (Kap. 3.3.1). Vorab wurde ein Interviewleitfaden erstellt (Kap. 3.3.2). Während eines Forschungsaufenthaltes in Delhi im August und September 2015 wurden zehn Mitarbeitende von Erwachsenenbildungseinrichtungen als Expert/inn/en interviewt (Kap. 3.3.3).

3.3.1 Forschungstheoretische Überlegungen

Die Wahl für die Durchführung von Expert/inn/en-Interviews erfolgt aufgrund von forschungstheoretischen Überlegungen. Dafür ist das explorative Vorgehen dieser Studie ausschlaggebend, die sich mit einem Untersuchungsfeld beschäftigt, dass aus Perspektive der deutschsprachigen Erwachsenenbildung in geringem Umfang thematisiert wurde. Expert/-inn/en-Interviews sind in Anlehnung an Meuser und Nagel (2009) wenig strukturiert und werden innerhalb von explorativer Forschung eingesetzt (vgl. ebd., S. 465). Die Expert/inn/-en sollen von ihren Beobachtungen aus der Erwachsenenbildungspraxis berichten. Dabei sollen sie durch eine Theorie-Praxis-Reflexion an Diskurse der Erwachsenenbildung anschließen und ihre persönlichen Beobachten in Fachbegriffen wiedergeben. Es wird davon ausgegangen, dass die Expert/inn/en der indischen Erwachsenenbildung befragt wurden, über Erfahrungen mit Veränderungsprozessen in Erwachsenenbildungsangeboten in Indien verfügen. Die Expert/inn/en haben dieses Wissen operationalisiert und vermitteln es in operationalisierter Form. Die Expert/inn/en haben die Fähigkeit, Begriffe der Erwachsenenbildung zu nutzen. Eigene Beobachtungen setzen Expert/inn/en in Bezug zur Theorie der Erwachsenenbildung. Das Wissen um Empowerment als Zielkategorie von Erwachsenenbildung und die persönlichen Erfahrungen und Überzeugungen in Erwachsenenbildungsangeboten, die sich an Frauen in registrierten Kasten und Stämmen richten, wird durch die Expert/inn/en mit wissenschaftlichen Begriffen widergegeben. Es wird davon ausgegangen, dass die Expert/inn/en über implizites und explizites Wissen über den Beitrag von Erwachsenenbildung zum Empowerment von Teilnehmenden haben. Durch ihre wissenschaftliche Ausbildung und/oder Tätigkeit reflektieren sie ihr Wissen anhand von wissenschaftlichen Theorien. In den Interviews können sie sodann ihr Wissen und ihre persönlichen Erfahrungen z.B. anhand von Beispielen wiedergeben und Theorie-Praxis-Bezüge herstellen.

Die Gründe für die Durchführung von Expert/inn/en-Interviews wird in der Literatur u.a. von Bogner et al. (2014) diskutiert. Ein Grund für die Bereitschaft zur Teilnahme an einem Interview ist, dass Expert/inn/en das eigene Wissen zur Geltung bringen möchten und sich Anerkennung erhoffen. In Anlehnung an Bogner et al. (2014) haben die meisten Expert/inn/en altruistische Beweggründe für ihre Teilnahme am Interview (vgl. ebd., S. 88). Die Expert/inn/en der indischen Erwachsenenbildung verfügten über langjährige Erfahrung in der Erwachsenenbildung. Weil mein Forschungsinteresse bei den Expert/inn/en positiv aufgenommen wurde und Nachfragen erfolgten ist von altruistischen Beweggründen auszugehen. In der explorativen Forschung ermöglichen die Expert/inn/en-Interviews ein grundlegendes Verständnis eines bislang wenig erforschten Untersuchungsfelds. In einem weiteren Schritt wäre die Untersuchung des Beitrags von Erwachsenenbildung zum Empowerment aus Perspektive von Frauen aus benachteiligten sozialen Gruppen interessant. Ein Hindernis könnten mangelnde Sprachkenntnisse darstellen. Die Frauen aus benachteiligten sozialen Gruppen in Indien verfügen über geringe englische Sprachkenntnisse. Ich verfüge über geringe Sprachkenntnisse in Hindi und anderen indischen Sprachen. Die Erhebung wäre mit einem hohen Aufwand und hohen Kosten für Übersetzung und Transkription verbunden gewesen. Die Methode der Expert/inn/en-Interviews wurde gewählt, da die Verständigung mit den Expert/inn/en forschungspragmatisch sinnvoll war. Weitere Forschung kann das Empowerment aus Perspektive von Teilnehmenden erfassen. Interviews mit den Teilnehmenden könnten differenzierte Erkenntnisse dazu ermöglichen, inwiefern Erwachsenenbildung in ihrer persönlichen Wahrnehmung dazu beigetragen hat, dass sie ihr Handeln verändern.

3.3.2 Interviewleitfaden

Vor der Durchführung der Interviews wurde ein Leitfaden erstellt. Die Strukturierung des Leitfadens erfolgte anhand der theoretischen Argumentationen und orientiert sich am theoretischen Modell. Empowerment wurde im theoretischen Teil aus Perspektive der persönlichen Lebenswelt von Personen aus benachteiligten sozialen Gruppen analysiert. Für die Erwachsenenbildungspraxis ist in erster Linie die Perspektive der persönlichen Lebenswelt von Personen aus benachteiligten sozialen Gruppen von Bedeutung. Für die Erstellung des Leitfadens wurden die Betrachtung der persönlichen Lebenswelt (*Mikro*-Ebene) und des Beitrags von Erwachsenenbildung (*Meso*-Ebene) herangezogen. Fragen nach einer gesellschaftskritischen Betrachtung von Empowerment (*Makro*-Ebene) wurden nicht in den Interviewleitfaden aufgenommen. Die Perspektive auf der *Makro*-Ebene sollte anschließend anhand der Erkenntnisse auf der *Mikro*- und der *Meso*-Ebene gesellschaftskritisch reflektiert werden. Es soll die zentrale Forschungsfrage untersucht werden, welchen Beitrag die Gestaltung von Erwachsenenbildung dazu leistet, dass Frauen aus benachteiligten sozialen Gruppen in Indien ihr Handeln selbst steuern. Die beiden weiteren Forschungsfragen, welche das Konzept aus Perspektive der deutschsprachigen Erwachsenenbildung und aus gesellschaftskritischer Perspektive betrachten, werden im Anschluss diskutiert. Aus ersterer Perspektive wird analysiert, inwiefern Empowerment an die deutschsprachige Erwachsenenbildung anschließen kann. Die gesellschaftskritische Perspektive analysiert, inwiefern Erwachsenenbildung mit der Zielkategorie Empowerment dafür instrumentalisiert wird, dass Personen gesellschaftliche Anforderungen erreichen. Das Konzept wird als gesellschaftliche Strategie zur verborgenen Kontrolle einer Gesellschaft verstanden.

Die Expert/inn/en sollen nach Meuser und Nagel (2009) in den Interviews Beispiele nennen wie sie ihre Entscheidungen argumentieren (vgl. ebd., S. 470). Das Nennen von Beispielen und die persönliche Begründung von Entscheidungen ermöglicht Erkenntnisse. Dies erfordert die flexible Nutzung des Interviewleitfadens. Der Leitfaden zeigt die Gründe und Kriterien für das eigene Handeln und persönliche Entscheidungen. Die Erstellung des Leitfadens ermöglicht der Interviewerin Wissen über das Forschungsfeld. Das Wissen soll im Interview gezeigt werden, sodass die Expert/inn/en das Gefühl haben, sich fachlich kompetent austauschen zu können und verstanden zu werden. In den Leitfaden wurden Befähigungsbereiche unterschieden. Den Expert/inn/en sollte der Eindruck und die Bestätigung vermittelt werden, dass die Interviewerin im Stande ist, Theorie und Praxis der Erwachsenenbildung zu verstehen. Nach Meuser und Nagel (2009) soll der Leitfaden im Interview flexibel genutzt werden, sodass ein Austausch mit den Expert/inn/en entsteht. Themen aus dem Leitfaden sollen thematisiert werden, wann sie thematisch in den Gesprächsverlauf passen. Es soll erfragt werden, wie Entscheidungen getroffen und wie gehandelt wurde (vgl. ebd., S. 472).

Anhand der Interviews mit Expert/inn/en-Interviews sollen persönliche Entscheidungen differenziert werden wie die Expert/inn/en Erwachsenenbildung mit der Zielkategorie Empowerment gestalten, welche Lernmaterialien sie verwenden oder wie sie die Zielgruppe ansprechen. Es soll verstanden werden, wie Handlungen und Entscheidungen der Mitarbeitenden dazu beitragen, dass Frauen aus benachteiligten sozialen Gruppen ihr Handeln selbst steuern. Die Expert/inn/en sollen sich zu Beginn des Interviews offen äußern. Zu Beginn wird in Anlehnung an Helfferich (2014) eine offene erste Frage gestellt, zu der die Expert/inn/en möglichst offen und uneingeschränkt berichten sollen. Die Forschungsfrage soll vorab nicht konkret benannt werden. Die Expert/inn/en sollen ihre eigenen Begriffe verwenden (vgl. ebd., S. 566). In der induktiv-deduktiven Auswertung werden die erstellten Kategorien daran ausgerichtet. Der Leitfaden war in sechs Fragenbereiche gegliedert und orientierte sich nach der Struktur des theoretischen Modells (Kap. 2.5). Dazu zählen:

- Allgemeine Informationen
- Einstieg (mit einer offenen Frage)
- Die Gestaltung von Erwachsenenbildung, damit diese zum Empowerment von Frauen aus benachteiligten Gruppen beitragen kann
- Veränderungen in der persönlichen Lebenswelt der Teilnehmenden
- Verständnis von Empowerment aus persönlicher Perspektive der Expert/inn/en
- Abschluss

Zu Beginn des Interviews sollten den Expert/inn/en allgemeine Informationen zum Interview und zu seiner Verwendung vermittelt werden (1). Der *Einstieg* war eine offene Frage zur Tätigkeit der Expert/inn/en in der Erwachsenenbildung (2). Dadurch sollten die Expert/inn/en möglichst unvoreingenommen die Gestaltung von Erwachsenenbildung erörtern. Durch die vorangegangene Operationalisierung des Konzepts sollte unabhängig von Kategorisierungen der Expert/inn/en in ihren Aussagen Erkenntnisse zur Gestaltung von Erwachsenenbildung gefunden werden, die zu dem operationalisierten Verständnis von Empowerment beitragen. Wenn direkt nach dem Beitrag von Erwachsenenbildung zum Empowerment der Teilnehmenden gefragt worden wäre hätten die Expert/inn/en ihre Erfahrungen berichtet, die sie *ihrem* Verständnis von Empowerment zuordnen. Dieses entspricht nicht notwendigerweise dem Verständnis, das im Rahmen dieser Studie erarbeitet wurde. Im theoretischen Modell wurde die Annahme formuliert, dass die *Gestaltung von*

Erwachsenenbildung (3) zu Veränderungen beitragen kann, die sich im Handeln der Teilnehmenden in ihrer persönlichen Lebenswelt zeigen können. Zu den Veränderungen, die als Empowerment der Teilnehmenden bezeichnet werden, zählt es, dass die Teilnehmenden ihre Lebenswelt selbst gestalten und ihr Handeln selbst steuern (4). Im Folgenden sollen die Fragen zur Gestaltung von Erwachsenenbildung (3) und zu den Veränderungen in der persönlichen Lebenswelt der Teilnehmenden (4) differenziert werden. Zur Gestaltung von Erwachsenenbildung wurden Fragen zur Selbstreflexion der Mitarbeitenden, Zielgruppenanalyse und Teilnehmendenorientierung, Lebensweltorientierung von Lerninhalten und didaktischen Methoden und Gemeinschaft und Austausch gestellt (siehe Kap. 2.4). Die Veränderungen in der persönlichen Lebenswelt der Teilnehmenden (4) wurde anhand von Befähigungsbereichen aus der persönlichen Lebenswelt der Teilnehmenden operationalisiert. Dazu zählen ethische, emotionale, physische und soziale Befähigungsbereiche (siehe Kap. 2.2.1). Diese zentralen Fragenbereiche werden durch eine Reflexion der Expert/inn/en zum Empowerment-Konzept ergänzt. Es wurde nach dem Verständnis gefragt, das die Expert/-inn/en vom Empowerment-Konzept haben und was ihrer persönlichen Überzeugung nach am meisten zum Empowerment von Frauen aus benachteiligten sozialen Gruppen beitragen kann. Im Gegensatz zum vorherigen Teil sollte an dieser Stelle explizit der Begriff Empowerment genannt werden (5). Dies zeigt das Beispiel im Interview mit der Expertin E8:

> „Now my last question, if you look back on our interview, yes, what would be the thing that empowers the most […] what would you think would be the thing that mostly empowers the women? (E8, 209ff.)

Am Ende des Interviews (6) werden in Anlehnung an Helfferich (2014) vorformulierte Fragen gestellt, die im vorherigen Verlauf des Interviews nicht thematisiert wurden (vgl. ebd., S. 566). Dies soll einen Beitrag dazu leisten, die zentrale Forschungsfrage nach dem Beitrag von Erwachsenenbildung zum Empowerment von Frauen zu beantworten. Die erste übergeordnete Forschungsfrage widmet sich der Anschlussfähigkeit von Empowerment an Erwachsenenbildung im deutschsprachigen Raum. Zur Anschlussfähigkeit des indischen Empowerment-Konzepts zur deutschsprachigen Erwachsenenbildung wurden in den Interviews keine Fragen gestellt. Dies ist darin begründet, weil sich die Expert/inn/en mit der Praxis und Forschung von Erwachsenenbildung in Indien, aber nicht im deutschsprachigen Raum, auskennen. Die Erkenntnisse sollten durch die Forscherin im Anschluss an die Diskussion der Erkenntnisse der zentralen Forschungsfrage dahingehend analysiert werden, wie diese an Erwachsenenbildung im deutschsprachigen Raum anschließen. Die gesellschaftskritische Perspektive auf Empowerment wurde im Interviewleitfaden nicht berücksichtigt. Die Betrachtung des Konzepts aus gesellschaftskritische Perspektive, sollte anhand der Erkenntnisse zur Frage nach dem Beitrag von Erwachsenenbildung zum Empowerment von Teilnehmenden und zur Anschlussfähigkeit an die deutschsprachige Erwachsenenbildung diskutiert werden. In einem nächsten Schritt wäre es spannend, in einer Gruppendiskussion mit den indischen Expert/inn/en die gesellschaftskritische Perspektive des Empowerment-Konzepts zu diskutieren. Die Analyse dessen anhand von weiterem empirischem Material hätte den Umfang der Studie überschritten. Folglich war es sinnvoller, die gesellschaftskritische Perspektive auf Grundlage der zentralen Forschungsfrage zu diskutieren. Dafür sind die Erkenntnisse dieser Studie zentral, wobei in weiteren Studien daran angeknüpft werden kann.

3.3.3 Sample

Die Erhebung umfasste zehn Interviews mit Expert/inn/en der indischen Mitarbeitenden. Die Interviews wurden im Rahmen eines Forschungsaufenthalts im August und September 2015 in Delhi geführt. Der Forschungsaufenthalt wurde im Programm *A New Passage to India* des Deutschen Akademischen Austauschdienstes durch das Indienzentrum der Universität Würzburg und die Graduate School der Universität Würzburg gefördert. Die Expert/inn/en wurden vor Ort persönlich angefragt. Zum Teil hat mich durch eine Mitarbeiterin einer Einrichtung vor Ort unterstützt. Zusätzlich zu den Interviews habe ich teilnehmende Beobachtungen bei drei Einrichtungen der Expert/inn/en durchgeführt. Vor und zu Beginn des Forschungsaufenthaltes habe ich jeweils ein Testinterview durchgeführt. Der Interview-Leitfadens wurde im Anschluss angepasst, um die Verständlichkeit der Fragen zu optimieren. Tab. 11 gibt eine Übersicht über die Expert/inn/en:

Tabelle 11: Sample

Nr.	Bereich	M/W	Datum	Dauer
E1	Akademische Ausbildung im Studiengang Soziale Arbeit, Grundbildung	M	3.8.2015	45:30
E2	Grundbildung für Frauen aus benachteiligten sozialen Gruppen	M	6.8.2015	27:24
E3	Berufliche Erwachsenenbildung für Frauen aus benachteiligten sozialen Gruppen	W	6.8.2015	45:41
E4	Grundbildung und Akademische Ausbildung im Studiengang Erwachsenenbildung	M	7.8.2015	43:35
E5	Grundbildung für Frauen aus benachteiligten sozialen Gruppen	W	12.8.2015	52:53
E6	Akademische Ausbildung im Studiengang Erwachsenenbildung	M	12.8.2015	43:34
E7	Grundbildung	W	13.8.2015	55:20
E8	Erwachsenenbildung für Frauen, die in der Prostitution tätig sind	W	28.8.2015	27:12
E9	Berufliche Erwachsenenbildung für Frauen im Bereich Finanzen	M	7.9.2015	33:36
E10	Akademische Ausbildung im Studiengang Erwachsenenbildung	W	7.9.2015	26:42

Quelle: Eigene Darstellung

Alle Expert/inn/en verfügen über Erfahrungen in der Praxis von Erwachsenenbildung. Neben der Tätigkeit als Dozierende umfasst dies Tätigkeiten in der Gestaltung von Erwachsenenbildung, der Erstellung von Lernmaterialien sowie in der Ausbildung von Mitarbeitenden. Ein Teil der Expert/inn/en ist oder war an Hochschulen in die Lehre von Erwachsenenbildung eingebunden. Die anonymisierte Verwendung der Daten wurde mit den Befragten individuell abgesprochen und aufgezeichnet.

3.4 Auswertung mit der qualitativen Inhaltsanalyse

Nach Bogner et al. (2014) eignet sich die qualitative Inhaltsanalyse für Expert/inn/en-Interviews, die das Ziel haben, Informationen zu gewinnen. Die Expert/inn/en-Interviews werden mit der strukturierenden qualitativen Inhaltsanalyse nach Mayring und Fenzl (2014) ausgewertet. Dies soll eine Strukturierung des Wissens der Expert/inn/en ermöglichen. Vorteile der qualitativen Inhaltsanalyse sind die klare Vorgabe von Regeln, die zur Nachvollziehbarkeit der Auswertungserkenntnisse beiträgt (vgl. ebd., S. 72).

Die zentrale Forschungsfrage fragt nach dem Beitrag von Erwachsenenbildung zum Empowerment von Frauen aus benachteiligten sozialen Gruppen in Indien. Es sollen Begründungszusammenhänge und Prozesse rekonstruiert und aufgezeigt werden. Nach Bogner et al. (2014) lautet die grundlegende Frage, die durch Expert/inn/en-Interviews beantwortet werden soll: „Welche Faktoren haben dazu beigetragen, dass das Ereignis XY eingetreten ist?" (S. 73) Die zentrale Forschungsfrage dieser Studie widmet sich dem Beitrag von Erwachsenenbildung zum Empowerment von Frauen aus benachteiligten sozialen Gruppen in Indien. Die Gestaltung von Erwachsenenbildung entspricht dem *Faktor*, der zum Empowerment der Teilnehmenden beiträgt. Das Empowerment entspricht dem o.g. *Ereignis*. Die zehn Expert/inn/en-Interviews wurden mit der strukturierenden Inhaltsanalyse nach Mayring und Fenzl (2014) ausgewertet und sollten zur Beantwortung der Forschungsfrage beitragen. Das empirische Material umfasst zehn transkribierte qualitative Interviews mit Expert/inn/en der indischen Erwachsenenbildung. Das empirische Material entstand in Interviews mit Expert/inn/en der indischen Erwachsenenbildung. Die Aussagen der Expert/-inn/en werden im Kontext ihrer beruflichen Tätigkeit in Indien analysiert. Nach den Interviews habe ich Postskripte erstellt. Die Interviews wurden zum Teil im Anschluss an die Interviews im August und September 2015 transkribiert. Ein Teil der Interviews wurde im Mai und Juni 2016 transkribiert. Verständnisfragen konnten über den Austausch mit Studierenden der Delhi University geklärt werden. Die Interviews habe ich inhaltlich transkribiert, sodass weniger inhaltlich relevante Teile des Interviews nicht berücksichtigt wurden. Grundlage war ein Transkriptionsleitfaden. Nach Mayring und Fenzl (2014) sind drei Analyseeinheiten festzulegen. Die Kodier-Einheit ist der Bestandteil des empirischen Materials, der mindestens vorhanden sein muss, um in der Kodierung einer Kategorie zugeordnet zu werden. Dies muss mindestens ein vollständiger Satz sein. Die Kontexteinheit ist der Bestandteil des empirischen Materials, der maximal einer Kategorie zugeordnet werden kann. Dies ist die Antwort auf eine Frage, welche einer Kategorie zuzuordnen ist. Die Kontexteinheit kann mehrere Absätze umfassen, die inhaltlich die Antwort auf eine Frage darstellen. Die Auswertungseinheit sind die zehn transkribierten Expert/inn/en-Interviews, die nacheinander kodiert wurde. Die Reihenfolge der Transkripte wird in der Auswertung aufgelöst (vgl. ebd.).

Aus den theoretischen Erkenntnissen wurden deduktiv Kategorien abgeleitet und im induktiv-deduktiv geleiteten Vorgehen definiert. Diese sind im theoretischen Modell (Kap. 2.5) zusammengefasst. Von den deduktiv erarbeiteten Kategorien ausgehend wurde innerhalb einer ersten induktiv-deduktiven Auswertung ein Kodier-Leitfaden entwickelt. Der Leitfaden besteht nach Mayring und Fenzl (2014) aus über- und untergeordneten Kategorien und beinhaltet zentrale Kategorien, die analysiert werden sollen (vgl. S. 44). Als inhaltsanalytische Technik wurde die Strukturierung verwendet. Vorab wurde anhand der theoretischen Erkenntnisse ein Kategoriensystem und ein Kodier-Leitfaden erstellt. Das Kategoriensystem wurde im induktiv-deduktiv geleiteten Kodieren anhand des Kodier-Leitfadens am empirischen Material strukturiert. Die deduktiven Kategorien wurden dem empirischen Material, d.h. den transkribierten Interviews, zugeordnet. Mit dem deduktiv erstellen Kategoriensystem und dem Kodier-Leitfaden habe ich das empirische Material im PC-Programm MAXQDA11 kodiert. Die Kategorien wurden in Anlehnung an Mayring und Fenzl (2014) induktiv dem empirischen Material angepasst. Das gesamte empirische Material habe ich dem angepassten Kategoriensystem zugeordnet. Im induktiv-deduktiven Wechsel wurden Kategorien verändert. Neue Kategorien wurden geschaffen und nicht mehr benötigte Kategorien gelöscht. Wenn Kategorien später verändert und an später kodiertes Material angepasst wurden, habe ich die kodierten Textausschnitte neu kodiert. Die mehrfache Überarbeitung soll die Überprüfung der Intracoderreliabilität beinhalten. Ein Teil des Materials wurde neu kodiert ohne bisherige Kodierungen zu sehen, um zu überprüfen, ob die Kodierung regelgeleitet und stets nach denselben Prinzipien, die der Kodier-Leitfaden vorgibt, verläuft. Alle zehn transkribierten Interviews habe ich dem Kategoriensystem, das im induktiv-deduktiven Kodierprozess entstanden ist, zugeordnet (vgl. ebd., S. 46).

Die Begriffe des theoretischen Teils sollten mit den Begriffen der Expert/inn/en zusammengebracht werden, sodass eine eigene Terminologie entsteht. Die sprachliche Übertragbarkeit und Anschlussfähigkeit stellte eine große Herausforderung dieser Studie dar. Zentrale Begriffe der Interviews wurden in der Auswertung in die deutschsprachige Terminologie der Studie übertragen. Ein Beispiel dafür sind die Begriffe *Gestaltung der persönlichen Lebenswelt* und *Selbststeuerung*, mit dem der Begriff Empowerment operationalisiert wurde. Die strukturierende qualitative Inhaltsanalyse stellt in Anlehnung an Bogner et al. (2014) für die Fragestellung der Studie eine geeignete Auswertungsmethode dar. Sie eignet sich, zentrale Informationen und subjektive Überzeugungen der Expert/inn/en zu strukturieren. Stärker hermeneutisch orientierte Verfahren wie die *Grounded Theory*, würden einen tieferen zugrundeliegenden Sinn suchen. Ein tieferer zugrundeliegender Sinn der subjektiven Überzeugungen der Expert/inn/en sind in dieser Studie weniger von Bedeutung. Vielmehr geht es um Informationen und subjektive Überzeugungen. Dem explorativen Forschungsdesign der Studie entsprechend sollen die Informationen und persönlichen Überzeugungen der indischen Expert/inn/en nicht über ihre manifeste Bedeutung hinaus interpretiert werden (vgl. S. 73ff.).

3.5 Reflexion zur Einordnung der Ergebnisse

Eine Reflexion über das methodische Vorgehen der Studie soll dazu beitragen, ein Verständnis über die Leistungen und Grenzen der Erkenntnisse zu ermöglichen. Dies beinhaltet eine Rollenreflexion. Der Zugang zur indischen Erwachsenenbildung wurde mir über eine Forschungseinrichtung und zwei Universitäten ermöglicht, mit denen bereits universitäre Partnerschaften bestanden. In meinem Forschungsaufenthalt im August und September 2015 wurde ich von mehreren Personen vor Ort, die ich zum Teil bereits kannte, dabei unterstützt, Expert/inn/en für die Interviews anzusprechen. Zudem ermöglichte mir der

Anschluss an die Forschungseinrichtung und die Universitäten, dass Personen vor Ort meine Fragen zur indischen Gesellschaft beantworteten. Dies ermöglichte mir ein besseres Verständnis des Untersuchungsfelds. Der theoretische Teil umfasst eine Argumentation, welche den Beitrag von Erwachsenenbildung zum Empowerment von Frauen aus benachteiligten sozialen Gruppen anhand von Literatur analysiert. Weil ich nicht über Sprachkenntnisse in Hindi oder anderer indischen Landessprachen verfüge, habe ich mir die Diskussion um Empowerment in Indien nur über englischsprachige Literatur angeeignet. Gleichzeitig sind die meisten wissenschaftlichen Veröffentlichungen an Universitäten und Forschungsinstituten in Indien in englischer Sprache. Eine wichtige Quelle hierfür ist das *Indian Journal of Adult Education*. Mit dem Zugang zur indischen Erwachsenenbildung hat die Studie das Ziel, zu einer Anschlussfähigkeit zur deutschsprachigen Erwachsenenbildung beizutragen. Dies soll einen Beitrag dazu leisten, den wechselseitigen Austausch in der indischen und der deutschsprachigen Erwachsenenbildung zu fördern. Zudem soll die Studie zu einem gegenseitigen Verstehen einen Beitrag leisten.

Die Durchführung von zwei Testinterviews stellte sich als sinnvoll heraus. Wiederholungen und missverständliche Fragen konnten korrigiert werden. Aufgrund der Tatsache, dass in fast allen Interviewräumen Klimaanlagen und Ventilatoren eingeschaltet waren, bestand ein hoher Geräuschpegel. Trotz guter Englischkenntnisse, kam es bei den Interviews aufgrund von Verständigungsschwierigkeiten zu Nachfragen. Es konnten nicht alle Fragen richtig verstanden werden. In einzelnen Fällen habe ich nachgefragt. Im Nachhinein habe ich zum Teil festgestellt, dass nicht alle Fragen richtig verstanden wurden und etwas geantwortet wurde, was nicht auf meine Frage bezogen war. Im Gespräch war mir das nicht bewusst. Bei den Interviews habe ich den Expert/inn/en im Interview positive Attribute zugesprochen. Ich habe die Expert/inn/en für Leistungen oder Überzeugungen gelobt. Dies könnte zu einer vermehrten Darstellung positiver Inhalte geführt haben. Vor und in den Interviews wurde artikuliert, dass sich die Studie dem Thema Empowerment als Zielkategorie von Erwachsenenbildung widmet. Zum Teil wurden Definitionen für Empowerment in den Fragen genannt. Rückblickend wäre es besser gewesen, den Begriff zu operationalisieren und nicht zu nennen. Die Gestaltung von Erwachsenenbildung hätten erfragt werden sollen ohne den Begriff Empowerment zu nennen. Vorab kategorisierte Operationalisierungen der Expert/inn/en zu Empowerment wurden dadurch abgerufen. Die Interviews fanden in Delhi und Neu-Delhi statt. Die Expert/inn/en waren in Erwachsenenbildungsangeboten in Delhi und Neu-Delhi, aber auch in anderen Teilen Indiens eingebunden. Folglich beziehen sich die Erkenntnisse der Expert/inn/en-Interviews nicht nur auf Delhi und Neu-Delhi, sondern auf Erwachsenenbildung in anderen Teilen Indiens.

In der empirischen Erhebung wurden keine Fragen zur gesellschaftskritische Perspektive auf der *Makro*-Ebene gestellt. Dies habe ich im Anschluss an die Erhebung anhand einer Analyse der empirischen Daten, welche die *Mikro*- und die *Meso*-Ebene von Empowerment fokussieren, ergänzt. Rückblickend konnten in dem ersten Schritt wertvolle empirische Erkenntnisse zum Empowerment von Teilnehmenden gewonnen werden, das sich in ihrer persönlichen Lebenswelt zeigt (*Mikro*-Ebene) und zu dem die Teilnahme an Erwachsenenbildung (*Meso*-Ebene) beitragen kann. Die zentrale Bedeutung von Empowerment als einem Ziel von bildungspolitischen Akteuren, die auf der *Makro*-Ebene handeln, wurde im Anschluss reflektiert und verdeutlicht.

4 Analyse der Interviewdaten

Die Erkenntnisse der Expert/inn/en-Interviews können in vier Bereiche differenziert werden, die jeweils einer Kategorie der qualitativen Auswertung entsprechen. Dies entspricht dem empirischen Modell, das im Verlauf der induktiv-deduktiven Auswertung des empirischen Materials erstellt wurde. Ausgangslage für ihr Empowerment ist die persönliche Lebenswelt von Frauen aus benachteiligten sozialen Gruppen in Indien. Die Analyse erfolgt auf der *Mikro*-Ebene (Kap. 4.1). In Anlehnung an die Aussagen der Expert/inn/en kann die Gestaltung von Erwachsenenbildung auf der *Meso*-Ebene differenziert werden. Hier ist zentral, dass Erwachsenenbildung dazu beitragen kann, dass Frauen aus benachteiligten sozialen Gruppen ihr Handeln verändern (Kap. 4.2). Ein Ziel von Erwachsenenbildung mit dem Ziel Empowerment ist es, dass Frauen ihre persönliche Lebenswelt und ihre eigene Benachteiligung besser verstehen und artikulieren (Kap. 4.3). Die Frauen aus benachteiligten sozialen Gruppen lernen in der Erwachsenenbildung Schritt für Schritt, ihr Handeln selbst zu steuern und ihre Lebenswelt selbst zu gestalten. Damit folgen sie der gesellschaftlichen Anforderung zu einer Selbststeuerung, die in Anlehnung an Klingovsky (2017) durch Individualisierungsprozesse an Bedeutung gewinnt. Die Analyse erfolgt auf der *Makro*-Ebene (Kap. 4.4). Abschließend erfolgt ein Zwischenfazit (Kap. 4.5).

4.1 Zur persönlichen Lebenswelt von Frauen aus benachteiligten sozialen Gruppen

Die Expert/inn/en-Interviews haben Erkenntnisse zu der persönlichen Lebenswelt von Frauen aus benachteiligten sozialen Gruppen in Indien ermöglicht, die zu registrierten Kasten und Stämmen gehören. In Anlehnung an die Aussagen der Expert/inn/en wird die Benachteiligung von Frauen in Indien differenziert (Kap. 4.1.1). Es wird aufgezeigt, wie die Expert/inn/en das Handeln von Frauen aus benachteiligten sozialen Gruppen wahrnehmen und inwiefern dessen Veränderung einem sozialen Wandel zuzuschreiben ist. Der soziale Wandel in der indischen Gesellschaft ist in veränderten sozialen Praktiken und im Handeln der Frauen zu beobachten (Kap. 4.1.2). Abschließend erfolgt ein Zwischenfazit (Kap. 4.1.3).

4.1.1 Zur Benachteiligung von Frauen in Indien

Benachteiligung wird als Zwischenschritt von sozialer Zugehörigkeit hin zur Ausgrenzung einer Gesellschaft verstanden. In Indien ist die Benachteiligung von Frauen traditionell geprägt und unterscheidet sich in im ländlichen Raum und in Städten. In einer traditionell geprägten Gesellschaft werden privilegierte und benachteiligte soziale Gruppen unterschieden. Die soziale Benachteiligung zeigt sich nach Bourdieu (1987) im Handeln, in sozialen Praktiken und im *Habitus* von Personen. Folglich können Personen in einer Gesellschaft gegenseitig einschätzen, zu welcher sozialen Gruppe andere Personen gehören (vgl. ebd., S.

277ff.). Das Handeln von Frauen aus benachteiligten sozialen Gruppen ist nach Einschätzung der Expert/inn/en durch ihre soziale Benachteiligung aufgrund ihres Geschlechts und aufgrund ihrer Zugehörigkeit zu einer sozialen Gruppe geprägt. Die Expert/inn/en beobachteten die soziale Benachteiligung von Frauen in ihrer Familie, in ihrer Erwerbstätigkeit und in der Politik. Die Benachteiligung von Frauen zeigt sich darin, dass zum Teil nur wenige Frauen aus benachteiligten sozialen Gruppen an Erwachsenenbildung teilnehmen. Zudem sind Unterschiede im Lernen und Handeln von Frauen und Männern in Erwachsenenbildungsangeboten zu beobachten.

4.1.1.1 Benachteiligung in der Familie

Die soziale Benachteiligung von Frauen in der Familie zeigt sich nach Einschätzung von E4 v.a. in der Beziehung zu ihrem Ehemann. Innerhalb von Familien üben Frauen und Männer soziale Praktiken aus, die ihre Benachteiligung und ihre Privilegien zeigen. Dies zeigt sich darin, wer welche Aufgaben im Haushalt übernimmt, welche Sitzplätze beim Essen eingenommen werden und wer wichtige Entscheidungen fällt. Im ländlichen Raum und in Regionen, die durch Traditionen geprägt sind, beobachtet E4, dass einige Frauen ihren Ehemännern wichtige Entscheidungen überlassen.

> „[W]omen don't like to question their husband at least in rural or traditional areas, […] in case of primary or basic decisions and the power they hold. But small things they can intervene, but in any matters of serious nature which concerns a major decision making they will not challenge the relationship of dominance or subordination within the family or with their spouses" (E4, 233ff.).

Im ländlichen Raum hinterfragen nach Einschätzung von E4 manche Frauen die Entscheidungen ihrer Ehemänner nicht. Sie akzeptieren ihre Benachteiligung hinsichtlich der Entscheidungsbefugnis innerhalb ihrer Familie. Um dagegen anzugehen, wäre ein gegenseitiger Austausch notwendig, in dem beide ihre Bedarfe und Probleme und Überzeugungen einbringen und die Entscheidung in einem sozialen Aushandlungsprozess aushandeln. Dass Männer zum Teil eine höhere Entscheidungsbefugnis als Frauen haben, zeigt sich daran, dass das Handeln in ihrer Familie anders ist als das von Frauen und sie z.B. mehr Entscheidungen allein treffen. Einige Frauen akzeptieren diese Handlungsstrukturen und gehen nicht gegen ihre Benachteiligung an. Das Handeln in ihrer Familie ist zum Teil passiv und zurückhaltend, wobei sie sich in weniger relevanten Entscheidungen persönlich einbringen (vgl. ebd.). Die Bereitschaft von Teilnehmenden, gegen ihre Benachteiligung anzugehen und Lesen und Schreiben zu lernen, ist nach E5 durch die Motivation geprägt, ihre Kinder zu unterstützen. Damit möchten die Teilnehmenden dazu beitragen, ihren Kindern ein gutes Leben zu ermöglichen.

> „First is their concern about their children and family. […] Because it really motivates them through their children also, only. That if you become literate you can teach your children properly, you can take good care of them" (E5, 200ff.).

Nach Einschätzung von E5 nehmen Frauen, die nicht oder nicht gut Lesen und Schreiben können, an Erwachsenenbildung teil. Ihr primäres Anliegen ist es, ihre Kinder besser zu unterstützen und besser zu versorgen. Dies prägt ihre Motivation, ihre Teilnahmebereitschaft und ihre Lernbereitschaft (vgl. ebd.). Zudem möchten die Teilnehmenden nach Einschätzung von E7 die Lernfortschritte ihrer Kinder, die zur Schule gehen, besser einschätzen.

> „[A] lot of them come because they feel they want to monitor the progress of their little children. They realise that the small children, the mothers play a very important role. They want to help the children with the homework. They know that after class 1 or 2 they will not be able to do it; they will not be there for that. They know that. But initially, when the child is 4 or 5 years old that if a mother is literate she can just help the child a little bit. That's a big incentive for her to decide being in class" (E7, 233ff.).

Von der Teilnahme erhoffen sie sich die Teilnehmenden nach Einschätzung von E7, dass sie ihren Kindern bei den Hausaufgaben für die Schule helfen und dass sie die Fortschritte ihrer Kinder besser beobachten können. Die eigenen Kinder sind für die Teilnehmenden in der Einschätzung von E7 von großer Bedeutung, sodass ihnen deren Ausbildung und deren Gesundheit am Herzen liegen. Dies kann sich auf die Ausbildung und die Lebenswelt ihrer Kinder nicht zuletzt deshalb positiv auswirken, weil die Mütter für ihre Kinder ein Vorbild sind. Die Teilnehmenden entscheiden sich, gegen ihre Benachteiligung anzugehen, um ihren Kindern ein Leben zu ermöglichen, das weniger von sozialer Benachteiligung geprägt ist. Ihre Kinder sollen ihr Leben aktiv selbst gestalten können. Die Bereitschaft zur Teilnahme ergibt sich weniger aus der Motivation, gegen ihre eigene Benachteiligung anzugehen, sondern um ihren Kindern Gleichberechtigung in einer Gesellschaft zu ermöglichen. Die Teilnehmenden haben ein Verständnis von sozialer Benachteiligung und sozialen Privilegien einer Gesellschaft. Die Bereitschaft zum Handeln und Lernen ergibt sich für sie v.a. in Bezug auf ihre Kinder (vgl. ebd.).

4.1.1.2 Benachteiligung in der Erwerbstätigkeit und in der Politik

Die soziale Benachteiligung von einigen Teilnehmenden zeigt sich nach Einschätzung von E4 in ihrer Erwerbstätigkeit.

> „I have seen that many of the things they don't know. The minimum wage they usually don't get. Then education. […] And how much they can bargain or how much they can generate, with the employers. […] Then there is also a health regard in the sense they don't know many things because of poverty and insecurity. Both poverty and insecurity they come along, together" (E4, 114ff.).

In traditionell geprägten Gesellschaftsstrukturen sind nach Einschätzung von E4 Frauen benachteiligt. Dies zeigt sich nach E4 darin, dass einige Frauen in ihrer Erwerbstätigkeit unter dem Mindestlohn arbeiten. Die Benachteiligung zeigt sich darin, dass einige Frauen nicht wüssten, wie sie in ihrer Erwerbstätigkeit um Gehalt aushandeln. E4 artikuliert seine persönliche Überzeugung, dass sich Frauen in verschiedenen Bereichen ihrer persönlichen Lebenswelt nicht gut auskennen. Armut, Unsicherheit und ein Mangel an Wissen gehen miteinander einher. Für die Frauen ist nach E4 in erster Linie Sicherheit von Bedeutung (vgl. ebd.). Die soziale Benachteiligung von Frauen zeigt sich in politischen Kontexten. Im ländlichen Raum werden Entscheidungen in kommunalpolitischen Dorfversammlungen getroffen. In Indien wurde hierfür eine Frauenquote implementiert.

> „[W]e have in village, this village assembly [...], and by constitution this assembly is mandatory, because all this policies and village level issues will be discussed and this panchayat[12] makes up some policies [...]. What is happening is that most of the women they don't go [...], because men are there, they will not be able to speak up their mind" (E3, 249ff.).

In der Dorfversammlung könnten die Frauen ihre persönlichen Bedarfe und Probleme einbringen, ihre Rechte einfordern und ihre soziale Zugehörigkeit aushandeln. Nach der Einschätzung von E3 nehmen einige Teilnehmenden an den kommunalen Dorfversammlungen nicht teil. Dies hat den Grund, dass sie sich aufgrund der Anwesenheit von Männern nicht trauen, für ihre Bedarfe und Probleme einzutreten. Die Teilnehmenden trauen sich nach Einschätzung von E3 nicht, ihre Bedarfe und Probleme anzusprechen und ihre Rechte einzufordern, weil in der Dorfversammlung Männer anwesend sind (vgl. ebd.).

> „They said they cannot come to the *gram sabha*[13] because there are men sitting. [...] And we cannot sit there and express ourselves because there are men sitting" (E3, 313ff.).

Die *Gram sabha* ist eine kommunalpolitische Dorfversammlung. Die Anwesenheit von Männern trägt nach der Einschätzung von E4 dazu bei, dass sich die Teilnehmenden des Erwachsenenbildungsangebots nicht getraut haben, dort ihre Bedarfe und Probleme einzubringen und ihre Rechte auszuhandeln. In diesem Handeln zeigt sich eine soziale Benachteiligung von Frauen. Dabei prägen nach E4 ihre persönlichen Überzeugungen ihr zurückhaltendes Handeln. Wenn sie nicht zur Dorfversammlung gehen, verharren sie in einer passiv-akzeptierenden Einstellung und gehen nicht aktiv gegen Benachteiligung an. Es ist davon auszugehen, dass dieses Handeln durch traditionelle Gesellschaftsstrukturen geprägt ist. In solchen Strukturen bestehen eingeschränkte Möglichkeiten, dass Personen nicht konform zu bestehenden traditionellen Gesellschaftsstrukturen handeln. Damit riskieren sie nach Einschätzung von E4 die Gefahr, dass sie von der Gesellschaft, zu der sie gehören, ausgeschlossen werden (vgl. ebd.). Dass es für Frauen in traditionellen Strukturen schwierig sein kann, in Anwesenheit von Männern für ihre Rechte einzutreten, zeigen die Beobachtungen von E4.

> „[I]f the men are there, then most of the women will be shy or silent or not speaking. And then secondly in India largely 90 percent of women are too shy to speak, they are inarticulate, too inarticulate also, they don't know the standard language. And so, they cannot really speak, because if you speak English they will say is standard English or standard Hindi. [...] [M]any women they can understand Hindi, but they cannot speak of a proper Hindi, so this is also disabling for them [...]. So, those are the problems why they cannot really speak up" (E4, 164ff.).

---

[12]   Eine *panchayat* ist eine kommunalpolitische Versammlung (vgl. Patel, 1998, S. 157).
[13]   Die *gram sabha* ist eine gewählte kommunalpolitische Dorfversammlung.

Nach Überzeugung des (männlichen) Experten E4 trauen sich 90 Prozent der Frauen in Indien nicht über ihre Bedarfe und Probleme sprechen. Den Grund dafür sieht E4 in den mangelnden Sprachkenntnissen von Frauen in Indien. Die Amtssprache Hindi beherrschen nach der Überzeugung von E4 nur wenige Frauen, die sich stattdessen in regionalen indischen Sprachen verständigen. In politischen oder gesellschaftlichen Angelegenheiten sind Sprachkenntnisse in Hindi notwendig. Das Handeln von Teilnehmenden kann nach E4 durch Schweigen und Zurückhaltung geprägt sein. In der Erwachsenenbildung können die Teilnehmenden beobachten, wie andere Teilnehmenden ihre persönlichen Bedarfe und Probleme verstehen und artikulieren. Dies kann ihre Motivation und ihre Lernbereitschaft stärken, sodass sie sich selbst aktiver in Erwachsenenbildungsangebote einbringen und selbst über ihre Bedarfe und Probleme sprechen möchten. Es kann die Teilnehmenden bestärken, wenn sie beobachten, dass andere Teilnehmende ihre persönlichen Bedarfe und Probleme artikulieren. Empowerment trägt dazu bei, dass sich die Teilnehmenden zutrauen und motiviert sind, sich politisch zu engagieren (vgl. E4, 164ff.). Das Empowerment von Frauen in politischen Bereichen zeigt die Beobachtung von E5.

„There are so many women's who have been empowered [...] and who have become sarpanch[14] [...] Means head of local government" (E5, 216ff.).

Das Empowerment von Frauen zeigt sich nach Einschätzung von E5 darin, dass sie sich in kommunalpolitischen Dorfversammlungen als Vorsitzende (Hindi: *sarpanch*) engagieren. Das politische Engagement erfordert von den Frauen, dass sie die Bedarfe und Probleme anderer Personen in ihrer Gesellschaft verstehen, diese artikulieren und sich dafür einsetzen. Politisches Engagement besteht darin, dass die Frauen in sozialen Aushandlungsprozessen ihre Gleichberechtigung und ihre Interessen einfordern und sich aktiv an der gemeinsamen Gestaltung des sozialen Lebens einbringen (vgl. ebd.).

4.1.1.3 Zur Erwachsenenbildungsteilnahme von Frauen

Die soziale Benachteiligung zeigt sich nach der Beobachtung der Expertin E9 darin, dass im ländlichen Raum weniger Frauen an Erwachsenenbildung teilnehmen als Männer.

„We organize literacy classes, financial literacy classes in different cities, sometimes in rural areas. So, participation is very low in the rural areas. Some around 5 to 7 percent of the female participants in the rural areas. Three years I've organized seven workshops for this financial literacy in different states, female participants were not more than 5 percent in any of the states. And even they were sitting in front they were not talking" (E9, 139ff.).

E9 beobachtet im ländlichen Raum eine geringe Teilnahme von Frauen an Erwachsenenbildungsangeboten und schätzt diese auf 5 bis 7 Prozent. Die Teilnehmenden waren nach Einschätzung von E9 zurückhaltend und haben sich wenig persönlich eingebracht und ihre Bedarfe und Probleme artikuliert.

---

[14] Ein/e *sarpanch* ist der/die Vorsitzende einer kommunalpolitischen Dorfversammlung.

Dies deutet darauf hin, dass die weiblichen Teilnehmenden in den Erwachsenenbildungsangeboten noch nicht gelernt haben, ihre Gleichberechtigung einzufordern und sich auf Augenhöhe mit den Mitarbeitenden und männlichen Teilnehmenden auszutauschen. Einigen Erwachsenenbildungseinrichtungen in Indien fällt es schwer, Personen im ländlichen Raum mit ihren Angeboten zu erreichen.

> „In India, it is very difficult for the NGOs[15] [...] who are working for different fields, [...] in the rural areas in the outskirts [...] to approach to them [...] [to] culture, to society and to religion" (E9, 219ff.).

Nichtregierungsorganisationen, die im ländlichen Raum Indiens Erwachsenenbildung anbieten, sind mit Herausforderungen konfrontiert. Eine davon ist es, Personen im ländlichen Raum mit Erwachsenenbildungsangeboten zu erreichen und bei ihnen eine Teilnahmebereitschaft zu wecken. Die Zielgruppenansprache ist an kulturellen, sozialen und religiösen Bedarfen der Personen auszurichten. Zum Teil tragen traditionell geprägte Gesellschaftsstrukturen zu einem Widerstand gegen Erwachsenenbildung bei, die in der Vorstellung der Personen traditionelle Strukturen hinterfragt. Dazu zählt nach Einschätzung von E9 die Benachteiligung von Frauen, die in einer Erwachsenenbildung Lesen und Schreiben lernen. Nach E9 möchten einige Ehemänner nicht, dass ihre Frauen an Erwachsenenbildung teilnehmen und dort Lesen und Schreiben lernen. Für die Mitarbeitenden ist es zum Teil schwierig, Personen, v.a. Frauen, im ländlichen Raum zu erreichen und für eine Teilnahme an Erwachsenenbildung zu motivieren (vgl. ebd.).

Nach der Einschätzung von E5 werden Frauen in matriarchalisch geprägten Bundesstaaten Indiens sozial benachteiligt. Dazu zählen nach Göttner-Abendroth (2010) Stämme im Nordosten oder im Süden Indiens. Dies widerspricht der Annahme von E5, dass die Benachteiligung von Frauen durch patriarchalische Strukturen geprägt ist.

> „I was surprised why. If it is male, female dominated and it is empowered women are there, why none of the women is head of the village and they don't even want to write it in the book, not in the story also. Your stories I have read, many stories, focal stories, there also I that the status of women is not very high in that. [...] [I]t is a something like puzzle to me. [...] And I have been to [...] some villages and there also I see their customs are there, if women do not like to happen. She can go to another person; nobody will raise it. [...] But they say that she is accepted, she is allowed but she is not accepted. [...] Tribal areas are matriarchal. And even in workshop I don't see many women. When I go for training programme I don't see women there. Two, three women are there only. [...]. Tribal areas only one or two women I see and we say that they are empowered there. [W]hat type of Empowerment is there I don't know" (E5, 316ff.).

Eine meiner Annahmen ich im Vorfeld der empirischen Studie war, dass sich die soziale Benachteiligung von Frauen in matriarchalisch und patriarchalisch geprägten Bundesstaaten Indiens unterscheidet. In matriarchalisch geprägten Bundesstaaten kommt nach Göttner-Abendroth (2010) dem Handeln und den Entscheidungen von Frauen eine höhere Relevanz zu als in patriarchalisch geprägten Bundesstaaten (vgl. ebd., S. 24). Die Beobachtun-

---

[15] NGO = Abk. für Nongovernmental Organisation = Nichtregierungsorganisation.

gen der Expertin E5 widersprechen dieser Annahme. E5 beobachtet, dass Frauen in matriarchalischen Bundesstaaten ähnlich wenig politisch engagiert sind oder politische Ämter einnehmen wie sie es auch in patriarchalischen Bundesstaaten beobachtet. Nach der Beobachtung von E5 wollten ein Teil der Teilnehmenden ihre persönliche Geschichte nicht in dem Buchprojekt, das dort durchgeführt wurde, einbringen. In dem Projekt sollten die Teilnehmenden ihre persönliche Geschichte erzählen und ihren persönlichen Bildungsweg aufzeigen.

Die soziale Benachteiligung zeigt sich nach Einschätzung von E5 darin, dass weniger Frauen als Männer an Erwachsenenbildungsangeboten teilnehmen. Zwar wird behauptet, dass Frauen als gleichberechtigt akzeptiert werden, tatsächlich werden sie nach Einschätzung von E5 nur geduldet. Die Gleichberechtigung von Frauen in Indien zeigt sich in sozialen *Bottom-Up*-Bewegungen und politischen *Top-Down*-Entscheidungen. Zu den sozialen *Bottom-Up*-Bewegungen zählen z.B. die Frauenbewegung und die *Anti-Arrak*-Bewegung nach Dighe (1995). Zu den politischen *Top-Down*-Entscheidungen zählen der Gesetzentwurf für eine 33-prozentige Frauenquote, die u.a. für das indische Parlament gelten soll. Dieser Entwurf wurde im Jahr 2009 im indischen Parlament vorgeschlagen (vgl. Rai, 2013). In der indischen Gesellschaft gibt es soziale Gruppen, die individuelle Interessen haben und diese zum Teil in politische Aushandlungen einbringen. Nach Einschätzung der Expert/-inn/en zeigt sich, dass manche sozialen Gruppen, ihre Interessen am Empowerment von Frauen nur formal anerkennen, aber in der Realität nicht umsetzen. Folglich widersprechen sich politische Entscheidungen und allgemein anerkannte Meinungen von tatsächlichen Bedarfen und Interessen sozialer Gruppen. Dies zeigt sich in der Differenz, die E5 beobachtet (vgl. ebd.).

Nach Einschätzung von E6 unterscheidet sich das Lernen und Handeln von Frauen und Männern. E6 beobachtet dies in dem Masterstudiengang Erwachsenenbildung. Dabei nehmen Frauen nach E6 ihr Lernen ernster als Männer.

> „What we have found that girls are more serious. [...] Second, they also quite defend upon remembering the contents, reading them, trying to remember [...]. They learn by heart what the content is. They have commonly 80 percent of understanding it. But even if they have a 50, 40 percent of understanding, they will mark it up. Boys here are less serious" (E6, 44ff.).

Nach der Einschätzung von E4 lernen Frauen zum Teil engagierter und zielstrebiger als Männer. Dies zeigt sich darin, dass sie Lerninhalte auswendig lernen. E6 geht davon aus, dass sie dies tun, wenn sie die Lerninhalte nicht verstehen. Gleichzeitig denkt E6, dass sie durchschnittlich ca. 80 Prozent der Lerninhalte verstünden (vgl. ebd.). In Anlehnung an E6 nehmen Männer Lernsituationen weniger ernst als Frauen und handeln aktiver.

> „Interaction of male, there is competitively more than the girls. So, whether they may not be very serious, but they do interact more. Something may be exactly on the topic or something may be just they are dwelling to show their knowledge. They don't care if they thing or wondering about the topic they there are making it just a joke in the class by asking questions also. But interaction or taking or asking or doing some kind of discussion, this is more the boys compared to the girls. Girls are more passive learners; [...] They also do ask some certain questions. It's not that they are not asking at all" (E6, 84ff.).

Nach E6 nehmen Teilnehmer ihre Teilnahme weniger ernst als Teilnehmerinnen und bringen sich aktiver in den Austausch und in Diskussionen ein. Nach der Beobachtung von E6 stellen Teilnehmerinnen mehr Fragen und thematisieren Wissen oder Lerninhalte, die sie persönlich interessieren. Einige Teilnehmer bringen eigenes Wissen ein, um andere Teilnehmenden zu beeindrucken. Dagegen handeln Teilnehmerinnen nach der Beobachtung von E6 zurückhaltender und passiver als Teilnehmer (vgl. ebd.).

4.1.2 Zum sozialen Wandel der indischen Gesellschaft

Die indische Gesellschaft verändert sich. In Anlehnung an Skoda (für bpb.de, 2014) verlieren traditionelle Gesellschaftsstrukturen insbesondere in Städten an Bedeutung. Neue Medien tragen zu dem sozialen Wandel bei. Der soziale Wandel zeigt sich in einer Veränderung des Handelns von Personen. In einer individualisierten Gesellschaft handeln Personen, die benachteiligt werden, ihre Gleichberechtigung aktiver aus als in einer traditionell geprägten Gesellschaft. Dieser zeigt sich in veränderten sozialen Praktiken wie z.B. im Kleidungsstil.

4.1.2.1 Zum Beitrag von neuen Medien zum sozialen Wandel

Der technische Fortschritt prägt den Wandel einer Gesellschaft und Individualisierungsprozesse. Durch technischen Fortschritt wurden neue Medien wie TV, Radio, Computer, Smartphones und Internet möglich. Die Nutzung von neuen Medien prägt eine Gesellschaft. Weil in den Medien soziale Praktiken gezeigt werden und diese viele Personen gleichzeitig sehen können, haben die Medien einen hohen Einfluss. Die sozialen Praktiken werden in einer veränderten Form wiederholt. Medien vermitteln eine Vorstellung davon, wie Leben in einer Gesellschaft möglich ist. In Filmen werden soziale Praktiken gezeigt, wie Frauen und Männer gleichberechtigt sind und sich gegenseitig auf Augenhöhe austauschen. Wenn Frauen dies beobachten, können sie ihr eigenes Handeln mit dem Handeln vergleichen, dass sie dort beobachten. Neue Medien tragen dazu bei, Informationen und Kommunikation zu beschleunigen. Zudem können Informationen z.B. über Medien wie Fernsehen, Radio und Internet an eine hohe Anzahl von Personen gleichzeitig vermittelt werden. Dies trägt dazu bei, dass viele Personen veränderte soziale Praktiken gleichzeitig beobachtet können. Die Beobachtung veränderter sozialer Praktiken kann zu einer Reflexion ihres Handelns und zu persönlichen emotionalen und kognitiven Lernprozessen anregen. Nach Einschätzung von E4 ermöglicht dies eine Veränderung im Handeln der Personen. Folglich können neue Medien nach E4 zu einem beschleunigten sozialen Wandel beitragen.

> „[T]he change is more mainly by the media, mainly through the consumer behaviour we have. […] But maybe TV, television has made a lot of impact. The series, televisions and programmes. These movies have made a lot of impact on them. This has allowed them, and […] has changed the women lives much to the better" (E4, 282ff.).

Medien prägen den sozialen Wandel. Personen gewinnen in Medien Anregungen für ihre individuellen Interessen und Bedarfe und können soziale Praktiken beobachten, wie andere Personen ihre persönliche Lebenswelt gestalten. Filme und Serien im TV beeinflussen das Handeln von Personen. Nach E4 bergen Medien das Potential, dass Frauen darin soziale Praktiken beobachten, die in ihnen Anregungen für eine Veränderung in ihrem Handeln hervorrufen. Dies kann nach E4 zu einer Verbesserung des Lebens von Frauen beitragen.

In der indischen Gesellschaft beobachtet E4 Unterschiede zwischen dem ländlichen Raum und Städten, zwischen Armut und Reichtum sowie zwischen traditionell geprägten Gesellschaftsstrukturen und dem modernen Indien. Dieses entspricht einer Gesellschaft, die durch Individualisierungsprozesse geprägt ist.

> „[Y]ou have a difference distinction between the rural and the urban India, between the richer families and the poorer families and also between the modern and the traditional India. Modern India means India which is exposed to the modern lifestyle of consumerism. Media, films, cinema which are now focusing completely on where individuals are on their own, autonomously individuals, they are discussing equally asserting. All these things are disseminated through the media" (E4, 320ff.).

Nach Einschätzung von E4 kann die soziale Benachteiligung von Frauen in Indien aufgrund ihrer Zugehörigkeit zu sozialen Kategorien differenziert werden. In Indien bestehen soziale Unterschiede auf mehreren Ebenen. Der soziale Wandel wird nach Einschätzung von E4 durch Medien wie Fernsehen und Filme geprägt, in denen gleichberechtigtes und selbstgesteuertes Handeln von Personen gezeigt wird. Es wird beispielsweise gezeigt, wie Personen selbst Entscheidungen treffen und ihr Handeln selbst steuern. Dies stellt eine soziale Praktik dar, die wiederholt und stets in neuen Formen ausgeübt wird. Die Beobachtung solcher sozialer Praktiken in Filmen und Serien kann Personen neue Handlungsmöglichkeiten aufzeigen und ihre persönlichen Vorstellungen dessen erweitern, wie sie selbst handeln können. Dadurch, dass sie gleichberechtigte soziale Praktiken von Frauen und Männern in Filmen und Serien beobachten, können Frauen eine Vorstellung von Gleichberechtigung entwickeln. Eine solche Vorstellung prägt ihr eigenes Handeln Schritt für Schritt. Dies kann sich darin zeigen, dass Frauen ihre persönlichen Rechte einfordern oder darauf bestehen, in ihrer Familie, in ihrer Erwerbstätigkeit und in der Politik gleichberechtigt und gemeinsam Entscheidungen zu treffen (vgl. ebd.). Nach Einschätzung von E4 begünstigen Medien eine Beschleunigung des sozialen Wandels.

> „India is changing very fast. It's not the same relations as my father or parents would have. Modern families, women have started arguing, questioning the decisions, […] they have created their own space, almost everything, including the market, shopping, children education, marriages [. I]t's both in the urban areas and rural areas, but it's more lively because of the media, television and cinema" (E4, 329ff.).

Soziale Praktiken zeigen ein verändertes Handeln von Frauen, die begonnen haben, Entscheidungen in ihrer Familie, ihrer Erwerbstätigkeit und in der Politik zu hinterfragen und in sozialen Aushandlungsprozessen ihre Rechte einzufordern. Dies zeigt sich darin, dass sie sodann in Befähigungsbereiche eigenverantwortlich handeln, diese selbst gestalten und selbst Entscheidungen treffen. Beispiele dafür sind der Einkauf, die Ausbildung ihrer Kinder und ihre Gleichberechtigung hinsichtlich Fragen von Eheschließung und Gestaltung der Beziehung zu ihrem Partner. Die Veränderung im Handeln kann sich innerhalb einer Generation zeigen. Innerhalb indischer Familien zeigt sich eine Veränderung im Handeln von Frauen, welches zunehmend durch deren Selbststeuerung geprägt ist, sodass die Frauen beispielsweise mehr eigene Entscheidungen treffen. Die Frauen eignen sich in der Erwachsenenbildung Wissen an, das sie in ihrer Lebenswelt praktisch anwenden. In ihrer Familie können sie Einkauf, Erziehung und Ausbildung ihrer Kinder thematisieren und diskutieren. Die Frauen bilden sich eine persönliche Meinung und argumentieren diese innerhalb ihrer Familie. Medien wie Filme und Serien im TV und im Kino tragen im ländlichen Raum und in Städten dazu bei, dass sich soziale Praktiken verändern und dass sich sozialer Wandel beschleunigt (vgl. ebd.). Die Beschleunigung ergibt sich daraus, dass mit neuen Medien (wie TV, Radio, Internet) gleichzeitig eine hohe Anzahl an Personen erreicht werden kann. Durch technischen Fortschritt haben neue Medien an Bedeutung gewonnen. Diese prägen und beschleunigen den sozialen Wandel. Personen können veränderte soziale Praktiken in Medien beobachten.

> „[I]ndirect media education has really very strong […]. Media education not in the formal sense that someone is teaching them media education… [...] particularly television has given this, television and cinema" (E4, 310ff.).

Durch Medien können sich Personen Wissen aneignen. Weil die Medien in die persönliche Lebenswelt von Personen eingebunden sind, werden veränderte soziale Praktiken und Wissen niederschwellig vermittelt. Dies kann die Bereitschaft von Personen prägen, an Erwachsenenbildungsangeboten teilzunehmen (vgl. ebd.).

4.1.2.2 Veränderungen im Handeln

Der soziale Wandel zeigt sich in veränderten sozialen Praktiken und darin, dass Personen anders handeln. Das Handeln von Frauen hat sich dahin verändert, dass sie in ihrer Familie und in ihrer Erwerbstätigkeit mehr Entscheidungen selbst treffen und ihre Lebenswelt dort selbst aktiv gestalten:

> „[M]any women have come forward to work and there we started […] and they have changed their lives, they have changed their family lives. They have now start to take control on the family income and other decision making […]. But that percent is less, it is […] rarely 10 to 15 percent of women who are empowered. […] Others are more aware, more concerned, more assertive, they feel more free, at least they understand what is going on" (E4, 244ff.).

Nach der Beobachtung von E4 haben indische Frauen einhergehend mit dem sozialen Wandel begonnen, innerhalb ihrer Familie über die Finanzen mitzubestimmen und gemeinsam mit ihrem Ehemann Entscheidungen zu treffen. Zudem beobachtete E4, dass Frauen begonnen haben, einer Erwerbstätigkeit nachzugehen und damit selbst Geld zu verdienen. Das Empowerment von Frauen zeigt sich nach E4 in ihrer Familie und in ihrer Erwerbstätigkeit in ihrer persönlichen Lebenswelt. E4 schätzt, dass dies ca. 10 bis 15 Prozent der indischen Frauen betrifft. Gleichzeitig haben nach E4 andere Frauen ein Bewusstsein und eine Vorstellung von Gleichberechtigung entwickelt (vgl. E4, 244ff.). Nach Meinung von E4 verstehen einige Frauen zum Teil, dass sie ihr Leben selbst losgelöst von traditionellen Strukturen gestalten können:

> „In a very small way they understand that they have their own way. […] They can also [be conscious] that they should live by their own thinking rather than a cog in a wheel in the family system, […] in the cast system or […] in the entire sociocultural system. Women now do feel that they have their own understanding […] those things are not visible within in the rural areas and the traditional India. But in urban areas it has taken place in a higher extent" (E4, 302ff.).

Einige Frauen verstehen nach der Einschätzung von E4, dass sie ihr Leben selbst aktiv gestalten können anstelle wie ein Rad im Getriebe zu funktionieren. Nach E4 sind Personen wie ein Rad in einem Getriebe in traditionell geprägten Gesellschaftsstrukturen sozial eingebunden. In ihrer sozialen Eingebundenheit richten sie ihr Handeln an Traditionen und Gesetzen aus. Das Kastensystem und gesellschaftlichen Traditionen bieten den Teilnehmenden eine Struktur, in denen sie ihr Handeln nicht selbst steuern müssen. Die Teilnehmenden können ihr Handeln durch ihre soziale Eingebundenheit in traditionelle Gesellschaftsstrukturen an diesen bestehenden Strukturen ausrichten. Dagegen sollen Personen einer individualisierten Gesellschaft ihr Handeln selbst steuern, ihre Lebenswelt selbst gestalten und ihre soziale Zugehörigkeit selbst aushandeln. Der soziale Wandel findet nach E4 verstärkt in Städten statt und weniger im ländlichen Raum, der stärker durch traditionelle Strukturen geprägt ist. Eine Erklärung dafür kann sein, dass in Städten eine größere Anonymität möglich ist, die Personen mehr Freiheit in ihrem Handeln ermöglicht. Im ländlichen Raum, in dem Personen untereinander vernetzt sind und sich gut kennen, ist Handeln stärker an traditionellen, gesellschaftlich akzeptierten Strukturen von höherer Bedeutung (vgl. E4, 302ff.).

Der soziale Wandel der indischen Gesellschaft zeigt Veränderungen, die sich Schritt für Schritt vollziehen und sich im Handeln von Personen zeigen. Dazu zählt, dass sich die Distanz von Frauen und Männern außerhalb der eigenen Familie verringert hat und dass Frauen mit Männern aus anderen Familien sprechen können – ohne dass sie soziale Restriktionen oder Tabus beschreiten. Die soziale Benachteiligung von Frauen ist im ländlichen Raum Indiens stärker ausgeprägt als in Städten und zeigt sich im ländlichen Raum, in dem traditionelle Gesellschaftsstrukturen einen höheren Einfluss haben als in Städten. Dies hat sich in den letzten Jahren durch Individualisierungsprozesse verändert. Dies wird an dem Austausch von Frauen und Männern deutlich wie E9 beobachtet:

> „The culture is moving, that is the reason, but if you talk about the rural area, we have some kind of difference, but a kind of distance between male and females" (E9, 136ff.).

Im ländlichen Raum Indiens beobachtet E9 eine Distanz von Frauen und Männern. Diese besteht weiterhin, obwohl sich durch den sozialen Wandel nach Einschätzung von E9 das Verhältnis von Frauen und Männern verändert hat. Die Distanz von Frauen und Männern ist traditionell geprägt, sodass sie durch ihre soziale Eingebundenheit ihr Handeln an traditionellen Gesellschaftsstrukturen ausrichten. Indem sie zueinander distanziert sind, handeln Personen konform zu den traditionellen Strukturen (vgl. ebd.).

„At least they are speaking with the men. [...] So, now you can find, that [...] women can talk to men outside their own private family. That is the greatest thing [...] that happens through the literacy programmes because of the adult education programmes in the rural India, in the traditional India. At least women are able to face men. Before women were not participating in any of the public sphere activities. They were always in the walls of their houses, now they are coming outside the walls of their houses" (E4, 340ff.).

E4 beobachtet, dass sich das Handeln von Frauen und Männern durch den sozialen Wandel in der indischen Gesellschaft verändert. V.a. im ländlichen Raum Indiens haben Erwachsenenbildungs- und Grundbildungsprogramme dazu beigetragen, dass sich soziale Praktiken und das Handeln von Frauen und Männern verändert. Nach Einschätzung von E4 sind einige Frauen in traditionell geprägten Strukturen nicht in der Lage, mit Männern außerhalb der eigenen Familie zu sprechen. Frauen würden nach E4 mehr Zeit als Männer zu Hause verbringen und sich meistens innerhalb ihrer Familie aufhalten. Ihre Teilnahme hat dazu beigetragen, dass die Frauen mit Männern außerhalb ihrer Familie sprechen und in einem höheren Umfang sozial zugehören. Dazu zählt der Besuch von kulturellen Veranstaltungen und der Austausch mit anderen Personen. Durch ihre Teilnahme haben sich die Frauen nach Einschätzung von E4 geöffnet und beteiligen sich stärker am sozialen Leben. Dazu zählt, dass sie sich mit anderen Personen außerhalb ihrer eigenen Familie austauschen. Die zuvor beschränkten Räume, in denen sich Personen bewegt haben, lösen sich auf und ermöglicht Personen aus unterschiedlichen sozialen Gruppen, in einen gemeinsamen Austausch zu gelangen. In diesem können sie voneinander und miteinander lernen. Diese Veränderung schreibt E4 Erwachsenenbildungsangeboten und Bildungsprogrammen im Bereich Grundbildung zu. Solche Programme hatten v.a. im ländlichen Raum und in traditionell geprägten Bereichen Indiens großen Einfluss (vgl. ebd.).

4.1.2.3 Veränderungen sozialer Praktiken

Der Kleidungsstil kann in Anlehnung an das Habitus-Konzept von Bourdieu (1987) als eine soziale Praxis verstanden werden. Anhand dieser kann sich ein sozialer Wandel zeigen. Ein Beispiel dafür, wie sich Handeln konkret zeigt, ist wie sich Person kleiden und sich selbst präsentieren. Zu der äußeren Erscheinung zählen Mimik, Gestik und Haltung von Personen. Indem sich Personen von traditionellen Kleidungsstilen lösen, grenzen sie sich von traditionellen Gesellschaftsstrukturen ab. U.a. Medien und andere Personen tragen dazu bei, mögliche andere, weniger traditionelle Kleidungsstile zu zeigen (vgl. ebd., S. 277ff.). Indem sich Personen in ihrem äußeren Auftreten und den sozialen Praktiken wie dem Tragen traditioneller Kleidung distanzieren, tragen sie zu einem sozialen Wandel bei, der sich auf unterschiedlichen Ebenen zeigt. Soziale Praktiken kennzeichnen einen sozialen Wandel. Mit dem Tragen moderner und weniger traditioneller Kleidung gehen veränderte Einstellungen und Überzeugungen der Personen einher, die sich für das Tragen bestimmter Kleidung entscheiden. In einem sozialen Wandel ermöglicht das Aufrechterhalten traditionell geprägter sozialer Praktiken den Teilnehmenden eine Sicherheit. Diese ist für sie wichtig, weil der Bedeutungsverlust traditioneller Strukturen nach Kade (1989) mit Unsicherheit verbunden ist (vgl. ebd., S. 795).

Der soziale Wandel in der indischen Gesellschaft zeigt sich in einem veränderten Kleidungsstil. In Medien wird Bekleidung gezeigt, die nicht traditionell geprägt ist. Traditionell geprägte Teile der indischen Gesellschaft missbilligen nicht-traditionelle Bekleidung. Das Tragen nicht-traditioneller Kleidung kann bei traditionell geprägten Personen der indischen Gesellschaft Widerstand hervorrufen. In traditionell geprägten Teilen Indiens sei ein traditionell geprägter Kleidungsstil angesehen und wertgeschätzt. Empowerment zeigt sich in der Bekleidung von Frauen. Frauen möchten sich gut präsentieren. Die Gestaltung des eigenen Auftretens und der Bekleidung wird von Frauen entschieden.

> „Like for the women earlier they used to wear salwar kameez or saree. Now many of the younger women or particularly girls will be wearing jeans or t-shirts [...] it depends on the nearness to the city. Nearness to the urban areas. If the women are closer to the city [...] probably they will have that much changes" (E4, 283ff.).

Das Tragen nicht-traditioneller Bekleidung kann eine Distanzierung von Frauen zu traditionell geprägten Gesellschaftsstrukturen kennzeichnen. Frauen tragen in einer traditionell geprägten Gesellschaft traditionelle Kleidung wie einen *Sari* oder einen *Salwar Kamiz*. Jüngere Frauen würden Jeans oder T-Shirts bevorzugen (vgl. ebd.). Für muslimische Frauen aus traditionell geprägten Familienstrukturen ist es in Anlehnung an Patel (1998) eine übliche soziale Praktik, eine Burka zu tragen (vgl. ebd., S. 158). Wenn die Teilnehmenden unter sich sind, können sie diese ablegen. Sobald sie wieder außerhalb der Gemeinschaft sind, tragen die Frauen wieder ihre Burka:

> „But when they come to, if it is a homogenous group, they take out their burka and all... [...] Throughout the session, when they move out, then they take back [...] You see, it's like that, if you are working in the community you cannot straight away say it 'Oh this is bad, stop doing it, you cannot wear it'" (E3, 307ff.).

Für die Mitarbeitenden ist wichtig, dass sie die sozialen Praktiken von Teilnehmenden akzeptieren und respektieren. Sie sollen ihnen nicht verbieten, ihr Handeln an traditionellen sozialen Praktiken auszurichten. Weil die sozialen Praktiken den Teilnehmenden Sicherheit vermitteln, ist ein Respekt der Praktiken wichtig, um eine wertschätzende und reziproke Beziehung zu ermöglichen. Gleichzeitig bietet Erwachsenenbildung für Frauen einen geschützten Raum, in dem sie sich persönlich öffnen können. Dass die Teilnehmenden ihre Burka ablegen, weist darauf hin, dass sie sich sicher und mit den anderen Teilnehmenden und Mitarbeitenden verbunden fühlen (vgl. ebd.). Der Kleidungsstil ist eine soziale Praxis, die Hinweise auf das Empowerment von Teilnehmenden geben kann, der sich aber nicht notwendigerweise verändert. E6 thematisiert das Tragen einer Burka, die zur Verschleierung von Frauen dient, deren Gesicht und Körper nicht mehr von anderen Personen gesehen werden können. In Anlehnung an die Beobachtung von E6 ist es für einige Frauen aus traditionellen Familien wichtig, eine Burka zu tragen:

> „[D]ressing sense also changes a little bit. But there are certain more traditional persons who do not change their dressing and other clothes. [...] [T]hey have to put a burka [...] [W]hen they have education, when they have class, even after PhD degree they will come with a burka" (E6, 155ff.).

Indem die Frauen eine Burka tragen, zeigen sie anderen Personen ihre soziale Eingebundenheit in traditionell geprägte Gesellschaftsstrukturen. Nach E6 verändert die Teilnahme oder das Absolvieren akademischer Ausbildungen nicht, dass die Frauen eine Burka tragen. Das Empowerment von Teilnehmenden zeigt sich in ihrem Handeln und in sozialen Praktiken. In anderen sozialen Praktiken kann die soziale Eingebundenheit in traditionellen Gesellschaftsstrukturen beibehalten werden (vgl. ebd.). Das Auftreten der Teilnehmenden ist authentischer und weniger erzwungen, wenn nur Frauen und keine Männer anwesend sind. Gleichzeitig zeigen sich durch den reflektierten Austausch mit männlichen Mitarbeitenden Veränderungen in den Einstellungen und Überzeugungen der Teilnehmenden. Sie können die Erfahrung machen, dass eine Beziehung weniger durch gesellschaftliche Kategorisierungen, als durch den persönlichen Austausch geprägt sein kann.

> „We have […] only female learners, they are comfortable, and […] the way they are
> dressing, they are not really conscious. They are comfortable, but when we introduce
> some men […] then they become conscious […] for them they are learners, then they
> are comfortable. But initially but when there are male teacher, they are conscious"
> (E3, 199ff.).

E3 beobachtet, dass sich Frauen in ihrer Kleidung wohl fühlen solange keine Männer anwesend sind. Sobald männliche Mitarbeitende der Erwachsenenbildungseinrichtung anwesend sind, hinterfragen sie sich selbst und fühlen sich verunsichert. Dies wird im Verlauf aufgehoben, sodass die Teilnehmenden merken, dass die traditionelle Distanz zu Männern an Bedeutung verliert (vgl. ebd.).

4.1.3 Zwischenfazit

Die empirischen Erkenntnisse erweitern das Verständnis über die Benachteiligung von Frauen aus benachteiligten sozialen Gruppen und den sozialen Wandel in Indien (Kap. 2.1.2). Das theoretische Modell (*graue Markierung*) wurde wie Abb. 20 zeigt um die folgenden Bereiche erweitert.

Abbildung 20: Erweiterung des theoretischen Modells

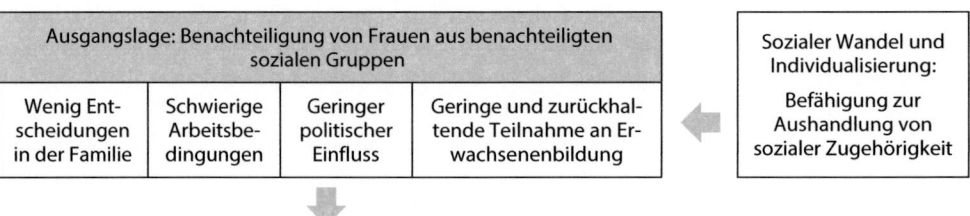

Quelle: Eigene Darstellung

Die empirische Studie ergänzt die theoretischen Erkenntnisse zur Lebenssituation von Frauen aus benachteiligten sozialen Gruppen durch mehrere Erkenntnisse. Diese sind für die gesellschaftskritische Betrachtung von Empowerment von Bedeutung. In Anlehnung an die Aussagen der Expert/inn/en ist die Benachteiligung von Frauen in Indien in letzten Jahren zurückgegangen. Gleichwohl bestehen Unterschiede zwischen Frauen und Männern weiterhin. Männliche Expert/inn/en, die befragt wurden, äußern deutlich den bestehenden Mangel an sozialer Zugehörigkeit von Frauen aus benachteiligten sozialen Gruppen. Der Experte E4 geht auf die seiner Meinung nach mangelnden sprachlichen Fähigkeiten von Frauen ein. Zudem fordern nach der Beobachtung von E4 Frauen aus benachteiligten sozialen Kasten und Stämmen zum Teil ihre Rechte nicht ausreichend ein. Nach Einschätzung der Expert/inn/en sind Frauen in Städten tendenziell stärker gleichberechtigt als Frauen im ländlichen Raum. Städte sind moderner und stärker durch Individualisierungsprozesse geprägt als der ländliche Raum. Dies ist in der Gestaltung von Erwachsenenbildung zu berücksichtigen, die sich an regional variierenden Bedarfen orientieren soll. Medien prägen das Handeln von Frauen insofern, als dass diese dort das Handeln anderer Frauen beobachten und reflektieren, erproben und ggf. selbst umsetzen. Gleichzeitig bergen Medien ein hohes Lernpotenzial um mit den Anforderungen einer individualisierten Gesellschaft umzugehen.

4.2 Zur Gestaltung von Erwachsenenbildung

Nach Einschätzungen der Expert/inn/en kann die Gestaltung von Erwachsenenbildung dazu beitragen, dass Frauen ihr Handeln selbst steuern. Relevant dafür ist der beziehungsstiftende Kontext von Erwachsenenbildung, in dem sich die Teilnehmenden emotional öffnen können (Kap. 4.2.1). Um zu ihrem Empowerment beizutragen, sollen Lerninhalte, Methoden und Lernmaterialien an den Bedarfen und Problemen der Teilnehmenden ausgerichtet sein (Kap. 4.2.2). Es soll ein Austausch mit anderen Teilnehmenden und den Mitarbeitenden ermöglicht werden (Kap. 4.2.3). Abschließend erfolgt ein Zwischenfazit (Kap. 4.2.4).

4.2.1 Erwachsenenbildung als beziehungsstiftender Kontext

Der beziehungsstiftende Kontext befähigt die Teilnehmenden, zu Mitarbeitenden und zu anderen Teilnehmenden Vertrauen aufzubauen. Dafür ist wichtig, dass die Mitarbeitenden ihnen die Ziele von Erwachsenenbildung transparent artikulieren. Die Mitarbeitenden sollen Akzeptanz und Respekt für das Handeln der Teilnehmenden zeigen, um einen reziproken Beziehungsaufbau zu ermöglichen. Dazu zählt, dass gesellschaftlich tabuisierte Themen nicht gleich zu Beginn von Erwachsenenbildung thematisiert werden und sie in ihren persönlichen Bedarfen und Problemen sozialpädagogisch unterstützen. Die Expert/inn/en beobachteten, dass es einigen Teilnehmenden leichter fällt, Vertrauen zu weiblichen Mitarbeiterinnen aufzubauen als zu männlichen Mitarbeitern. In Anlehnung an die Aussagen der Expert/inn/en gehen Mitarbeitende mit Teilnehmenden aus benachteiligten sozialen Gruppen auf unterschiedliche Weise um. In diesem Kontext ist die Selbstreflexion von Studierenden von Erwachsenenbildung im Rahmen der akademischen Ausbildung zu analysieren.

4.2.1.1 Zur Notwendigkeit von Transparenz, Geduld und Unterstützung

Die Ziele und Interessen der Erwachsenenbildungseinrichtung und des jeweiligen Erwachsenenbildungsangebots können transparent vermittelt werden. Dies trägt dazu bei, dass der gleichberechtigte Austausch auf Augenhöhe und das gemeinsame Gestalten von Erwachsenenbildung gleich zu Beginn ermöglicht werden. Transparenz bedeutet, dass die Teilnehmenden informiert werden, was sie von ihrer Teilnahme an Erwachsenenbildung erwarten können und was diese leisten kann. Dies ermöglicht, dass sich die Teilnehmenden wertgeschätzt fühlen und Vertrauen zu den Mitarbeitenden aufbauen.

> „If you do not have a good rapport, this people will not be sharing with us. Before that, we need their confidence. We have to have a rapport with them, we have a to do lot of work to get their trust on us [...] we inform them about our purpose. Also, they share their personal things, their emotions, their problems, their issues" (E8, 28ff.).

E8, die mit Frauen arbeitet, die in der Prostitution tätig sind, betont die Bedeutung einer guten Beziehung und von Vertrauen. Eine gute Beziehung der Teilnehmenden zu den Mitarbeitenden ist grundlegend dafür, dass sich erstere öffnen und sich trauen, ihre persönlichen Bedarfe und Probleme zu artikulieren. Dazu zählen ihre Arbeitsbedingungen, ihr Einkommen und wie vielen sexuellen Kontakten sie dafür nachgehen müssen. Gleichzeitig ist es wichtig, darüber zu sprechen, weil es ein Ziel der Erwachsenenbildungseinrichtung ist, den Teilnehmenden die Bedeutung von Verhütung und der Gefahr von sexuell übertragbaren Krankheiten zu vermitteln. Um das Vertrauen der Teilnehmenden zu gewinnen, ist nach Einschätzung von E8 ein hohes Engagement der Mitarbeitenden notwendig. Beziehungsarbeit erfordert persönliche Ressourcen, Engagement und Motivation von den Mitarbeitenden. Damit die Teilnehmenden Vertrauen zu ihnen aufbauen, klären sie die Mitarbeitenden der Einrichtung über ihre Ziele auf. Die Teilnehmenden erfahren dadurch, dass sie gleichberechtigt Erwachsenenbildung mitgestalten können und dass sie als Person mit ihren persönlichen Bedarfen und Probleme von Bedeutung sind (vgl. E8, 28ff.).

Das Hinterfragen traditionell geprägter sozialer Praktiken wie von häuslicher Gewalt und Mitgift-Morden wird nach Einschätzung von E5 von einigen Teilnehmenden tabuisiert. Tabuisierte Themen sollen nicht zu früh thematisiert werden. Dies kann Frauen, die in traditionell geprägte Gesellschaftsstrukturen eingebunden sind, überfordern. Wenn Erwachsenenbildung zum Empowerment von Teilnehmenden beitragen möchte, müssen tabuisierte soziale Praktiken und die soziale Eingebundenheit der Teilnehmenden respektiert werden und dürfen nicht zu voreilig hinterfragt werden. Ein respektvoller Umgang mit den persönlichen Grenzen der Teilnehmenden ist notwendig, damit sie sich in ihrem So-Sein verstanden fühlen. Dies ist Voraussetzung für eine vertrauensvolle Beziehung und dass sich die Teilnehmenden auf die Erwachsenenbildung einlassen. Ein Beispiel für eine soziale Praktik, die in traditionellen Gesellschaftsstrukturen weniger hinterfragt wird sind Mitgift-Morde. E5 berichtet über ein Poster über Mitgift-Morde, auf dem gezeigt wird wie eine Frau Suizid begeht. In der traditionellen indischen Kultur geben die Familien der Ehefrau der Familie des Ehemannes bei der Hochzeit die Mitgift, was Geld oder Landbesitz sein kann. Wenn eine Frau bis zu sieben Jahren nach Eheschließung stirbt, wird zum Teil behauptet, dass es sich um einen Mitgift-Mord handelt. Das Poster, das über Mitgift-Morde informieren sollte, wurde als Lernmaterial für Erwachsenenbildungsangebote gestaltet. Es sollte in den Räumen von Erwachsenenbildungseinrichtungen aufgehängt und gemeinsam mit den Teilnehmenden besprochen werden. Nachdem eine Mitarbeiterin, die im Bereich Grundbildung tätig war, das Poster erhalten hatte, brachte sie dieses am darauffolgenden Tag zurück, weil sie es nicht in der Einrichtung aufhängen könne.

> „She said, no I cannot put it in the class, because even if women are coming they will start they will drop out of the class because these things can come later, not immediately. So, dowry if we, […], initially your class will be stopped. It is a very slow process. You have to be very conscious" (E5, 253ff.).

Dies liegt daran, dass nach Einschätzung von E5 einige Teilnehmenden ihre Teilnahme abbrechen würden, wenn sie das Poster sehen. Die Konfrontation mit tabuisierten Themen stellt für sie eine hohe Anforderung dar. Das kann sich darin zeigen, dass die Teilnehmenden die Thematisierung von tabuisierten Themen als Konfrontation verstehen und sich verletzt fühlen könnten. Wenn tabuisierte Themen der persönlichen Lebenswelt der Teilnehmenden aufgegriffen werden, ohne das eine vertrauensvolle Grundlage geschaffen ist, könnten sich die Teilnehmenden nach Einschätzung von E5 missverstanden und überfordert fühlen. Gesellschaftlich tabuisierte Themen sollen erst später thematisiert werden, sobald die Mitarbeitenden und Teilnehmenden eine vertrauensvolle Beziehung zueinander aufgebaut haben. Die Geduld der Mitarbeitenden ist für das Empowerment der Teilnehmenden von Bedeutung, weil ein sozialer Wandel nur langsam geschieht und die soziale Eingebundenheit der Teilnehmenden in traditionell geprägte Gesellschaftsstrukturen verstanden und akzeptiert werden soll.

> „And if we initially start telling 'that is wrong' than it hurts their feeling it is 1000 of years being getting the story, it will take maybe 10 years […] You have to be patient with them. It is [a] very slow process. Immediately you cannot. If you start talking, then your class will be stopped" (E5, 258ff.).

Die Mitarbeitenden sollen Geduld und Verständnis dafür haben, dass eine Veränderung im Handeln lange dauert. Da die Traditionen über einen langen Zeitraum bestehen, dauert es lange, bis die Teilnehmenden ein anderes Verständnis zulassen, in welchen traditionelle soziale Praktiken hinterfragt werden. Dass die Mitarbeitenden diese akzeptieren und respektieren, trägt dazu bei, dass sich die Teilnehmenden verstanden fühlen und Vertrauen aufbauen. Der soziale Wandel der indischen Gesellschaft geschieht nicht auf einmal, sondern benötigt Zeit (vgl. E5, 258ff.). Hinsichtlich der Gleichberechtigung von Frauen und Männern in ihrer Familie beobachtet E4 einen Wandel, der Schritt für Schritt ein neues Verständnis der Beziehung von Frauen und Männern ermöglicht.

> „[T]he tradition doesn't really change or drastical. It's never a radical change. […]. Nothing changes suddenly overnight kind […] [T]hose limitations are rather overpowering [for] them. Overpowering in the very awareness sense that things don't change very fast" (E4, 245ff.).

Die Geduld der Mitarbeitenden trägt dazu bei, dass die Teilnehmenden den Raum und die Zeit haben, die sie benötigen, um sich zu entwickeln. Eine Veränderung im Handeln benötigt Zeit und geschieht nicht schnell, sondern in begrenztem Rahmen. Wenn Erwachsenenbildungsangebote zum Empowerment der Teilnehmenden beitragen wollen, sollen nicht zu schnell zu hohe Anforderungen an sie gerichtet werden. Weil die Teilnehmenden durch ihre soziale Eingebundenheit in traditionelle Gesellschaftsstrukturen geprägt sind, können die Anforderungen, die mit Empowerment einhergehen, sie verunsichern. Das begründet sich darin, dass die Teilnehmenden gewohnt sind, ihr Handeln an traditionellen Gesellschaftsstrukturen auszurichten. Mit Empowerment dagegen geht eine andere Art des Handelns in einer Gesellschaft einher, welche die Teilnehmenden zunächst nicht kennen. E4 bezeichnet dies als *Overpowering*, was als Überforderung oder als Überrumpeln verstanden werden kann. Zu starke Anforderungen und eine Überforderung würde die Teilnehmenden nicht stärken, sondern sie zusätzlich verunsichern. Um zum Empowerment beizutragen, muss Erwachsenenbildung den Teilnehmenden die Zeit geben, die sie benötigen, um sich zu entwickeln. Damit Erwachsenenbildung zum Empowerment der Teilnehmenden beitragen kann, müssen nach E4 ihre individuellen Bedarfe und Probleme im Vordergrund stehen (vgl. E4, 245ff.).

In der Erwachsenenbildungseinrichtung von E8 werden die Teilnehmenden in individuellen Bedarfen und Problemen von den Mitarbeitenden unterstützt (vgl. Kap. 2.2.3.1).

> „Sometimes they come in our office, and she told me 'I have a kid, but I have him around here. We can't send our kid for education purpose' Then we wrap […] her kid in education institute. Sometimes she told me 'Madam, […] used to get my pregnancy.' She doesn't have any idea where she can go. She did not have any money to pay in private hospital, so we send her to government hospital. […], [S]ometimes they come to me 'Madam I want to go back in my family' […]. And she does not know the process […], that time we give her support […]sometimes they come with 'Madam I want to open my account in bank. What I can do?" (E8, 33ff.).

Die Teilnehmenden können sich nach E8 an die Mitarbeitenden wenden und Unterstützung suchen. Dazu zählt, dass einige Frauen ihren Kindern eine gute schulische Ausbildung ermöglichen möchten. Andere Frauen wissen nicht, wie sie ihre ungeborenen Kinder im Krankenhaus entbinden können. Eine schwangere Frau wusste nicht, wo und wie sie ihr Kind entbinden kann, weil sie sich die Entbindung in einem privaten Krankenhaus nicht leisten konnte. Die Mitarbeiterin von Erwachsenenbildung empfahl ihr, ihr Kind in einem staatlichen Krankenhaus zu entbinden. Eine andere Frau fragte die Mitarbeiterin, wie man ein Bankkonto eröffnet. Obwohl dies nicht in den eigentlichen Aufgabenbereich der Mitarbeiterin fällt, ist es nach Einschätzung von E8 wichtig, die Frau in ihren Bedarfen und Problemen unterstützen.

> „[T]his small things that make an issue between me and her and also develop and it builds trust and confidence […]. Practically they are coming for [their] health, for [their] benefit, to make [them] more aware, for make [them] prevent from these diseases" (E8, 41ff.).

Die sozialpädagogische Unterstützung in individuellen Bedarfen und Probleme trägt dazu bei, dass die Teilnehmenden zu den Mitarbeitenden Vertrauen aufbauen und verstehen, dass Erwachsenenbildung einen Raum darstellt, in dem sie sich persönlich entwickeln und ihre persönliche Lebenswelt gestalten können. Sie sollen verstehen, dass Erwachsenenbildung dazu beitragen kann, dass sie ihre Lebenswelt selbst gestalten können (vgl. ebd.).

4.2.1.2 Vertrauen zu weiblichen Mitarbeiterinnen

Nach Einschätzung von E3 können einige Teilnehmerinnen zu Mitarbeiterinnen leichter Vertrauen aufbauen als zu Mitarbeitern. Das ergibt sich daraus, dass der Umgang mit Männern für Frauen in traditionellen Gesellschaftsstrukturen zum Teil durch Distanz geprägt ist. Die Teilnehmerinnen können sich zwar untereinander austauschen, dies wird für sie durch die Anwesenheit männlicher Mitarbeiter oder männlicher Teilnehmenden erschwert. Manchen Frauen fällt es schwer, in Anwesenheit von Männern ihre persönlichen Bedarfe und Probleme zu artikulieren und sich für diese einzusetzen. Dass Teilnehmerinnen leichter weiblichen Mitarbeiterinnen vertrauen, liegt nach Einschätzung von E3 darin, dass diese für die Teilnehmerinnen mehr Empathie zeigen und ihr Handeln besser nachvollziehen als männliche Mitarbeiter der Einrichtung.

> „[T]hey can empathise I can understand them, when a woman is saying before I could read, I could relate, I could assert myself, I could but for men this is not an issue, 'So, what, you are able to read? Fine!" (E3, 113ff.).

Dagegen kann es nach Einschätzung von E3 manchen männlichen Mitarbeitenden schwerer fallen, empathisch die Bedarfe und Probleme von Teilnehmerinnen nachzuempfinden. Mitarbeiterinnen können die persönlichen Bedarfe und Probleme von Frauen besser verstehen als Männer. Die Benachteiligung von Frauen verstehen Mitarbeiterinnen nach Einschätzung von E3 aus eigener Erfahrung. Dagegen kann dies männlichen Mitarbeiter schwerer fallen. E3 hat beobachtet, dass manche Männer Teilnehmerinnen nicht gleichberechtigt behandeln und ihnen nicht zutrauen, selbst Entscheidungen zu treffen und eigenständig zu handeln.

> „[W]hen we are bringing them to the classroom situation and the workshop situation and interacting with them. Saying these are the rules, there is no one bothers with them, if there is no one other male leader would try to shatter them 'Ah, you don't know anything. We will do it, don't worry, don't bother'" (E3, 107ff.).

Manche Männer haben nach der Einschätzung von E3 die Vorstellung, dass Frauen über wenig Wissen verfügen und sich dieses nicht aneignen sollen. In Anlehnung an die persönliche Überzeugung von E3 sollen Frauen das Handeln den Männern überlassen. Persönliche Themen wie Familienplanung sind nach Einschätzung von E4 tabuisiert, sodass männliche Mitarbeiter zum Teil nicht mit Teilnehmerinnen darüber reden können.

> „[I]f I talk about family planning or about wife and husband relationship or if there are any sexual choices on whether they have choices or the decision of making a baby. So, those are the things I would reframe from talking because this will be a taboo. We cannot talk about those topics. So, I will basically ask one of my female colleagues or friends to intervene in that" (E4, 179ff.).

Wenn Fragen zu Familienplanung, Sexualität oder die Beziehung zum Ehemann aufkommen, zieht der männliche Experte E4 weibliche Mitarbeiterinnen hinzu, sodass die Teilnehmerinnen ihre Bedarfe und Probleme mit diesen besprechen können. Für die Teilnehmerinnen ist es einfacher, mit weiblichen Mitarbeiterinnen über persönliche Themen

zu sprechen als mit männlichen Mitarbeitern. Damit sich die Teilnehmerinnen nicht überfordert fühlen und ihre persönlichen Bedarfe und Probleme einbringen, ist es wichtig, dass
weibliche Mitarbeiterinnen als Ansprechpartnerinnen zur Verfügung stehen (vgl. ebd.).

4.2.1.3 Zum Umgang der Mitarbeitenden mit Teilnehmenden

Mitarbeitende von Erwachsenenbildungseinrichtungen, die mit Teilnehmenden aus benachteiligten sozialen Gruppen arbeiten, behandeln diese unterschiedlich. Die Mitarbeitenden können reflektieren, wie sie mit Teilnehmenden aus anderen sozialen Gruppen, die anders sind als sie selbst, umgehen. Die Selbstreflexion der Mitarbeitenden kann dazu beitragen, dass sie den Teilnehmenden reflektiert und auf Augenhöhe begegnen. Dieser Austausch auf Augenhöhe kann Verstehens- und Artikulationsprozesse ermöglichen und den
Teilnehmenden den Raum geben, sich selbst zu entwickeln. Zudem ermöglicht eine Selbstreflexion, dass die Mitarbeitenden die persönliche Lebenswelt der Teilnehmenden aus einer
anderen Perspektive sehen und dass sie diese gemeinsam besser verstehen. Das reflektierte
Engagement der Mitarbeitenden kann nach Einschätzung der Expert/inn/en E4, E6 und
E10 dazu beitragen, die Lernbereitschaft der Teilnehmenden zu erhöhen. Dies kann zu ihrem Empowerment beitragen.

Erwachsenenbildung soll die Teilnehmenden befähigen, dass sie ihre persönliche Lebenswelt selbst gestalten und ihr Handeln selbst steuern. Dafür ist es wichtig, dass sich Erwachsenenbildung an den Bedarfen und Problemen der Lebenswelt der Teilnehmenden
ausrichtet. Ein Teil der Zielgruppe, an die sich Erwachsenenbildungsangebote mit dem Ziel
Empowerment in Indien richtet, wohnt in Slums. Nach E1 lebt dort eine hohe Anzahl an
Personen auf begrenztem Raum, wobei die Versorgung mit Wasser beschränkt ist (vgl. E1,
358ff.; siehe auch UN Human Settlements Programme, 2003). Ein Slum stellt einen Raum
dar, welchen nach Einschätzung von E4 nicht alle Personen betreten möchten. Nach E4 sind
manche weiblichen Mitarbeiterinnen nicht bereit, mit Personen, die in Slums leben, zu arbeiten. E4 schreibt den Mitarbeiterinnen von Erwachsenenbildung eine Arroganz zu, die
v.a. weibliche Mitarbeiterinnen mit akademischen Hintergrund betrifft. E4 differenziert das
Handeln von Mitarbeitenden von Erwachsenenbildungseinrichtungen aus seiner Perspektive.

> „In India there is a very multilayer structure of privilege and [...] a kind of arrogance,
> in sense that the college women will not be ready to dirty their hands in the villages.
> So, they wouldn't like to go. They find it too insecure. That are filthy areas again
> where they wouldn't like to go [...]. [M]ale teachers' at least male members have little
> problems in going to villages whereas women have more serious problems in going
> to the village areas. Except for few very expert and forward or forthcoming women
> who would be ready going to the villages. There are lot of problems including more
> on the cultural and social side where they wouldn't like to go and wouldn't like to
> talk to them" (E4, 183ff.).

Manche weiblichen Mitarbeiterinnen sind nach Einschätzung von E4 nicht bereit, in
Slums zu gehen, um dort mit Personen aus benachteiligten sozialen Gruppen zu arbeiten.
Dies kann darin begründet sein, dass die Mitarbeiterinnen nicht über ausreichend Selbstsi-
cherheit verfügen, um in Slums zu gehen. Für Frauen kann dies schwieriger sein als für

Männer, weil zum Teil eine höhere Gewaltbereitschaft zu beobachten ist, die sich aus Problemen in ihrer Lebenswelt ergeben. Einige Mitarbeiterinnen möchten dort keine Zeit verbringen, weil sie die Räume, an denen benachteiligte soziale Gruppen leben, als schmutzig empfinden. Dagegen sind nach Meinung des Experten E4 männliche Mitarbeiter eher bereit, mit Personen in Slums zu arbeiten und sich in Slums aufzuhalten. Es gibt einzelne Mitarbeiterinnen von Erwachsenenbildung, die mit Personen in Slums arbeiten. Diese würden über eine hohe Expertise in der Erwachsenenbildung verfügen, dem sozialen Wandel offen zugewandt sein und über die Selbstsicherheit verfügen, in Slums zu arbeiten. Sie haben einen Weg gefunden, mit den Problem in der persönlichen Lebenswelt von Personen, die in Slums leben, umzugehen und sich im Umgang mit den Teilnehmenden dort sicher zu fühlen (vgl. E4, 183ff.). Das Studium der Erwachsenenbildung trägt dazu bei, dass die Studierenden, die zum Teil später in Erwachsenenbildungseinrichtungen tätig sind, ihre Einstellungen reflektieren und diese verändern können.

> „After going through the two years' course work and their experience of the practical field work, confidence increases a lot, they feel very confident, become very confident in working with the community people [...] trying to understand their problems and trying to involve themselves in so many problems of the community people" (E6, 163ff.).

Die Studierenden eignen sich im Studium Wissen und Fähigkeiten an, dass sie befähigt, Selbstvertrauen im Umgang mit Personen aus anderen sozialen Gruppen zu entwickeln. Diese werden im englischsprachigen indischen Diskurs als *community people* bezeichnet. Sie versuchen, die Bedarfe und Probleme der Personen, mit denen sie gemeinsam lernen, besser zu verstehen. Dazu tragen v.a. praktische Lehranteile wie Praktika bei (vgl. E6, 163ff.). Dies wird an einem Beispiel deutlich, in dem eine Studentin im Master Erwachsenenbildung ihr persönliches Handeln im Rahmen ihres Studiums reflektiert. Im Rahmen ihres Masterstudiums hat die Studentin ein Praktikum in einer Erwachsenenbildungseinrichtung absolviert, die sich an Personen aus benachteiligten sozialen Gruppen richtet.[16]

> „There they offered a cup of tea, but she was of the kind 'This poor people, are they taking a cup of tea from this people?' [...] She didn't take it. And somehow, the advisor of the field work he came to know about it. He counselled her, [...] about that. And she became angry with the advisor like 'What are you counselling that I have tea with this people?' And reported to the head, that they are telling me to have tea with this people. [...] [A]t this time they said it okay, [...] but after some, the completion of the degree, she very proudly used to say 'I do take tea with the community'. [...] Yes, change in the attitude" (E6, 168ff.).

Als die Studentin das erste Mal bei den Teilnehmenden war, die zu einer anderen sozialen Gruppe gehören als sie, wurde ihr Tee angeboten.[17] Die Studentin hat den Tee abgelehnt und reagierte auf das Angebot ärgerlich. Als der Praktikumsbetreuer der Studentin davon erfuhr, sprach sie daraufhin an. Die Studentin wurde erneut ärgerlich und beschwerte sich

---

[16] Ein Praktikum in der Praxis von Erwachsenenbildung stellt einen Bestandteil indischer universitärer Studiengänge dar. Das Praktikum findet in den meisten Fällen parallel zum Studium z.B. einmal pro Woche statt.

[17] Das gemeinsame Tee (*chai*) trinken ist in Indien eine soziale Praxis bei Treffen und Besprechungen.

beim Lehrstuhlinhaber über ihren Praktikumsbetreuer, der wollte, dass sie sich auf Augenhöhe mit den Personen aus der benachteiligten sozialen Gruppe austauscht, was sich im Kontext der indischen Gesellschaft im gemeinsamen Tee trinken zeigt. Ihre Beschwerde und ihr Handeln wurden respektiert. Im Verlauf des Praktikums änderte die Studentin ihre Einstellung und sie begann, ihre Vorannahmen und persönlichen Überzeugungen zu hinterfragen. Sie entwickelte einen respektvollen Umgang mit Teilnehmenden aus benachteiligten sozialen Gruppen und distanzierte sich nicht mehr aufgrund von traditionellen Gesellschaftsstrukturen. Es war ihr möglich, mit den die Teilnehmenden, die in dem Slum lebten, auf Augenhöhe und wertschätzend umzugehen und mit ihnen in einen gleichberechtigten Austausch zu treten. Auf ihre persönliche Entwicklung war sie stolz und erzählte anderen Personen, dass sie mit den Teilnehmenden aus benachteiligten sozialen Gruppen Tee trinkt. Dies verdeutlicht, dass zwischen sozialen Gruppen Brücken konstruiert und im Anschluss gebaut werden. Nachdem die Studierenden gelernt haben, ihre Zielgruppe als Personen zu respektieren, können sie gemeinsam mit ihnen arbeiten. Sie sind in der Lage Erwachsenenbildungsangebote so zu gestalten, dass sie das Empowerment von Personen aus benachteiligten sozialen Gruppen ermöglichen (vgl. E6, 168ff.). E10 beobachtet, dass die Studierenden zu Beginn ihres Masterstudiums Erwachsenenbildung Bedenken hatten, Erwachsenenbildungseinrichtungen zu besuchen und dort tätig zu sein.

> „I can observe changes in attitudes of my students also. They are going down to earth day by day [...] [W]hen they join the department, they generally avoid, wanted to avoid the field visits and all. And now they are expressing their interest [...]. Like they are so polite now about the marginalised people. [...] [T]hey are getting better ideas from the discussion, from the lectures and from the field visits" (E10, 167ff.).

E10 beobachtet, dass sich im Verlauf des Studiums die Einstellung der Studierenden verändert. Die Studierenden würden bodenständiger und würden nach E10 mehr Freude an der Arbeit mit Personen aus benachteiligten sozialen Gruppen gewinnen, die eine Zielgruppe von Erwachsenenbildungsangeboten in Indien darstellen. Die Studierenden behandeln die Teilnehmenden aus benachteiligten sozialen Gruppen respektvoll, wozu Diskussionen und Lehrveranstaltungen genauso beitragen wie Erkundungen zu Erwachsenenbildungseinrichtungen (vgl. E10, 167ff.).

4.2.2 Zur Lebensweltorientierung von Lerninhalten, Methoden und Materialien

In Anlehnung an die Aussagen der Expert/inn/en sollen Lerninhalte, didaktische Methoden und Lernmaterialien in der Erwachsenenbildung an der persönlichen Lebenswelt der Teilnehmenden ausgerichtet sein, um zu ihrem Empowerment beizutragen. Um eine Lebensweltorientierung von Erwachsenenbildung zu ermöglichen, sollen die Mitarbeitenden konkrete Bedarfe und Probleme der Teilnehmenden verstehen. Dementsprechend können Lernmaterialien erstellt werden, welche die konkrete Lebenswelt der Teilnehmenden thematisieren. Am Beispiel des Konzepts der Lebenskompetenzen wird die Bedeutung von emotionalen und sozialen Fähigkeiten analysiert.

Damit soll die Bedeutung von emotionalen und sozialen Fähigkeiten für Frauen aus benachteiligten sozialen Gruppen verdeutlicht werden. Abschließend wird analysiert, inwiefern didaktische Methoden wie der Vorlesestift selbstgesteuertes Lernen nach Forneck und Springer (2005) ermöglicht (vgl. S. 96f.).

4.2.2.1 Konkrete Bedarfe und Probleme der Teilnehmenden

Um eine Lebensweltorientierung von Erwachsenenbildungsangeboten zu ermöglichen sollen die Mitarbeitenden konkrete Bedarfe und Probleme ihrer Teilnehmenden besser verstehen. Zu diesen zählen nach E5 die Versorgung mit Wasser und Elektrizität, eine ausreichende und gesunde Ernährung sowie sauberes Trinkwasser. Wenn ihre grundlegenden Bedürfnisse nicht erfüllt sind, können sich die Teilnehmenden nicht auf Lerninhalte konzentrieren. E5 hat in einem Angebot die Erfahrung gemacht, dass die Mitarbeitenden eine andere Vorstellung von den Bedarfen und Problemen der Teilnehmenden hatten als diese tatsächlich haben. Hinsichtlich einer Teilnehmenden- und Zielgruppenorientierung ist es wichtig, die Bedarfe und Probleme der Teilnehmenden zu kennen. E5 fragte die Mitarbeitenden und die Teilnehmenden unabhängig voneinander nach den Bedarfen und Problemen der Teilnehmenden.

> „Once I have made a workshop and their people there were writing on a piece of paper what is the problem they are having. […] [O]nce I did that exercise with the teachers […]. So, all of them written, major issue was that their husbands are alcoholic and they are beating their wives […]. Then this exercise I did with the learners also. None of them has written this […]. They have written they are not getting electricity, […] water, […] fair price shop. […] I asked them 'Your teachers say that your husbands are beating you and they are alcoholic […]'. [T]hey said, 'This has been happening to my mother also, my grandmother also, it is nothing new, but we are not getting food and water and electricity, that is our main problem. […] [F]irst they want to solve, others come later […] [,] they are hungry. They want to have food, electricity, comfort. That is not there" (E5, 300ff.).

E5 hat die Mitarbeitenden einer Erwachsenenbildungseinrichtung gebeten, die Probleme der Teilnehmenden aufzuschreiben. Diese nannten die Alkoholabhängigkeit ihrer Ehemänner und häusliche Gewalt. Im Anschluss hat E5 die Teilnehmenden gebeten, dass sie ihre Probleme aufschreiben. Die Alkoholabhängigkeit der Ehemänner und häuslichen Gewalt wurden nicht genannt, sondern die schlechte Elektrizitäts- und Wasserversorgung an ihrem Wohnort. Die Teilnehmenden berichteten, dass an ihrem Wohnort nur Zugang zu Waren haben, die zu teuer verkauft werden und zu hohe Preise zahlen müssen. E5 konfrontierte die Teilnehmenden mit der Diskrepanz in ihren Antworten zu den Antworten der Mitarbeitenden. Die Teilnehmenden antworteten, dass bereits ihre Mütter und Großmütter mit Alkoholabhängigkeit ihrer Männer und mit Gewalt konfrontiert waren und sie dies gewohnt sind. Dagegen sind ihre zentralen Bedarfe nach Wasser, Ernährung und Elektrizität nicht erfüllt. Es ist wichtig, die grundlegenden Bedarfe von Teilnehmenden zu thematisieren. Die Teilnehmenden können gemeinsam mit Mitarbeitenden über Lösungsmöglichkeiten nachdenken. Die Bedarfe und Probleme, die für sie zweitrangig sind, sollen erst artikuliert werden, sobald die grundlegenden Bedarfe erfüllt sind. Dass die Mitarbeitenden die

Bedarfe der Teilnehmenden verstehen und darauf eingehen, vermittelt diesen das Gefühl, dass sie mit ihren Bedarfen und Probleme wichtig sind und dass sie darin unterstützt werden, die Probleme zu lösen. Dies trägt dazu bei, traditionell geprägte soziale Aufteilungen aufzuheben, in denen soziale Gruppen unter sich bleiben. Erwachsenenbildung stellt einen Raum dar, in dem die Mitarbeitenden gemeinsam mit den Teilnehmenden daran arbeiten, dass diese selbst ihre Rechte einfordern und ihre persönliche Lebenswelt selbst gestalten. Wenn sie sich an sozialen Aushandlungsprozessen beteiligen, trägt dies dazu bei, dass sich ihre soziale Benachteiligung verringert (vgl. ebd.).

Durch die Teilnahme werden sich die Teilnehmenden nach Einschätzung von E2 über die Bedeutung einer gesunden Ernährung und von sauberem Trinkwasser bewusst.

> „[T]hey were just eating anything which they want. Now they are also told that instead of eating whatever you get, you should have some vegetables, pulses […], so that you get vitamins, you get proteins. […]. [I]n the initial state they were using the water whatever they were given but after getting this information […] you see hygienic points of use" (E2, 136ff.).

In der Erwachsenenbildung wird den Teilnehmenden die Bedeutung einer gesunden und ausgewogenen Ernährung vermittelt. Sie erfahren, dass sie ihre Lebenswelt individuell gestalten und an ihren Bedarfen ausrichten können. Durch ihre Teilnahme können die Teilnehmenden nach Einschätzung von E2 ein Bewusstsein für gesunde Ernährung entwickeln. Dies zeigt sie darin, dass sie darauf achten, ausreichend Vitamine und Proteine zu sich zu nehmen und sich ausgewogen zu ernähren. Sie achten darauf, sauberes Trinkwasser zu trinken. Folglich können die Teilnehmenden lernen, durch ihr eigenes Handeln aktiv ihre persönliche Lebenswelt zu gestalten. Die Erfahrung in Bezug auf eine gesunde Ernährung können die Teilnehmenden auf andere Bereiche übertragen. Sie können lernen, in ihrem Handeln eine Selbstwirksamkeit nach Bandura (1994) zu erlangen. Die Teilnehmenden lernen, ihre Ressourcen zu nutzen und zu aktivieren. Sie verstehen, dass sie traditionell geprägten Gesellschaftsstrukturen und ihrer sozialen Benachteiligung nicht hilflos ausgeliefert sind, sondern dies aktiv beeinflussen können (vgl. ebd.).

Den Teilnehmenden wird nach Einschätzung von E5 die Bedeutung von Gesundheit stärker bewusst. Sie verstehen, dass sie ihre Gesundheit verbessern und manche Erkrankungen vermeiden können, indem sie sich und ihre Kinder impfen lassen und sauberes Trinkwasser verwenden.

> „[A]fter becoming literate there are so many things, like child has to be immunised, oral dehydration, because of that their children are dying. […] Whether they are using sanitation facilities or community has become more clean even if programme is being run in whole community then impact is shown there. We can see that in fact in the villages, where the programme is being run and the villages where the programme is not there. […] [T]hey are immunising their children, […] they have family planning dimension, their maternity death rates are reduced, child birth is reduced" (E5, 112ff.).

In Regionen, in denen Erwachsenenbildungsangebote durchgeführt wurden, haben sich nach Beobachtung von E5 die Sterberaten von Müttern und Kindern verringert. Wenn sie Lesen und Schreiben lernen, werden die Teilnehmenden sich nach Einschätzung von E5 ihrer Bedarfe und Probleme bewusst, die ihnen vorher weniger wichtig waren. Dazu zählen, dass die Kinder geimpft werden, sauberes Trinkwasser zur Verfügung haben und ausreichend davon trinken. Nach Einschätzung von E5 sind in Dörfern, die an der Durchführung von Bildungsprogrammen beteiligt waren, und in Dörfern, in denen keine Bildungsprogramme durchgeführt wurden, Unterschiede zu beobachten. In ersteren sind die Personen nach Einschätzung von E5 gesünder. Dies zeigt sich nach E5 darin, dass die Sterberaten von Müttern und die Geburtenrate gesunken sind. Erwachsenenbildungsangebote zeigen konkrete Auswirkungen in der Lebenswelt der Teilnehmenden. Dort können die Teilnehmenden zu der Einsicht erlangen, dass sie sich das Wissen und die Fähigkeiten aneignen können, die sie befähigen, ihre Lebenswelt selbst zu gestalten. Dies geht damit einher, dass sie ihre soziale Benachteiligung nicht mehr passiv hinnehmen müssen. Das Empowerment der Teilnehmenden zeigt sich darin, dass sie sich in sozialen Aushandlungsprozessen für eine bessere Lebenswelt einsetzen. Diese zeigt sich darin, dass ihre Bedarfe erfüllt sind und sie weniger Probleme haben. Vor dem Hintergrund von Individualisierungsprozessen trägt Erwachsenenbildung dazu bei, dass die Teilnehmenden weniger auf soziale Unterstützung angewiesen sind und selbst ihre Lebenswelt gestalten (vgl. ebd.).

4.2.2.2 Lebensweltorientierte Lernmaterialien

Lernmaterialien sind Materialien, die für das Lernen in Erwachsenenbildungsangeboten verwendet werden. Beispiele dafür sind Bücher, die Wissen vermitteln, Hefte, in denen die Teilnehmenden Übungen ausfüllen können und Filme, die gemeinsam angesehen werden. Papier und Stifte, die im Rahmen didaktischer Methoden zur Verfügung gestellt werden sind Lernmaterialien. Lerninhalte können mit diesen Lernmaterialien visualisiert werden und damit Lernprozesse bei denjenigen Teilnehmenden unterstützen, die v.a. visualisierte Sachverhalte gut verstehen. Die Lerninhalte und Lernmaterialien können an der Lebenswelt der Teilnehmenden ausgerichtet werden. Die Geschichten und Übungen können Situationen thematisieren, die den Teilnehmenden in ihrer persönlichen Lebenswelt begegnen. E7 berichtet von zwei Arbeitsbüchern, die in Bezug auf die persönliche Lebenswelt der Teilnehmenden gestaltet werden. Dass die Teilnehmenden Lesen und Schreiben lernen, stellt nach Einschätzung von E7 die Grundlage für ihr Empowerment dar.

> „What is it that they need to know to be able to carry on the day-to-day activities and that is what determines what is literacy. For example, you will see here our alphabet that we have made. […] This is related to health. [A] for apple [....]. [T]he word […] [,] the context we select and the kind of exercises that we do, all have to be related to their functional use of literacy in their day-to-day life" (E7, 146ff.).

Es wurde ein Alphabet entwickelt, in dem die einzelnen Buchstaben für Begriffe stehen (z.B. A für den Begriff Apfel). Die Begriffe stammen z.B. aus dem Themenfeld Gesundheit, das für die persönliche Lebenswelt der Teilnehmenden relevant ist. Neu-alphabetisierte Teilnehmende sollen mit dem Lernheft, mit dem das Alphabet in Bezug zu lebensweltlich relevanten Themenfeldern gelernt werden soll, Lesen und Schreiben üben. In einem zweiten Lernheft werden individuelle Lernprozesse und das Empowerment von einzelnen Teilnehmenden beschrieben. Dabei handelt es sich um reale Erfahrungen von Teilnehmenden. Die

Erfahrungen werden als Geschichten aufgearbeitet, in denen Befähigungsbereiche thematisiert werden. Dazu zählt das Schulessen und wie die Mütter, deren Kinder zu der Schule gehen, sich darin persönlich einbringen können (vgl. ebd.). Eine weitere Geschichte thematisiert eine Mutter und eine Tochter, deren Ehemann alkoholabhängig ist. Der Ehemann verkaufte das Eigentum des Ehepaars. Die Geschichte resultiert darin, dass es für die Teilnehmenden wichtig ist Eigentumsrechte und Entzugskliniken zu kennen. Eine andere Geschichte handelt von einer schwangeren Frau, deren Schwiegermutter sich einen männlichen Enkel wünscht.

> „[H]ere is a girl who is writing a letter to her friend, where she is telling that my mother in law wanted me to go to the hospital to find out the sex of my child but she wanted a boy. And here we have intentionally shown the positive role of the men. That is the husband, who is saying 'Don't worry, we will look after a boy or a girl, with equal care.' So, every story is on a theme, it has a message" (E7, 332ff.).

Die Schwiegermutter verlangt von der Frau, dass sie im Krankenhaus nach dem Geschlecht des Embryos fragt. Die schwangere Frau weiß, dass ihre Schwiegermutter einen Jungen möchte und hat Angst davor was passiert, wenn sie ein Mädchen bekommt. Ihr Ehemann versichert ihr, dass sie sich keine Sorgen machen soll und beruhigt die Frau, indem er ihr verspricht, dass sie sich um ein Mädchen genauso gut kümmern wie um einen Jungen. Die Geschichte von der schwangeren Frau ist ein Beispiel für eine Geschichte, die mit den Teilnehmenden besprochen wird. Die Geschichte kann nach Einschätzung von E7 Teilnehmenden, die ähnliche Probleme haben, Anregungen für mögliche Lösungswege geben und damit dazu beitragen, ihre persönlichen Perspektiven zu erweitern (vgl. ebd.). Eine Ausrichtung der Lernmaterialien an der Lebenswelt der Teilnehmenden soll ihnen ermöglichen, zu verstehen, dass sie gegen Probleme in ihrer persönlichen Lebenswelt angehen können. Nach Einschätzung der Expert/inn/en können die Teilnehmenden verstehen, dass andere Teilnehmende ähnliche Erfahrungen gemacht und einen Weg gefunden haben, sich selbst für ihre Bedarfe einzusetzen, ihre Probleme zu lösen und ihre Lebenswelt selbst zu gestalten. Die neuen Beziehungserfahrungen und Erkenntnisse tragen dazu bei, dass die Teilnehmenden ein neues Verständnis von sich selbst und von ihrer sozialen Umwelt erlangen und dass sie ihr Handeln verändern.

4.2.2.3 Emotionale und soziale Fähigkeiten

Lebenskompetenzen sind emotionale und soziale Fähigkeiten und sollen dazu beitragen, dass die Teilnehmenden mit unterschiedlichen Lebensumständen zurechtkommen und zufrieden sein können. Herausforderungen und schwierige Lebenssituationen werden als Chancen verstanden. Wenn sich die Teilnehmenden emotionale und soziale Fähigkeiten aneignen, trägt dies zu ihrem Empowerment bei, weil sie die Fähigkeiten befähigen können, eine aktivere und positivere Einstellung zum Leben einzunehmen und Probleme aktiv anzugehen. Emotionale und soziale Fähigkeiten tragen nach Einschätzung von E1 dazu bei, dass die Teilnehmenden ihre persönliche Lebenswelt reflektiert betrachten und dass sie ihre persönlichen Ziele besser verstehen können.

Eine Fähigkeit, die Teilnehmende in ihrer persönlichen Lebenswelt benötigen, ist die Fähigkeit, eigene Bedarfe und Rechte einzufordern und auszuhandeln. Dies ist nach Einschätzung von E1 z.B. in Slums notwendig, wo auch grundlegende Bedarfe eingefordert werden müssen.

„You know, if I am staying in a slum, there is only one tab from which I, we have to take water. And the water comes for 2 hours, for 3 hours by the municipal cooperation. Unless we have life skills to negotiate ourselves. How to get, how all of us can get water within the 3 of us. You know if I go on fetching the water for one hour and leaving the water for 2 hours for hundred people only. That is actually lack of negotiating skills" (E1, 356ff.).

Nach Einschätzung von E1 gibt es zum Teil in Slums nur ein begrenzter Zugang zu fließendem Wasser. Die grundlegenden Bedarfe z.B. nach Wasser sind in Slums leben, sind nicht selbstverständlich gedeckt. Die Teilnehmenden, die in Slums leben, müssen folglich einen Weg finden, sich selbst um ihre Bedarfe zu sorgen. Folglich müssen sie lernen, dass sie ihre persönlichen Bedarfe einfordern, um Zugang zum Wasser zu bekommen. Die Aneignung solcher Fähigkeiten, ermöglicht ihnen, in ihrer persönlichen Lebenswelt für ihre Bedarfe zu sorgen und ihre Probleme zu lösen (vgl. ebd.). Nach Einschätzung von E7 befähigen Lebenskompetenzen die Teilnehmenden, unterschiedliche Anforderungen ihrer persönlichen Lebenswelt selbst bewältigen zu können. Lebenskompetenzen sind emotionale und soziale Fähigkeiten, die die Teilnehmenden befähigen, mit ihrer persönlichen Lebenswelt zufrieden zu sein.

„[L]ife skills is the ability to find spaces to find experience, satisfaction and happiness in your given circumstances, whether they are your own choice or they are out of compassion. Whenever I work or whenever I put in a place, if I can find a space to experience satisfaction and happiness, then that is life skills. And for that you need two things. You need to be positive and you need to be flexible. So, applied to myself, that in the worst situation, if there is a problem, I look at it as an opportunity […] a problem, but let me see, can I do something about it?" (E7, 198ff.)

Diesem Verständnis nach können sich die Teilnehmenden emotionale und soziale Fähigkeiten aneignen. Diese tragen dazu bei, dass die Teilnehmenden auf ihr Handeln, ihre Emotionen und ihre Kognitionen aktiv Einfluss nehmen können. Zufriedenheit kann gezielt angestrebt und erreicht werden, indem die Teilnehmenden ihr Handeln aktiv gestalten und indem sie ihre Emotionen und Kognitionen reflektieren. Damit sind sie ihren Lebensumständen und ihrer sozialen Benachteiligung nicht hilflos ausgeliefert. Vielmehr sind sie sodann in der Lage, ihr Handeln selbst zu steuern und ihre persönliche Lebenswelt aktiv selbst zu gestalten. Die Teilnehmenden sollen verstehen, dass sie sich Fähigkeiten selbst aneignen können, die sie benötigen, um zufrieden zu sein (vgl. E7, 194ff.). Emotionale und soziale Fähigkeiten zeigen sich nach Einschätzung von E7 darin, dass die Teilnehmenden über eine positive Einstellung verfügen und flexibel reagieren können. Dazu zählen kritisches Denken und die Fähigkeit, Entscheidungen zu treffen. Dazu zählen auch die Fähigkeit, eigene Bedarfe und Probleme zu verstehen und zu artikulieren.

„[T]hey need to be able to cope up with their strengths. […] [I]t is the critical thinking, being able to take decisions. And a very important thing for women and relevant for all vulnerable people is to understand your strengths […] and weaknesses. To know yourself […] to understand how you can work your way through. To achieve when you know not everything […] with a constraint that you have. […] [I]f you can empower the people to make that decision for themselves […] [L]ife skills is finding those spaces […] when you have self-esteem and self-confidence that you will be able to negotiate your way" (E7, 242ff.).

Für die Teilnehmenden aus benachteiligten sozialen Gruppen ist von Bedeutung, dass sie ihre eigenen Stärken und Schwächen verstehen. Dass sie diese in der Erwachsenenbildung lernen, diese besser zu verstehen und dass sie selbst Entscheidungen treffen trägt zu ihrem Empowerment bei. Dies trägt dazu bei, dass die Teilnehmenden ein höheres Selbstvertrauen entwickeln, sodass sie ihre Bedarfe und Probleme in unterschiedlichen Bereichen wie Familie, Beruf und Freundschaften aushandeln können (vgl. ebd.). Innerhalb von Individualisierungsprozessen tragen emotionale und soziale Fähigkeiten dazu bei, dass sich die Teilnehmenden mit den gesellschaftlichen Anforderungen und Unsicherheiten aktiv auseinandersetzen können. Daran anschließend sollen sie ihren persönlichen Weg finden, damit umzugehen. Die Fähigkeiten stärken die Teilnehmenden, die durch den sozialen Wandel und den damit verbundenen Verlust ihrer sozialen Eingebundenheit, u.a. nach Giddens (2012) mit Unsicherheit konfrontiert sind (vgl. ebd., S. 7). Sie bestärken die Teilnehmenden die gesellschaftlichen Anforderungen, die in einer individualisierten Gesellschaft an sie gerichtet werden, zu bewältigen. Anstatt ihre soziale Benachteiligung passiv hinzunehmen, lernen sie, aktiv ihre Rechte einzufordern.

4.2.2.4 Selbstgesteuertes Lernen mit dem Vorlesestift

Selbstgesteuertes Lernen ermöglicht den Teilnehmenden eine hohe zeitliche und inhaltliche Flexibilität, sodass sie lernen können, wann und was sie möchten. Unterschiedliche didaktische Methoden können die Teilnehmenden darin unterstützen. Der Vorlesestift wurde in Anlehnung an die Expertin E7 entwickelt um Teilnehmenden zu ermöglichen, selbst zu lernen und sich selbst Wissen anzueignen. Der Vorlesestift kann einen Code, der einem Bild in einem Lernheft zugeordnet ist, scannen und die Erklärung dafür wiedergeben. Neben dem Bild steht ggf. eine schriftliche Erklärung, sodass die Teilnehmenden die Erklärung hören und zugleich lesen. Die Erklärung zu dem Bild beinhaltet die Information darüber, was auf dem Bild gezeigt wird und wie dies einzuordnen ist.

„[W]e are using this talking pen […]. This is for individual learning, […] and this is for the facilitator in a group. When […] you want to do a discussion […] this is like a work book. [T]his is a picture. Here we are talking about pregnancy. And every time there is a sentence, form the sentence, pick out the word, and we, we are teaching them, […].[H]ere we are talking about nutrition […] about […] child marriage, […] this is an elderly man with a young girl. There is a police man. So, you are just asking the group. So, it can be a group or […] it can be an individual […] and they talk about why, what, who has called the police, why what will happen" (E7, 48ff.).

Der Vorlesestift ermöglicht den Teilnehmenden, selbst und außerhalb von Erwachsenenbildung zu lernen. Beispiele für Themen in dem Lernheft, das zu dem Vorlesestift gehört, die für die Lebenswelt der Teilnehmenden relevant sein können, sind Schwangerschaft, Ernährung, Kinderheirat. In dem Lernheft sind Bilder, die Situationen zeigen, die entweder allein bearbeitet oder gemeinsam diskutiert werden können. Ein Beispiel ist ein Bild von einem älteren Mann mit einem jungen Mädchen und einem Polizisten. In der Gruppe wird diskutiert, was auf dem Bild zu sehen ist, was passiert sein kann, wer den Polizisten gerufen hat und was passieren wird. Die Lernmaterialien sollen neu-alphabetisierten Teilnehmenden, die Lesen und Schreiben gelernt haben, ermöglichen, diese Fähigkeiten zu üben. Sie sollen ihre schriftsprachlichen Fähigkeiten anwenden und üben. Didaktische Materialien wie der Vorlesestift wurden nach E7 entwickelt, damit neu-alphabetisierte Teilnehmende das Lesen und Schreiben mit Bezug zu ihren Interessen und ihren persönlichen Bedarfen praktizieren (vgl. ebd.).

4.2.3 Austausch über die persönliche Lebenswelt

Der Austausch ist in zwei Ebenen zu differenzieren. Auf einer nicht-hierarchischen Ebene unter Teilnehmenden und auf einer hierarchischen Ebene von Teilnehmenden mit Mitarbeitenden. Der Austausch soll nach Einschätzung der Expert/inn/en gleichberechtigt und auf Augenhöhe geschehen. Weil es lange dauern kann bis die Teilnehmenden ihr Handeln verändern, sollen die Mitarbeitenden geduldig sein und die Teilnehmenden mit Lerninhalten und didaktischen Methoden nicht überfordern. Sie sollen an sie nicht zu hohe Anforderungen richten, sondern einen wertschätzenden Austausch ermöglichen. Die Teilnehmenden sollen verstehen, dass ihre individuellen Bedarfe und Probleme in der Erwachsenenbildung zentral sind. Didaktische Methoden können dazu beitragen, den Austausch der Teilnehmenden untereinander und mit den Mitarbeitenden zu ermöglichen.

4.2.3.1 Austausch auf Augenhöhe und gegenseitiges Verstehen

Der Austausch von Teilnehmenden und Mitarbeitenden soll auf Augenhöhe stattfinden und durch die Bemühung geprägt sein, gegenseitiges Verstehen zu ermöglichen. Die Beziehung von Mitarbeitenden und Teilnehmenden soll gleichberechtigt sein. Der reziproke Austausch soll dazu beitragen, dass beide gemeinsam die Lebenswelt der Teilnehmenden besser verstehen. Dies soll gemeinsame Lernprozesse ermöglichen. Die Teilnehmenden sollen verstehen, dass es um sie geht und dass Erwachsenenbildung ihnen den Raum ermöglicht, sich Wissen und Fähigkeiten anzueignen.

> „It is about generating an atmosphere of dialogue. Trust, first trust and then genuineness and then seriousness of the purpose where we talk about various issues of the community. And we let them feel that we are not going to talk something what some expert thinks, but something which is of their own, a problem or an aspiration which is of their own […]. If you are going to talk about their things, their issues, their concern, their interest, probably they will talk" (E4, 213ff.).

In Anlehnung an das pädagogische Konzept Freires (1971) sollen die Bedarfe der persönlichen Lebenswelt der Teilnehmenden in der Erwachsenenbildung besprochen werden (vgl. S. 84ff.). Theoretisches Wissen nach einem Lehrplan, dass für die Teilnehmenden wenig persönliche Bedeutung hat, soll nicht thematisiert werden. E4 beobachtet, dass dies dazu beiträgt, dass manche Teilnehmenden beginnen, sich zu öffnen und sich aktiv in die Erwachsenenbildung einzubringen. Dass die Frauen beginnen, sich persönlich einzubringen, zeigt, dass sie verstanden haben, dass sie sich gleichberechtigt mit anderen Teilnehmenden austauschen können. Sie verstehen, dass ihre bisherige soziale Benachteiligung nicht notwendigerweise ihr Handeln prägen muss. Damit lösen sie sich aus ihrer sozialen Eingebundenheit in traditionelle Gesellschaftsstrukturen, die eine soziale Aufteilung einer Gesellschaft implizieren, die starr und wenig flexibel ist. Indem sie auf die Anforderung reagieren und sich persönlich in Gemeinschaft und den Austausch einbringen, erklären sie ihre Bereitschaft, sich an sozialen Aushandlungsprozessen zu beteiligen. Dies geht damit einher, dass sie ihre Benachteiligung nicht weiter passiv akzeptieren. Wie im Konzept der Anrufung nach Althusser (1977) reagieren die Frauen auf die gesellschaftliche Anforderung und beginnen, sich verantwortlich zu fühlen und in soziale Aushandlungsprozesse einzubringen. Dies beginnt zunächst in der Erwachsenenbildung. In einem späteren Schritt ändern die Frauen ihr Handeln innerhalb sozialer Kontexte außerhalb von Erwachsenenbildung (vgl. E4, 213ff.). Neben dem gleichberechtigten Austausch auf Augenhöhe ist für E4 von Bedeutung, dass sich die Mitarbeitenden sprachlich an den Teilnehmenden anzupassen.

> „I add my own personal approach of using a popular communication or a popular linguistic approach where I would use all the language idioms available that I get from them. I would use proverbs, I would use jokes, I would use humour and stories and then I would like to add some of the buns, which they enjoy, and some of the buns, which are critiques on the existing system. So, those kinds of things I would do, that makes them laugh and also makes them feel confident, that they can talk to me" (E4, 223ff.).

Dass E4 Wörter und Formulierungen der Teilnehmenden aufgreift und verwendet, hat das Ziel, dass diese zu ihm Vertrauen fassen und dass eine positive Atmosphäre besteht. Dafür ist die Annahme grundlegend, dass die Teilnehmenden und die Mitarbeitenden über Wissen verfügen, welches die Personen der jeweils anderen Gruppe nicht kennen. Die Teilnehmenden werden als Expert/inn/en ihrer persönlichen Lebenswelt verstanden. Die Mitarbeitenden werden als Expert/inn/en für Lerninhalte, didaktische Methoden und Lernmaterialien verstanden. Beide können im Austausch voneinander lernen. In der Erwachsenenbildung zeigt sich, dass die traditionelle soziale Aufteilung einer Gesellschaft an Bedeutung verliert. Soziale Gruppen, die bislang untereinander Gemeinschaften gebildet haben, öffnen sich und treten miteinander in einen Austausch. Die Diversität der Teilnehmenden und der Mitarbeitenden entsteht dadurch, dass sie zu unterschiedlichen sozialen Gruppen gehören und unterschiedlichen persönlichen sozialen Kategorien zuzuordnen sind. Dadurch, dass die Individualität der Teilnehmenden zunimmt und sie ihr individuelles Profil entwickeln, nimmt die Diversität in der Erwachsenenbildung zu. Diese Diversität prägt den Austausch unter den Teilnehmenden und den Mitarbeitenden. Indem E4 seine Wortwahl und seine Sprache an den Teilnehmenden ausrichtet, die zu einer anderen sozialen Gruppe gehören als er, zeigt er seine Bereitschaft, einen gleichberechtigten Austausch einzugehen, in dem die persönliche Lebenswelt der Teilnehmenden im Fokus steht. In Erwachsenenbildungs-angeboten wie bei Freire (1971) ein Dialog ermöglicht werden soll. Dafür sind Vertrauen und Aufrichtigkeit von Bedeutung (vgl. ebd., S. 84). Gleichzeitig sollen die Mitarbeitenden die Bedarfe und Probleme der Teilnehmenden ernst nehmen. Diese sollen verstehen, dass ihre persönlichen Bedarfe und Probleme im Mittelpunkt stehen. E4 achtet darauf, dass er die Begriffe der Teilnehmenden aufgreift und dass er seine Wortwahl an der Wortwahl der Teilnehmenden ausrichtet. E4 verwendet Sprichwörter, macht Witze und erzählt Geschichten. Manchmal äußert er Kritik am gesellschaftlichen System. Er möchte die Teilnehmenden zum Lachen zu bringen und eine angenehme Atmosphäre schaffen, damit sie das Gefühl haben, mit ihm gut sprechen zu können (vgl. E4, 210ff., siehe auch David, 2018, S. 153).

Zum Empowerment von Teilnehmenden trägt nach Einschätzung von E5 bei, dass die Mitarbeitenden ihre Gründe und ihre Widerstände verstehen, an Erwachsenenbildung teilzunehmen. Erwachsenenbildung, die das Ziel hat, Grundbildung zu vermitteln, kann teilnehmendenorientiert vorgehen. Nach E5 sind manche Frauen, die nicht Lesen und Schreiben können, mit Widerständen konfrontiert, die sie daran hindern, an Erwachsenenbildung teilzunehmen. Dazu können in Anlehnung an Eckert (2018) negative Lernerfahrungen beitragen, welche die Teilnehmenden im formalen Schulsystem gemacht haben. Ein geringes Selbstvertrauen und eine geringe Überzeugung der persönlichen Selbstwirksamkeit (Bandura, 1994) stellen Gründe dafür dar, dass Frauen nicht an Erwachsenenbildung teilnehmen. In Anlehnung an Faulstich und Grell (2005) haben die Teilnehmenden individuelle Lernwiderstände, die für sie individuell Sinn machen. Wenn ihre Widerstände gemeinsam besprochen werden, kann dies Verstehens- und Artikulationsprozesse anregen und dazu beitragen, die Bereitschaft der Frauen zu stärken, an Erwachsenenbildung teilzunehmen. Die Mitarbeitenden sollen die Teilnehmenden in ihrer persönlichen Lebenswelt möglichst gut verstehen und ihnen dies artikulieren. Das Interesse von Mitarbeitenden an der persönlichen Lebenswelt der Teilnehmenden zeigt sich darin, dass sie Nachfragen, wenn sie etwas nicht verstehen, oder sich gemeinsam mit ihnen über ihre persönlichen Bedarfe und Probleme in ihrer persönlichen Lebenswelt austauschen. Dadurch fühlen sich die Teilnehmenden wertgeschätzt. Bei manchen Frauen liegen die Gründe dafür, dass sie nicht an Erwachsenenbildungsangeboten teilnehmen, in ihrer Familie.

Damit die Frauen trotzdem teilnehmen können, versuchen manche Mitarbeitenden, die Familien der Frauen zu überzeugen, dass die Frauen von ihrer Teilnahme einen Nutzen haben können.

> „[M]any times family is not letting them to their class. [W]e have to motivate the husband, mother-in-law or the family that this is useful. Because sometimes there are cultural barriers that if they go to class or the learners that they will be exploited and they should not go to the class. [W]e have to convince the family, 'no this is a good thing, they will be empowered, they will get some knowledge which will be useful for your children'" (E5, 160ff.).

Die Ehemänner und Schwiegermütter mancher Frauen möchten nicht, dass diese an Erwachsenenbildung teilnehmen. Es gibt Vorurteile gegenüber der Teilnahme, dass die Frauen dort ausgenutzt werden könnten. Die Mitarbeitenden versuchen, die Familien vom Nutzen zu überzeugen, den die Frauen und ihre Familien von ihrer Teilnahme haben können. Dazu zählt nach Einschätzung von E5, dass das Wissen der Teilnehmenden über eine gesunde Ernährung ihren Kindern eine bessere persönliche Lebenswelt ermöglicht (vgl. E5, 210ff.). Nach E5 sind Frauen, die einen Großteil ihrer Zeit zu Hause verbringen, motiviert, an Erwachsenenbildung teilzunehmen und dadurch einen Austausch mit anderen Teilnehmenden zu haben.

> „Muslim women especially want to come, because at home they are not allowed to go anywhere so it is really good opportunity for them to come out of the house and interact with other ladies. They want to interact. That is very important. So, that is why they are coming, learning from others" (E5, 205ff.).

Nach Einschätzung von E5 können Frauen aus traditionell geprägten Familien leben, die oft zu Hause sind, die Motivation haben, sich mit anderen Personen auszutauschen und mit Personen außerhalb der eigenen Familie zu sprechen. Dies prägt ihre Bereitschaft, an Erwachsenenbildungsangeboten teilzunehmen. Innerhalb einer zielgruppenorientierten Gestaltung von Erwachsenenbildung soll die Bereitschaft berücksichtigt werden, sodass die Teilnehmenden dort genügend Zeit haben, sich auszutauschen und aktiv teilnehmen. Weniger von Bedeutung ist, dass das Programm von Erwachsenenbildung vorab geplant und durchgeführt wird. Die Mitarbeitenden sollen den Teilnehmenden den Raum und die Zeit geben, ihre persönlichen Bedarfe und Probleme thematisieren und sich darüber austauschen. Es muss den Teilnehmenden klar sein, dass sie selbst die Lerninhalte von Erwachsenenbildung mitbestimmen und mitgestalten. Dies trägt dazu bei, dass sie eine Überzeugung ihrer persönlichen Selbstwirksamkeit nach Bandura (1994) entwickeln, was sie dazu befähigt, selbst aktiv zu handeln und für die eigenen Rechte einzutreten (vgl. E5, 205ff.). Bei Erwachsenenbildungskursen, in denen die Teilnehmenden Lesen und Schreiben lernen sollen, besteht die Notwendigkeit, sie zur fortwährenden Teilnahme zu motivieren.

> „So, motivate people to come and see and show them how illiteracy is effecting their life and how if they become literate, what is the benefit of that so like this they are motivated" (E5, 133ff.).

Die Mitarbeitenden sollen den Frauen den möglichen Nutzen verdeutlichen, den ihnen die Teilnahme ermöglicht. Dieses Wissen soll die Frauen zunächst extrinsisch zur Teilnahme motivieren. Sodann kann sich eine intrinsische Motivation entwickeln, sodass die Teilnehmenden gern teilnehmen und davon einen persönlichen Nutzen haben.

Die Motivation, Lesen und Schreiben zu lernen ist relevant, weil die Teilnehmenden bislang ihr Leben bewältigt haben, ohne Lesen und Schreiben zu können. Sie verfügen über unterschiedliche Strategien, sodass sie zurechtkommen ohne Lesen und Schreiben zu können.

> „They have lived their life without use of literacy. But if we are inviting to the class, why should they come to our class [...]. [W]e have to motivate them to come to the class and our material should be like this that they are motivated to read it and it should be usable for them. And it is only useful, if it is based on their needs" (E5, 21ff.).

Um die Frauen zu motivieren teilzunehmen, muss Lernmaterial an den Bedarfen der Teilnehmenden orientiert sein. Sie sollen ihre persönlichen Bedarfe und Probleme einbringen und die Mitarbeitenden und die anderen Teilnehmenden um Rat fragen. Diese werden in der Gemeinschaft diskutiert. Die anderen Teilnehmenden, die in ihrer persönlichen Lebenswelt mit ähnlichen Situationen konfrontiert sind, werden miteingebunden. Gemeinsam sollen die Bedarfe und Probleme besprochen und ein Lösungsweg erarbeitet werden. Der Austausch über ein konkretes Thema der Lebenswelt von Teilnehmenden trägt dazu bei, dass sie verstehen, dass es anderen Personen ähnlich geht wie ihnen. Die Teilnehmenden können für einander Vorbildfunktionen einnehmen und sich gegenseitig in ihrem Empowerment unterstützen (vgl. E5, 21ff.).

4.2.3.2 Didaktische Methoden und Austausch

In Anlehnung an die Aussagen der Expert/inn/en können unterschiedliche didaktische Methoden differenziert werden, die zum Empowerment der Teilnehmenden beitragen. Dazu zählen der Einsatz von Bildern (Faulstich & Grell, 2005, S. 84ff.), Fragen zur persönlichen Lebenswelt und Gruppendiskussionen (ebd., S. 79). Ein Beispiel für eine didaktische Methode, die in Erwachsenenbildung eingesetzt werden und zum Empowerment der Teilnehmenden beitragen kann, ist der Einsatz von Bildern.

> „[I]f they cannot read, we show them pictures and discuss. Why this house is like this and who have houses like this, and people this. [...] What is happening in this picture, why is this happening in this picture. Why this child is like this, why do people say this like this. [...] Lessons also like this were prepared, that creates some awareness among them" (E5, 100ff.).

Der Einsatz von Bildern ist sinnvoll, wenn Frauen, die nicht Lesen und Schreiben können, an einer Erwachsenenbildung teilnehmen. Die Mitarbeitenden zeigen den Teilnehmenden Bilder und diskutieren darüber, was auf dem Bild zu sehen ist und wie es zu der Situation gekommen sein kann. Als Beispiel nennt E5 ein Bild, auf dem ein Haus zu sehen wird. Es wird darüber diskutiert, warum das Haus so gebaut ist und welche Personen in solchen Häusern leben. Dies soll dazu beitragen, das die Teilnehmenden ein Bewusstsein über ihre persönliche Lebenswelt entwickeln. Sie sollen soziale Praktiken, Privilegien und Benachteiligungen reflektieren und sich über ihre Lebenswelt bewusstwerden. Fragen, die an die persönlichen Erfahrungen anknüpfen, ermöglichen eine Lebensweltorientierung, die den Teilnehmenden ein besseres Verständnis ihrer persönlichen Lebenswelt ermöglicht. Dabei ist der Bezug zur aktuellen Lebenswelt von Bedeutung. E9 fragt die Teilnehmenden direkt nach dem, was sie tun.

> „I just ask them, what they are doing, so right now to make a difference between what I want them to do and what they are actually doing" (E9, 84f.).

Die Teilnehmenden können sich öffnen und von ihren Erfahrungen darüber berichten, wie sich soziale Benachteiligung in ihrer persönlichen Lebenswelt zeigt. Die Mitarbeitenden sollen an den persönlichen Erfahrungen der Teilnehmenden ansetzen. Sobald sie sich geöffnet haben, können andere Lerninhalte aufgegriffen und in Bezug zu ihrer persönlichen Erfahrung gesetzt werden (vgl. E9, 80ff.).

Die Gruppendiskussion (Faulstich & Grell, 2005, S. 79) ist eine didaktische Methode, welche die Teilnehmenden aktiv in die Erwachsenenbildung einbindet. In einer großen oder in mehreren kleinen Gruppen können unterschiedliche Themen und Lerninhalte diskutiert werden. Es können Vor- und Nachteile bestimmter Themen erörtert werden.

> „[I]t has to be group discussion, it has to be dialogue, it has to be more interactive. […] [If] the group is very large, then there is small group discussion. [I]f one of the persons stand up and then made the group discussion, […] then it is more dialogue oriented, more interactive" (E3, 130ff.).

Die Gruppendiskussion ermöglicht einen Austausch, in dem sich die Teilnehmenden persönlich einbringen und in dem gefordert sind, sich selbst eine Meinung zu einem bestimmten Thema zu bilden. Es ist notwendig, dass sie ihre persönliche Meinung reflektieren und artikulieren. Den Teilnehmenden werden von den Mitarbeitenden Informationen gegeben, über welche sie diskutieren sollen. Diese sollen die Themen inhaltlich verorten, Probleme benennen oder Handlungsempfehlungen erarbeiten. Gruppendiskussionen sollen einen Austausch ermöglichen. Wenn viele Teilnehmenden anwesend sind, werden sie in kleine Gruppen aufgeteilt. Dies trägt dazu bei, dass sich alle Teilnehmenden einbringen können (vgl. ebd.). In Erwachsenenbildungsangeboten, die sich an Personen aus benachteiligten sozialen Gruppen richten, muss zum Teil das distanzierte Verhältnis von Frauen und Männern beachtet werden, sodass eine geschlechtsbezogene Aufteilung in Gruppen erfolgt.

> „[I]f I am in the community in the grassroots, then it has to be women one group and men one group" (E3, 154f.).

Wenn Frauen und Männer an Erwachsenenbildung teilnehmen, ist nach E3 in traditionell geprägten sozialen Gruppen im ländlichen Raum wichtig, dass eine Gruppe nur aus Frauen und eine Gruppe nur aus Männern besteht. In Städten ist dies weniger von Bedeutung (vgl. ebd.).

4.2.4 Zwischenfazit

Im theoretischen Teil (*graue Markierung* in Abb. 21) wurde die Gestaltung von Erwachsenenbildung erarbeitet, die zum Empowerment von Frauen aus benachteiligten sozialen Gruppen beitragen soll. Dazu zählen Zielgruppenanalyse und Planung von Erwachsenenbildungsangeboten, die Selbstreflexion der Mitarbeitenden, lebensweltorientierte Lerninhalte und didaktische Methoden sowie Gemeinschaft und Austausch in der Erwachsenenbildung. Diese Bereiche von Erwachsenenbildung, die von den Mitarbeitenden gestaltet werden können, wurden im empirischen Modell aufgegriffen und neu strukturiert. Zwar kann die Perspektive aus der deutschsprachigen Erwachsenenbildung für die empirischen Erkenntnisse nachvollzogen werden, allerdings hat sich induktiv gezeigt, dass Erwachsenenbildungsangebote unterschiedlich gestaltet werden können. So können der beziehungsstiftende Kontext von Erwachsenenbildung, lebensweltorientiertes Wissen, Methoden und reziproker Austausch dazu beitragen, dass die Teilnehmenden ihr Handeln selbst steuern und ihre persönliche Lebenswelt selbst gestalten. Dies trägt dazu bei, dass Teilnehmende ihre soziale Zugehörigkeit in sozialen Aushandlungsprozessen aushandeln.

Abbildung 21: Zur Gestaltung von Erwachsenenbildung

Gestaltung von Erwachsenenbildung für Frauen aus benachteiligten sozialen Gruppen, Möglichkeit zur Aneignung von Wissen und Fähigkeiten, die sie zu Selbststeuerung und Aushandlung von sozialer Zugehörigkeit befähigen			
Selbstreflexion von Mitarbeitenden	Zielgruppenanalyse und Teilnehmenden-orientierung	Didaktik zwischen Lebenswelt, Reflexion und Aktivierung	Gemeinschaft und Austausch

Erwachsenenbildung als beziehungsstiftender Kontext	Lebensweltorientierung von Lerninhalten, Methoden und Lernmaterial	Austausch über die persönliche Lebenswelt

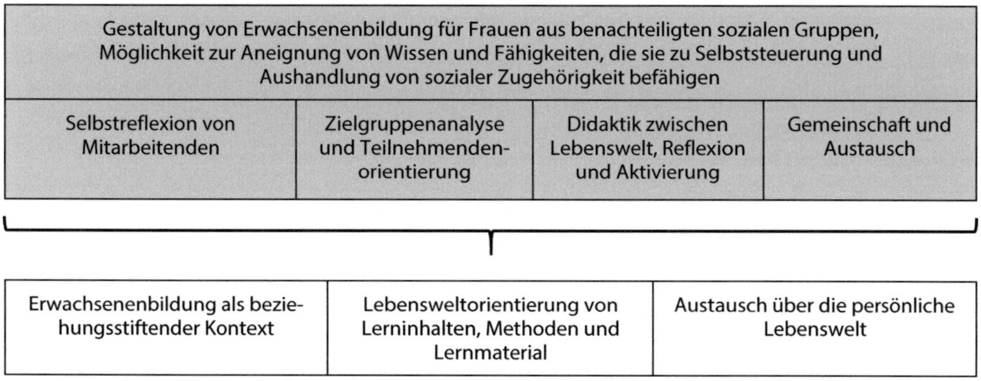

Quelle: Eigene Darstellung

4.3 Verstehens- und Artikulationsprozesse

Erwachsenenbildung kann dazu beitragen, dass die Teilnehmenden ihre persönliche Lebenswelt und ihre eigene Benachteiligung besser verstehen und lernen, ihre Bedarfe und Probleme besser zu artikulieren. Die Verstehens- und Artikulationsprozesse tragen zum Empowerment der Teilnehmenden bei, weil sie ihnen ermöglichen, ihre Rechte einzufordern. Grundlegend für ihr Empowerment ist, dass die Teilnehmenden Lesen und Schreiben lernen (Kap. 4.3.1). Dies trägt dazu bei, dass sie ihre Bedarfe und Probleme besser verstehen (Kap. 4.3.2) und erkennen, dass ihre Benachteiligung in traditionell geprägte Gesellschaftsstrukturen eingebunden ist (Kap. 4.3.3). Abschließend erfolgt ein Zwischenfazit (Kap. 4.3.4).

4.3.1 Grundbildung und Empowerment

Grundbildung ist die Fähigkeit, dass eine Person Lesen und Schreiben kann. Dies trägt u.a. nach Raya (2012) und Gee (2015) zur sozialen Zugehörigkeit von Personen bei. Lesen und Schreiben sind soziale Praktiken, über die zentrale Bereiche gesellschaftlichen Zusammenlebens kommuniziert werden. Wenn Personen nicht Lesen und Schreiben können, sind sie von diesen zentralen Bereichen ausgeschlossen. Grundbildung ist nach E7 eine Voraussetzung für Empowerment.

> „Empowerment is incomplete without literacy. Literacy is very, very, the previous fulfil for empowering a person" (E7, 146f.).

Nach Einschätzung von E4 ermöglicht Erwachsenenbildung Lernprozesse, die an das Verständnis über die eigene soziale Zugehörigkeit anschließen.

„Adult literacy or adult education programmes [...] haven't helped much directly, but indirectly [...] they have also helped them to understand what changes are taking place in society. And now they have understood that this is their right. That is their individual liberty, otherwise individual liberty as a concept was not known to them [...]. That I am an individual person, I have my own private space and liberty and rights, which was not known to them [...]. Now through adult education they have come to know all this" (E4, 290ff.).

Bildungsprogramme, in denen die Teilnehmenden Lesen und Schreiben lernen, tragen nach Einschätzung von E4 und E7 zu deren Empowerment bei. Sie werden befähigt, sich selbst Wissen und Fähigkeiten anzueignen. Sie lösen sich aus ihrer sozialen Eingebundenheit, in der sie auf die Unterstützung anderer Personen oder von gemeinnützigen Nichtregierungsorganisationen angewiesen sind. Sie verstehen, dass sie als Person unabhängig von anderen Personen und gesellschaftlichen Strukturen handeln können und dass sie die Freiheit haben, ihre Lebenswelt selbst zu gestalten. Sie verstehen, dass sie sich das Wissen und die Fähigkeiten aneignen können, um sich aus ihrer sozialen Benachteiligung zu lösen und aktiv gegen diese anzugehen. Wenn sie die Erfahrung machen, dass sie ihre persönliche Lebenswelt selbst gestalten können, trägt dies nach Einschätzung von E3 dazu bei, dass die Teilnehmenden stärker an ihre persönliche Selbstwirksamkeit glauben. Eine zentrale Grundannahme von Erwachsenenbildung ist, dass alle Personen in sich Ressourcen tragen, zu denen sie Zugang finden und die sie entdecken können.

„In the field of adult education, we feel that every learner has a potential. We begin with respecting for what you are, even if you don't know how to read and write [...]. They are ashamed of their self, they are shy to articulate what they want, [...] because they feel they don't have the information, but once you respect them and then you begin your classes by recognising their experiences" (E3, 234ff.).

Die Mitarbeitenden sollen Respekt gegenüber den Teilnehmenden zeigen, wenn sich diese dafür schämen, dass sie nicht Lesen und Schreiben können und ihre Bedarfe nicht artikulieren können. Dass Frauen nicht Lesen und Schreiben können, trägt zu ihrer sozialen Benachteiligung bei. Nach der Einschätzung von E3 sind sie nicht in der Lage, ohne Unterstützung Formulare und Anträge selbst auszufüllen oder Informationen über den schulischen Lehrplan ihrer Kinder zu verstehen. Dies kann für Frauen schambesetzt sein, sodass sie sich zurückziehen und versuchen, ihre mangelnde Grundbildung zu verbergen. Dies trägt dazu bei, dass sie ihre soziale Zugehörigkeit im gesellschaftlichen Austausch mit anderen Personen nicht aushandeln, sondern sich passiv zurückziehen. Wenn sie von ihrer Selbstwirksamkeit nicht überzeugt sind, verharren sie nach E3 in ihrer sozialen Benachteiligung (vgl. E3, 234ff.).

E3 hat die Teilnehmenden eines Erwachsenenbildungsangebots, wo sie Lesen und Schreiben gelernt haben, gefragt, was sich durch die Teilnahme für sie verändert hat.

„The changes are very simple. She said 'Earlier I used to go by bus, use public transport, the number of the bus they could not, earlier I was not able to read, and I would ask the conductor. The conductor would say: Hop on, hop on. He would not tell me, where the bus is actually going [...].' [H]e would drop them in any place take the money from them and then find the own way...[...] 'So, now I can read the bus number and I know where I have to go'" (E3, 85ff.).

Dass sie Lesen und Schreiben lernen, hilft den Teilnehmenden, in ihrer persönlichen Lebenswelt besser zurechtzukommen. So sind sie weniger auf die Unterstützung von anderen Personen – wie in dem Beispiel vom Busfahrer – angewiesen sind. Erwachsenenbildung geht damit gegen die Hilflosigkeit von Teilnehmenden an, die nicht Lesen und Schreiben können. Durch ihre Teilnahme an Erwachsenenbildung können individuelle Lernprozesse entstehen, die konkrete Auswirkungen in der persönlichen Lebenswelt der Teilnehmenden zeigen. Diese können sich dort Wissen und Fähigkeiten aneignen, um sich in ihrer persönlichen Lebenswelt unabhängig von anderen Personen zurechtzufinden. Damit kann Erwachsenenbildung zur Selbststeuerung der Teilnehmenden beitragen, sodass diese nicht (mehr) auf die Unterstützung anderer Personen angewiesen sind. Nach der Einschätzung von E3 können sich die Teilnehmenden gegen soziale Benachteiligung und soziale Praktiken wehren, die ihre Benachteiligung verstärken. Dies zeigt E3 anhand des Handelns des Busfahrers auf, der die Frau, die nicht selbst Lesen und Schreiben konnte, nicht dort ausstiegen lies, wo sie es wollte. Dass sich die Frauen dagegen wehren und anders auf das Handeln von Personen reagieren, stellt eine veränderte soziale Praktik dar. Mit sozialen Praktiken kann soziale Zugehörigkeit ausgehandelt werden. Soziale Benachteiligung und die Differenzierung in privilegierte und benachteiligte soziale Gruppen verlieren dadurch an Bedeutung.

4.3.2 Zum Verstehen eigener Bedarfe und Probleme

In der Gemeinschaft von Erwachsenenbildung tauschen sich die Teilnehmenden über Bedarfe und Probleme ihrer persönlichen Lebenswelt aus. Im Austausch stellen sie untereinander Bezüge her und verstehen, dass sich andere Teilnehmenden in ähnlichen Situationen befinden und mit vergleichbaren Problemen konfrontiert sind wie sie selbst. Im Austausch haben die Teilnehmenden die Möglichkeit, untereinander und gemeinsam mit Mitarbeitenden, Lösungswege zu erarbeiten. Sie werden zum Teil die positiven Erfahrungen anderer Teilnehmenden bestärkt. Diese werden dadurch ermutigt, ihr Handeln selbst zu steuern und aus traditionellen Gesellschaftsstrukturen zu lösen.

> „Thinking, at least they are thinking. […] First of all, they should have information, knowledge" (E5, 106ff.).

Nach Einschätzung von E5 trägt es zum Empowerment von Teilnehmenden bei, wenn sie sich Wissen und Informationen aneignen. Dies ermöglicht Verstehens- und Artikulationsprozesse, sodass sie über ihre persönliche Lebenswelt und über die Gesellschaft nachdenken, in der sie leben. Demnach kann Erwachsenenbildung, die den Teilnehmenden ermöglicht, dass sie sich Wissen aneignen, dazu beitragen, Verstehens- und Artikulationsprozesse zu initiieren. Dies resultiert in einem Nachdenken und einer Reflexion des eigenen Lebens und der eigenen sozialen Benachteiligung (vgl. ebd.). Das Wissen über soziale Zusammenhänge ermöglicht den Teilnehmenden eine Reflexion ihrer persönlichen Lebenswelt.

„The first thing, they must be aware of their own status. [...] [A]wareness is much more important than anything else. If you are not aware, you cannot convert your knowledge into action. Whether it is health, [...] hygiene, [...] educating the children" (E1, 317ff.).

Wissen trägt dazu bei, dass sich die Teilnehmenden ihrer persönlichen Lebenswelt und ihrer sozialen Benachteiligung bewusstwerden. Sie können verstehen, dass sie sozial benachteiligt sind und dass dies durch die soziale Eingebundenheit in traditionell geprägten Gesellschaftsstrukturen geprägt ist. Sie können verstehen, dass sie aufgrund ihrer Zugehörigkeit zu einer benachteiligten sozialen Gruppe benachteiligt werden. Veränderungen im Handeln werden ermöglicht, wenn die Teilnehmenden verstehen, dass sie etwas gegen ihre Benachteiligung tun können. Sie können verstehen, dass Wissen und Fähigkeiten sie befähigen, ihr Handeln selbst zu steuern und ihre persönliche Lebenswelt selbst zu gestalten. Dazu zählt die Beziehung zu ihrem Mann, ihre Ausbildung, Lernprozesse und die Ausbildung ihrer Kinder. Die Bedeutung von Erwachsenenbildung ergibt sich aus ihrer gesellschaftlichen Funktion, welche die Vermittlung von Wissen ist. Dass sich die Teilnehmenden Wissen aneignen können, das für ihre persönliche Lebenswelt von Bedeutung ist, trägt nach Stromquist (2015) zu ihrem Empowerment bei. Erwachsenenbildung ermöglicht damit einen Kontext für das Empowerment von Teilnehmenden, das nach Stromquist (2014) im Kontext eines sozialen Wandels zu verstehen ist. Erwachsenenbildung kommt damit in einem sozialen Wandel eine zentrale Bedeutung zu (vgl. S. 319).

4.3.3 Zur sozialen Eingebundenheit von Benachteiligung

Erwachsenenbildung kann dazu beitragen, dass die Teilnehmenden besser verstehen, dass ihre Benachteiligung in traditionell geprägte Gesellschaftsstrukturen eingebunden ist. Sie sollen die Gründe für ihre Benachteiligung besser verstehen.

„[T]hey should become aware of their deprivation, why they are deprived, why they are poor" (E5, 81f.).

Die Teilnehmenden sollen sich nach Einschätzung von E5 bewusstwerden, dass sie aufgrund ihrer Zugehörigkeit zu einer benachteiligten sozialen Gruppe und aufgrund ihres Geschlechts in der indischen Gesellschaft benachteiligt sind. Sie sollen verstehen, warum gerade sie sozial benachteiligt oder ausgegrenzt sind und warum sie in Armut leben. Die Teilnehmenden sollen verstehen, warum sie anders handeln als andere Personen, deren Handeln durch Empowerment geprägt ist. Mit dem Begriff *Deprivation* ist mehr eine soziale Ausgrenzung als eine soziale Benachteiligung gemeint. Dies weist darauf hin, dass Empowerment im Kontext von sozialer Ausgrenzung und nicht nur von sozialer Benachteiligung thematisiert wird. Gleichwohl ist eine Differenzierung von sozialer Ausgrenzung und Benachteiligung nicht eindeutig möglich. Empowerment stellt ein Konzept dar, dass pragmatisch das Ziel der Gleichberechtigung von Teilnehmenden aus benachteiligten sozialen Gruppen anstrebt (vgl. ebd.).

Zum Empowerment der Teilnehmenden trägt nach Einschätzung von E2 bei, dass sie die Gründe verstehen, warum die sie sozial benachteiligt oder sozial ausgegrenzt sind.

„[T]hey must know the [...] existing situation and they should also know the reason why they are not as empowered as they should be. Only after diagnosis they could tell the reasons on not being so empowered" (E2, 33ff.).

Die Teilnehmenden sollen ihre persönliche Lebenswelt und ihre soziale Benachteiligung besser verstehen. Um in der Lage zu sein, ihr Handeln selbst zu steuern, sollen sie die soziale Eingebundenheit ihrer Benachteiligung in traditionell geprägte Gesellschaftsstrukturen verstehen. Die Aussage von E2 weist darauf hin, dass das Verstehen der Teilnehmenden grundlegend dafür ist, dass sie ihre persönliche Situation und Gründe ihrer sozialen Benachteiligung artikulieren können. Verstehens- und Artikulationsprozesse gehen miteinander einher und tragen zum Empowerment der Teilnehmenden bei (vgl. ebd.). Die Erkenntnis, dass sie selbst nicht für ihre soziale Benachteiligung und für Armut verantwortlich sind, sondern dass gesellschaftliche Steuerung und die soziale Aufteilung einer traditionell geprägten Gesellschaft dazu beigetragen haben, ist zentral für ihr Empowerment. Gleichzeitig soll den Teilnehmenden nach der Einschätzung von E1 bewusstwerden, dass sie aktiv gegen soziale Benachteiligung angehen können.

„Poverty you have not asked for. Poverty is not given also. Poverty has come to you, but get rid of it. That is called Empowerment. [...] [E]ven though lots of importance was and is given in reading and writing, there are two more components [...]: Awareness and functionality. So, if you are aware of your poverty, your ill health, or your status of the position in the community, you will be able to take action, to improve yourself. If you are not aware, if you say 'Oh god has given me like this' then you will never move. So, if the person is not having awareness, then someone should create awareness. Then the person has to act upon it" (E1, 293ff.).

E1 geht davon aus, dass das Bewusstsein über die eigene Armut, Erkrankung oder soziale Benachteiligung dazu beiträgt, aktiv dagegen anzugehen und das eigene Handeln aktiv selbst zu gestalten. Wenn Teilnehmenden die soziale Eingebundenheit des eigenen Handelns nicht bewusst ist, können sie denken, dass sie ihrer sozialen Benachteiligung hilflos ausgeliefert sind und nicht dagegen angehen können. Sie sollen verstehen, dass ihr Handeln im Kontext traditioneller Gesellschaftsstrukturen eingebunden ist und sich darüber bewusstwerden, dass sie ihre Lebenswelt und ihr Handeln selbst steuern können. Die Überzeugung der eigenen Selbstwirksamkeit zeigt sich in Anlehnung an Bandura (1994) darin, dass die Teilnehmenden glauben, dass ihr Handeln konkrete Auswirkungen hat (vgl. S. 8). Dies trägt zur ihrer Lernbereitschaft und zu ihrer Motivation, ihr Handeln selbst zu steuern bei. Neben der Fähigkeit zu Lesen und zu Schreiben soll Grundbildung die Teilnehmenden befähigen, sich ihrer persönlichen Lebenswelt und sozialen Eingebundenheit bewusst zu werden. Grundbildung soll einen Anwendungsbezug haben, sodass die Teilnehmenden in ihrer persönlichen Lebenswelt davon profitieren, dass sie Lesen und Schreiben gelernt haben. Dies trägt dazu bei, dass die Teilnehmenden ihr Handeln verändern und sich damit um Bedarfe in ihrer Lebenswelt sorgen und ihre Probleme aktiv angehen. E1 geht auf die Bedeutung von anderen Personen für das Empowerment von Teilnehmenden ein. Andere Personen können dazu beitragen, dass diese ihre Lebenswelt und ihre Möglichkeit, diese aktiv zu gestalten, reflektieren (vgl. ebd.). Zum Empowerment von Teilnehmenden trägt die Reflexion von sozialen Aushandlungsprozessen bei.

„[W]e have a discussion with the group, what they understand by the power. […] [T]hen we have to relate to what we actually mean by power, power […] within yourself, expressing yourself, […] self-esteem, you have control over yourself, you have understanding. […] We have to be begin with the […] concept of power and how it relates with the information, […] that they receive this will enhance the power" (E3, 182ff.).

Wenn die Teilnehmenden die Möglichkeit haben, selbst Entscheidungen zu treffen, und soziale Aushandlungsprozesse zu reflektieren, können sie ein Verständnis darüber entwickeln, wie solche Prozesse ihre Gesellschaft prägen. Dies trägt dazu bei, dass sie die gesellschaftlichen Strukturen besser verstehen und darin bewusst handeln. Sie verstehen, wie sich soziale Zugehörigkeit auf unterschiedlichen Ebenen zeigen kann. Dazu zählen Selbstvertrauen und die Fähigkeit, eigene Bedarfe und Probleme zu verstehen und zu artikulieren. Indem die Teilnehmenden über Macht diskutieren, werden sie sich darüber bewusst, wie Machtverhältnisse ihre soziale Benachteiligung prägen und wie sich Macht in ihrer persönlichen Lebenswelt zeigt (vgl. ebd.)

4.3.4 Zwischenfazit

Verstehens- und Artikulationsprozesse wurden im theoretischen Modell (*graue Markierung*) nicht explizit benannt. Die Analyse der empirischen Daten hat deren Bedeutung aufgezeigt, sodass die Bedeutung dieser Prozesse für das Empowerment von Teilnehmenden im empirischen Modell eingefügt wurde. Abb. 22 zeigt die empirischen Erkenntnisse zu den Verstehens- und Artikulationsprozessen der Teilnehmenden, die zu ihrem Empowerment beitragen. Dass die Teilnehmenden Lesen und Schreiben lernen, stellt eine zentrale Voraussetzung für Verstehens- und Artikulationsprozesse dar. Die persönliche Lebenswelt kann von den Teilnehmenden aus einer bislang unbekannten Perspektive der Schriftsprache verstanden werden. Bereiche des persönlichen Lebens, die bislang nicht integriert werden konnten, werden durch den Erwerb von Grundbildung besser verstanden.

Abbildung 22: Verstehens- und Artikulationsprozesse

Verstehens- und Artikulationsprozesse		
Grundbildung als Voraussetzung für Empowerment	Bedarfe und Probleme der persönlichen Lebenswelt	Soziale Eingebundenheit der eigenen Benachteiligung

Quelle: Eigene Darstellung

Dass der Erwerb von Grundbildung zur sozialen Zugehörigkeit von Personen beiträgt argumentieren auch die *New Literacy Studies* u.a. nach Gee (2015). Dazu zählt die Recherche nach Informationen aus dem politischen Tagesgeschehen. Dies befähigt die Teilnehmenden in Anlehnung an Grotlüschen (2016), sich auf Grundlage der angeeigneten Informationen, eine eigene Meinung zu bilden. Sie entwickeln ein Verständnis für ihre Bedarfe und Probleme. Indem sie darüber sprechen und sich darüber Wissen aneignen, verstehen sie sich selbst besser. Zuvor war das Bewusstsein darüber stärker durch Diffusion geprägt.

Innerhalb von Verstehens- und Artikulationsprozessen in Anlehnung an Heite (2015) werden sich die Teilnehmenden über die soziale Eingebundenheit der eigenen Benachteiligung in traditionell geprägte Gesellschaftsstrukturen bewusst. Sie verstehen, dass sie innerhalb eines sozialen Wandels, ihre Zugehörigkeit neu verhandeln können (vgl. ebd., S. 149).

4.4 Selbststeuerung und sozialer Wandel

Der soziale Wandel geht mit dem Paradigma der Selbststeuerung einher. Dieses Paradigma kann in Anlehnung an Pongratz (2010) als eine Reaktion auf die steigende Komplexität einer Gesellschaft verstanden werden (vgl. S. 155). Im Kontext von Erwachsenenbildungsangeboten in Indien zeigt sich in den Aussagen der Expert/inn/en Selbststeuerung darin, dass die Teilnehmenden, Wissen über eine gesunde Ernährung, das sie sich in der Erwachsenenbildung angeeignet haben, zu Hause umsetzen. Dadurch können die Teilnehmenden ein höheres Selbstvertrauen entwickeln (Kap. 4.4.1). Wenn sie von Personen aus ihrer persönlichen Lebenswelt dafür positive Rückmeldungen erhalten, treffen sie mehr Entscheidungen, fordern ihre Rechte stärker ein und gestalten ihre persönliche Lebenswelt stärker nach ihren Vorstellungen (Kap. 4.4.2). Die Teilnehmenden eignen sich Wissen und Fähigkeiten an. Diese können sie befähigen, in sozialen Aushandlungsprozessen ihre soziale Zugehörigkeit auszuhandeln. Dies tun sie in kommunalpolitischen Dorfversammlungen, indem sie sich stärker einbringen, ihre Bedarfe und Probleme artikulieren und ihre Rechte einfordern (Kap. 4.4.3). Abschließend erfolgt ein Zwischenfazit (Kap. 4.4.4).

4.4.1 Zur Entwicklung von Selbstvertrauen

Durch ihre Teilnahme können Teilnehmenden ein höheres Selbstvertrauen entwickeln. Dieses zeigt sich darin, dass sie ihre Stärken und Schwächen kennen und dass sie wissen, was sie leisten können. Zudem zeigt sich Selbstvertrauen darin, dass sie ihre persönlichen Grenzen kennen, diese setzen und ihre Rechte einfordern. Selbstvertrauen zeigt sich darin, dass die Teilnehmenden bezüglich ihres Wissens und ihrer Fähigkeiten über eine positive Einstellung verfügen. Sie trauen sich zu, dass sie lernen und sich Fähigkeiten aneignen können. Selbstvertrauen befähigt Teilnehmende, in sozialen Aushandlungsprozessen ihre soziale Zugehörigkeit auszuhandeln. Selbstvertrauen kann sich entwickeln, wenn die Teilnehmenden die Zeit und den Raum dafür erhalten, sich mit sich selbst und ihrer Persönlichkeit auseinanderzusetzen. Dieser Raum erfordert eine Abwesenheit von gesellschaftlichen Anforderungen und Strukturen, an denen sie ihr Handeln ausrichten. Sie benötigen die Freiheit, sich zu entwickeln. Dazu trägt bei, dass andere Teilnehmenden und die Mitarbeitenden sie verstehen und sie unterstützen. Lernprozesse und die Entwicklung von Selbstvertrauen können nicht erzwungen werden, aber es können Rahmenbedingungen arrangiert werden, solche Prozesse zu ermöglichen. Erwachsenenbildung kann nach Einschätzung von E3 für die Teilnehmenden einen solchen Raum darstellen. So haben E3 und andere Mitarbeitende im Anschluss an Erwachsenenbildungsangebote das Gefühl, dass die Teilnehmenden ein stärkeres Vertrauen entwickeln.

„[B]y the end of the class, the workshop or training programme, we suddenly feel
that they are confident" (E3, 241f.).

Die Mitarbeitenden können nach Einschätzung von E3 beobachten, dass die Teilnehmenden ein höheres Selbstvertrauen entwickeln. Dadurch dass sie Lesen und Schreiben lernen, entwickeln sie nach der Einschätzung von E2 ein höheres Selbstvertrauen. Dies zeigt
sich darin, dass sie von anderen Personen erwarten, respektvoll und auf Augenhöhe behandelt zu werden.

„But unless they are not aware, […] they will not be able to that much of confidence.
[…] After getting confidence they also think they must get some respect, self-respect.
[…] Because initially they don't mind whatever they are being behalf, but after getting
this, they must say that they […] must get respect" (E2, 159ff.).

Vor ihrer Teilnahme an Erwachsenenbildung haben es die Frauen nach der Einschätzung von E2 in ihrer sozialen Eingebundenheit in traditionell geprägte Gesellschaftsstrukturen eher hingenommen, wenn sie von anderen Personen mit wenig Respekt und nicht
wertschätzend behandelt wurden. Durch die Teilnahme verstehen sie, dass sie ein Recht
darauf haben, gut behandelt zu werden. Dies fordern sie in ihrer Familie und in Beziehungen zu anderen Personen in ihrer persönlichen Lebenswelt ein. Durch ihre Teilnahme können die Teilnehmenden verstehen, dass sie die gleichen Rechte haben wie andere Personen.
Ihnen kann bewusstwerden, dass andere Personen nicht das Recht haben, sie respektlos und
nicht wertschätzend zu behandeln. Diese Einsicht befähigt die Teilnehmenden, sich von
Personen, die sie nicht wertschätzend und auf Augenhöhe behandeln, abzugrenzen. Die
kognitiven Lernprozesse werden durch emotionale Lernprozesse im Austausch mit Mitarbeitenden und anderen Teilnehmenden ergänzt. Dies trägt dazu bei, dass sie Vertrauen aufbauen und damit gestärkt werden, sich in ihrer persönlichen Lebenswelt neuen Erfahrungen zu öffnen (vgl. ebd.).

4.4.2 Zur Gestaltung der persönlichen Lebenswelt

Erwachsenenbildung kann dazu beitragen, dass die Teilnehmenden selbst Entscheidungen
treffen und ihre persönliche Lebenswelt selbst gestalten. Um eine Entscheidung zu treffen,
ist Wissen über den jeweiligen Bereich der Lebenswelt notwendig. Wissens befähigt die
Teilnehmenden, Vorteile und Nachteile der eigenen Entscheidung einschätzen können. Die
Expert/inn/en nennen als Beispiele dafür, dass sich die Teilnehmenden für eine gute Ausbildung ihrer Kinder einsetzen und finanziell unabhängiger werden möchten.

Sie sollen ihre persönliche Lebenswelt gestalten, auch wenn sie durch die Zugehörigkeit
zu einer sozialen Gruppe benachteiligt werden. Das Beispiel einer anderen Teilnehmerin,
die mit HIV infiziert war, zeigt ihr Empowerment.

„[S]he doesn't know to whom she can get help, […] she cannot share her problem
with her family members […], that time she came into my office and […] she was
very much scared and […] emotional […], she was crying […]. [W]e counselled her,
she started taking her medicine, her health also improved […] and in between she
told me 'I want to learn writing and learning […] I also want to continue education

of my peers ', so she asked me 'Can you give me support? Can you give some education institute or something?' And she is very much empowered, [...] she always takes care of her health" (E8, 65ff.).

Nachdem ihr HIV diagnostiziert wurde, wendete sich die Frau an eine Erwachsenenbildungseinrichtung, in der Frauen, die in der Prostitution tätig sind, persönliche Beratung und Unterstützung angeboten wird. Sie hatte keine/n andere/n Ansprechpartner/in und wusste nicht, wo sie Unterstützung finden kann, weil sie sich nicht an ihre Familie oder an Freunde wenden konnte. Die kam in das Büro der Einrichtung, wo sie Unterstützung fand. Weil sie Angst hatte aufgrund der HIV-Infektion zu sterben, war sie ängstlich und verzweifelt. Im Anschluss an die Beratung begann die Frau, Medikamente zu nehmen. Daraufhin verbesserte sich ihr Gesundheitszustand und sie entwickelte den Wunsch, Lesen und Schreiben zu lernen. Die Frau besucht die Einrichtung seit fünf bis sechs Jahren und konnte durch die Unterstützung sich selbst, ihre gesundheitlichen Probleme und ihre Emotionen besser verstehen und reflektieren. Als die Frau in der Erwachsenenbildungseinrichtung Unterstützung suchte, konnte sie sich nicht vorstellen, dass trotz der HIV-Diagnose ein langes Leben möglich ist. Die Einrichtung hat dazu beigetragen, dass sie Hoffnung geschöpft und verstanden hat, dass sie ihre Gesundheit durch gesunde Ernährung beeinflussen kann. Die Mitarbeiterin der Einrichtung hat die Frau zu Beginn der Diagnose unterstützt und Hoffnung vermittelt. Durch die Unterstützung in der Erwachsenenbildungseinrichtung konnte sich die Teilnehmerin nach Einschätzung von E8 besser um ihre Gesundheit sorgen, ein Bankkonto eröffnen, für sich selbst Geld sparen und eine Wohnung finden. Die Teilnehmerin hat verstanden, dass sie trotz ihrer gesundheitlichen Einschränkung, aktiv Einfluss auf ihre Lebenswelt nehmen kann und dass sie ihrer Erkrankung nicht hilflos ausgeliefert ist. Ihre Einstellung hat sich von einer passiv-akzeptierenden zu einer aktiv-gestaltenden Einstellung verändert. Dies zeigt sich darin, dass sie ihre Lebenswelt selbst gestaltet und darin, dass sie den Wunsch hat, andere Frauen zu unterstützen. Dabei sucht sie sich bei der Einrichtung selbst Unterstützung für die Bereiche sucht, in denen sie Hilfe benötigt. Das Empowerment der Teilnehmerin zeigt sich nach Einschätzung von E8 darin, dass sie ihre Lebenswelt selbst gestaltet und sich in die Gesellschaft einbringt (vgl. ebd.).

Das Empowerment von Teilnehmenden zeigt sich darin, dass sie sich für eine gute Ausbildung ihrer Kinder einsetzen. Der Wunsch, ihren Kindern eine gute Ausbildung zu ermöglichen und ihre Lernprozesse verstehen zu können, prägt ihre Bereitschaft, an Erwachsenenbildung teilzunehmen.

> „And then they also think of [...] how do they educate their children and family. Because in initial state [...] they were not so much aware of their children. For children now they understand, that if they are sent to a good school if they are given education proper and also the good food habits and good dressing up. Then this awareness not only for them, it's also awareness for the future generation" (E2, 172ff.).

Empowerment zeigt sich darin, dass sich die Teilnehmenden der Bedeutung einer guten Ausbildung für ihre Kinder bewusst sind. Dass sie sich selbst Wissen aneignen, trägt dazu bei, dass sie die positiven Auswirkungen von Lernprozessen verstehen. Das Handeln der Teilnehmenden wirkt sich auf nachfolgende Generationen aus und hat Auswirkungen auf eine Gesellschaft, die sich innerhalb eines sozialen Wandels verändert. Ihr Empowerment zeigt sich im Handeln, in den sozialen Praktiken und im Habitus (Bourdieu, 1987) der Teilnehmenden. Demnach kann das Empowerment der Teilnehmenden von anderen Personen beobachtet werden. In einer Gesellschaft begegnen sich Personen, deren Handeln zum Teil in höherem und zum Teil in niedrigerem Umfang durch Empowerment geprägt ist. Die sozialen Aushandlungsprozesse sind durch interdependente Wechselwirkungen geprägt. Das Empowerment von Teilnehmenden von Erwachsenenbildung zeigt Auswirkungen auf andere Personen, die ihnen in ihrer persönlichen Lebenswelt begegnen. Wenn sich Teilnehmenden für die Ausbildung ihrer Kinder einsetzen, prägt dies die Lebenswelt und das Handeln ihrer Kinder und der Personen, die solche sozialen Praktiken beobachten (vgl. ebd.). E7 beobachtete, dass die Teilnehmenden ihre Kinder, die bislang nicht zur Schule gingen, dort anmeldeten. Weil die meisten Jungen dort bereits angemeldet waren, handelt es sich in erster Linie um Mädchen, die bislang nicht zur Schule gegangen sind.

> „And then they can do education. Like they are enrolling their children in the schools, mainly girl child, because boys they almost all of them sent, but not a girl child" (E7, 120ff.).

Die Teilnehmenden verstehen die Bedeutung anderer Bereiche in ihrer persönlichen Lebenswelt und eignen sich Wissen darüber an. Dadurch, dass sie Bedarfe und Probleme ihrer persönlichen Lebenswelt besser verstehen und artikulieren, geben sie das Wissen, das sie sich in der Erwachsenenbildung angeeignet habe, an ihre Kinder weiter. Dies prägt ihre Kinder und deren Handeln, sodass sich der soziale Wandel in mehreren Bereichen zeigt (vgl. ebd.). Das Empowerment der Teilnehmenden ist dadurch gekennzeichnet, dass sie finanziell unabhängiger werden. Dazu trägt nach Einschätzung von E8 bei, dass die Teilnehmenden beginnen, einer besser vergüteten Erwerbstätigkeit nachzugehen. Dafür können sie sich in beruflichen Erwachsenenbildungsangeboten Wissen und Fähigkeiten aneignen, die für sie persönliche lebensweltliche Relevanz haben. Der soziale Wandel zeigt sich in einem veränderten Handeln der Teilnehmenden in ihrer Erwerbstätigkeit. Sie können beginnen, sich aus der sozialen Eingebundenheit ihrer Familie zu lösen und beginnen, ihr Einkommen für sich selbst zu sparen, anstatt es anderen Personen in ihrer Familie zu geben. E8 berichtet von einer Teilnehmerin, die finanziell unabhängig von ihrer Familie wurde. Dabei haben sie die Mitarbeitenden der Erwachsenenbildungseinrichtung unterstützt.

> „[S]he was always sending the money to her family members, she hasn't any savings. But we started to meeting, we started to convey her. 'You should be saving for yourself also. Okay, you are right, but you should save your family, but cannot think only about your family, but you should save for yourself also.' But then she told me 'Okay, Madam, but I don't have any bank account, I don't have any support'. Then we go to the bank, she has started bank account, she has started savings, now she has lot of money, she has her own home" (E8, 83ff.).

Die Teilnehmenden können sich Wissen über Finanzen aneignen. Die Erwachsenenbildungseinrichtung von E9 möchte explizit Wissen über Finanzen vermitteln. Eines ihrer Ziele ist, dass die Teilnehmenden befähigt werden, finanziell unabhängig zu sein. In Erwachsenenbildung werden konkrete Bedarfe und Probleme der persönlichen Lebenswelt der Teilnehmenden thematisiert. Dazu zählt die Einrichtung eines Kontos und die Benutzung von Bankautomaten. Einige Teilnehmenden möchten verstehen, welche Investitionen sinnvoll sind. Eine Hausfrau, die früher in einer Bank gearbeitet hat, hat den Anschluss an aktuelles berufliches Wissen verloren. Sie möchte sich Wissen aneignen, um finanziell unabhängig zu sein. Einige Teilnehmenden leihen sich Geld von ihren Ehemännern, um es zu investieren. Es ist ein Resultat des Erwachsenenbildungsangebots, dass die Teilnehmenden ein höheres Verständnis über Finanzen erlangen. Ihr Wissen können sie in ihrer persönlichen Lebenswelt anwenden und in diesem Bereich selbst Entscheidungen treffen (vgl. E9, 48ff., 135ff., 180ff., 226, 245ff.).

Eine Frau, die in der Prostitution tätig war, suchte eine Nichtregierungsorganisation auf, in der Beratung und Erwachsenenbildung angeboten wird, nachdem ihr die Krankheit HIV diagnostiziert wurde. Die Frau hatte kein eigenes Bankkonto und schickte ihr Einkommen an ihre Familie. In der indischen Gesellschaft nimmt dies zum Teil einen wichtigen Stellenwert ein. Die Mitarbeiterin der Erwachsenenbildung ermutigte die Teilnehmerin, dass sie finanziell unabhängig werden und selbst Geld sparen kann. Die Mitarbeiterin hat die Teilnehmerin bei der Eröffnung eines Bankkontos unterstützt. Sie sparte Geld und verfügt nun über ausreichend finanzielle Mittel. Sie hat eine Wohnung und ist neue soziale Beziehungen eingegangen. Empowerment zeigt sich nach Einschätzung der Expertin E8 in dem Wunsch und in der Bemühung, finanziell unabhängig zu werden und Verantwortung für sich selbst und die eigene Familie zu übernehmen. Die Mitarbeiterin verdeutlichte der Teilnehmerin die Bedeutung von finanzieller Unabhängigkeit. Zugleich respektiert sie das traditionell geprägte Handeln der Teilnehmerin, wie beispielsweise, dass sie ihre Familie finanziell unterstützt. Dies ist von Bedeutung, um zu zeigen, dass die Mitarbeiterin die Teilnehmerin in ihrer sozialen Eingebundenheit in traditionelle Gesellschaftsstrukturen akzeptiert und respektiert. Die Mitarbeiterin zeigt der Teilnehmerin eine andere Handlungsmöglichkeit auf, dass sie für sich selbst Geld sparen und ihre persönlichen Bedarfe nicht vernachlässigen kann (vgl. ebd.).

4.4.3 Soziale Aushandlungsprozesse und soziale Zugehörigkeit

Nach Einschätzung der Expert/inn/en trägt Erwachsenenbildung dazu bei, dass Frauen aus benachteiligten sozialen Gruppen ihre soziale Zugehörigkeit aushandeln. Empowerment zeigt sich darin, dass die Teilnehmenden ihre Rechte stärker einfordern. Dieses wird an der *Anti-Arrak*-Bewegung nach Dighe (1995, S. 38ff.) verdeutlicht, die für das Empowerment von Frauen in Indien als *good practice* genannt wird. Dass sie ihre soziale Zugehörigkeit aushandeln, zeigt sich u.a. in sozialem Engagement. Zudem zeigt sich Empowerment darin, dass sich die Teilnehmenden aktiv in kommunalpolitischen Dorfversammlungen einbringen.

4.4.3.1 Zur Einforderung der eigenen Rechte

In den 1990er Jahren wurde in Anlehnung Dighe (1995) in verschiedenen Regionen Indiens Erwachsenenbildung im Rahmen der *Total Literacy Campaign* der indischen Regierung angeboten. Das Grundbildungsprogramm der indischen Regierung hatte das Ziel, dass die

Teilnehmenden Lesen und Schreiben lernen. In diesen Erwachsenenbildungsangeboten hat die *Anti-Arrak*-Bewegung im indischen Bundestaat Andhra Pradesh Ihren Ursprung. Dort tauschten sich die Teilnehmenden über den Konsum der Spirituose *Arrak* ihrer Männer und die damit einhergehende häusliche Gewalt aus. In der sozialen Bewegung haben Teilnehmende von Erwachsenenbildung erfolgreich erreicht, dass Arrak in Andhra Pradesh verboten wurde (vgl. ebd., S. 38ff.). Die hohe persönliche Bedeutung, welche der Konsum für die Frauen hatte, wird in der Antwort deutlich, die nach der Expertin E5 die Frauen den Besitzern der Spirituosengeschäfte gegeben haben.

> „[W]omen have stopped the arrak movement and [...] whole district banned of alcohol, [...], even whole area, whole state was banned arrak. [...] Then they [...] came and talked to the women and 'why the women want this?' 'You can take our air, we breath our air, you can take out bangles, decoration and this, makeup and blame anyone why are you earning money out of this revenue? Stop this'" (E5, 269ff.).

Die Teilnehmenden konfrontierten die Besitzer von Spirituosengeschäften damit, dass ihnen das Verbot der Spirituose Arrak wichtig ist und dass sie der Alkoholkonsum ihrer Männer stark belastet. Die Besitzer fragten die Frauen, warum ihnen dies wichtig sei. Die Frauen antworteten, dass der Konsum von Arrak der persönlichen Lebenswelt der Familien schadet. Zudem sagten sie, dass die Besitzer der Spirituosengeschäfte ihr Geld nicht mit etwas verdienen sollten, das anderen Personen schaden kann (vgl. ebd.). Die Teilnehmenden verstanden und artikulierten, dass die Spirituose die persönliche Lebenswelt ihrer Männer und ihrer Familie negativ prägt.

E3 resümiert, dass die Teilnehmenden in den Bereichen aktiv werden, die ihnen persönlich wichtig sind.

> „[W]hen it touches the women, where it hurts them, then you can mobilise them" (E3, 384f.).

Aufgrund von Bedarfen und Problemen, die für sie eine hohe persönliche Bedeutung haben, verändern die Teilnehmenden ihr Handeln. Folglich können Veränderungen im Handeln dann erfolgen, wenn Personen in ihren individuellen Bedarfen und Problemen ihrer persönlichen Lebenswelt angesprochen werden. Dies hat sich in der *Anti-Arrak*-Bewegung in Indien nach Dighe (1995, S. 38ff.) gezeigt, in denen sich Teilnehmenden gemeinsam für eine bessere Lebenswelt eingesetzt haben. Grund für die Bewegung war, dass die Frauen wollten, dass ihre Ehemänner weniger Alkohol trinken. Dass die Spirituose Arrak in dem indischen Bundesstaat Andra Pradesh verboten wurde, war ein zentrales Ergebnis der Bewegung. Die Bewegung ist ein Beispiel für das erfolgreiche Empowerment von Frauen, das in Erwachsenenbildungsangeboten seinen Ursprung hat. Die emotionale Bedeutung und der persönliche Bezug zu Lerninhalten trägt dazu bei, dass individuelle emotionale und kognitive Lernprozesse ermöglicht werden und dass die Teilnehmenden das Gelernte in ihrem Handeln umsetzen (vgl. ebd.).

Das Empowerment der Teilnehmenden kann daran beobachtet werden, dass sie ihre Gleichberechtigung und ihre Rechte einfordern. Gleichberechtigung zeigt sich darin, dass alle Personen unabhängig von ihrer Zugehörigkeit zu sozialen Gruppen gleich behandelt werden und z.B. für dieselben Waren denselben Preis zahlen. Eine zentrale Voraussetzung dafür ist, dass die Teilnehmenden ihre Rechte verstehen. Dass sie Lesen und Schreiben lernen trägt dazu bei, dass sie die schriftliche Kommunikation in einer Gesellschaft verstehen und ihre Rechte einfordern können. E3 schildert die Erzählung einer Teilnehmerin eines Erwachsenenbildungsangebots.

> „[E]arlier [she] used to take the small grocery shop in the community so she would buy […] bathing soap […]. And the soap, when she was reading MRP, maximum retail price, there was written 4 rupees and the fellow charged her 10 rupees […], and this girl went back to the shopkeeper and asked him to return [her] six rupees and then he had to return […]. This was the first time that [she] felt that how education can change [her] life" (E3, 93ff.).

Eine Frau, die durch ihre Teilnahme Lesen und Schreiben gelernt, bemerkte bei ihrem Einkauf im Lebensmittelgeschäft, dass sie früher einen höheren Preis (zehn Rupees) für Seife gezahlt hat, als auf dem Preisschild stand (vier Rupees). Weil die Frau nun Lesen und Schreiben gelernt hat, konnte sie auf der Verpackung der Seife den Einzelhandelshöchstpreis lesen. Dieser lag mit vier Rupees mehr als die Hälfte unter dem Preis, den ihr der Besitzer des Lebensmittelgeschäfts genannt hatte und den sie bisher dafür gezahlt hatte. Die Frau ging zum Besitzer zurück und forderte, dass er ihr den zu viel gezahlten Preis zurückgibt, was er daraufhin tat. Die Expertin E3 resümierte, dass die Frau zum ersten Mal verstanden hat, wie Erwachsenenbildung Veränderungen in ihrer persönlichen Lebenswelt ermöglichen kann. Die Lernprozesse zeigen konkrete Auswirkungen in der Lebenswelt der Teilnehmenden. Dass sie Lesen und Schreiben lernen, weist einen konkreten Bezug zu ihrer persönlichen Lebenswelt auf. Die Teilnahme an Erwachsenenbildung und das Lernen, zu Lesen und zu Schreiben, befähigt die Teilnehmenden dazu, ihre Lebenswelt aktiv zu gestalten. Sie lernen, wie sie selbst dazu beizutragen können, ihre persönliche Lebenswelt zu verbessern. Damit trägt Grundbildung nach E3 zum Empowerment von Frauen bei (vgl. ebd.).

Die Expert/inn/en haben beobachtet, dass sich die Teilnehmenden für ihre persönlichen Rechte und die Verbesserung der strukturellen Rahmenbedingungen am eigenen Wohnort eingesetzt haben. Dazu zählt die Infrastruktur, d.h. Straßen sowie die Wasser- und die Stromversorgung und das Bildungsangebot. Durch den Ausbau der Infrastruktur verbessert sich die Lebenswelt der Teilnehmenden und der anderen Personen, die in dem Ort leben. Dies wird in einem Beispiel von Frauen deutlich, die zu registrierten Stamm (*Adivasi*) gehörten. Die Frauen lebten in einer schwer zugänglichen Region, zu dem keine richtige Straße führte.

> „[I]t was very high area on the hills, and […] a road was there […]. […] [L]adies were learning and they were Adivasi[18] […] and the DM[19] of that area […] heard about them and praised them. And they said he should visit us. Then they said there is no road to reach here, so these ladies built a road for him to that, so his car can come here from the hill to the down to the district […] and he was very happy. And they said ‚No, we want development in our all area [,] […] the water is not there, literacy

---

[18] *Adivasi* ist eine Bezeichnung für Personen aus registrierten Stämmen.
[19] DM (engl.) = *District magistrate*. Der DM gehört zur indischen Regierung und ist für eine Region in Indien verantwortlich.

is not there'. And he said 'It can be given to you but there is [...] no proper road' [...]. So, they forced that DM that [a] proper road should be build" (E5, 175ff.).

Andere Teilnehmende, die zu einer benachteiligten sozialen Gruppe außerhalb von Delhi gehörten, haben sich für die Entwicklung der strukturellen Versorgung an ihrem Wohnort eigesetzt. Sie forderten von dem Vertreter der indischen Regierung, dem *district magistrate* (Abk. DM), der für ihre Region zuständig war, eine bessere Infrastruktur. Sie wollten, dass eine bessere Straße zu ihrem Wohnort gebaut und eine bessere Wasserversorgung ermöglicht wird. Zudem forderten sie mehr Grundbildungsangebote, sodass mehr Personen Lesen und Schreiben lernen können. Die Teilnehmenden haben verstanden, dass sie in der indischen Gesellschaft Rechte haben, die sie einfordern können. Indem sie sich zusammenschließen und ihre Rechte gemeinsam einfordern, steigt der politische Druck für die verantwortlichen politischen Akteure. Die Gemeinschaft bestärkt die Teilnehmenden, sodass es für sie gemeinsam einfacher ist, ihre Rechte gemeinsam einzufordern anstatt dies allein zu tun. In Anlehnung an die Einschätzung von E5 ist der Gemeinschaftsaspekt von Empowerment von Bedeutung. Die Gemeinschaft kann sie befähigen, sich zusammenzuschließen und gemeinsam gegen soziale Benachteiligung anzugehen (vgl. ebd.). E3 hat das Empowerment von Teilnehmenden beobachtet, die sich für den Bau einer Schule an ihrem Wohnort eingesetzt haben.

> „I have seen the women asserting themselves, demanding that 'We want a school here. [...] This is for our children and not going like that' [..] and they are able to articulate. [...] [M]ore strong, [...] that's what we aim to do" (E3, 265ff.).

Die Beobachtung von E3 deutet auf die zentrale Bedeutung der eigenen Kinder für die Teilnehmenden hin. Sie haben gelernt, ihre Bedarfe und Probleme zu artikulieren. So haben sich die Frauen dafür eingesetzt, dass an ihrem Wohnort eine Schule gebaut wird, die ihren Kindern eine Schulausbildung ermöglicht. Das Wissen über ihre Rechte und die Rechte ihrer Kinder befähigt die Teilnehmenden, diese zu artikulieren. Nach E3 kennzeichnet ein solches Handeln Empowerment (vgl. ebd.).

In einem anderen Beispiel forderten die Teilnehmenden von der Schule an ihrem Wohnort, dass staatliche Zuwendungen zur Instandhaltung der Schule genutzt werden.

> „Like many women go to school and talk to [the] teacher why school is in that shape, you are getting money. Because previously they don't know that government is giving them money for this, after becoming literate, they are going. But it is not very common in many places. Only few districts have done this" (E5, 290ff.).

Die staatlichen Zuwendungen waren zwar für die Instandhaltung der Schule vorgesehen, wurden von der Schule aber nicht für diesen Zweck verwendet. Durch die Teilnahme an Erwachsenenbildung haben die Teilnehmenden verstanden, dass die Schule von der Regierung für die Instandhaltung finanzielle Zuwendungen erhält. Nachdem sie sich darüber ausgetauscht hatten, konfrontierten sie die zuständigen Personen der Schule mit der Frage, warum sich die Schule in diesem Zustand befindet und warum die staatlichen Zuwendungen nicht dafür eingesetzt werden. Dies ist ein Beispiel für ein Handeln von Frauen das E5 nur an wenigen Orten beobachtet. Nachdem die Teilnehmenden die gesellschaftlichen Strukturen besser verstanden haben und sie wissen, wozu sie berechtigt sind, fordern sie ihre Rechte nach Einschätzung von E5 aktiver ein (vgl. ebd.).

4.4.3.2 Soziales Engagement

Soziales Engagement wird als ehrenamtliche Tätigkeit verstanden, mit der die Personen, die sie ausüben, etwas Sinnvolles und einen gesellschaftlichen Mehrwert schaffen möchten. E8 beobachtet, dass ehemalige Teilnehmende andere Personen, die sich in einer ähnlichen Situation befinden wie sie zuvor, unterstützen möchten. E8 berichtet von einer Frau, die in der Prostitution tätig war und die durch Unterstützung in der Erwachsenenbildungseinrichtung gelernt hat, ihre Lebenswelt selbst zu gestalten.

> „We supported her, then after [...] three or four years she told us 'See, I am interested to work as a peer educator. [...] I also make them empower like myself', so we agreed and we appoint her as a peer educator. In between passing past three years she gained lot of knowledge [...]. She is much more aware. She told, 'Madam, I continue speaking as a peer teacher, want to leave this profession, [...]' [...], now she is not in the sex work and she also motivated other female sex workers: 'Also get away, [...] it was the biggest choice in my life'" (E8, 54ff.).

Drei bis vier Jahre nach ihrer eigenen Teilnahme sagte eine ehemalige Teilnehmerin der Mitarbeiterin, dass sie andere Frauen unterstützen möchte. Die ehemalige Teilnehmerin wollte bewirken, dass andere Frauen, die in der Prostitution tätig sind, lernen, besser mit ihrer persönlichen Situation umzugehen. Sie hat ihre Tätigkeit in der Prostitution aufgegeben und wollte andere Frauen, die in der Prostitution tätig waren, motivieren, die Tätigkeit ebenfalls aufzugeben. Nach Einschätzung von E8 sei dies für sie die wichtigste Entscheidung in ihrem Leben gewesen. Weil sie die Erfahrung gemacht hat, selbst Unterstützung zu finden, wollte sie diese Erfahrung weitergeben. Die ehemalige Teilnehmerin wollte andere Frauen unterstützen, die sich in derselben Situation befinden, in der sie sich befunden hat. In der Erwachsenenbildungseinrichtung von E8 werden die ehemaligen Teilnehmenden, die sich für andere Frauen engagieren, die in der Prostitution tätig sind, als „peer educator" (E8, 56) bezeichnet. Diese sollen dazu beitragen, einen gleichberechtigten Austausch und eine Unterstützung auf Augenhöhe zu ermöglichen. Die ehemaligen Teilnehmenden können die Lebenssituation und die Bedarfe und Probleme persönlich selbst gut verstehen, weil sie in derselben Situation waren. Weil sie in ihrer sozialen Benachteiligung selbst unterstützt wurden, möchten sie dies anderen Personen weitergeben und diese unterstützen. Die sozialen Praktiken, die mit Empowerment und Individualisierungsprozessen einhergehen, werden wiederholt. Die Teilnehmenden können sich selbst aktiv einbringen und an den veränderten sozialen Praktiken teilhaben. Die ehemaligen Teilnehmenden handeln als ein Vorbild für andere Teilnehmenden und motivieren sie, sich für die Teilnahme und eine Veränderung in ihrem Handeln zu öffnen. Das Engagement der ehemaligen Teilnehmenden zeigt sich in sich wiederholenden sozialen Praktiken, in denen sie andere Teilnehmenden unterstützen und beraten. Die sich wiederholenden sozialen Praktiken prägen den sozialen Wandel von traditionell geprägten Gesellschaftsstrukturen zu einer individualisierten Gesellschaft (vgl. ebd.).

4.4.3.3 Politisches Engagement

Entscheidungen der indischen Kommunalpolitik werden in kommunalpolitischen Dorfversammlungen getroffen. Die kommunalpolitische Dorfversammlung wird auf Hindi nach Patel (1998, S. 157) als *Panchayati Raj* und als *Gram Panchayati* bezeichnet. Die Vertretenden der *Gram Panchayati* wählen die *Gram Sabha*, die gewählte Dorfversammlung. Kommunalpolitische Dorfversammlungen stellen einen Ort dar, an dem sich Personen politisch einbringen und ihre persönlichen Bedarfe und Probleme aushandeln können. Der soziale Wandel in Indien trägt dazu bei, dass sich das Handeln von Frauen in politischen Kontexten verändert.

> „Usually if they go to a certain party, it is a decision of a family. They say okay we are a family of this party [...]. She is not bothered, [...] she must be allowed to have her own views that what, which party she likes most [...]. They are comparatively left in the political area, not too many women are going into the party for their rights [...]. But there has also been a move that certain reservations have been made at the lower level" (E6, 250ff.).

Das geringe politische Engagement von Frauen in politischen Kontexten sollte durch Quoten der indischen Regierung angegangen werden. Es wurden Frauenquoten für die Teilnahme an kommunalpolitischen Dorfversammlungen geschaffen. Diese sollten dazu beitragen, dass Frauen ihre eigenen politischen Überzeugungen stärker reflektieren und ihre persönlichen Bedarfe und Probleme in die kommunalpolitische Diskussion einbringen. Dies soll niederschwellige Veränderungen ermöglichen, sodass in den Dörfern gemeinsam von Frauen und Männern Entscheidungen getroffen werden. Die Einführung der Frauenquoten hat nach Einschätzung von E6 zu einer *pro forma*-Teilnahme der Frauen geführt, die zwar anwesend waren, weil sie mussten, tatsächlich aber nicht in die Entscheidungen miteingebunden waren (vgl. ebd.).

Gleichzeitig hatten manche Frauen Bedenken, an der Dorfversammlung teilzunehmen, wenn dort Männer anwesend sind.

> „[I]f you are working in the community you cannot straight away say it 'Oh this is bad, stop doing it, you cannot wear it.' [...] [W]hen I talk about the *gram sabha*[20] and I was dealing with women. They said they cannot come to the *gram sabha* [...] [and] sit there and express ourselves because there are men sitting. Because some of them they are important. Some there are [...] elders so we cannot speak in front of them" (E3, 312ff.).

Die Teilnehmenden eines Erwachsenenbildungsangebots teilten der Expertin E3 mit, dass sie sich nicht trauen, zur kommunalpolitischen Dorfversammlung zu gehen. Dies hat den Grund, dass dort Männer anwesend sind, von denen wichtige politische Ämter eingenommen werden. Dazu zählt z.B. das Amt der Gemeindeältesten. Die Teilnehmenden trauen sich selbst nicht zu, dass sie ihre Bedarfe und Probleme vor den Männern aussprechen und sich persönlich in die Dorfversammlung einbringen.

---

[20] Die *gram sabha* ist eine gewählte kommunalpolitische Dorfversammlung.

„Then I told them […] 'No, I'm not saying when you come away to *gram sabha*[21] village assembly, don't put away put it because you have to respect you elders, put it.' But the one is asking to keep stop talking, you can hear and then there is something, some issue, you are feeling that this issue needs to be taken up, take up.' […] But later on, what happens, […] I found it the coming up to the public, very decently, very slowly they will be doing it. But one cannot say 'Stop doing it', then they will be resistant" (E3, 317ff.).

E3 gab den Teilnehmenden den Rat, zur Dorfversammlung zu gehen und sich dafür traditionell zu kleiden. Dies zeigt, dass sie die traditionell geprägten Gesellschaftsstrukturen und Überzeugungen der Männer und der Gemeindeältesten akzeptieren. Zugleich sollen die Teilnehmenden ihre persönlichen Bedarfe und Probleme einbringen, sofern sie die Motivation und den Mut haben, dies zu tun. E3 möchte die Teilnehmenden ermutigen, dass sie sich trauen, ihre persönlichen Bedarfe und Probleme dort einzubringen. Gleichzeitig ist es von Bedeutung zu verstehen, dass sie Zeit benötigen, dies Schritt für Schritt umzusetzen. Es ist wichtig, den Teilnehmenden nicht vorzugeben, wie sie handeln sollen. Ein solches Vorgehen kann dazu führen, dass sie sich nicht verstanden fühlen und dagegen Widerstand leisten. Wenn das Verstehen der Teilnehmenden im Vordergrund steht und die Mitarbeitenden die Gründe für ihr Handeln verstehen, zeigt sich nach Einschätzung von E3, dass diese ihr Handeln von sich selbst aus verändern. Der soziale Wandel zeigt sich in einer Balance von traditionell geprägten Gesellschaftsstrukturen, die den Teilnehmenden Sicherheit geben und dem Erlernen neuer Handlungsmöglichkeiten. Indem die Mitarbeitenden die persönlichen Grenzen der Teilnehmenden verstehen und akzeptieren, dass diese in traditionelle Gesellschaftsstrukturen eingebunden sind, die ihnen Sicherheit vermitteln, ermöglichen sie eine vertrauensvolle Beziehung. Vor dem Kontext dieser Beziehung haben die Mitarbeitenden die Möglichkeit den Teilnehmenden, die ihnen zuhören und vertrauen, neue Handlungsmöglichkeiten zu zeigen, welchen das Paradigma der Selbststeuerung zugrunde liegt (vgl. ebd.).

Die Gemeinschaft mit anderen Teilnehmenden vermittelt den Frauen Sicherheit, neue Handlungsoptionen auszuprobieren wie zur kommunalpolitischen Dorfversammlung zu gehen, um sich dort einzubringen. E3 gab den Teilnehmenden den Rat, gemeinsam zur Dorfversammlung zu gehen.

„They don't go, because men are there, they will not be able to speak up their mind, okay, what we do, what we tell them is 'Don't go alone, go in a group, when you go in a group you can articulate yourself very clearly so that is why we are working with women, we try to connectives them and when they are connectives then they participate in the gram sabha[22]" (E3, 252ff.).

In einer Gruppe kann es den Teilnehmenden leichter fallen, ihre persönlichen Bedarfe und Probleme artikulieren und einzubringen. Die Verbundenheit mit anderen Teilnehmenden, denen es ähnlich geht, stärkt die Frauen, sodass diese den Mut finden können, sich aktiv zu beteiligen und ihre Bedarfe und Probleme dort einzubringen. Wenn sie sich durch

---

[21] Ebd.
[22] Ebd.

die Gemeinschaft in der Dorfversammlung sicher fühlen, können sie ihre Bedarfe und Probleme deutlich formulieren. Dagegen kann können Unsicherheit und Überforderung dazu führen, dass die Frauen ihre Bedarfe und Probleme nicht deutlich formulieren können. In der Gemeinschaft der Teilnehmenden bestärkt sie das Wissen darüber, dass sie mit ihren Bedarfen und Probleme nicht alleine sind. Sie erfahren, dass es anderen Frauen ähnlich geht und dass ihr Handeln innerhalb von gesellschaftlichen Strukturen zu verstehen ist (vgl. ebd.).

Ein Erwachsenenbildungsangebot, das sich an Frauen in politischen Positionen richtete ermöglichte dahingehend eine Veränderung, dass die Teilnehmenden die politischen Entscheidungen aktiv mitgestalteten und von den anwesenden Männern darin unterstützt wurden.

> „[T]he women leadership programme, when the women leaders came because of the reservation they had no experience, they just were pushed into from their house, from their family [...] into the public floor, they were not used to that. What happened, they were dependent [on] [...] the male, their husband, their sons and all, they were deciding on the data. But later on [...] when the training of women leaders [...] they didn't need any help from their husbands and their sons, because they could take the decisions by themselves. But initially [...] they are coming because the government has made the plan, but men they will do. But later on they were accepted. [...] Men has accepted and they take right in fact what they do now is, they promote, 'no, no, no women, they should come up'. Women are not only coming from the reserved seat but also from the support [...] Men are very open minded and accepted, when they feel that they are taking too much decision [...] [,] then they try to push" (E3, 263ff.).

Die Frauenquote, welche Frauen zur Teilnahme an kommunalpolitischen Dorfversammlungen bewegen sollte, hat zu einer höheren Teilnahme von Frauen geführt. Die politischen Entscheidungen wurden dort allerdings wie zuvor von Männern getroffen. Es zeigte sich, dass sie bei ihren Ehemännern oder ihren Söhnen Unterstützung gesucht haben, wenn sie nicht genügend Erfahrung in diesem Bereich hatten. Die Teilnahme an der Erwachsenenbildung hat zum Empowerment der Teilnehmenden beigetragen, sodass sie selbst Entscheidungen treffen konnten und nicht mehr auf die Unterstützung ihrer Ehemänner und Söhne angewiesen waren. Zu Beginn haben die Frauen in den politischen Gremien tatsächlich weniger Entscheidungen getroffen, im Lauf der Zeit nahm dies zu, sodass sie schließlich in ihrer Position und ihrer Entscheidungsbefugnis anerkannt wurden. Mittlerweile wird nach Einschätzung der Expertin E3 die aktive Teilnahme von Frauen an politischen Gremien von Männern unterstützt. Das veränderte Handeln der Frauen ruft positive Resonanz hervor, sodass sie von Männern in ihrem Empowerment und in ihrer politischen Aktivität unterstützt werden. Dies bestärkt sie darin, sich selbst Wissen und Fähigkeiten anzueignen. Soziale Aushandlungsprozesse werden gemeinsam von Frauen und Männern gestaltet (vgl. E3, 103ff., 173ff., 263ff.).

4.4.4 Zwischenfazit

Verstehens- und Artikulationsprozesse können dazu beitragen, dass die Teilnehmenden ihr Handeln selbst steuern und ihre persönliche Lebenswelt selbst gestalten. Die Teilnehmenden können ein höheres Selbstvertrauen entwickeln und selbst Entscheidungen treffen, mit denen sie ihre Lebenswelt aktiv gestalten. Zudem können sie sich das Wissen und die Fähigkeiten aneignen, die sie benötigen, um ihre soziale Zugehörigkeit selbst auszuhandeln. Im theoretischen Modell (*graue Markierung*) wurden in Anlehnung an Nussbaum (2000, S. 231ff.) und Stromquist (2015, S. 310ff.) ethische, emotionale, soziale und physische Befähigungsbereiche erarbeitet. Das Empowerment von Frauen kann sich in diesen Bereichen zeigen, wenn sie darin handeln und sie aktiv selbst gestalten. Abb. 23 zeigt diese Veränderung in den Befähigungsbereichen der persönlichen Lebenswelt der Teilnehmende

Abbildung 23: Empowerment

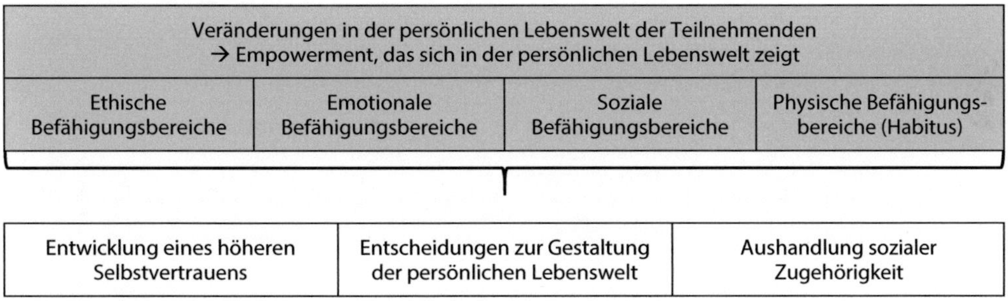

Veränderungen in der persönlichen Lebenswelt der Teilnehmenden → Empowerment, das sich in der persönlichen Lebenswelt zeigt			
Ethische Befähigungsbereiche	Emotionale Befähigungsbereiche	Soziale Befähigungsbereiche	Physische Befähigungsbereiche (Habitus)

Entwicklung eines höheren Selbstvertrauens	Entscheidungen zur Gestaltung der persönlichen Lebenswelt	Aushandlung sozialer Zugehörigkeit

Quelle: Eigene Darstellung

Anhand der Expert/inn/en-Interviews können diese Befähigungsbereiche differenziert werden, in denen sich das Empowerment von Frauen zeigt. Eine klare Zuordnung des empirischen Materials war in den meisten Fällen zu mehreren Befähigungsbereichen möglich. Es zeigt sich, dass ethische und emotionale Befähigungsbereiche eine hohe Übereinstimmung aufweisen. Im induktiv-deduktiven Auswertungsprozess zeigte sich, dass die Kategorien nachvollzogen werden können und dass die Bedeutung von individuellen Verstehens- und Artikulationsprozessen im Vordergrund steht. In der Auswertung wurden auf Grundlage der bisherigen Kategorien der Befähigungsbereiche neue Kategorien entwickelt, die das Empowerment von Frauen als Verstehens- und Artikulationsprozesse definieren. Eine Umstrukturierung der Kategorien erfolgte im empirischen Modell. Es wurde ein Zwischenschritt eingefügt, der Verstehens- und Artikulationsprozesse beinhaltet

4.5 Empirisches Modell

Die empirischen Erkenntnisse erweitern die theoretischen Erkenntnisse. Die Kategorien lösen sich von der Konzeptualisierung in Befähigungsbereiche. Das empirische Modell in Abb. 24 ergänzt und erweitert das theoretische Modell anhand der empirischen Erkenntnisse.

Abbildung 24: Empirisches Modell

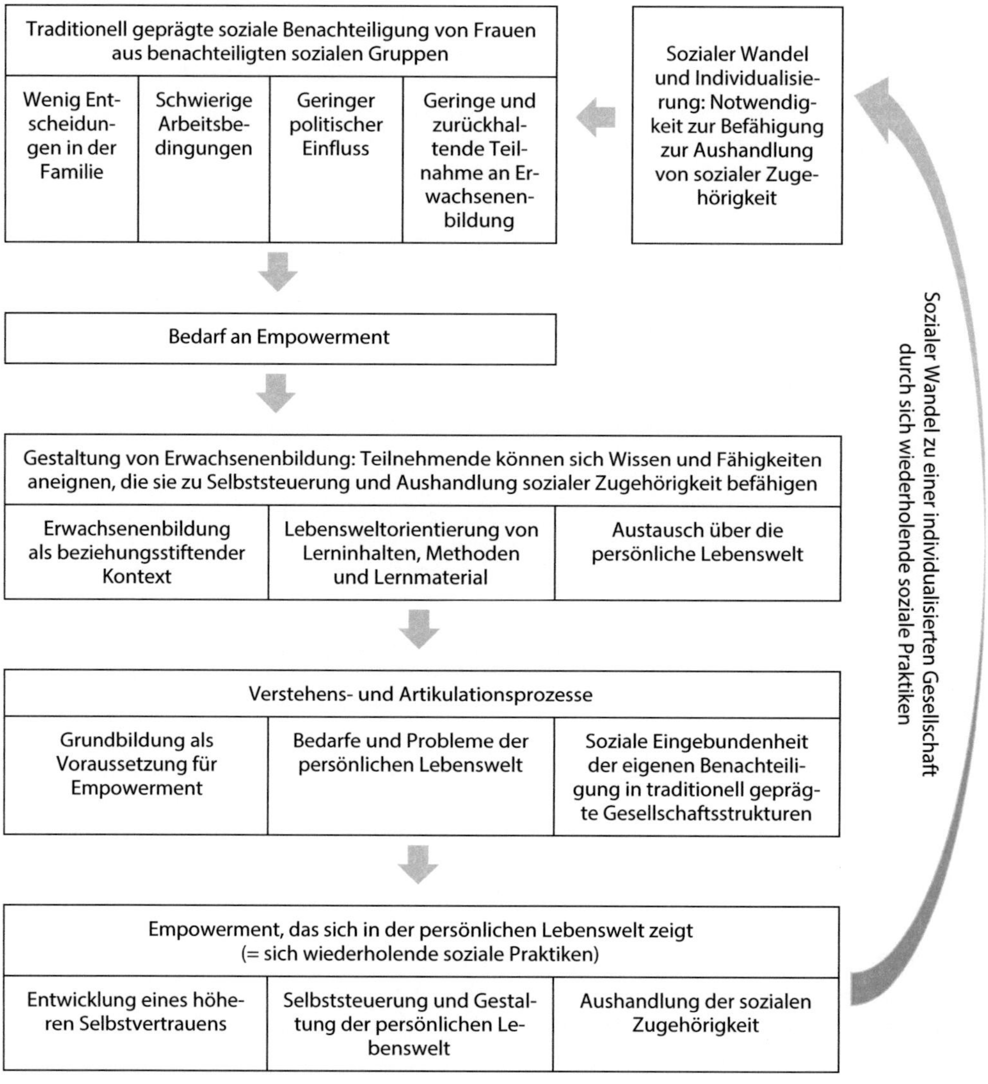

Traditionell geprägte soziale Benachteiligung von Frauen aus benachteiligten sozialen Gruppen			
Wenig Entscheidungen in der Familie	Schwierige Arbeitsbedingungen	Geringer politischer Einfluss	Geringe und zurückhaltende Teilnahme an Erwachsenenbildung

Sozialer Wandel und Individualisierung: Notwendigkeit zur Befähigung zur Aushandlung von sozialer Zugehörigkeit

Bedarf an Empowerment

Gestaltung von Erwachsenenbildung: Teilnehmende können sich Wissen und Fähigkeiten aneignen, die sie zu Selbststeuerung und Aushandlung sozialer Zugehörigkeit befähigen		
Erwachsenenbildung als beziehungsstiftender Kontext	Lebensweltorientierung von Lerninhalten, Methoden und Lernmaterial	Austausch über die persönliche Lebenswelt

Verstehens- und Artikulationsprozesse		
Grundbildung als Voraussetzung für Empowerment	Bedarfe und Probleme der persönlichen Lebenswelt	Soziale Eingebundenheit der eigenen Benachteiligung in traditionell geprägte Gesellschaftsstrukturen

Empowerment, das sich in der persönlichen Lebenswelt zeigt (= sich wiederholende soziale Praktiken)		
Entwicklung eines höheren Selbstvertrauens	Selbststeuerung und Gestaltung der persönlichen Lebenswelt	Aushandlung der sozialen Zugehörigkeit

Sozialer Wandel zu einer individualisierten Gesellschaft durch sich wiederholende soziale Praktiken

Quelle: Eigene Darstellung

Es wurde die zentrale Relevanz von Verstehens- und Artikulationsprozessen für das Empowerment von Teilnehmenden deutlich. Dies wurde zuvor nicht berücksichtigt. Es zeigt sich, dass die Teilnehmenden in ihrer Lebenswelt ihr Handeln stärker selbst steuern und gestalten. Dass die Teilnehmenden ein höheres Selbstvertrauen entwickeln ist emotionalen Befähigungsbereichen zuzuordnen, gleichzeitig zeigt sich dies in sozialen Befähigungsbereichen. Es erfolgte eine Loslösung von dem Konzept der Befähigungsbereiche zugunsten eines prozesshaften Verstehens von Empowerment. Die empirische Interviewstudie leistet einen wertvollen Beitrag zur Beantwortung der Forschungsfrage nach dem Beitrag von Erwachsenenbildung zum Empowerment von Frauen in Indien. Mit den Erkenntnissen der Expert/inn/en-Interviews wurde das vorab entwickelte theoretische Modell erweitert.

Abb. 24 zeigt das empirische Modell. Zentral ist, dass das Empowerment der Teilnehmenden von Erwachsenenbildung in einen sozialen Wandel eingebunden ist. Erwachsenenbildung ermöglicht in einem geschützten Raum, dass die Teilnehmenden neue soziale Praktiken erproben. Dass sich die sozialen Praktiken der Teilnehmenden sodann in ihrer persönlichen Lebenswelt zeigen, trägt zu dem sozialen Wandel bei. Die traditionell geprägte Benachteiligung von Personen aus benachteiligten sozialen Gruppen verliert einhergehend mit Individualisierungsprozessen an Bedeutung. Durch soziale Aushandlungsprozesse, zu denen die Teilnehmenden durch Erwachsenenbildung befähigt werden, wird soziale Zugehörigkeit neu verhandelt. Diese sozialen Praktiken und sozialen Aushandlungsprozesse wiederholen sich. Gesellschaftliche Anforderungen, die in veränderter Form an Personen einer individualisierten Gesellschaft gerichtet werden, prägen den sozialen Wandel. Eine gesellschaftliche Kontrolle des Handelns von Personen einer individualisierten Gesellschaft erfolgt in Anlehnung an Pongratz (2010) über verborgene gesellschaftliche Kontrollinstanzen, sodass Personen das Paradigma der Selbststeuerung unbewusst als ihren persönlichen Wunsch verstehen (vgl. S. 131ff.). Das empirische Modell wird weiter in Kap. 5.1 erörtert.

5 Diskussion: Sozialer Wandel und Erwachsenenbildung

Die Erkenntnisse der Interviewstudie sollen nun in Bezug zu den theoretischen Erkenntnissen gesetzt und diskutiert werden. Es wird der Frage nachgegangen, welchen Beitrag Erwachsenenbildungsangebote in Delhi zum Empowerment von Frauen leisten (Kap. 5.1). Eine übergeordnete Betrachtung widmet sich der Frage, wie die Erkenntnisse zum Empowerment von Frauen in Delhi an Erwachsenenbildung im deutschsprachigen Raum anschließen (Kap. 5.2). Abschließend wird aus gesellschaftskritischer Perspektive analysiert, inwiefern Empowerment in einer individualisierten Gesellschaft bestärkt werden und wie gegen Empowerment Widerstand geleistet werden kann. Damit einhergehend wird die Frage gestellt, was ein Widerstand gegen das Empowerment von Personen aus benachteiligten sozialen Gruppen für Erwachsenenbildungsangebote bedeutet (Kap. 5.3).

5.1 Empowerment als ein Ziel von Erwachsenenbildung

Dieses Kapitel geht der zentralen Forschungsfrage nach, indem das theoretische und das empirische Modell der Studie miteinander verglichen werden:

> **Zentrale Forschungsfrage:**
> **Wie kann Erwachsenenbildung in Indien dazu beitragen, dass Frauen aus benachteiligten sozialen Gruppen ihre Lebenswelt selbst gestalten und ihr Handeln selbst steuern können?**

Die traditionell geprägte Benachteiligung von Frauen aus benachteiligten sozialen Gruppen in Indien stellt die Ausgangslage für ihr Empowerment dar. Die empirische Studie hat die soziale Benachteiligung von Frauen in Indien in Befähigungsbereichen differenziert. Die Benachteiligung kann sich innerhalb von Familien darin zeigen, dass Ehemänner die wichtigen Entscheidungen allein treffen. Eine zentrale Motivation der Frauen ist, dass sie die Lernprozesse ihrer Kinder verstehen und unterstützen möchten. Nach Kaul und Dale (2012) können Frauen aus benachteiligten sozialen Gruppen in Indien in ihrer Erwerbstätigkeit mit schwierigen Arbeitsbedingungen konfrontiert sein. Dazu zählen eine schlechte Bezahlung, lange Arbeitszeiten und anstrengende Tätigkeiten. Zudem beobachten Kaul und Dale, dass sich Frauen aus benachteiligten sozialen Gruppen wenig an (kommunal-)politischen Entscheidungen beteiligen. An Erwachsenenbildung nehmen in Anlehnung an die Aussagen einer Expertin nur wenige Frauen aus benachteiligten sozialen Gruppen teil. Dort verhalten sie sich zurückhaltend und bringen sich nur wenig ein (vgl. ebd.). Durch den sozialen Wandel der indischen Gesellschaft werden die Frauen aus benachteiligten sozialen Gruppen mit der Anforderung zur Selbststeuerung konfrontiert. Dies führt dazu, dass ein gesellschaftlicher Bedarf an dem Empowerment der Frauen besteht, sodass sie sich an den sozialen Praktiken einer individualisierten Gesellschaft beteiligen können. In Individualisierungsprozessen kommt Erwachsenenbildung die Aufgabe zu, Frauen aus benachteiligten sozialen Gruppen zu befähigen, ihre soziale Zugehörigkeit selbst auszuhandeln. Dies entspricht dem Paradigma der Selbststeuerung. Eine Selbststeuerung zeigt sich darin, dass die

Frauen ihr Handeln selbst steuern und ihre Lebenswelt möglichst selbst gestalten, was sich darin äußern kann, dass sie nicht auf soziale Unterstützung angewiesen sind. Diese Bewegung hat das Ziel, dass die Frauen aus sozial benachteiligten Gruppen ihre soziale Zugehörigkeit aushandeln. Damit sollen sie in ihrer Gesellschaft gleichberechtigt zu anderen Personen aus privilegierten sozialen Gruppen sein. Dass sich Personen aus benachteiligten und aus privilegierten sozialen Gruppen an sozialen Aushandlungsprozessen beteiligen, geht in Anlehnung Kade (1989) mit dem Bedeutungsverlust traditionell geprägter Gesellschaftsstrukturen einher. Ein solcher Bedeutungsverlust kann für Frauen aus benachteiligten sozialen Gruppen mit Unsicherheit und Überforderung verbunden sein (vgl. ebd., S. 795).

Erwachsenenbildungsangeboten kann die gesellschaftliche Aufgabe zukommen, Personen aus benachteiligten sozialen Gruppen zu stärken. Erwachsenenbildung soll in Anlehnung an Kade (1989) den Teilnehmenden ermöglichen, sich Wissen und Fähigkeiten anzueignen, die sie benötigen, um ihre Lebenswelt und ihr Handeln selbst steuern zu können und selbst Entscheidungen zu treffen. In der Erwachsenenbildung kommt einer Lernberatung eine zentrale Bedeutung zu. Diese soll nach der Bund-Länder-Kommission zur Bildungsplanung und zur Forschungsförderung (2004) Personen in einer individualisierten Gesellschaft befähigen, ihre Lebenswelt möglichst aktiv zu gestalten und ihr individuelles Profil zu gestalten (vgl. ebd. S. 13). In Anlehnung an Pachner (2013) wurde die Selbstreflexion der Mitarbeitenden als zentral für das Empowerment der Teilnehmenden verstanden. Die empirischen Erkenntnisse bestätigen diese Annahme dahingehend, als dass die Mitarbeitenden einen beziehungsstiftenden Kontext ermöglichen, in dem sich die Teilnehmenden öffnen und Vertrauen aufbauen können. Nach den Erkenntnissen von Schäffter (2014) tragen Zielgruppenanalyse und Teilnehmendenorientierung zum Empowerment von Teilnehmenden bei. Die empirischen Erkenntnisse ergänzen diese Annahmen mit Informationen über lebensweltorientierte Lernmaterialien. Es wurde festgestellt, dass eine Abgrenzung von Zielgruppenorientierung und Gestaltung sowie der Lebensweltorientierung von Lerninhalten, Methoden und Materialien nicht notwendig ist. Dies begründet sich damit, dass die Lebensweltorientierung zentrales Kriterium der Zielgruppenanalyse und Teilnehmendenorientierung ist. Aus Perspektive der deutschsprachigen Erwachsenenbildung wurden Gemeinschaft und Austausch als ein Kriterium betrachtet, das zum Empowerment beitragen kann. Die empirischen Erkenntnisse bestärken diese Annahme und ergänzen sie darum, dass sich die Frauen über ihre persönliche Lebenswelt austauschen und sich ihre Emotionen und Deutungsmuster gegenseitig validieren.

Die Gestaltung von Erwachsenenbildung ermöglicht den Frauen Verstehens- und Artikulationsprozesse. Deren Relevanz wurden durch die empirischen Erkenntnisse deutlich. Dass die Teilnehmenden Lesen und Schreiben lernen, kann dazu beitragen, dass sie sich aus ihrer sozialen Eingebundenheit lösen und die gesellschaftlichen Anforderungen zur Selbststeuerung bewältigen können. Grundbildung befähigt sie in Anlehnung an Ioannidou und Schrader (2016) zu sozialer Zugehörigkeit und den schriftsprachlichen Austausch in einer Gesellschaft, für die dies grundlegend ist. Dies argumentieren auch die New Literacy Studies u.a. nach Gee (2015). Die Gestaltung von Erwachsenenbildung ermöglicht den Frauen, die Bedarfe und Probleme ihrer persönlichen Lebenswelt besser zu verstehen und im Austausch mit anderen Personen zu artikulieren. Die Frauen lernen zu verstehen, dass ihre soziale Benachteiligung in traditionell geprägte Gesellschaftsstrukturen eingebunden ist und dass sie für ihre Benachteiligung nicht verantwortlich sind, aber in Anlehnung an Bröckling (2003) dagegen angehen und aus ihrer sozialen Eingebundenheit lösen können. Dies geschieht dadurch, dass sie sich Wissen und Fähigkeiten aneignen, die sie benötigen, um in einer individualisierten Gesellschaft ihre soziale Zugehörigkeit selbst auszuhandeln (vgl. ebd., S. 333ff.).

Verstehens- und Artikulationsprozesse tragen nach Heite (2015, S. 149) dazu bei, dass die Teilnehmenden lernen, ihr Handeln selbst zu steuern. Ihr Empowerment zeigt sich in Anlehnung an Bourdieu (1987), Nussbaum (2000, S. 231ff.) und Stromquist (2015, S. 310ff.) in ethischen, emotionalen, sozialen und physischen Befähigungsbereichen. Diese Differenzierung hat sich in der induktiv-deduktiven Auswertung als zu abstrakt gezeigt, sodass die Aussagen der Expert/inn/en nicht eindeutig zugeordnet werden konnten. Die Aussagen über die Selbststeuerung von Teilnehmenden konnten zum Teil mehreren Befähigungsbereichen zugeordnet werden, sodass Doppelkodierungen erforderlich gewesen wären. Stattdessen wurden auf Grundlage der Aussagen der Expert/inn/en neue Kategorien geschaffen, die zum größten Teil den meisten der o.g. Befähigungsbereichen zuzuordnen sind. Die erste induktiv geschaffene Kategorie ist die Entwicklung eines höheren Selbstvertrauens. Ihr Selbstvertrauen zeigt sich im Handeln einer Person und ist in emotionalen, sozialen und physischen Befähigungsbereichen zu verorten. Selbstvertrauen ermöglicht den Teilnehmenden ein sicheres Handeln und das Wissen, dass sie ihr eigenes Handeln verantworten können. Die nächste induktiv gewonnene Kategorie ist, dass die Frauen Entscheidungen treffen, mit denen sie ihre persönliche Lebenswelt gestalten. Dies kann ethischen, sozialen und physischen Befähigungsbereichen zuzuordnen. Die dritte induktiv gewonnene Kategorie, dass sich die Teilnehmenden an der Aushandlung ihrer sozialen Zugehörigkeit beteiligen, kann emotionalen, sozialen, physischen und ethischen Befähigungsbereichen zugeordnet werden (vgl. Bourdieu, 1987, Nussbaum, 2000, S. 231f., Stromquist, 2015, S. 310ff.).

Das Handeln der Teilnehmenden stellt eine sich wiederholende soziale Praktik dar, die dazu beiträgt, dass andere Personen in ihrer Lebenswelt dazu angeregt werden können, ihr eigenes Handeln zu reflektieren. Damit stellen die sich wiederholenden sozialen Praktiken einen Bestandteil sozialer Aushandlungsprozesse dar, die zu einem sozialen Wandel beitragen. Diese Prozesse finden nicht auf einmal statt, sondern verstärken sich wechselseitig. Traditionelle Gesellschaftsstrukturen verlieren allmählich an Bedeutung und die Paradigmen Selbststeuerung und Lebenslanges Lernen, die mit Individualisierungsprozessen einhergehen, gewinnen an Bedeutung. Der Beitrag von Erwachsenenbildungsangeboten besteht darin, dass sie den Teilnehmenden ermöglichen, sich Wissen und Fähigkeiten anzueignen, die sie benötigen, um ihr Handeln selbst zu steuern und um sich an sozialen Aushandlungsprozessen zu beteiligen. Im Kontext von Individualisierungsprozessen nimmt Erwachsenenbildung damit eine gesellschaftliche Funktion ein, Personen zu stärken, die durch Individualisierungsprozesse in Anlehnung an Kade (1989) mit Unsicherheit und Überforderung geprägt sind (vgl. ebd., S. 795). Diese Funktion kann durch die Entscheidungen von bildungspolitischen Akteuren gefördert werden.

5.2 Zur Anschlussfähigkeit an Erwachsenenbildung im deutschsprachigen Raum

Aus Perspektive der deutschsprachigen Erwachsenenbildung stellt sich die Frage, inwiefern die Erkenntnisse dieser Studie an Erwachsenenbildung im deutschsprachigen Raum anschließen. Singh, Bora und Egetenmeyer (2016) haben festgestellt, dass sich ähnliche Vorstellungen von Erwachsenenbildung und Lebenslangem Lernen im europäischen Raum, in Indien und in politischen Dokumenten der UNESCO zeigen. Individualisierungsprozesse und der Bedeutungsgewinn von Lebenslangem Lernen prägen die Gesellschaft in Indien und im deutschsprachigen Raum. Es wird diskutiert, inwiefern die Erkenntnisse der Studie an Erwachsenenbildung im deutschsprachigen Raum anschließen können:

Perspektive der deutschsprachigen Erwachsenenbildung:

Wo finden sich Anschlüsse von Empowerment als Zielkategorie an

Erwachsenenbildung im deutschsprachigen Raum?

Zu diesem Zweck werden unterschiedliche Bereiche der Gestaltung von Erwachsenenbildungsangeboten differenziert. Dazu zählt ein reflektierter Umgang der Mitarbeitenden mit Diversität (Kap. 5.2.1), eine Zielgruppen- und Teilnehmendenorientierung (Kap. 5.2.2), eine Lebensweltorientierung von Lerninhalten, Lernmaterialien und didaktischen Methoden (Kap. 5.2.3) sowie beziehungsstiftende Kontexte und emotionale Lernprozesse (Kap. 5.2.4).

5.2.1 Zum Umgang mit Diversität

Die Selbstreflexion und ein reflektierter Umgang mit Diversität der Mitarbeitenden von Erwachsenenbildungseinrichtungen sind zentral, weil diese Beziehungen und das Erwachsenenbildungsangebot gestalten. Zuverlässigkeit und Selbstreflexion der Mitarbeitenden tragen dazu bei, dass sich Personen öffnen und aktiv einbringen. Es ist wichtig, dass die Mitarbeitenden von Erwachsenenbildung die Vorbildfunktion, die sie nach Kade (1989, S. 798) einnehmen, verstehen. Die Beobachtungen von E4 und E6, die in der akademischen Ausbildung von Studierenden der Erwachsenenbildung tätig sind, haben gezeigt, dass manchen Studierenden der Umgang mit Personen aus benachteiligten sozialen Gruppen schwer fallen kann. Vor der Grundlage des Umgangs mit Diversität in der Erwachsenenbildung ist eine Selbstreflexion im Rahmen der Selbstreflexion der Mitarbeitenden notwendig (vgl. E4, 183ff., E6, 168ff.). E6 sieht eine besondere Bedeutung im studienbegleitenden Praktikum und in den praktischen Erfahrungen der Studierenden dafür, dass sie einen guten und wertschätzenden Umgang mit den Teilnehmenden haben können (vgl. E6, 163ff.). Die Studentin, die Schwierigkeiten im Umgang mit Personen aus einer benachteiligten sozialen Gruppe hatte, konnte diese durch praktische Erfahrungen und die Supervision ihres Dozierenden, reflektieren und auflösen. Die Studentin hat in mehreren Supervisionen ihren eigenen Umgang mit Diversität und mit Personen, die anderen sozialen Gruppen zugehören als sie selbst, reflektiert. Dabei hat sie nach E6 zunächst Widerstand gegen die Anforderung geleistet, mit Personen aus benachteiligten sozialen Gruppen zu arbeiten (vgl. E6, 168ff.). Folglich ist ein reflektierter Umgang mit den persönlichen *Othering*-Prozessen und mit Diversität von Bedeutung. In Anlehnung an Arnold (1985) und Schüßler (2000) verfügen Mitarbeitende über persönliche Deutungsmuster, Diese kennzeichnen die Art und Weise, wie sie Situationen und den Austausch mit anderen Personen deuten und verstehen. Wenn Mitarbeitenden ihre persönlichen Deutungsmuster verstehen trägt dies dazu bei, dass sie im Umgang mit den Teilnehmenden reflektiert handeln können. Im Austausch mit den Teilnehmenden können sie sich gemeinsam Wissen aneignen. Die empirischen Erkenntnisse schließen an die Erkenntnisse von Perko und Czollek (2009) an. Diese haben die Notwendigkeit betont, dass die Mitarbeitenden eine „Reflexionsebene" (ebd., S. 23) einnehmen und Diversität bewusst reflektieren und thematisieren. In Anlehnung an die empirischen Erkenntnisse wurden fünf zentrale Bereiche einer Selbstreflexion von Mitarbeitenden erarbeitet. Diese betreffen den Umgang der Mitarbeitenden mit Diversität. Der reflektierte Umgang mit Diversität und mit *Othering*-Prozessen ermöglicht einen gleichberechtigten Austausch auf Augenhöhe, der zum Empowerment von Teilnehmenden beitragen kann:

- Nach Einschätzung von E4 ist ein Austausch auf Augenhöhe, der Mitarbeitenden und Teilnehmenden ermöglicht, gemeinsam die Lebenswelt letzterer besser zu verstehen, von Bedeutung (vgl. E4, 213ff.). In der Erwachsenenbildung kann eine Gemeinschaft ermöglicht werden, in welcher die Teilnehmenden Zugehörigkeit und gleichberechtigten Austausch auf Augenhöhe erfahren. Dies ermöglicht emotionale und kognitive Lernprozesse, die zu einer Gesellschaft beitragen, die durch gegenseitige Wertschätzung und ein Gemeinschaftsgefühl gekennzeichnet ist. Zentral ist der beziehungsstiftende Kontext von Erwachsenenbildung, in dem die individuellen Bedarfe und Probleme der Teilnehmenden im Mittelpunkt stehen. Dies entspricht der Forderung von Freire (1971), die zu einer Befreiung der Teilnehmenden aus ihrer sozialen Benachteiligung beitragen soll. Ein zentraler Schritt ist, dass die Lebenswelt dieser im gegenseitigen Dialog und auf Augenhöhe erarbeitet wird. Die Unterscheidung in Lehrende und Lernende verliert an Bedeutung. Es sind gemeinsame Lernprozesse zentral, in denen Mitarbeitende und Teilnehmende voneinander lernen. Vorab erstellt Lehrpläne, in denen nicht auf aktuelle Bedarfe und Probleme eingegangen wird, wären nach Freire (1971) für das Empowerment der Teilnehmenden kontraindiziert (vgl. S. 74ff., S. 84ff.).

- Im Umgang mit Teilnehmenden sollen die Mitarbeitenden verstehen, dass diese in traditionelle Gesellschaftsstrukturen eingebunden sind und sich aus ihrer sozialen Eingebundenheit nicht ohne Weiteres lösen können. Solche Prozesse der Ablösung aus der eigenen sozialen Eingebundenheit gehen nach Giddens (2012) mit der Individualisierung einer Gesellschaft einher. Es ist von Bedeutung, dass die Mitarbeitenden die Unsicherheiten der Teilnehmenden wahrnehmen und verstehen. Dies trägt dazu bei, dass sich diese verstanden fühlen und gern an Erwachsenenbildung teilnehmen. Nach Einschätzung von E3 sollen die Mitarbeitenden das traditionell geprägte Handeln der Teilnehmenden akzeptieren und respektieren. Es ist nach Einschätzung von E3 von Bedeutung, dass sie nicht von den Teilnehmenden verlangen, ihre traditionellen sozialen Praktiken zu unterlassen.

Dies ermöglicht einen Vertrauensaufbau, der für den beziehungsstiftenden Kontext von Erwachsenenbildung zentral ist (vgl. E3, 307ff.).

- Nach der Einschätzung von E4 und E5 ist von Bedeutung, dass gesellschaftlich tabuisierte Themen und Lerninhalte wie z.B. Witwenmorde nicht gleich zu Beginn von Erwachsenenbildung thematisiert werden. Dies könnte manche Teilnehmenden überfordern und dazu bewegen, nicht weiter an der Erwachsenenbildung teilzunehmen. Tabuisierte Themen und Lerninhalte sollen erst besprochen werden, wenn eine vertrauensvolle Beziehung aufgebaut und ein reziproker Austausch möglich ist. Nachdem die Mitarbeitenden den Teilnehmenden Raum gegeben haben, ihre eigenen Bedarfe und Probleme zu artikulieren und sie darin unterstützt haben, können nach Einschätzung von E5 allmählich tabuisierte Themen besprochen werden (vgl. E4, 179ff., E5, 253ff.).

- Nach der Einschätzung von E4 gehört zu einem reflektierten Umgang mit Diversität, dass die Mitarbeitenden verstehen, dass Teilnehmerinnen zu Mitarbeiterinnen leichter Vertrauen aufbauen können als zu Mitarbeitern (vgl. E4, 179ff.). In Anlehnung an die Einschätzung von E3 ist dies darin begründet, dass manche Frauen die Erfahrung machen, dass sich nicht alle Männer ihnen gegenüber wertschätzend verhalten und ihnen individuelle Lernprozesse und Entscheidungen zutrauen (vgl. E3, 107ff., 113ff.). Dies schließt an die Erkenntnis von Auszra (2001) an, die die Entwicklungsmöglichkeit für Frauen in Erwachsenenbildungsangeboten diskutiert, an denen nur Frauen teilnehmen. Nach Einschätzung der Expert/-inn/en können solche Angebote zum Empowerment von Frauen beitragen. Für Frauen mit traditionell geprägtem Hintergrund, kann es leichter sein, an Erwachsenenbildung teilzunehmen und sich dort zu öffnen, wenn keine Männer anwesend sind. Dies ist darin begründet, dass es nach Einschätzung von E4 in traditionell geprägten Gesellschaftsstrukturen Indiens zum Teil für Frauen schwierig ist, mit anderen Männern zu reden (vgl. E4, 164ff.).

- Zu einem reflektierten Umgang mit Diversität der Mitarbeitenden trägt bei, dass sie die Bedarfe von weiblichen und männlichen Teilnehmenden verstehen. In Anlehnung an Kaschuba (2005) sollen Erkenntnisse zum Lernen von Frauen und Männern mit in die didaktische Gestaltung von Erwachsenenbildung miteinbezogen werden. Nach der Einschätzung von E4 haben Frauen weiblichen Mitarbeitenden der Erwachsenenbildungseinrichtung leichter Vertrauen als zu Männern (vgl. E4, 179ff.). Teilnehmerinnen verhalten sich nach der Einschätzung von E6 (44ff., 84ff.) zurückhaltender und lernen ernsthafter als Teilnehmer. Letztere handeln nach E6 unbeschwerter und gelassener als Teilnehmerinnen. Die von Budde (2008) geforderte „Genderkompetenz" (S. 45) befähigt Mitarbeitende mit den individuellen Bedarfen von Teilnehmenden sowie mit Diversität umzugehen. Dies ist von Bedeutung, um zum Empowerment der Teilnehmenden beizutragen.

Ein reflektierter Umgang mit Diversität zeigt sich darin, dass die Mitarbeitenden von Erwachsenenbildungseinrichtungen die Teilnehmenden wertschätzend behandeln und ihnen auf Augenhöhe begegnen. Hier ist zentral, dass sie akzeptieren, dass das Handeln der Teilnehmenden in traditionell geprägte Gesellschaftsstrukturen eingebunden sein kann.

Dies kann sich nach Einschätzung von E4 (179ff.) und E5 (253ff.) darin zeigen, dass tabuisierte Themen nicht zu früh thematisiert werden. Zudem kann die Erkenntnis, dass Teilnehmerinnen zum Teil zu Mitarbeiterinnen leichter Vertrauen aufbauen, in der Gestaltung von Erwachsenenbildung berücksichtigt werden. Zudem kann es dazu beitragen, dass die Teilnehmenden Vertrauen entwickeln, wenn sie verstehen, dass ihre individuellen Lernbedarfe in der Erwachsenenbildung berücksichtigt werden. Die Erkenntnis, dass Teilnehmerinnen andere Lernbedarfe haben können als Teilnehmer, kann zu einem reflektierten Umgang der Mitarbeitenden mit Diversität beitragen. Solche Unterschiede können nach Rieger-Goertz (2013) von den Mitarbeitenden der Erwachsenenbildung anerkannt und genutzt werden (vgl. S. 217f.). Abb. 25 zeigt, wie sich Studierende und Mitarbeitende von Erwachsenenbildung einen reflektierten Umgang mit Diversität nach Rieger-Goertz (2013) aneignen können. Dazu können praktische Erfahrungen im Rahmen des Erwachsenenbildungsstudiums sowie eine Reflexion des eigenen Umgangs mit Diversität beigetragen.

Abbildung 25: Umgang mit Diversität in der Erwachsenenbildung

Ausgangslage: Diversität innerhalb von Erwachsenenbildung, z.T. Unsicherheiten der Studierenden und Mitarbeitenden im Umgang mit Teilnehmenden aus anderen sozialen Gruppen

Praktische Erfahrungen (z.B. durch Praktika, Erkundungen etc.) im Rahmen des Studiums	Reflexion des eigenen Umgangs mit Diversität durch Supervision oder in Seminaren

Ein reflektierter Umgang mit Diversität

Wertschätzung und Austausch auf Augenhöhe	Akzeptanz von traditionell geprägtem Handeln	Vermeiden einer zu frühen Thematisierung tabuisierter Themen	Mitarbeitende als Ansprechpartner/innen für Teilnehmende	Berücksichtigen individueller Lernbedarfe

Quelle: Eigene Darstellung

Nach Einschätzung von E8 ist der Umgang von Mitarbeitenden mit Teilnehmenden durch Respekt und Akzeptanz des Handelns geprägt, das in traditionell geprägten Gesellschaftsstrukturen eingebunden ist. Die Mitarbeitenden sollen nach Einschätzung von E8 den Teilnehmenden eine neue Handlungsoption aufzeigen (vgl. E8, 83ff.). Wie Abb. 26 aufzeigt müssen Akzeptanz und der Respekt für das Handeln sowie das Aufzeigen neuer Handlungsoptionen ausgeglichen sein. Erwachsenenbildung, die zum Empowerment der Teilnehmenden beitragen soll, muss sich zwischen einer Akzeptanz und Respekt für deren Handeln und dem Aufzeigen neuer Handlungsoptionen bewegen. Es wurde gezeigt, dass nationale und internationale bildungspolitische Akteure wie z.B. die EU-Kommission (2001) und die UNESCO (2006) Empowerment als ein Ziel von Erwachsenenbildung anstreben. Das diesem zugrundeliegenden Ziel ist, damit gegen soziale Benachteiligung anzugehen. Um zum Empowerment der Teilnehmenden beizutragen, sind der gleichberechtigte Austausch auf Augenhöhe und die Fokussierung auf die Bedarfe der Teilnehmenden in der Erwachsenenbildung zentral.

Abbildung 26: Zum Umgang mit Teilnehmenden

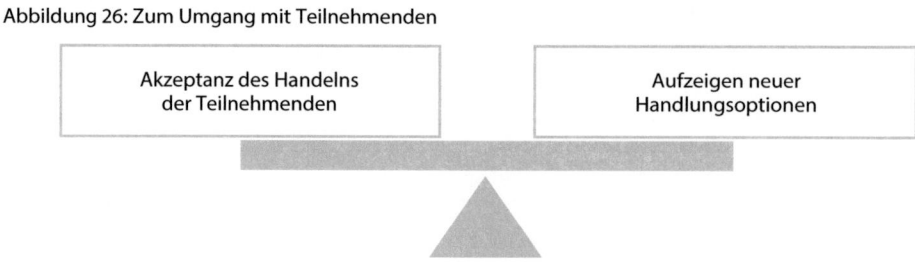

Quelle: Eigene Darstellung

Die Erkenntnisse können in die Gestaltung von Grundbildungskursen eingebunden werden, sodass ausreichend Freiraum zur Beziehungsgestaltung eingeplant wird. Dies ist in Anlehnung an Kade (1989) und Pongratz (2010) im Kontext eines sozialen Wandels von Bedeutung, um die Teilnehmenden zu stärken.

5.2.2 Zur Zielgruppen- und Teilnehmendenorientierung

Nach Schäffter (2014) ist die Zielgruppenorientierung in Erwachsenenbildung zentral, die das Empowerment der Teilnehmenden zum Ziel hat. Diese Überzeugung hat Freire (1971). Dort sollen sich diese aus ihrer sozialen Eingebundenheit lösen und ihre Lebenswelt selbst gestalten. Dafür ist nach Freire zentral, dass sich Erwachsenenbildung an den konkreten Bedarfen der Teilnehmenden orientiert. Dies soll dazu beitragen, deren Ressourcen zu aktivieren. Erwachsenenbildung stellt den Raum und die Zeit zur Verfügung, dass die Teilnehmenden sich selbst und ihr Handeln reflektieren. Sodann sollen sie sich orientieren und das Wissen und die Fähigkeiten aneignen, die sie benötigen, um in einer Gesellschaft aktiv zu handeln (vgl. ebd., S. 88ff.). Die Mitarbeitenden der Einrichtung geben hierfür zu Beginn eine Hilfestellung, indem sie die konkreten Grundbedürfnisse der Teilnehmenden erfragen und gemeinsam Lösungsmöglichkeiten erarbeiten. Diese können Wissen über staatliche Unterstützungsmöglichkeiten erwerben und darin bestärkt werden, diese in Anspruch zu nehmen. Sie können Schritt für Schritt lernen, Probleme selbst zu lösen. Die Vermittlung abstrakten Wissens, das keinen Bezug zur konkreten Lebenswelt der Teilnehmenden hat, wäre in Anlehnung an Freire (1971) für ihr Empowerment kontraindiziert (vgl. S. 74). Die empirischen Erkenntnisse zeigen, dass Grundbedürfnisse und sozialpädagogische Bedarfe von Teilnehmenden gemeinsam verstanden und artikuliert werden sollen (vgl. ebd., S. 85). Zudem ist es von Bedeutung, dass sich die Teilnehmenden emotionale und soziale Fähigkeiten aneignen können. Dies kann dazu beitragen, dass sie lernen, ihre Grundbedürfnisse und sozialpädagogischen Bedarfe selbst einzufordern, und schließt an die Erkenntnis von Brüning et al. (2001) an, die eine sozialpädagogische Unterstützung bei Erwachsenenbildungsangeboten für Teilnehmende aus benachteiligten sozialen Gruppen für sinnvoll erachtet (vgl. ebd., S. 111f.). Wie Abb. 27 zeigt sollen Verstehens- und Artikulationsprozesse sowie die Möglichkeit, dass sich die Teilnehmenden Wissen sowie emotionale und soziale Fähigkeiten aneignen, ausgeglichen sein. Dies soll Lernprozesse ermöglichen, ohne das die Teilnehmenden unter- oder überfordert werden.

Abbildung 27: Zielgruppen- und Teilnehmendenorientierung

Gemeinsames Verstehen und Artikulieren der Bedarfe und Probleme der Teilnehmenden, die Gemeinschaft und Zugehörigkeit erfahren	Möglichkeit zur Aneignung von Wissen und Fähigkeiten → Teilnehmende lernen, ihre Bedarfe einzufordern und ihre Probleme zu lösen

Quelle: Eigene Darstellung

Eine einseitige Fokussierung auf Verstehens- und Artikulationsprozesse oder auf die Aneignung von emotionalen und sozialen Fähigkeiten soll vermieden werden. Es ist ein ausgeglichenes Verhältnis beider von Bedeutung. Dies trägt dazu bei, dass die Teilnehmenden nicht über- und nicht unterfordert werden. Ein ausgeglichenes Verhältnis von Verstehen und von Anforderungen ermöglicht Lernprozesse, in denen sie sich entscheiden können, sich selbst Wissen und Fähigkeiten anzueignen, um ihre soziale Zugehörigkeit aushandeln zu können. Damit soll ein Beitrag zur Beantwortung der Frage geleistet werden, inwiefern die Erkenntnisse der empirischen Studie an Zielgruppen- und Teilnehmendenorientierung im deutschsprachigen Raum anschließen können. Dazu werden die Erkenntnisse zu konkreten Grundbedürfnissen und sozialpädagogischen Bedarfen der Teilnehmenden analysiert. Abschließend wird die Bedeutung thematisiert, dass sich diese in der Erwachsenenbildung emotionale und soziale Fähigkeiten aneignen können. Diese Fähigkeiten befähigen Personen, die komplexen gesellschaftlichen Anforderungen einer individualisierten Gesellschaft zu bewältigen. Die Notwendigkeit dessen kann in Anlehnung an Klingovsky (2017) im Kontext von Individualisierungsprozessen und dem Paradigma der Selbststeuerung verortet werden (vgl. S. 40).

Die Erkenntnisse über Empowerment schließt an Fragestellungen zur Zielgruppenanalyse in der deutschsprachigen Erwachsenenbildung an. In der Zielgruppenanalyse werden Bedarfe der Zielgruppe von Erwachsenenbildung untersucht. Diese werden in der Gestaltung von Erwachsenenbildung für Personen aus benachteiligten sozialen Gruppen berücksichtigt. Dazu zählen Lerninhalte, didaktische Methoden und Lernmaterialien, die in Bezug zur persönlichen Lebenswelt der Teilnehmenden. Erwachsenenbildungsangebote, die auf die Bedarfe ihrer Zielgruppe eingeht, orientiert sich an konkreten Bedarfen der persönlichen Lebenswelt von Personen. Dazu zählen typische Bedarfe und Probleme der Teilnehmenden, mit denen sie in ihrer persönlichen Lebenswelt konfrontiert sind. Beispiele für Bedarfe und Probleme, die Frauen aus benachteiligten sozialen Gruppen in Indien haben, sind nach Einschätzung von E5 die schulische Ausbildung ihrer Kinder, Haushalt und die Wasser- und Elektrizitätsversorgung (vgl. E5, 200ff., 300ff.). Gleichzeitig werden sich nach Einschätzung von E2 und E7 die Teilnehmenden durch ihre Teilnahme darüber bewusst, wie wichtig eine gute schulische Ausbildung für ihre Kinder ist (vgl. E2, 172ff., E7, 120ff.). Nach der Beobachtung von E3 hilft Grundbildung den Teilnehmenden in ihrer Lebenswelt besser zurechtzukommen und sich selbst im öffentlichen Nahverkehr besser zurecht zu finden (vgl. E3, 85ff.). Im Rahmen einer Zielgruppenanalyse im deutschsprachigen Raum können

Bedarfe der jeweiligen Zielgruppe eruiert und in die Gestaltung von Erwachsenenbildung miteingebunden werden. Erwachsenenbildungsangebote, die sich am Empowerment-Konzept orientieren, können Lerninhalte, didaktische Methoden und Lernmaterialien an den individuellen Bedarfen der Teilnehmenden ausrichten. In der Zielgruppensprache kann Erwachsenenbildung in Anlehnung an Schneider und Wagner (2011) als niederschwelliges Angebot kommuniziert werden. Dies kann dadurch erfolgen, dass Personen in ihrer persönlichen Lebenswelt, z.B. im Kindergarten oder in der Schule ihrer Kinder, angesprochen werden.

Eine Erkenntnis der Studie ist, dass Mitarbeitende der Erwachsenenbildungseinrichtung Personen sozialpädagogisch unterstützen sollen, um zu ihrem Empowerment beizutragen. Nach Brüning et al. (2001) erfüllen die Mitarbeitenden sozialpädagogische Aufgaben, um Personen aus benachteiligten sozialen Gruppen in der Bewältigung ihrer persönlichen Lebenswelt zu unterstützen (vgl. ebd., S. 112). Erwachsenenbildung wird Bestandteil des persönlichen Lebens der Personen, die teilnehmen. Nach Einschätzung von E8 trägt die persönliche emotionale Unterstützung von Teilnehmenden zu ihrem Empowerment bei (vgl. E8, 65ff.). Lernen und Handeln sind in der Erwachsenenbildung eng verbunden, damit Lernprozesse konkrete Veränderungen in der persönlichen Lebenswelt der Teilnehmenden zeigen können. Die Mitarbeitenden und die Teilnehmenden sollen sich auf Augenhöhe austauschen. Sie sollen gemeinsam daran arbeiten, dass letztere sich selbst besser verstehen und ihr individuelles Profil entwickeln (vgl. Freire, 1971, S. 85f.). Dass Erwachsenenbildungsangebote Personen in ihrer persönlichen Lebenswelt unterstützen, trägt zur Bereitschaft dieser bei, den Mitarbeitenden zu vertrauen und sich emotional zu öffnen.

Gleichzeitig ist ein Empowerment von Mitarbeitenden notwendig, das sich darin zeigt, indem sie selbst dafür sorgen, dass sie unter guten Arbeitsbedingungen arbeiten können. Der sozialpädagogische Bedarf von Teilnehmenden soll nicht ohne entsprechende fachliche Unterstützung angegangen werden. Fördergeber sollen diesen Bedarf explizit finanziell unterstützen indem zusätzliche sozialpädagogische Betreuung im Rahmen von Erwachsenenbildung ermöglicht wird. Es ist wichtig, dass sich die Mitarbeitenden gegen die zum Teil schwierigen Arbeitsbedingungen wehren. Wenn die Teilnehmenden, die sich nach Kade (1989) mit den Mitarbeitenden identifizieren können, können sie selbst beobachten und dadurch lernen, wie sie ihre eigenen Rechte durchsetzen kann. Schwierige Arbeitsbedingungen tragen in Anlehnung an Hübner et al. (1994) und Aschemann (2015) dazu bei, dass Mitarbeitende nicht ausreichend Ressourcen haben, um den Bedarfen nach Beziehung, Austausch und Unterstützung der Teilnehmenden gerecht zu werden. Ein wichtiger Schritt um Empowerment als ein Ziel von Erwachsenenbildungsangeboten im deutschsprachigen Raum zu implementieren ist, dass gute Arbeitsbedingungen sichergestellt werden. Dazu zählt eine der Qualifikation angemessene Bezahlung, eine sozialversicherungspflichtige Anstellung anstelle von Honorartätigkeiten sowie die Möglichkeit zur Super- und Intervision.

Das Empowerment der Mitarbeitenden ist für das Empowerment von Teilnehmenden zentral. Die Vorbildfunktion der Mitarbeitenden nach Kade (1989, S. 798) ist insbesondere hinsichtlich des Gemeinschaftsaspekts von Empowerment und des beziehungsstiftenden Kontexts von Erwachsenenbildung von Bedeutung (vgl. ebd.). Dass sich die Teilnehmenden in der Erwachsenenbildung emotionale und soziale Fähigkeiten aneignen, kann sie dazu befähigen, ihre soziale Zugehörigkeit selbst auszuhandeln. In Anlehnung an die Beobachtung von E1 tragen emotionale und soziale Fähigkeiten dazu bei, dass die Teilnehmenden ihre Bedarfe besser einfordern können (vgl. E1, 356ff.). Nach E7 können Personen durch diese Fähigkeiten selbst in unterschiedlichen Situationen für sich selbst eine gute Lösung finden (vgl. E7, 198ff.). Solche Fähigkeiten ermöglichen Personen, ihre Lebenswelt selbst zu gestalten und durch ihr Wissen und ihre Fähigkeiten unterschiedliche Anforderungen in einer zunehmend komplexen Gesellschaft selbst zu bewältigen. Emotionale und soziale Fähigkeiten, die Personen befähigen sollen, dem Paradigma der Selbststeuerung zu folgen, tragen zum Erreichen der Ziele einer individualisierten Gesellschaft bei. Weil sie dazu beitragen, dass Personen ihre Lebenswelt selbst gestalten, können solche Fähigkeiten als eine *Technologie des Selbst* nach Foucault et al. (1990) verstanden werden. Dies ist ein Ziel bildungspolitischer Akteure, die durch Individualisierungsprozesse geprägt sind. Emotionale und soziale Fähigkeiten, die überfachlich anwendbar sind, unterscheiden sich von konkreten fachbezogenen Lerninhalten.

5.2.3 Lebensweltorientierung zwischen Reflexion und Aktivierung

Dass sich Lerninhalte, didaktische Methoden und Lernmaterialien an den Bedarfen der Teilnehmenden ausrichten, ermöglicht diesen einen Raum, in dem sie Vertrauen aufbauen und Selbstvertrauen entwickeln können. Erwachsenenbildungsangebote stellen den Raum und die Zeit zur Verfügung, die sie benötigen, um sich mit sich selbst und mit ihrer persönlichen Lebenswelt auseinanderzusetzen. Personen können neue Beziehungserfahrungen machen und ihr eigenes Handeln in ihrer persönlichen Lebenswelt reflektieren. Erwachsenenbildung stellt einen Raum dar, in dem Personen erproben können, anders zu handeln. Innerhalb des geschützten Rahmens erproben sie, ihre persönlichen Bedarfe zu artikulieren und im Austausch mit anderen eine mögliche Lösung für Probleme zu eruieren. Die Teilnehmenden gewinnen Schritt für Schritt Vertrauen in ihre eigenen Fähigkeiten. Sie können ihr Selbstvertrauen entwickeln und Wissen darüber erwerben, was ihre Stärken und ihre Schwächen sind und worauf sie Anspruch haben. In Anlehnung an die Einschätzung von E2 entwickeln die Teilnehmenden das Selbstvertrauen, dass sie von anderen Personen erwarten, gut und wertschätzend behandelt zu werden (vgl. E2, 159ff.). Im Anschluss an ihr eigenes Empowerment möchten nach der Beobachtung von E8 viele ehemalige Teilnehmenden, sich selbst für das Empowerment anderer Frauen einsetzen (vgl. E8, 54ff.).

Die Erkenntnisse der empirischen Studie können in Bezug zur deutschsprachigen Erwachsenenbildung gesetzt werden. Dazu zählt die Lebensweltorientierung von Lerninhalten und Materialien sowie von didaktischen Methoden. Das *Story-Telling* wird als biografieorientierte Methode aufgezeigt. Biografieorientierte didaktische Methoden können nach Rothe (2015) zum Empowerment von Teilnehmenden aus benachteiligten sozialen Gruppen beitragen (vgl. ebd., S. 33) (Kap. 5.2.3). Die Anknüpfung an die persönliche Lebenswelt der Teilnehmenden nach E9 und der Vorlesestift nach E7 werden als Methoden selbstgesteuerten Lernens untersucht. Dieses kann in Anlehnung an Forneck und Springer (2005), dazu beitragen, dass sich Teilnehmende das Wissen und die Fähigkeiten aneignen, die sie benötigen, die Anforderungen einer individualisierten Gesellschaft zu bewältigen (vgl. ebd.,

S. 100) (Kap. 5.2.3). Wie in der Zielgruppen- und Teilnehmendenorientierung bewegen sich die Lernprozesse zwischen dem Verstehen des bisherigen Handelns und dem Erlernen neuer Handlungsoptionen. Der Umgang der Mitarbeitenden mit Teilnehmenden soll zwischen Akzeptanz und des Aufzeigens neuer Handlungsoptionen ausgeglichen sein. Die Zielgruppen- und Teilnehmendenorientierung soll eine Balance von Verstehens- und Artikulationsprozessen und der Aneignung von emotionalen und sozialen Fähigkeiten halten. In der Erwachsenenbildung ist demnach ein Ausgleich einer Biografieorientierung nach Dausien (2001) und Rothe (2015) und dem Selbstgesteuerten Lernen nach Faulstich et al. (2005) anzustreben. Abb. 28 zeigt auf, dass sich Verstehens- und Artikulationsprozesse sowie die aktive Gestaltung des eigenen Lebens ausgeglichen sein sollen, um Empowerment zu ermöglichen und die Teilnehmenden nicht zu überfordern.

Abbildung 28: Lebensweltorientierung

| Biografieorientierung: Verstehen und Artikulieren des eigenen Handelns | Selbstgesteuertes Lernen: Aktive Gestaltung des eigenen Lebens |

Quelle: Eigene Darstellung

Mit der *Story-Telling*-Methode sollen in Anlehnung an Beobachtungen von E5 und E7 Teilnehmende ihre persönliche Lebensgeschichte erzählen und aufschreiben. Dies geht mit einer Reflexion des eigenen Lebens, der eigenen Lebenswelt und der Veränderungen im eigenen Handeln einher. In Anlehnung an die Beobachtung von E5 und E7 ermöglicht die Methode Verstehens- und Artikulationsprozesse, welche die Teilnehmenden zu einer Reflexion über ihre persönliche Lebenswelt befähigen soll. Die Methode unterstützt, dass Personen ihre Lebenswelt vor dem Kontext gesellschaftlicher Prägungen und Veränderungen verstehen (vgl. E5, 316ff., E7, 332ff.). Die Methode ermöglicht der Forderung von Rothe (2015) nach einer Biografieorientierung nachzukommen (vgl. ebd. S. 33f.). Eine Biografieorientierung ergibt sich aus Individualisierungsprozessen und der gesellschaftlichen Anforderung, lebenslang zu lernen. Indem sich Personen mit ihrer persönlichen Lebensgeschichte auseinandersetzen, lernen sie mehr Einfluss auf ihr Lernen und ihr Handeln zu nehmen. Sie können beides aktiver gestalten. Die *Story-Telling*-Methode schließt an die Forschung von Dausien (2001) an, die sich mit der Biografieorientierung in Erwachsenenbildungsangeboten für Frauen auseinandergesetzt hat. Die Orientierung an der eigenen Biografie trägt dazu bei, dass Personen ihre Bedarfe und Probleme besser verstehen und artikulieren. Lebenslanges Lernen ist nach Rothe (2015) stark mit der persönlichen Biografie der Teilnehmenden verbunden. Eine Biografieorientierung in der Erwachsenenbildung kann dazu beitragen, dass diese selbstreflexiv ihre individuellen emotionalen und kognitiven Lernprozesse verstehen und ihr individuelles Profil aktiv gestalten können. Dieses Verständnis der Bedeutung biografischer Reflexionsprozesse für das persönliche Handeln in einer Gesellschaft, die von Individualisierung und Lebenslangem Lernen geprägt ist, zeigt sich nach E7 in der Gestaltung von Erwachsenenbildung in Indien.

Personen, die im Schulsystem negative Erfahrungen gemacht haben, können nach Eckert (2018) zu Erwachsenenbildung distanziert sein und nach Faulstich und Grell (2005) Lernwiderstände haben. Diese können sie daran hindern, an Erwachsenenbildung teilzunehmen. Indem die Mitarbeitenden eine vorsichtige und distanzierte Einstellung der Teilnehmenden akzeptieren, ermöglichen sie nach E5, dass sich diese akzeptiert fühlen. Erwachsenenbildung soll nicht zu hohe Anforderungen an die Teilnehmenden richten. Durch Austausch verstehen und artikulieren diese ihre eigene Unsicherheit, die sie durch den Verlust traditioneller Gesellschaftsstrukturen nach Kade (1989) erfahren (vgl. ebd., S. 795). Das Verstehen eigener Emotionen kann ihnen die Unsicherheit nehmen. Methoden können in der Gemeinschaft dazu beitragen, dass sich die Teilnehmenden über Lerninhalte austauschen. Didaktische Methoden sollen dazu beitragen, dass Personen weniger passiv und zurückhaltend handeln, sondern aktiver zu werden und sich selbst Wissen und Fähigkeiten aneignen, die sie in ihrer persönlichen Lebenswelt benötigen.

Der Vorlesestift, den es im deutschsprachigen Raum für Kinder gibt, wird in Erwachsenenbildungsangeboten, bei denen E7 mitgewirkt hat, eingesetzt. Der Stift ermöglicht eigenständige Lernprozesse, weil sich Teilnehmende außerhalb von Erwachsenenbildung selbst mit Lernmaterialien auseinandersetzen können. Die Teilnehmenden können sich die Zeit nehmen, die sie benötigen, um sich mit einzelnen Themen oder Lernmodulen auseinanderzusetzen. Auf den Vorlesestift sind die Erklärungen für Bilder, die im dazu gehörenden Lernheft Situationen aus der persönlichen Lebenswelt von Personen zeigen, gesprochen. Diese können sich die Teilnehmenden wiederholt anhören, sodass sie die Lernmaterialien individuell an ihre Lerngeschwindigkeit und ihre persönlichen Interessen anpassen können. Sie können selbst die Themen bestimmen, die sie am meisten interessieren (vgl. E7, 48ff.).

Dies schließt an den Diskurs um selbstgesteuertes Lernen nach Faulstich et al. (2005) an. Aus gesellschaftskritischer Perspektive ist für den deutschsprachigen Raum in Anlehnung an Forneck und Springer (2005) die Relevanz selbstgesteuerten Lernens zu beobachten. Die Bedeutung selbstgesteuerten Lernens nimmt im Kontext Lebenslangen Lernens zu. Dies haben bildungspolitische Akteure dies durch politische Strategien unterstützt. Die konkrete Umsetzung von selbstgesteuertem Lernen ist durch *Blended Learning*- und *E-Learning*-Angebote möglich. Diese können von Teilnehmenden zeitlich und räumlich flexibel in Anspruch genommen werden. In Anlehnung an Kade (1989) ermöglicht diese Flexibilität, dass die Teilnehmenden Erwachsenenbildungsangebote individuell für die Gestaltung ihres persönlichen Lebens oder für die Gestaltung ihres individuellen persönlichen Profils nutzen können (vgl. ebd., S. 800). Auf die Bedeutung einer Zielgruppen- und Teilnehmendenorientierung weist Schäffter (2014) hin. Diese trägt dazu bei, die Lernmotivation der Teilnehmenden aufrecht zu erhalten. Die Anknüpfung an deren persönliche Lebenswelt trägt dazu bei, dass die Mitarbeitenden Erwachsenenbildung so gestalten können, dass es möglichst gut zu den Bedarfen der Teilnehmenden passt. Die Mitarbeitenden können Lerninhalte, Lernmaterialien und didaktische Methoden an deren Bedarfen und Anforderungen ausrichten. Didaktische Methoden wie der Vorlesestift nach E7 ermöglichen im Bereich der Grundbildung ein selbstgesteuertes Lernen der Teilnehmenden.

Dies befähigt diese außerhalb von Erwachsenenbildung in ihrer persönlichen Lebenswelt eigenständig zu lernen, und trägt dazu bei, dass Verstehens- und Artikulationsprozesse zunehmen und dass die Teilnehmend zunehmend aktiv ihre persönliche Lebenswelt gestalten und ihr Handeln selbst steuern.

5.2.4 Beziehungsstiftende Kontexte und emotionale Lernprozesse

In Indien und im deutschsprachigen Raum ist ein Bedarf zur Beschäftigung mit dem eigenen Selbst und einer Optimierung der eigenen emotionalen und sozialen Fähigkeiten zu beobachten. Der Bedarf kann vor dem Hintergrund einer potenziellen Unsicherheit und Überforderung verstanden werden, die in Anlehnung an Pongratz (2010, S. 158) mit Individualisierungsprozessen einhergehen. Dies ist damit verbunden, dass Traditionen an Bedeutung verlieren. In einem sozialen Wandel sind die Teilnehmenden damit konfrontiert, dass Traditionen und Gesellschaftsstrukturen, an denen sie bislang ihr Handeln ausgerichtet haben, an Bedeutung verlieren. Dies ist für die Frauen aus benachteiligten sozialen Gruppen mit Unsicherheit und Überforderung verbunden. In der Erwachsenenbildung können die Teilnehmenden neue Beziehungserfahrungen machen und sich emotional verankern. Diese Beziehungen stärken die Frauen in ihrer persönlichen Lebenswelt und geben ihnen eine Orientierung für ihr Handeln.

Erwachsenenbildung stellt einen beziehungsstiftenden Kontext dar, der nach der Einschätzung von E8 dadurch ermöglicht wird, dass die Mitarbeitenden den Teilnehmenden eine vertrauensvolle und emotional-reziproke Beziehung anbieten. Diese sollen verstehen, dass ihnen persönlich die Teilnahme nutzen kann (vgl. E8, 28ff., 41ff.). Diese trägt dazu bei, dass sich die Teilnehmenden emotional öffnen können und ihre persönlichen Bedarfe und Probleme in die Erwachsenenbildung einbringen. Sie tauschen sich in der Gemeinschaft über ihre persönliche Lebenswelt aus und bauen Beziehungen mit anderen Personen auf. Im Austausch verstehen sie in Anlehnung an Gieseke (2009) ihre Emotionen und in Anlehnung an Schüßler (2000) Deutungsmuster besser. Andere Teilnehmenden können sie in ihrer Wahrnehmung bestätigen oder ihre Perspektiven erweitern. Sie verstehen ihre persönlichen Bedarfe und Probleme besser und können nach Giddens (2012) ihre eigene soziale Eingebundenheit in traditionell geprägte Gesellschaftsstrukturen verstehen (vgl. ebd., S. 21ff.). Gemeinsam werden Möglichkeiten erarbeitet, wie Personen ihre Probleme lösen und ihre Rechte einfordern können.

Durch Individualisierungsprozesse kommt Erwachsenenbildung die Aufgabe zu, Personen zu stärken, die sie sich in einem Spannungsfeld befinden. In diesem werden unterschiedliche gesellschaftliche Anforderungen einer traditionell geprägten und einer individualisierten Gesellschaft zugleich an sie gerichtet. Von Erwachsenenbildung wird in Anlehnung an Kade (1989) erwartet, dass sie individuell und flexibel Personen befähigt, sich fachliche sowie emotionale und soziale Fähigkeiten anzueignen (vgl. ebd., S. 800). Emotionalen und sozialen Fähigkeiten kommt eine zentrale Bedeutung zu, weil sie Personen befähigt, unterschiedliche gesellschaftliche Anforderungen zu bewältigen. Emotionen sind dahingehend von Bedeutung, weil ein höheres Selbstvertrauen dazu beiträgt, dass Personen in sozialen Aushandlungsprozessen erfolgreicher ihre soziale Zugehörigkeit aushandeln können. Selbstvertrauen ist durch kognitive Annahmen bestimmt und in Emotionen verankert, in denen sich langfristige persönliche Überzeugungen spiegeln. Der Bedarf an emotionaler Unterstützung zeigt sich darin, wenn die Nachfrage nach Seminaren im Bereich Persönlichkeitsentwicklung steigt.

In Anlehnung an Arnold und Holzapfel (2008) wurden Emotionen in der Erwachsenenbildung lange Zeit nicht angemessen gewürdigt. Die empirischen Ergebnisse der Studie bestätigen, dass ein rein kognitives Verständnis von Lernprozessen nicht ausreicht, um zum Empowerment der Teilnehmenden beizutragen. Nach Einschätzung der Expert/inn/en trägt ein beziehungsstiftender Kontext von Erwachsenenbildung zum Empowerment von Teilnehmenden bei. Im Hinblick darauf, dass Erwachsenenbildung nicht mehr *nur* Wissen und Fähigkeiten vermitteln soll und dass Grundbildung nicht *nur* Lesen und Schreiben vermitteln soll ist dies von Bedeutung. Die Einschätzung von E7, dass Grundbildung eine Voraussetzung von Empowerment darstellt, kann an die Debatte um den internationalen Grundbildungsdiskurs wie an die *New Literacy Studies* anschließen. Grundbildung ist als Voraussetzung für eine soziale Zugehörigkeit von Personen aus sozial benachteiligten Gruppen zu verstehen. Die Lebensweltorientierung und der beziehungsstiftende Kontext von Erwachsenenbildungsangeboten, die Grundbildung vermitteln, ermöglichen eine soziale Einbindung von Grundbildung in die persönliche Lebenswelt der Teilnehmenden. In der deutschsprachigen Erwachsenenbildung wird von Ioannidou und Schrader (2016) beobachtet, dass der Begriff *Grundbildung* eine höhere internationale Anschlussfähigkeit zeigt als der Begriff *Alphabetisierung*. Grundbildung übersteigt das Lernen von Lesen und Schreiben und meint Fähigkeiten, die mit der gesamten Lebensführung von Personen verbunden sind und betrifft Themen wie Gesundheit und Erwerbstätigkeit. Dass die Teilnehmenden Lesen und Schreiben lernen, verhilft ihnen in Anlehnung an die Beobachtung von E3 dazu, dass sie ihre Rechte stärker einfordern können (vgl. E3, 93ff.). In Anlehnung an E4 trägt das Lernen zu Lesen und zu Schreiben dazu bei, dass Personen ihre eigenen Rechte besser verstehen und in unterschiedlichen sozialen Kontexten einfordern können. Nach der Einschätzung von E3 sind dafür die beziehungsstiftenden Kontexte von Erwachsenenbildung von Bedeutung. Diese ermöglichen den Teilnehmenden, sich nicht nur die kognitiven Fähigkeiten anzueignen, sondern die emotionale Sicherheit und das Vertrauen in die eigenen Fähigkeiten zu erlangen, die sie dafür benötigen.

Damit tragen die beziehungsstiftenden Kontexte von Erwachsenenbildung dazu bei, dass Personen aus benachteiligten sozialen Gruppen sich auf einer kognitiven und auf einer emotionalen Ebene das Wissen und die Fähigkeiten aneignen, um ihre soziale Zugehörigkeit aushandeln zu können (vgl. Euringer, 2016, Gee, 2015, S. 35ff., E7, 146f., E4, 290ff., E3, 234ff.). Tab. 12 differenziert kognitive und emotionale Lernprozesse, die mit dem Erwerb von Grundbildung einhergehen. Wohingegen nach Tab. 12 kognitive Lernprozesse die Fähigkeit zu Lesen und zu Schreiben fokussieren, sind emotionale Lernprozesse für die Anwendbarkeit dieser Fähigkeit von Bedeutung.

Tabelle 12: Lernprozesse beim Erwerb von Grundbildung

Lernprozesse	Kognitive Lernprozesse	Emotionale Lernprozesse
Zunahme der Lernbereitschaft	Teilnehmende können nicht Lesen und Schreiben	Bedarf an Sicherheit aufgrund von Überforderung und Unsicherheit (Kade, 1989)
Lernprozesse innerhalb von Erwachsenenbildung	Teilnehmende lernen Lesen und Schreiben, Kognitive Verstehens- und Artikulationsprozesse von Bedarfen und Problemen der persönlichen Lebenswelt (Stromquist, 2015), Fähigkeit, sich selbst Wissen anzueignen	Neue Beziehungserfahrungen, die Vertrauen, Gemeinschaft und Sicherheit vermitteln (Kade, 1989), Vertrauen in das eigene Wissen und die eigenen Fähigkeiten, Glaube an die eigene Selbstwirksamkeit (Bandura, 1994)

Quelle: Eigene Darstellung

Die emotionalen Lernprozesse werden durch die beziehungsstiftenden Kontexte von Erwachsenenbildung angeregt. Wenn die Teilnehmenden nicht Lesen und Schreiben können, kann sie dies in einem sozialen Wandel zusätzlich verunsichern. In der Betrachtung ihrer emotionalen Lernprozesse, ist die Vermittlung von Sicherheit durch das Angebot beziehungsstiftender Kontexte in der Gestaltung von Erwachsenenbildung zentral. Die neuen Beziehungserfahrungen ermöglichen den Teilnehmenden einen Raum, in dem sie sich sicher fühlen können und in dem sie Lesen und Schreiben lernen können. Dies trägt dazu bei, dass ihr Vertrauen in ihr eigenes Wissen und in die eigenen Fähigkeiten steigt. In einem sozialen Wandel ermöglichen neue Beziehungserfahrungen die Sicherheit, gesellschaftliche Anforderungen kognitiv und emotional bewältigen zu können. Dies ist in Anlehnung an Klingovsky (2017) in Individualisierungsprozessen zentral (vgl. ebd., S. 40).

5.3 Erwachsenenbildung zwischen Stärkung, Abgrenzung und Reflexion

Empowerment kann als ein Ziel von Erwachsenenbildung verstanden werden, dass die Teilnehmenden stärken kann. Gleichzeitig kann deren Stärkung bei Personen aus anderen sozialen Gruppen Widerstand hervorrufen. Der Widerstand kann sich darin zeigen, dass sich Personen aus anderen sozialen Gruppen durch ihr Handeln und soziale Praktiken in Anlehnung an Said (2009) von Personen aus anderen sozialen Gruppen abgrenzen. Dass Erwachsenenbildung eine Reflexion über das persönliche Empowerment ermöglicht, trägt sie dazu bei, dass die Teilnehmenden ihre Lebenswelt selbst gestalten können. Damit trägt das Empowerment durch Erwachsenenbildung zur Individualisierung einer Gesellschaft bei. Die übergeordnete Forschungsfrage, die im Folgenden diskutiert wird, lautet:

> **Gesellschaftskritische Perspektive:**
> **Wie wird Erwachsenenbildung durch das Konzept Empowerment**
> **zum Erreichen gesellschaftlicher Anforderungen instrumentalisiert?**

Zunächst wird untersucht, inwiefern Erwachsenenbildung zum Erreichen gesellschaftlicher Anforderungen instrumentalisiert werden kann. Dies unterscheidet sich in traditionell geprägten Gesellschaftsstrukturen und in einer individualisierten Gesellschaft. In letzterer steht die Stärkung von Personen im Vordergrund (Kap. 5.3.1). In einem zweiten Schritt wird diskutiert, inwiefern das Empowerment von Personen aus benachteiligten sozialen Gruppen in Indien und im deutschsprachigen Raum beschränkt werden kann (Kap. 5.3.2). Abschließend wird differenziert, inwiefern eine gesellschaftskritische Reflexion des sozialen Wandels eine Aufgabe von Erwachsenenbildung ist (Kap. 5.3.3).

5.3.1 Zur Instrumentalisierung von Erwachsenenbildung: Empowerment als Zwischenschritt zu Lebenslangem Lernen

Die Betrachtung aus gesellschaftskritischer Perspektive führt zu der Frage, inwiefern Erwachsenenbildung zum Erreichen gesellschaftlicher Ziele instrumentalisiert werden kann. Zunächst wird der soziale Wandel in Indien und im deutschsprachigen Raum differenziert. In beiden Gesellschaften werden durch Individualisierungsprozesse veränderte Anforderungen an Erwachsenenbildung gerichtet. In Anlehnung an Kade (1989) ist eine Veränderung von Angebotsstrukturen von Erwachsenenbildung zu beobachten (vgl. ebd., S. 801ff.). In traditionellen Gesellschaftsstrukturen kann Erwachsenenbildung dazu instrumentalisiert werden, bestehende Strukturen zu stärken. In einer individualisierten Gesellschaft wird von Erwachsenenbildungsangeboten in Anlehnung an Pongratz (2010) erwartet, Personen zu stärken, gesellschaftlichen Anforderungen gerecht zu werden (vgl. S. 45). Die Angebotsstrukturen von Erwachsenenbildung verändern sich, sodass das Paradigma Lebenslanges Lernen u.a. in Anlehnung an Klingovsky (2017) und Barros (2012) allmählich an Bedeutung gewinnt. Das Paradigma kann nach Geiss (2017) in humanistisch und ökonomisch geprägten Begründungszusammenhängen verortet werden (vgl. ebd., S. 213f.). Diese Differenzierung verliert gleichzeitig einhergehend mit Individualisierungsprozessen an Bedeutung.

Die Erkenntnisse der Studie zeigen, dass sich der Stellenwert von Erwachsenenbildung in einer traditionell geprägten Gesellschaft von Erwachsenenbildung in einer individualisierten Gesellschaft unterscheidet. Einhergehend mit einem sozialen Wandel und mit Individualisierungsprozessen verändern sich an die Angebotsstrukturen von Erwachsenenbildung. Nach Kade (1989) gewinnt die „Logik der Aneignung" (S. 803) an Bedeutung, wohingegen die „Logik des Angebots" (ebd.) an Bedeutung verliert. Erwachsenenbildung wird nach dem *Top-Down*-Prinzip politisch gesteuert. Erwachsenenbildung, die das Empowerment der Teilnehmenden zum Ziel hat, orientiert sich nach dem *Bottom-Up*-Prinzip an deren Bedarfen. Erwachsenenbildung befindet sich in einem Spannungsfeld, in dem politische Akteure Erwachsenenbildungsangebote durch finanzielle Subventionen wie Bildungsgutscheinen steuern. Die Angebote werden an den Bedarfen der Zielgruppe ausgerichtet. Die Bedarfe einer Zielgruppe können sich in einer traditionell geprägten und in einer individualisierten Gesellschaft unterscheiden. Erwachsenenbildung kann dazu instrumentalisiert werden, gesellschaftliche Ziele zu erreichen. Tab. 13 zeigt anhand unterschiedlicher Bereiche von Erwachsenenbildung deren gesellschaftliche Funktion in traditionell geprägten Gesellschaftsstrukturen und in einer individualisierten Gesellschaft auf.

Tabelle 13: Erwachsenenbildung, sozialer Wandel und Benachteiligung

	Traditionell geprägte Gesellschaftsstrukturen	Eine individualisierte Gesellschaft
Zielgruppe	Personen aus benachteiligten sozialen Gruppen	Alle Personen, an die sich die gesellschaftliche Anforderungen zur Selbststeuerung richtet
Gestaltung von Erwachsenenbildung	Traditionelle Lehr- und Lernmethoden, Vermittlung von Wissen nach einem Lehrplan, Unterscheidung in Lehrende und Lernende (Freire, 1971)	Beziehungsstiftender Kontext, Lebensweltorientierung von Wissen, Methoden und Lernmaterialien, Austausch auf Augenhöhe
Ziele von Erwachsenenbildung	Auswahl und Vermittlung von Wissen durch Lehrende, Aneignung von Wissen durch Lernende aus benachteiligten sozialen Gruppen	Verstehens- und Artikulationsprozesse zur Reflexion der eigenen sozialen Eingebundenheit, höhere Selbststeuerung
Soziale Zugehörigkeit	Soziale Aufteilung in benachteiligte und privilegierte soziale Gruppen, Soziale Eingebundenheit in traditionell geprägte Gesellschaftsstrukturen	Aushandlung von sozialer Zugehörigkeit in sozialen Aushandlungsprozessen
Gesellschaftliche Kontrolle	Sichtbare Kontrolle des Handelns von Personen durch Gesetze und Traditionen, Sanktionierung nicht-konformen Handelns (Foucault, 1994)	Unbewusstes Verstehen von Selbststeuerung als persönlicher Motivation (= verborgene Kontrolle), Ausrichtung des Handelns an gesellschaftlichen Anforderungen
Resultat	Reproduktion einer sozialen Aufteilung nach (Freire, 1971, S. 76f.)	Stärkung von Personen, die sich in einem Spannungsfeld befinden
Bedeutung	Bedeutungsverlust	Bedeutungsgewinn (Beck, 2015)

Quelle: Eigene Darstellung

Das Paradigma Lebenslangen Lernens gewinnt nach Shah (2018) in der indischen Gesellschaft und nach Dellori (2016) in der Gesellschaft im deutschsprachigen Raum an Bedeutung (vgl. ebd., S. 21f.). Der Bedeutungsgewinn Lebenslangen Lerners kann vor dem Hintergrund von Individualisierungsprozessen und sozialem Wandel verstanden werden kann. Das Paradigma impliziert, dass Personen ihre Lebenswelt selbst gestalten und der Anforderung einer individualisierten Gesellschaft zur Selbststeuerung folgen. Lebenslanges Lernen ist ein Paradigma, das eine veränderte Angebotsstruktur von Erwachsenenbildung in einer individualisierten Gesellschaft kennzeichnet. Die Verantwortung für Lernprozesse wird auf die Personen einer individualisierten Gesellschaft übertragen und liegt weniger in der Verantwortung der Erwachsenenbildungseinrichtungen. Diesen kommt in Anlehnung an Kade (1989) die Aufgabe zu, flexibel auf die individuellen Bedarfe der Teilnehmenden zu reagieren (vgl. ebd., S. 800). Im Kontext eines sozialen Wandels ist zu beobachten, dass das Paradigma Lebenslangen Lernens von bildungspolitischen Akteuren angestrebt wird, die humanistische (UNESCO) und ökonomische Interessen (OECD, EU) vertreten, und in aktuellen Strategien wie der Strategie *EUROPA 2020* soziale Zugehörigkeit als Ziel diskutieren.

Im deutschsprachigen Raum kommt in Anlehnung an die Bund-Länder-Kommission zur Bildungsplanung und zur Forschungsförderung (2004) einer Lernberatung ein Bedeutungsgewinn zu. Diese Bewegung kann auf Individualisierungsprozesse zurückgeführt werden. Die Lernberatungsangebote richten sich an den spezifischen Bedarfen einzelner Personen aus und sollen sie befähigen, ihre Lernprozesse möglichst optimal selbst zu gestalten. Lernberatung kann Personen befähigen, neue Handlungsmöglichkeiten zu entdecken und sich in einer Vielzahl an Möglichkeiten zu orientieren und die persönliche Lebenswelt zu gestalten (vgl. ebd., S. 13ff., S. 27f.). Das möglichst erfolgreiche Handeln basiert in einer individualisierten Gesellschaft darauf, dass sich Personen wie ein Portfolio ihr individuelles Profil gestalten. Dazu zählen emotionale und soziale Fähigkeiten. Diese sollen Personen befähigen, überfachlich Probleme zu lösen und ihre Bedarfe zu verstehen und zu artikulieren. Emotionale und soziale Fähigkeiten können dazu beitragen, dass sich Personen selbst in neuen Arbeitsbereichen zurechtfinden. Im Austausch mit anderen Personen und in sozialen Aushandlungsprozessen sollen sie möglichst erfolgreich ihre persönlichen Bedarfe und Probleme aushandeln. Durch eine Lernberatung in Anlehnung an Forneck und Springer (2005) können Personen herausfinden, welche Fähigkeiten sie sich aneignen können, um innerhalb einer kompetitiven Lebenswelt in verschiedenen Befähigungsbereichen selbstgesteuert handeln zu können. In Anlehnung an E1 und E7 kann das Konzept der Lebenskompetenzen an die Forderung nach emotionalen und sozialen Fähigkeiten angeknüpft werden, die überfachlich anwendbar sind (vgl. E1, 356ff., E7, 198ff.). Individualisierungsprozesse tragen dazu bei, dass die Gestaltung von Erwachsenenbildung zielgruppenorientiert erfolgt und sich an den individuellen Bedarfen von Personen ausrichtet. Empowerment ist vor dem Hintergrund eines sozialen Wandels zu verstehen, in welcher eine Aushandlung sozialer Zugehörigkeit angestrebt wird und wofür Personen aus benachteiligten sozialen Gruppen befähigt werden sollen. Empowerment kennzeichnet eine veränderte Angebotsstruktur von Erwachsenenbildung, die sich an Personen aus benachteiligten sozialen Gruppen richtet und mit Individualisierungsprozessen einhergeht. Diese verändern sich in Anlehnung an Kade (1989) einhergehend Individualisierungsprozessen (vgl. ebd., S. 801ff.).

Das Paradigma Lebenslanges Lernen gewinnt nach Milana (2012) in Kontexten der Erwachsenenbildung an Bedeutung. Der Begriff impliziert ein verändertes Verständnis von Erwachsenenbildungsangeboten, die sich flexibel an den individuellen Bedarfen von Personen ausrichten, die ihre Lebenswelt und ihr Handeln selbst steuern. In Anlehnung an E7 wird der Vorlesestift als didaktische Methode verwendet, die ein selbstgesteuertes Lernen der Teilnehmenden ermöglicht und sich flexibel an ihre individuellen Bedarfe anpasst (vgl. E7, 48ff.). Das Lernen von Personen stellt keinen abschließbaren Prozess dar. Es begleitet sie ihre Lebenswelt lang. Lebenslanges Lernen trägt dazu bei, dass Personen den Anforderungen einer individualisierten Gesellschaft gerecht werden können, indem sie ihre Lebenswelt und ihr Handeln selbst steuern. Hier ist von Bedeutung, dass Erwachsenenbildungsangebote an gesellschaftlich veränderte Bedarfe angepasst werden und sich z.B. an den technischen Fortschritt anpassen können. Lerninhalte und didaktische Methoden können so gestaltet werden, sodass die Teilnehmenden den Umgang mit neuen technischen Geräten lernen. Die Teilnehmenden werden dadurch befähigt, sich selbst Wissen und Fähigkeiten anzueignen, um sich ihre individuellen Bedarfe selbst zu sorgen. Durch Individualisierungsprozesse verändert sich die gesellschaftliche Funktion von Erwachsenenbildung einer Gesellschaft. In einer individualisierten Gesellschaft ist zentral, dass sich Personen und Mitarbeitenden gleichberechtigt und auf Augenhöhe austauschen. Dies entspricht dem Konzept des gleichberechtigten Dialogs bei Freire (1971), in dem zentral ist, dass Teilnehmende und Mitarbeitende gemeinsam und voneinander lernen. Durch den gleichberechtigten und reziproken Austausch lernen Personen, eigene Bedarfe und Probleme zu verstehen und zu artikulieren. Dies trägt dazu bei, dass Personen ihre persönliche Lebenswelt reflektieren und lernen, ihre soziale Zugehörigkeit auszuhandeln. Individualisierungsprozesse und sozialer Wandel zeigen Auswirkungen im Lernen und Lehren (vgl. ebd., S. 84ff.). Die veränderte Struktur von Erwachsenenbildungsangeboten zeigt sich in dem Anstieg von *E-Learning*- und *Blended Learning*-Angeboten, die von Personen zeitlich und inhaltlich flexibel zur Aneignung von Wissen und Fähigkeiten angewandt werden können. Erwachsenenbildung kann in Anlehnung an Kade (1989) durch eine teilnehmendenorientierte Gestaltung dazu beitragen, Personen für die Anforderungen einer individualisierten Gesellschaft zu stärken (vgl. ebd., S. 800). Empowerment verdeutlicht dieses Anliegen von Erwachsenenbildung, Personen für die Anforderungen einer individualisierten Gesellschaft zu stärken.

Nach Kade (1989) trägt Erwachsenenbildung dazu bei, Personen zu stärken, für die ein sozialer Wandel mit Unsicherheit verbunden ist (vgl. ebd., S. 797ff.). Personen, die in traditionelle Gesellschaftsstrukturen eingebunden sind, werden mit der gesellschaftlichen Anforderung konfrontiert, sich dem Paradigma der Selbststeuerung zu unterwerfen. Für den Umgang mit diesem Spannungsfeld bedürfen Personen Fähigkeiten und Wissen, das sie sich aneignen können. Der Paradigmenwechsel von traditionell geprägten Gesellschaftsstrukturen zu einer individualisierten Gesellschaft ist für Personen aus benachteiligten sozialen Gruppen mit Unsicherheit verbunden. Dies wird dadurch geprägt, dass soziale Benachteiligung mit einem geringeren Zugang zu Wissen und Fähigkeiten einhergeht. Personen benötigen Wissen und Fähigkeiten, um in sozialen Aushandlungsprozessen ihre soziale Zugehörigkeit auszuhandeln. Weil Personen in traditionelle Gesellschaftsstrukturen eingebunden sind, die ihnen Sicherheit vermitteln, stellt für sie Empowerment eine Herausforderung dar. Personen befinden sich in einem Spannungsfeld von unterschiedlichen Anforderungen. Sie sollen ihr Handeln an traditionellen Gesellschaftsstrukturen ausrichten und selbst handeln. Dies kann Personen verunsichern, denen dafür das Wissen und die Fähigkeiten dazu fehlen, ihre soziale Zugehörigkeit selbst auszuhandeln.

Für den deutschsprachigen Raum hat Grotlüschen (2016) festgestellt, dass Personen, die nicht gut Lesen und Schreiben können, sich tendenziell weniger sozial engagieren und weniger in das Gemeinschaftsgefühl ihrer Gesellschaft vertrauen (vgl. ebd., S. 97ff.). Nach Einschätzung der Expert/inn/en haben die Teilnehmenden in Indien bevor sie an Erwachsenenbildung teilgenommen und bevor sie Lesen und Schreiben gelernt haben, sich nur wenig politisch engagiert. E6 beobachtet, dass manche Frauen keine eigene politische Meinung artikulieren oder sich politisch engagieren (vgl. E6, 250ff.). E3 beobachtet, dass sich manche Teilnehmenden nicht trauen, in den kommunalpolitischen Dorfversammlungen für ihre Rechte einzutreten. Der Grund dafür liegt nach Einschätzung von E3 darin, dass dort Männer anwesend sind, von denen einige wichtige Ämter innehaben und über Privilegien und eine hohe soziale Zugehörigkeit verfügen (vgl. E3, 312ff., 252ff.). In einer individualisierten Gesellschaft wird von Personen aus benachteiligten und aus privilegierten sozialen Gruppen erwartet, dass sie ihre soziale Zugehörigkeit aushandeln. Personen, die in dem Spannungsfeld zum Teil überfordert und verunsichert sind, werden die Rahmenbedingungen ermöglicht, sich Fähigkeiten anzueignen, die Foucault et al. (1990) als *Technologien des Selbst*. Diese benötigen sie um ihre soziale Zugehörigkeit auszuhandeln und den Anforderungen einer individualisierten Gesellschaft gerecht zu werden. Die empirischen Erkenntnisse bestärken die Annahme, dass die Teilnehmenden lernen, stärker für ihre Rechte einzutreten. Nach der Beobachtung von E8 wollten sich manche Frauen im Anschluss an Erwachsenenbildung selbst einbringen und persönlich für andere Frauen engagieren, um zu deren Empowerment beizutragen (vgl. E8, 65ff.). Die Teilnehmenden haben sich für die Verbesserung ihrer persönlichen Lebenswelt an ihrem Wohnort eingesetzt wie die Beobachtungen von E3 und E5 zeigen (vgl. E3, 265ff., E5, 175ff., 290ff.). Das Empowerment von Teilnehmenden im Rahmen der *Anti-Arrak*-Bewegung im indischen Bundesstaat Andhra Pradesh (nach Dighe, 1995, S. 38ff.) wurden bekannt, die nach der Einschätzung von E5 als *good practice* für das Empowerment von Frauen in Indien bezeichnet werden kann. Die *Anti-Arrak*-Bewegung verdeutlicht die sozialen Aushandlungsprozesse, an welchen sich die Frauen durch ihre Teilnahme an Erwachsenenbildung, beteiligen. Sie haben sich erfolgreich dafür eingesetzt, dass politische *Top-Down*-Entscheidungen (zum Verbot der Spirituose Arrak) eingesetzt haben (vgl. E5, 269ff.). Die Frauen haben Verantwortung in der indischen Gesellschaft übernommen und handeln so, wie es in Individualisierungsprozessen erwartet wird, indem sie die gesellschaftliche Anforderung zur Selbststeuerung erfüllen. Die aktive Gestaltung des eigenen Handelns ist auf den ersten Blick positiv und wird von politischen Akteuren als erwünscht betrachtet. Gleichzeitig ist aus gesellschaftskritischer Perspektive zu beachten, dass sich die Frauen an sozialen Praktiken beteiligen, die eine individualisierte Gesellschaft prägen.

Erwachsenenbildung mit dem Ziel Empowerment kann nach Stromquist (2014) im Kontext eines sozialen Wandels verortet werden (vgl. S. 319). Empowerment stellt dabei einen Zwischenschritt zum Lebenslangen Lernen von Personen in einer individualisierten Gesellschaft dar. Empowerment soll Personen aus benachteiligten sozialen Gruppen befähigen, sich an sozialen Aushandlungsprozessen zu beteiligen und sich selbstständig Wissen und Fähigkeiten anzueignen. Sodann sind sie in der Lage, soziale Zugehörigkeit auszuhandeln. Damit geht nach Beck (2015) einher, dass traditionell geprägte Gesellschaftsstrukturen an Bedeutung verlieren. An Empowerment und am Lebenslangen Lernen bestehen Interessen bildungspolitischer Akteure, die humanistische und/oder ökonomischer Interessen vertreten. Lebenslanges Lernen formuliert einen Zielzustand, in dem Personen einer individualisierten Gesellschaft selbst lernen und handeln. Aktuelle politische Dokumente der Europäischen Union – wie die Strategie *EUROPA 2020* der EU-Kommission (2010) – zeigen, dass soziale Zugehörigkeit vermehrt politische Bedeutung gewinnt. Ein humanistisches Ziel wäre eine demokratische Aushandlung der Bedarfe und Probleme von Personen einer Gesellschaft. Ein ökonomisches Ziel wäre eine hohe Beschäftigungsfähigkeit. Zum Erreichen solcher gesellschaftlichen Ziele trägt Erwachsenenbildung bei. In Tab. 14 werden humanistische und ökonomische Begründungszusammenhänge vom Konzept Empowerment und dem Paradigma Lebenslanges Lernen differenziert. Bildungspolitische Akteure bewegen sich zwischen humanistisch und ökonomisch geprägten Begründungszusammenhängen. In den letzten Jahren ist verstärkt zu beobachten, dass beide ein Interesse an sozialer

Zugehörigkeit zeigen. Dies geht damit einher, dass letztendlich beide Begründungszusammenhänge in einer individualisierten Gesellschaft dasselbe Ziel, eine Selbststeuerung von Personen, haben. Dies zeigt sich darin, dass in aktuellen politischen Dokumenten wie der Strategie *EUROPA 2020* der EU-Kommission (2010) einer sozialen Zugehörigkeit ein hoher Stellenwert zukommt. Im Folgenden werden das Konzept Empowerment und das Paradigma Lebenslanges Lernen in humanistischen und in ökonomischen Begründungszusammenhängen verortet.

Tabelle 14: Interessen an Empowerment und an Lebenslangem Lernen

	Humanistische Begründungszusammenhänge	Ökonomische Begründungszusammenhänge
Empowerment von benachteiligten Personen	Gleichberechtigung und soziale Zugehörigkeit	Wirtschaftliches Wachstum und soziale Zugehörigkeit
Lebenslanges Lernen	Eigene Lerninteressen, Bildung, kritische Reflexion	Beschäftigungsfähigkeit, Humankapital
Politische Akteure	UNESCO	Europäische Union, OECD
Gemeinsames Ziel	Selbststeuerung und soziale Aushandlungsprozesse	

Quelle: Eigene Darstellung

Erwachsenenbildung, welche die Teilnehmenden befähigt, ihr Handeln selbst zu gestalten, leistet einen Beitrag zum Erreichen gesellschaftlicher Ziele. Dass sie sich dort Wissen und Fähigkeiten aneignen, trägt dazu bei, dass Personen den gesellschaftlichen Anforderungen gerecht werden, die an sie gerichtet werden. Erwachsenenbildung übernimmt eine gesellschaftliche Funktion, d.h. sie wird zum Erreichen gesellschaftlicher Ziele instrumentalisiert. In einer individualisierten Gesellschaft ist dies die soziale Zugehörigkeit von Frauen oder von Personen aus anderen benachteiligten sozialen Gruppen. Die Zugehörigkeit von allen Personen einer individualisierten Gesellschaft ermöglicht soziale Aushandlungsprozesse, in denen ihr Umfang an Zugehörigkeit ausgehandelt wird. Zugehörigkeit zeigt sich darin, inwiefern Personen den Befähigungsbereichen ihrer persönlichen Lebenswelt selbst handeln können. Dies kann sich darin zeigen, dass Personen eine erfolgreiche Karriere und eine möglichst große Freiheit anstreben. Im Paradigma Lebenslangen Lernens ist der Fokus darauf gerichtet, dass Personen sich stets selbst Wissen und Fähigkeiten aneignen, um möglichst unabhängig zu sein und ihre Lebenswelt selbst zu gestalten. Lebenslanges Lernen ist ein Paradigma, das nach Pongratz (2010) von humanistisch und ökonomisch orientierten bildungspolitischen Akteuren angestrebt wird. Weil Lebenslanges Lernen in humanistisch und ökonomisch geprägten Begründungszusammenhängen angestrebt wird, können sich unterschiedliche bildungspolitischen Akteure gegenseitig unterstützen (vgl. ebd., S. 155ff.). Die Europäische Union hat in den letzten Jahren eine vorrangig ökonomische bildungspolitische Überzeugung vertreten. Dies zeigen bildungspolitische Dokumente wie in der *Lissabon*-Strategie, die vom Europäischen Rat (2000) verabschiedet wurde. In der Strategie *EUROPA 2020* der EU-Kommission (2010) wird soziale Zugehörigkeit als ein weiteres Ziel benannt. Genau wie sich die soziale Aufteilung einer Gesellschaft in soziale Gruppen einhergehend mit dem sozialen Wandel allmählich auflöst sind diese Prozesse auf einer anderen Ebene zu beobachten. Die Auflösung einer Trennung von humanistischen und ökonomischen Begründungszusammenhängen scheint sich hin zum Ziel einer sozialen Zugehörigkeit zu wandeln. Das Paradigma der Selbststeuerung bedient gleichzeitig humanistische und ökonomische Interessen, sodass sich die Grenzen zwischen beiden stärker öffnen. Indem sie ihre Ziele gegenseitig stärken, profitieren alle beteiligten Akteure.

5.3.2 Überlegungen zur Abgrenzung durch soziale Praktiken

In Indien (Patel, 1998) und im deutschsprachigen Raum (Lenz, 2010) zeigen sich soziale Bewegungen, die gegen die soziale Benachteiligung von Personen, die benachteiligt werden, angehen. Gleichzeitig sind in Anlehnung an Said (2009) Gegenbewegungen zu beobachten, die sich von Personen abgrenzen, die durch ihr Empowerment gegen ihre Benachteiligung angehen. In der indischen Gesellschaft werden diese anhand des Kastensystems differenziert. Ähnliche Bewegungen zeigen sich im deutschsprachigen Raum. Diese können mit dem Konzept der *gläsernen Decke* nach Morrison et al. (1994) verstanden werden. Mit der gläsernen Decke können Frauen in höheren Führungspositionen konfrontiert werden. So setzt sich die Vereinigung für Frauen im Management (o.J.) dafür ein, dass sich Frauen in höheren Führungspositionen gegenseitig bestärken und dass sie, ihre Rechte und ihre Gleichberechtigung einfordern (vgl. ebd.). Sowohl in der indischen Gesellschaft als auch in der Gesellschaft im deutschsprachigen Raum werden Frauenquoten politisch diskutiert und wurden bereits zum Teil umgesetzt (vgl. Deutsches Institut für Wirtschaftsforschung, 2019, Rai, 2013). Innerhalb von sozialen Bewegungen schließen sich Personen aus benachteiligten sozialen Gruppen zusammen und bestärken sich gegenseitig. Sie können sich Wissen und Fähigkeiten aneignen, die sie benötigen, um gegen soziale Benachteiligung anzugehen. Es besteht die Möglichkeit, dass sich die Personen mit anderen Personen, die sich in einer ähnlichen Situation befinden oder befunden haben, austauschen. Dies soll sie in Anlehnung an Stromquist (2015) befähigen, ihr Handeln in dem jeweiligen Befähigungsbereich selbst zu gestalten. Manchen Personen aus benachteiligten sozialen Gruppen fällt es in traditionell geprägten Gesellschaftsstrukturen zum Teil schwer, Vorstandsräte zu betreten. Diese stellen einen Befähigungsbereich dar, in dem bestimmte Personen aus privilegierten sozialen Gruppen handeln. Durch den sozialen Wandel werden Personen Befähigungsbereiche zugänglich, die ihnen in traditionellen Gesellschaftsstrukturen vorenthalten sind. Im deutschsprachigen Raum ist dies in der sozialen Aushandlung von Führungspositionen an Hochschulen und in Unternehmen zu beobachten. Trotz einer Gleichberechtigung von Frauen und Männern in ihrer Ausbildung besteht eine Benachteiligung von Frauen hinsichtlich ihrer Zugehörigkeit zu höheren Führungspositionen.

In der indischen Gesellschaft gibt es Quoten für Personen aus registrierten Kasten und Stämmen. Zudem werden Quoten zur politischen Beteiligung von Frauen nach Rai (2013) in der indischen Gesellschaft diskutiert. In Deutschland gibt es eine Frauenquote für die Führungsebene (vgl. Deutsches Institut für Wirtschaftsforschung, 2019) gibt. Diese Frauenquote soll beitragen, die Zugehörigkeit von Frauen in höheren Führungsquoten zu erhöhen. Solche Quoten sind im Kontext eines sozialen Wandels zu verstehen. Die Quoten können als eine politische Strategie verstanden werden uns sollen dazu beitragen, Personen aus benachteiligten sozialen Gruppen zu befähigen, an sozialen Aushandlungsprozessen teilzuhaben und ihre Rechte einzufordern (vgl. ebd.). Quoten stellen wie Empowerment eine politische Strategie dar, soziale Benachteiligung zu verringern und Personen aus benachteiligten sozialen Gruppen zu stärken. In einer individualisierten Gesellschaft wird soziale Zugehörigkeit ausgehandelt. Dafür haben sich soziale Bewegungen in traditionell geprägten Gesellschaftsstrukturen eingesetzt. Diese Prozesse, die mit einer Veränderung der Angebotsstruktur von Erwachsenenbildung einhergehen, sind in der indischen Gesellschaft (Srinivas, 1995, Shah, 2018) und in der deutschsprachigen Gesellschaft (Kade, 1989, Klingovsky, 2017) zu beobachten. In einem sozialen Wandel werden an Personen, die in traditionelle Gesellschaftsstrukturen eingebunden sind, gesellschaftliche Anforderungen zur Selbststeuerung gerichtet. Dass Personen ihr Handeln an diesen Anforderungen ausrichten trägt zur Individualisierung einer Gesellschaft bei. Von Personen aus benachteiligten und aus privilegierten sozialen Gruppen wird in einer individualisierten Gesellschaft erwartet, dass sie ihre soziale Zugehörigkeit aushandeln. Dies geschieht unabhängig von ihrer Zugehörigkeit zu einer sozialen Gruppe. Mit dem Bedeutungsgewinn der Paradigmen Selbststeuerung und Lebenslanges Lernen, geht einher, dass sich die Struktur von Erwachsenenbildungsangeboten verändert. Personen sollen sich nach Kade (1989) selbst Wissen und Fähigkeiten aneignen, die sie benötigen, um die Anforderungen einer individualisierten Gesellschaft zu bewältigen (vgl. ebd., S. 801ff.). Die empirische Studie hat dazu beigetragen, diese sozialen Bewegungen in der indischen Erwachsenenbildung besser zu verstehen.

Im deutschsprachigen Raum ist ein Handeln von privilegierten Personen zu beobachten, die gegen das Empowerment von benachteiligten Personen angehen und sich durch soziale Praktiken von ihnen abgrenzen. Dies kann bei Führungskräften anhand der *gläsernen Decke* (Morrison et al., 1994) beobachtet werden. Wohingegen Frauen im deutschsprachigen Raum in vielen Bereichen (wie z.B. Ausbildung) zu Männern gleichberechtigt sind, stellen höhere Führungspositionen eine Ausnahme dar. Führungspositionen werden zum Großteil von Männern eingenommen. Dies kann daran beobachtet werden, dass nach dem Bundesministerium für Bildung und Forschung (o.J.) Männer einen Großteil der Lehrstühle an Hochschulen im deutschsprachigen Raum innehaben. Gegen die Benachteiligung von Frauen sind im deutschsprachigen Raum in Anlehnung an Lenz (2010) unterschiedliche soziale Bewegungen nach dem *Bottom-Up*-Prinzip angegangen. Zu der sozialen Bewegung tragen politische *Top-Down*-Entscheidungen bei, welche die Gleichberechtigung von Frauen stärken. Dazu zählt das Professorinnenprogramm des Bundesministeriums für Bildung und Forschung (o.J.). Das Programm wurde im Jahr 2008 ins Leben gerufen und wird mittlerweile (2018-2022) zum dritten Mal gefördert. Ein Ziel des Programms ist, dass mehr Professuren von Frauen geleitet werden. Durch Gleichstellungsmaßnahmen sollen Frauen in der Wissenschaft an Universitäten befähigt werden, Professuren zu besetzen. Dies kennzeichnet ein politisches Interesse an der Gleichberechtigung von Frauen in hohen Positionen in der Wissenschaft. Die meisten Professuren und Lehrstühle werden von Männern geleitet. Durch das Programm wurde bis Oktober 2018 die Besetzung von 529 Professuren durch Frauen ermöglicht (vgl. ebd.). Dieselbe Beobachtung ist in Unternehmen zu machen. Das politische Interesse an einem sozialen Wandel zu einer sozialen Zugehörigkeit von Frauen in hohen Führungspositionen wird in der Implementation der Frauenquote im Jahr 2016 verdeutlicht. Die gesetzlich verankerte Frauenquote bestimmt, wie viele Frauen und

Männer anteilig in hohen Führungspositionen z.B. in Aufsichtsräten von Unternehmen vertreten sein sollen. Die Quote liegt nach dem Deutschen Institut für Wirtschaftsforschung (2019) in Deutschland bei 30 Prozent. Im europäischen Vergleich fiel diese Entscheidung relativ spät. Nach dem Deutschen Institut für Wirtschaftsforschung (2019) hat Norwegen im Jahr 2003, daran anschließend Belgien, Frankreich, Island, Italien, die Niederlande und Spanien eine Frauenquote eingeführt. Dass Frauen höhere Führungspositionen aushandeln, trägt dazu bei, die *gläserne Decke* nach Morrison et al. (1994) aufzulösen. Je mehr Frauen in der höheren Führungsebene gleichberechtigt vertreten sind, desto geringer werden die Widerstände, die dem Empowerment von zukünftigen weiblichen Führungskräften, begegnen. Nach Nollmann und Schlüter (2007) können Mentoring-Programme und Beratungsangebote dazu beitragen, Frauen zu stärken, die in sozialen Aushandlungsprozessen mit einer *gläsernen Decke* konfrontiert sind (vgl. ebd., S. 154). Gleichzeitig beteiligen sich Frauen an sozialen Praktiken, in denen sie ihre soziale Zugehörigkeit und ihre Berufschancen gleichberechtigt mit Männern aushandeln. Um in den Aushandlungsprozessen möglichst erfolgreich zu sein, müssen Frauen und Männer nach Bröckling (2012) ihr Wissen und ihre Fähigkeiten optimieren, was sie durch ihr persönliches Lebenslanges Lernen tun. Sie können an Erwachsenenbildung teilnehmen, die sie bestärken können und in der sie sich Wissen und Fähigkeiten aneignen können, die sie für weitere Aushandlungsprozesse befähigen (S. 141ff.).

Die empirischen Erkenntnisse der Studie haben gezeigt, dass die Teilnehmenden erfolgreich ihre Rechte durchsetzen können. Dies äußert sich darin, dass sie sich sozial für andere Personen aus benachteiligten sozialen Gruppen einsetzen und ihre Rechte durchsetzen können. Dazu zählen z.B. das Recht auf Gleichberechtigung (E3, 93ff.) und eine bessere strukturelle Versorgung ihres Wohnorts (E5, 175ff.). In der *Anti-Arrak*-Bewegung (Dighe, 1995, S. 38ff.) hat sich gezeigt, dass sich Frauen gemeinsam für ihre Bedarfe und Probleme einsetzen und dagegen angehen können. Damit können sie politische *Top-Down*-Entscheidungen bewirken. Die Frauen beteiligen sich erfolgreich in kommunalpolitischen Dorfversammlungen. In Anlehnung an die Beobachtungen von E3 werden die Frauen von Männern in ihrem Empowerment unterstützt (E3, 263ff.). Andere soziale Gruppen können das Empowerment von bislang benachteiligten Personen folglich bestärken oder sich durch soziale Praktiken von ihrem selbstgesteuerten Handeln abgrenzen (E3, 113ff.). Abb. 29 zeigt die unterschiedlichen Reaktionen von Personen einer Gesellschaft auf das Empowerment von Frauen aus benachteiligten sozialen Gruppen.

Abbildung 29: Reaktionen auf Empowerment

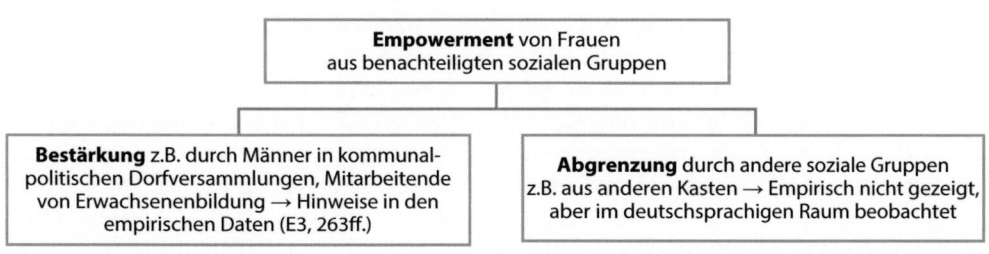

Quelle: Eigene Darstellung

In dem Spannungsfeld von traditionell geprägten Gesellschaftsstrukturen und Individualisierungsprozessen versuchen manche Personen aus privilegierten sozialen Gruppen, gegen das Empowerment von Personen aus benachteiligten sozialen Gruppen anzugehen. Dies geschieht in Anlehnung an Said (2009) indem sie sich durch soziale Praktiken von bislang benachteiligten Personen abgrenzen. Die Abgrenzung hat den Grund, dass sie ihre traditionell geprägten Privilegien nicht verlieren möchten. Das traditionelle Kastensystem prägt die indische Gesellschaft, wobei Personen in unterschiedlichen Kasten in Anlehnung an Srinivas (1995) in unterschiedlichem Umfang privilegiert und benachteiligt werden. Personen aus privilegierten sozialen Gruppen können das Empowerment von Personen aus benachteiligten sozialen Gruppen stärken (E3, 263ff.) oder sich davon durch soziale Praktiken abgrenzen (E3, 113ff.). Durch ihr Handeln können privilegierte Personen benachteiligte Personen stärken oder gegen die Aushandlung ihrer sozialen Zugehörigkeit angehen. Diese Annahme stellt einen Forschungsbedarf dar, der im Folgenden theoretisch ausdifferenziert wird. Damit soll einen Beitrag dazu geleistet werden, mögliche Grenzen von Erwachsenenbildung besser zu verstehen.

Dass Personen lernen, ihr Handeln aktiv zu gestalten, trägt dazu bei, dass sie ihre Gleichberechtigung und soziale Zugehörigkeit aushandeln können. Wenn Personen aus privilegierten sozialen Gruppen in traditionell geprägten Gesellschaftsstrukturen über eine höhere Entscheidungsbefugnis verfügen als Personen aus benachteiligten sozialen Gruppen, müssen sie diese in einer individualisierten Gesellschaft neu verhandeln. Dabei können sich Personen aus privilegierten sozialen Gruppen von Personen aus benachteiligten sozialen Gruppen durch soziale Praktiken abgrenzen. Dies zeigt sich in Anlehnung an Riegel (2016, S. 131) in *Othering*-Prozessen und ist der Fall, wenn das Kastensystem hinterfragt wird. Weil sie die Möglichkeit sehen, dass ihre Privilegien in sozialen Aushandlungsprozessen hinterfragt werden, versuchen sie das Empowerment von Personen aus benachteiligten sozialen Gruppen einzuschränken. In Anlehnung an Bourdieu (1987) finden sich ähnliche Prozesse in der *Distinktion*, wobei hier eine Abgrenzung von Personen aus privilegierten sozialen Gruppen erfolgt. Dass sich Personen durch soziale Praktiken vom Empowerment von Personen aus anderen sozialen Gruppen abgrenzen, hat das Ziel, ihre Privilegien sichern. Solange die Personen innerhalb ihrer Kasten ihrer Zugehörigkeit aushandeln, ist die soziale Zugehörigkeit von Personen aus anderen Kasten weniger in Gefahr, als wenn das Empowerment der Teilnehmenden von Erwachsenenbildung über die traditionellen Gesellschaftsstrukturen der Kasten hinausgeht. Durch Empowerment gewinnen Personen an Selbstvertrauen und können ihre soziale Zugehörigkeit über die traditionell geprägten gesellschaftlichen Strukturen (z.B. des Kastensystems) hinaus aushandeln. Wenn Personen ihre soziale Zugehörigkeit erfolgreich aushandeln, kann dies zu einem Verlust der sozialen Zugehörigkeit von anderen Personen beitragen. Folglich gehen einige privilegierte Personen gegen das Empowerment von Personen an, das so erfolgreich ist, dass traditionelle Strukturen hinterfragt werden. Dadurch können die traditionell geprägten Privilegien hinterfragt werden. Die sozialen Aushandlungsprozesse um soziale Zugehörigkeit sind in der indischen (Patel, 1998) und in der deutschsprachigen Gesellschaft (Lenz, 2010) zu beobachten. Die sozialen Aushandlungsprozesse in einem sozialen Wandel finden zwischen unterschiedlichen sozialen Gruppen statt. Diese Aufteilung einer Gesellschaft verliert durch Individualisierungsprozesse an Bedeutung. Es ist ein gegenseitiger Widerstand zu beobachten, der nach dem

Bottom-Up- oder dem *Top-Down*-Prinzip erfolgen kann. Der Widerstand zeigt sich in Empowerment und in der Abgrenzung davon durch soziale Praktiken. Abb. 30 zeigt die unterschiedlichen sozialen Bewegungen auf, mit denen soziale Zugehörigkeit ausgehandelt wird.

Abbildung 30: Widerstand als soziale Praxis in sozialen Aushandlungsprozessen

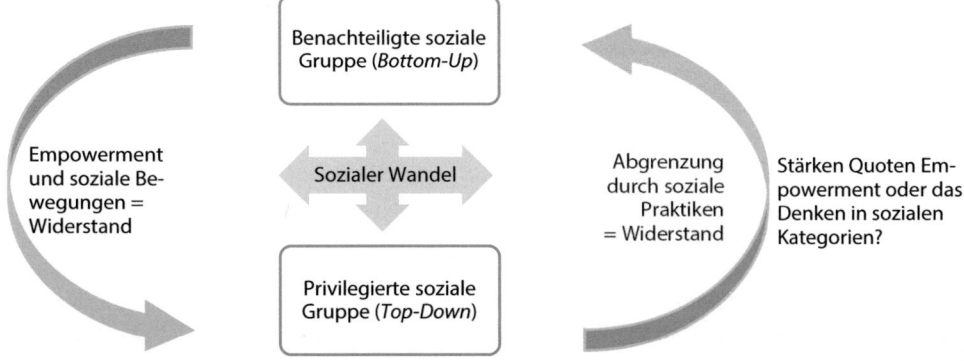

Quelle: Eigene Darstellung

Widerstand wird als soziale Praxis in sozialen Aushandlungsprozessen einer Gesellschaft verstanden. Empowerment ist als eine soziale Bewegung nach dem *Bottom-Up*-Prinzip von benachteiligten sozialen Gruppen zu verstehen, die ihre soziale Zugehörigkeit aushandeln. Wenn Personen in sozialen Aushandlungsprozessen ihre Zugehörigkeit zu einer Gesellschaft aushandeln, hinterfragen sie die Privilegien anderer Personen. Andere soziale Gruppen können sich vom Empowerment von Personen abgrenzen. In Anlehnung an Said (2009) und Riegel (2016) geschieht dies in *Othering*-Prozessen. Wenn Personen in einer Gesellschaft privilegierter sind und über einen hohen Einfluss verfügen, kann sich dies in Entscheidungen nach dem *Top-Down*-Prinzip zeigen. Dies kann in Anlehnung an Bourdieu (1987) das Ziel haben, dass Personen versuchen, ihre Privilegien zu bewahren. Bourdieu bezeichnet solche sozialen Praktiken, mit denen sich Personen von Personen aus anderen sozialen Gruppen abgrenzen, als Distinktion (vgl. ebd. S. 405ff.). Srinivas (1995) beobachtet Personen, die soziale Praktiken von Personen aus anderen sozialen Gruppen nachahmen (vgl. S. 1ff.). Politische Quoten wie die Frauenquote stellen eine *Top-Down*-Entscheidung von Personen dar, die über politische Entscheidungsbefugnis verfügen. In traditionell geprägten Gesellschaftsstrukturen lagen politische Entscheidungen häufig in der Hand privilegierter sozialer Gruppen. Durch den sozialen Wandel und soziale Aushandlungsprozesse nehmen die politischen und demokratischen Entscheidungsbefugnisse von Personen aus benachteiligten sozialen Gruppen zu. Hier stellt sich die Frage, ob Quoten das Empowerment von Personen aus benachteiligten sozialen Gruppen oder das Denken in sozialen Kategorien stärken.

Erwachsenenbildung befähigt Personen, ihre soziale Zugehörigkeit auszuhandeln und die Anforderungen einer individualisierten Gesellschaft bewältigen zu können. Es stellt sich die Frage, in welchem Umfang Erwachsenenbildungsangebote dazu beitragen, dass Personen aus benachteiligten sozialen Gruppen ihr Handeln selbst steuern. Die sozialen Bewegungen können anhand von Frauen aus benachteiligten sozialen Gruppen in Indien und weiblichen Führungskräften im deutschsprachigen Raum beobachtet werden. Dies lässt die Vermutung zu, dass die Erkenntnisse der Studie auf unterschiedliche soziale Gruppen übertragen werden können, die aufgrund von ihrer Zugehörigkeit zu einer sozialen Kategorie benachteiligt werden. Die sozialen Aushandlungsprozesse tragen dazu bei, dass soziale Zugehörigkeiten neu verhandelt werden. Bestehende Strukturen und die soziale Aufteilung in benachteiligte und privilegierte soziale Gruppen werden Schritt für Schritt aufgelöst. Ein sozialer Wandel findet langsam statt. Soziale Praktiken, die sich in veränderter Form wiederholen, prägen diesen sozialen Wandel.

Personen in der indischen und der deutschsprachigen Gesellschaft befinden sich in einem Spannungsfeld, in dem Anforderungen von traditionellen Gesellschaftsstrukturen und von einer individualisierten Gesellschaft an sie gerichtet werden. Nach Pongratz (2010) kommt Erwachsenenbildung die Aufgabe zu, Personen, die von den gesellschaftlichen Anforderungen überfordert und verunsichert sind, zu stärken (vgl. S. 10). Mitarbeitende der Erwachsenenbildungseinrichtung können in ihren Bemühungen um das Empowerment der Teilnehmenden an Grenzen gelangen, weil dieses von Personen aus privilegierten sozialen Gruppen beschränkt wird. Solche Grenzen können sich nach Faulstich und Grell (2005) in Lernwiderständen der Teilnehmenden zeigen (vgl. S. 26ff.). Die Einsicht, dass Erwachsenenbildungsangebote an Grenzen gelangen können, die unterschiedliche soziale Bewegungen beeinflusst werden, verhilft zu einem Verständnis des Nutzens und der Wirkung von Erwachsenenbildung. Aufgrund des Widerstands von Personen, die am traditionell geprägten Kastensystem festhalten, ist der Beitrag, den Erwachsenenbildung zur Stärkung von Personen aus benachteiligten sozialen Gruppen außerhalb der eigenen sozialen Gruppe leisten kann, begrenzt. In Anlehnung an Riegel (2016) ist die Selbstreflexion der Mitarbeitenden von Erwachsenenbildung von Bedeutung, damit *Othering*-Prozesse in der Erwachsenenbildung nicht wiederholt werden. Die Erfahrung eines beziehungsstiftenden Kontexts, in dem ein reziproker Austausch auf Augenhöhe möglich ist, ermöglicht, dass sich die Teilnehmenden persönlich entwickeln. Sodann können sie ihre soziale Benachteiligung reflektieren. Die Erkenntnisse der theoretischen Überlegung zu den Grenzen von Erwachsenenbildung können in Anlehnung an Faulstich et al. (2005) dazu beitragen, neue Möglichkeiten zu entwickeln, Lernprozesse zu ermöglichen und damit zur Stärkung der Teilnehmenden beizutragen (vgl. S. 15).

5.3.3 Gesellschaftskritische Reflexion als eine Aufgabe von Erwachsenenbildung

Wenn Erwachsenenbildung zum Erreichen gesellschaftlicher Ziele instrumentalisiert werden kann, stellt sich u.a. in Anlehnung an Holzer (2009) und Pongratz (2010) die Frage, inwiefern das emanzipatorische Potenzial von Erwachsenenbildung eine gesellschaftskritische Reflexion dessen erfordert. In Anlehnung an Freire (1971) geht das Einnehmen einer gesellschaftskritischen Perspektiven damit einer, dass die Teilnehmenden ihre Gesellschaft und den sozialen Wandel verstehen. Sie können durch Erwachsenenbildung verstehen, dass sie in dieser Gesellschaft und in dem sozialen Wandel selbst aktiv sein und die Gesellschaft mitgestalten können (vgl. ebd., S. 88ff.). Ein Kennzeichen von Empowerment ist, dass die

Teilnehmenden ihre Eingebundenheit in eine Gesellschaft verstehen und reflektieren. Dies kann in Anlehnung an Freire (2013) dazu beitragen, dass sie lernen, ihr Handeln aktiv zu gestalten (vgl. S. 5ff.). Um Empowerment zu ermöglichen, müssen gesellschaftskritische Perspektiven in die Gestaltung von Erwachsenenbildung miteingebunden werden. Ein Recht auf Widerstand und auf Nicht-Teilnahme ist notwendig, um die Teilnehmenden in ihrer Individualität und Selbststeuerung zu akzeptieren. Lernwiderstände können in Anlehnung an Faulstich und Grell (2005) im Hinblick auf ihre individuelle Sinnhaftigkeit in der persönlichen Lebenswelt der Teilnehmenden betrachtet werden (vgl. S. 76ff.). Die empirischen Daten bestätigen die Annahme u.a. von Stromquist (2015) und Heite (2015), dass Verstehens- und Artikulationsprozesse zum Empowerment von Teilnehmenden beitragen können (vgl. ebd., S. 149). Diese kognitiven und emotionalen Lernprozesse umfassen das Einnehmen einer gesellschaftskritischen Perspektive. Dass die Teilnehmenden den sozialen Wandel, die damit verbundenen Unsicherheiten und Überforderungen und das Paradigma der Selbststeuerung reflektieren, kann nach Pongratz (2010) zu ihrer Stärkung beitragen (vgl. S. 43ff.). In Tab. 15 werden drei gesellschaftskritische Perspektiven unterschieden.

Tabelle 15: Gesellschaftskritische Perspektiven

	Traditionell geprägte Gesellschaftsstrukturen	Sozialer Wandel / Individualisierungsprozesse	Eine individualisierte Gesellschaft
Begründungszusammenhänge für Erwachsenenbildung und Lebenslanges Lernen	*Humanistisch*: Selbstentwicklung, Bildung, Freiheit, Reflexion *Ökonomisch*: Wirtschaftswachstum und Wettbewerbsfähigkeit	Soziale Zugehörigkeit als Ziel humanistisch und ökonomisch geprägter Begründungszusammenhänge	Soziale Zugehörigkeit
Aushandlung sozialer Zugehörigkeit	Soziale Eingebundenheit und soziale Aufteilung einer Gesellschaft in privilegierte und benachteiligte soziale Gruppen	Bedeutungsverlust traditioneller Strukturen, die bislang nach Kade (1989) Sicherheit vermittelt haben → Notwendigkeit zur Stärkung von Teilnehmenden	Soziale Aushandlungsprozesse zur Aushandlung sozialer Zugehörigkeit
Gesellschaftliche Kontrollinstanzen	Ausrichtung des Handelns an sichtbaren gesellschaftlichen Kontrollinstanzen (Gesetze und Traditionen)	Notwendigkeit von Wissen und Fähigkeiten zur Selbststeuerung → Verunsicherung und Überforderung	Unbewusste Motivation zur Entwicklung eines individuellen Profils (= verborgener Kontrollmechanismus)
Reflexion			

Gesellschaftskritische Reflexion befähigt Teilnehmende, die Anforderungen eines sozialen Wandels zu bewältigen (Freire, 1971, S. 88ff.)

Quelle: Eigene Darstellung

So können Erwachsenenbildung und Lebenslanges Lernen in Anlehnung an Pongratz (2010) in humanistisch und ökonomisch geprägten Begründungszusammenhängen verortet werden (vgl. S. 155ff.). Diese können stärker humanistisch oder stärker ökonomisch orientiert sein. In der Erwachsenenbildungspraxis und bei Entscheidungen bildungspolitischer Akteure ist davon auszugehen, dass humanistische und ökonomische Interessen gleichzeitig bestehen, aber unterschiedlich ausgeprägt sind. Die Unterscheidung in humanistische und ökonomische Interessen verliert durch den sozialen Wandel zugunsten des Ziels sozialer Zugehörigkeit an Bedeutung. Dies ist in bildungspolitischen Dokumenten der Europäischen Union wie in der Strategie *EUROPA 2020* zu beobachten, die vermehrt von sozialer Zugehörigkeit sprechen. Einhergehend mit dem Bedeutungsverlust der sozialen Aufteilung einer traditionell geprägten Gesellschaft in Milieus nach Bourdieu (1987) oder Kasten (wie in Indien) verliert die Unterscheidung in humanistische und ökonomische Begründungszusammenhänge an Relevanz.

Es ist zu beobachten, dass sich durch den sozialen Wandel die Aushandlung sozialer Zugehörigkeit verändert. Wohingegen die soziale Zugehörigkeit von Personen in traditionell geprägten Gesellschaftsstrukturen in Anlehnung an Giddens (2012) durch ihre soziale Eingebundenheit und die soziale Aufteilung einer Gesellschaft in unterschiedliche soziale Gruppen bestimmt war, muss diese in einer individualisierten Gesellschaft neu ausgehandelt werden (vgl. ebd., S. 21ff.). Personen in traditionell geprägten Gesellschaftsstrukturen richten in Anlehnung an Giddens (2012) ihr Handeln stärker an sichtbaren gesellschaftlichen Kontrollinstanzen aus. Dazu zählen z.B. Gesetze, Gebote und Traditionen (vgl. ebd., S. 38). Wenn die traditionellen Strukturen durch einen sozialen Wandel hinterfragt werden und ihre Stabilität verlieren, kann dies zu einer Verunsicherung und Überforderung führen. Wenn sie noch nicht gelernt haben, wie sie ihr Handeln ohne vorgegebene Strukturen selbst gestalten können, kann es Personen schwerfallen, sich von traditionellen Strukturen, die ihnen bislang Sicherheit vermittelt haben, zu lösen. Das Verstehen des sozialen Wandels trägt dazu bei, Personen zu stärken, die in Anlehnung an Pongratz (2010) durch den sozialen Wandel verunsichert oder überfordert sein können. Verstehens- und Artikulationsprozesse befähigen Personen, den Anforderungen eines sozialen Wandels begegnen zu können (S. 158f.).

Die empirischen Erkenntnisse haben gezeigt, dass das Verstehen der eigenen sozialen Eingebundenheit in traditionell geprägte Gesellschaftsstrukturen zum Empowerment von Teilnehmenden beiträgt. Die Reflexion des eigenen Lebens aus einer gesellschaftskritischen Perspektive kann dazu beitragen, dass Personen ihre Lebenswelt und ihr Handeln in höherem Umfang selbst steuern und gestalten können. In Anlehnung an die Einschätzungen von E2 und E5 sollen die Teilnehmenden die Gründe für Armut und soziale Benachteiligung verstehen (vgl. E2, 33ff., E5, 81f.). E5 betont die Bedeutung dessen, dass sich die Teilnehmenden Wissen aneignen und beginnen, selbst zu denken (vgl. E5, 106ff.). Nach E1 trägt das Verstehen und Artikulieren der eigenen sozialen Benachteiligung dazu bei, dass die Teilnehmenden eine höhere Selbstwirksamkeit entwickeln und sich nicht hilflos ihrem Schicksal und ihrer sozialen Benachteiligung ausgeliefert fühlen. Die Teilnehmenden sollen verstehen, dass sie sozial benachteiligt sind (vgl. E1, 293ff., 317ff.). Nach E3 trägt die gesellschaftskritische Reflexion über soziale Aushandlungsprozesse und soziale Zugehörigkeit zum Empowerment bei (vgl. E3, 182ff.). Wenn die Instrumentalisierung von Erwachsenenbildungsangeboten zum Erreichen gesellschaftlicher Ziele gemeinsam von Teilnehmenden und Mitarbeitenden reflektiert wird, ermöglicht dies eine aktive soziale Zugehörigkeit. Dies trägt dazu bei, dass eine Gesellschaft in Anlehnung an Holzer (2009) gemeinsam gestaltet werden kann (vgl. S. 9). Gleichzeitig trägt zum Empowerment von Personen bei, dass diese die soziale Eingebundenheit von Benachteiligung und Privilegien verstehen. Empowerment geht mit dem Verstehen gesellschaftlicher Steuerung und Kontrollinstanzen einher. Dazu zählt nach Pongratz (2010), dass Personen verstehen, dass sie in einer *new educational governance* das „wollen, was sie müssen" (S. 154). Personen sollen demnach die gesellschaftliche Anforderung zur Selbststeuerung als ihren persönlichen Wunsch verstehen. Die Reflexion der eigenen sozialen Zugehörigkeit und der eigenen sozialen Eingebundenheit in eine Gesellschaft trägt zum Empowerment von Personen bei. Gleichzeitig verstehen Personen durch ihr Empowerment, dass an diesem innerhalb von veränderten Gesellschaftsstrukturen (bildungs-)politische Interessen bestehen. Empowerment zeigt sich darin, dass Personen ihr Leben, ihr Handeln und ihr Lernen selbst steuern und gestalten. Dass Personen die gesellschaftliche Steuerung verstehen und ihr eigenes Empowerment reflektieren, kann sie bestärken, ihre Gesellschaft aktiv mitzugestalten. Empowerment und Verstehens- und Artikulationsprozesse gehen miteinander einher. Zentral dafür ist, dass Personen verstehen, wie die gesellschaftlichen Strukturen funktionieren. Das Bewusstsein und Verstehen über das Funktionieren einer Gesellschaft ermöglichen in Anlehnung an Freire (2013) ein bewusstes Handeln (vgl. S. 5ff.). Nach Freire (2013) ist eine gesellschaftskritische Reflexion, die Teilnehmende in Erwachsenenbildungsangeboten lernen können, zentral, um dem sozialen Wandel einer Gesellschaft aktiv zu begegnen und eine Gesellschaft mitzugestalten.

> „The time of transition involves a rapid movement in search of new themes and new tasks. In such a phase, man needs more than ever to be integrated with his reality. If he lacks the capacity to perceive the 'mystery' of the changes, he will be a mere pawn at their mercy" (Freire, 2013, S. 7).

Dass Personen die Erfahrungen ihrer persönlichen Lebenswelt einordnen und verstehen, trägt demnach dazu bei, dass sie die Gesellschaft aktiv mitgestalten können. Dafür benötigen sie Wissen und Fähigkeiten, welche sich die Teilnehmenden wiederum in Erwachsenenbildung aneignen können (vgl. ebd.). Ein Widerstand gegen Gesellschaft oder gegen die Teilnahme kann bewusst erfolgen und aus der individuellen Perspektive der Teilnehmenden in Anlehnung an Faulstich und Grell (2005) sinnvoll sein (vgl. ebd., S. 76ff.). Passive und unbewusste Widerstände können durch Verstehens- und Artikulationsprozesse überwunden werden. Die Reflexion einer Instrumentalisierung von Erwachsenenbildung in einer individualisierten Gesellschaft trägt zum Empowerment von Teilnehmenden bei, die bewusster lernen und handeln können.

Nachdem aufgezeigt wurde, dass Erwachsenenbildungsangebote zum Erreichen gesellschaftlicher Zwecke instrumentalisiert werden können, ist die Frage zu stellen, inwiefern es eine Aufgabe von Erwachsenenbildung ist, den Teilnehmenden eine Reflexion über die eigenen Ziele zu kommunizieren. In Anlehnung an die Einschätzung von E8 zeigt sich, dass die Ziele von Erwachsenenbildung transparent artikuliert werden sollen (vgl. E8, 28ff.). Die Angebote werden in Bezug zu den Bedarfen und Problemen der Frauen gesetzt, sodass diese eine Vorstellung dessen entwickeln könne, was sie in der Erwachsenenbildung erwartet. Die

Teilnehmenden sollen nach Einschätzung von E8 (28ff.) zu Beginn von Erwachsenenbildung mit dem Ziel Empowerment über Ziele, Lerninhalte und Bedarfe aufgeklärt werden. Dies stellt die Grundlage für einen Austausch auf Augenhöhe dar, in dem sich die Mitarbeitenden und die Teilnehmenden gleichberechtigt begegnen und in dem in Anlehnung an Riegel (2016) *Othering*-Prozesse reflektiert werden können (vgl. S. 131ff.).

Der gleichberechtigte Austausch ist Prinzip eines Erwachsenenbildungsangebots, welches wie bei Freire (1971) das Empowerment von Personen aus benachteiligten sozialen Gruppen zum Ziel hat. Die Aufklärung der Teilnehmenden über Ziele der Erwachsenenbildung trägt dazu bei, dass sie verstehen, dass sie sich mit den Mitarbeitenden gleichberechtigt und auf Augenhöhe austauschen können. Sie verstehen, dass sie selbst Rechte haben, die sie in verschiedenen sozialen Kontexten einfordern können. Sobald die potenziellen Teilnehmenden über die Ziele der Erwachsenenbildungseinrichtung informiert worden sind, liegt es an ihnen, ob sie teilnehmen oder nicht teilnehmen. Eine Alternative zur Selbststeuerung ist in Anlehnung an Pongratz (2010) der Widerstand gegen Erwachsenenbildung. Dieser zeigt sich entweder im Verharren in traditionellen Gesellschaftsstrukturen oder darin, dass Personen bewusst eine traditionell geprägte Lebensweise suchen, in welcher Personen z.B. den Zugang zu digitalen Medien einschränken (vgl. ebd., S. 164ff.). Nach Faulstich und Grell (2005) kann dies individuell für die Teilnehmenden Sinn machen (vgl. S. 76ff.). Empowerment wird zwar aus Perspektive von Personen einer individualisierten Gesellschaft als erstrebenswerter Zustand betrachtet, gleichzeitig stellt sich die Frage, inwiefern das Recht von Personen, nicht zu Lernen, akzeptiert werden muss.

Wenn Personen veränderte gesellschaftliche Anforderungen und Kontrollinstanzen verstehen und reflektieren, können sie sich aktiv entscheiden, dem Paradigma der Selbststeuerung Folge zu leisten. Zudem können Personen in Anlehnung an Pongratz (2010) aktiv den Paradigmen *Selbststeuerung* und *Lebenslanges Lernen* Widerstand leisten. Die Reflexion gesellschaftskritischer Perspektiven ermöglicht Personen, dass sie Handlungsoptionen haben und sie sich aktiv entscheiden können. Die Möglichkeit, gegen die Anforderungen einer individualisierten Gesellschaft, Widerstand zu leisten, ermöglicht Personen eine Reflexion ihrer persönlichen Lebenswelt und der Gesellschaft, in der sie leben (vgl. ebd., S. 164ff.). In Anlehnung an die Einschätzung von E3 leisten die Teilnehmenden Widerstand, wenn die Mitarbeitenden von ihnen ein Handeln erfordern, das sich gegen ihre Traditionen richtet. Um dies zu vermeiden, sollen die Mitarbeitenden das Handeln der Teilnehmenden akzeptieren und respektieren. Sie sollen verstehen, dass in Anlehnung an Giddens (2012) die soziale Eingebundenheit in traditionell geprägte Gesellschaftsstrukturen den Teilnehmenden Sicherheit vermittelt. Dies ermöglicht nach Einschätzung von E3 (317ff.) eine Veränderung in deren Handeln. Nach Einschätzung von E5 (160ff.) können in den Familien der Frauen Widerstände und Vorurteile gegen Erwachsenenbildung bestehen, sodass es eine Aufgabe der Mitarbeitenden sei, die Familien der Frauen vom Nutzen dieser zu überzeugen.

6 Fazit: Zur Bedeutung gesellschaftskritischer Erwachsenenbildung

Die Studie hat die Bedeutung einer emotional-reziproken Beziehung für das Empowerment von Personen herausgestellt. Das Eingehen einer Beziehung trägt dazu bei, dass Personen Vertrauen aufbauen, ihre persönliche Lebenswelt besser verstehen und sich für ihre Bedarfe und Probleme einsetzen. Dies trägt dazu bei, dass die Teilnehmenden lernen, ihr Leben, ihr Handeln und ihr Lernen selbst zu steuern und zu gestalten. In der deutschsprachigen Erwachsenenbildung besteht in Anlehnung an Gieseke (2009) ein Forschungsbedarf zum beziehungsstiftenden Kontext von Erwachsenenbildung. Die Erkenntnisse der Studie knüpfen damit an relevante Forschungsdesiderate an. Die Forschung um Deutungsmuster nach Schüßler (2000) und Emotionen nach Gieseke (2009) wird insofern ergänzt, als dass diese vor dem Hintergrund des beziehungsstiftenden Kontexts von Erwachsenenbildung verstanden werden können. Dass Personen Vertrauen aufbauen und eine Beziehung zu anderen Personen in einem Erwachsenenbildungsangebot eingehen, ermöglicht ihnen neue Beziehungserfahrungen. Die Teilnehmenden lernen in der Gemeinschaft, ihre Emotionen und individuellen Deutungsmuster besser zu verstehen und zu artikulieren. Weitere Forschung kann an die Frage anschließen, inwiefern Erwachsenenbildung im deutschsprachigen Raum einen beziehungsstiftenden Kontext darstellt. Dieser Frage wurde von Arnold und Gómez Tutor (2006) Arnold und Holzapfel (2008), Gieseke (2009) und Malloy und Schüssler (2013) nachgegangen.

Die Reflexion persönlicher Vorannahmen und die Erweiterung der eigenen Perspektiven tragen zu einer Selbstreflexion der Mitarbeitenden im Umgang mit Diversität nach Riegel (2016) und Rieger-Goertz (2013) bei. Studierende der Erwachsenenbildung können ihre persönlichen Vorannahmen, die sie in Bezug auf unterschiedliche Zielgruppen, Teilnehmende und die Gestaltung von Erwachsenenbildung haben, reflektieren. Die Beschäftigung mit Erwachsenenbildung in einer anderen Gesellschaft eröffnet die Möglichkeit, neue Bildungsstrategien und Methoden der Zielgruppenanalyse kennen zu lernen und ggf. in der eigenen Erwerbstätigkeit anzuwenden. Studierende der Erwachsenenbildung sollen ihren persönlichen Umgang mit Personen, die anders sind als sie selbst, d.h. zu anderen sozialen Gruppen gehören, reflektieren. Dieser Umgang mit *Anders*-Sein wird in der Forschung zu Diversität (u.a. Riegel, 2016, Rieger-Goertz, 2013) thematisiert. Die Reflexion der persönlichen Vorannahmen und die Erweiterung der eigenen Perspektiven trägt zu einer höheren Selbstreflexion im Umgang mit Diversität bei. Diversität beschränkt sich nicht auf Erwachsenenbildungsangebote, sondern sind in unterschiedlichen Bereichen der persönlichen Lebenswelt von Teilnehmenden präsent. In einer durch Diversität geprägten Gruppe kann ein Austausch auf Augenhöhe und eine gegenseitige Wertschätzung emotionale und kognitive Lernprozesse ermöglichen. Im deutschsprachigen Raum ist Diversität nach Sprung (2012) im Kontext von Fluchtbewegungen von Bedeutung. In Deutschland ermöglichen Integrationskurse des Bundesamts für Migration und Flüchtlinge Personen mit Fluchterfahrung Zugehörigkeit und Gemeinschaft. Dort können sie in einer anderen Gesellschaft Sicherheit erfahren, nachdem sie die Erfahrung von Flucht gemacht haben, die mit Unsicherheit verbunden sein kann. Weil die Integrationskurse einen zentralen Aufgabenbereich der Erwachsenenbildung darstellen, ist in Anlehnung an Riegel (2016) die Fähigkeit, Gemeinschaft und Austausch zu ermöglichen, für Mitarbeitende der Erwachsenenbildung von hoher Bedeutung (vgl. ebd., S. 176ff.).

Die gesellschaftliche Funktion von Erwachsenenbildung unterscheidet sich in traditionell-geprägten und individualisierten Gesellschaften. In Anlehnung an Holzer (2009) ist es eine Aufgabe von Erwachsenenbildungsforschung, Erwachsenenbildung im Kontext einer Gesellschaft und vor dem Hintergrund eines sozialen Wandels zu reflektieren. Dies soll dazu beitragen, dass Personen die Gesellschaft in der sie leben, reflektieren. Das gesellschaftskritische Potenzial von Erwachsenenbildung soll Personen befähigen, dass sie ihre Gesellschaft aktiv gestalten (vgl. ebd., S. 7f.). Dies ermöglicht, die Praxis von Erwachsenenbildung und das Handeln von Mitarbeitenden einzuordnen und besser zu verstehen. Ein gegenseitiger Austausch von Forschung und Praxis von Erwachsenenbildung trägt zu einem reflektierten pädagogischen Handeln bei. Dass die Mitarbeitenden von Erwachsenenbildung ihr persönliches Handeln an theoretischen Erkenntnissen reflektieren, trägt in Anlehnung an Pachner (2013) zu ihrer Selbstreflexion bei. Dies kann auch von der Erkenntnis gestützt werden, dass Erwachsenenbildung in einer individualisierten Gesellschaft zum Erreichen gesellschaftlicher Ziele instrumentalisiert wird. Wichtig ist, dass die Mitarbeitenden verstehen, dass Empowerment und Selbststeuerung als Ziele von Erwachsenenbildung mit einer veränderten gesellschaftlichen Steuerung einhergehen. Die Mitarbeitenden können erkennen, dass die in Anlehnung an Klingovsky (2017) sogenannte Freiheit, die persönliche Lebenswelt zu gestalten, eine gesellschaftliche Anforderung zur Selbststeuerung ist. Erwachsenenbildung kann demnach zum Erreichen bildungspolitischer und gesellschaftlicher Ziele instrumentalisiert werden. Eine solche kritische Reflexion zählt auch zu den Aufgaben der Erwachsenenbildungsforschung. Das Einnehmen einer gesellschaftskritischen Perspektive auf eine Instrumentalisierung von Erwachsenenbildung trägt nach Holzer (2009) zu Verstehens- und Artikulationsprozessen bei. Diese Prozesse ermöglichen nach Freire (1971) wiederum eine Stärkung der Teilnehmenden und Mitarbeitenden und können sie dazu befähigen, die gesellschaftliche Anforderung zur Selbststeuerung zu bewältigen (vgl. S. 88). Wenn sie die veränderten bildungspolitischen Strategien der *new educational governance* nach Klingovsky (2017) bewusst reflektieren, können die Mitarbeitenden von Erwachsenenbildungseinrichtungen das Spannungsfeld, in dem sich Teilnehmenden befinden, besser verstehen. Sie können auf deren Bedarfe eingehen und das Spannungsfeld, das ein sozialer Wandel mit sich bringt und in welchem sie sich befinden, verdeutlichen. Dass die Teilnehmenden dieses Spannungsfeld besser verstehen, trägt in Anlehnung an Stromquist (2015) dazu bei, dass sie Handeln selbst steuern, selbst Entscheidungen treffen und ihre Lebenswelt aktiv gestalten. Erwachsenenbildung kann damit die Teilnehmenden stärken. Gleichzeitig sollen die Mitarbeitenden Möglichkeiten und Grenzen von Erwachsenenbildung zum Empowerment verstehen. Grenzen von Empowerment werden dort sichtbar, wo traditionelle Strukturen in dem Umfang hinterfragt werden, sodass sich Personen aus privilegierten sozialen Gruppen dagegen wehren. Dies tun sie, um ihre persönlichen Privilegien zu sichern. Das Einnehmen einer gesellschaftskritischen Perspektive trägt nach Holzer (2009) dazu bei, dass Personen ihr Handeln und ihre Gesellschaft aktiv gestalten (vgl. S.

9). Damit kann Erwachsenenbildung zum vom Empowerment von Teilnehmenden beitragen. Diese Perspektive kann durch traditionell geprägte Gesellschaftsstrukturen zum Teil in Frage gestellt werden.

Die Analyse zeigte, dass in Anlehnung an Srinivas (1995) in Indien und in Anlehnung an Beck (2015) im deutschsprachigen Raum ein sozialer Wandel zu beobachten ist. Anhand des Kastensystems in Indien und der *gläsernen Decke* (Morrison et al., 1994) im deutschsprachigen Raum wird dieselbe soziale Bewegung in unterschiedlichen sozialen Kontexten aufgezeigt. Dabei versuchen Personen aus privilegierten sozialen Gruppen ihre Privilegien zu sichern. Zwar wurde Empowerment als Zielkategorie von Erwachsenenbildung in der indischen und der internationalen Erwachsenenbildung erforscht, aus Perspektive der deutschsprachigen Erwachsenenbildung stellt dies jedoch ein kaum exploriertes Forschungsfeld dar. Die Erkenntnisse tragen dazu bei, den wissenschaftlichen Austausch von Erwachsenenbildung im deutschsprachigen Raum und in Indien zu fördern. Die Studie leistet einen Beitrag, die indische Erwachsenenbildung für die deutschsprachige Erwachsenenbildung verständlicher zu machen. Die Erkenntnisse leisten einen Beitrag zur gegenseitigen Anschlussfähigkeit der deutschsprachigen und der indischen Erwachsenenbildung. Die Analyse eines in geringem Umfang erkundeten Forschungsfeldes aus Perspektive der deutschsprachigen Erwachsenenbildung zeigt auf, dass Desiderate der Erwachsenenbildung in unterschiedlichen Gesellschaften zum Teil aneinander anknüpfen. Damit sollte ein Beitrag zum Austausch der Erwachsenenbildung im deutschsprachigen Raum und in Indien geleistet werden. Die Studie leistet einen Beitrag, Interpretationsmuster bereitzustellen, anhand derer Erkenntnisse quantitativer Vergleichsstudien besser verstanden werden können. Nach Egetenmeyer (2016) besteht in der international-vergleichenden Erwachsenenbildungsforschung eine Notwendigkeit hierfür. Das gegenseitige Verstehen durch den internationalen Vergleich und die Untersuchung der gegenseitigen Anschlussfähigkeit trägt zu einem besseren Verständnis der Kontexte von Erwachsenenbildung bei. Diese ist in Individualisierungsprozessen nach Pongratz (2010) durch Komplexität und Beschleunigung geprägt (vgl. S. 35f., S. 155f.). Wenn Mitarbeitende von Erwachsenenbildungseinrichtungen und bildungspolitische Akteure die Bedarfe von Personen im Kontext eines sozialen Wandels besser verstehen, können sie die Rahmenbedingungen von Erwachsenenbildung reflektiert gestalten. Dies geschieht auf der Ebenen der Bildungspolitik (*Makro*-Ebene), der Einrichtungen (*Meso*-Ebene) und der konkreten Gestaltung durch die Mitarbeitenden (*Mikro*-Ebene). In Anlehnung an Egetenmeyer et al. (2018) ist von Wechselwirkungen der verschiedenen Ebenen untereinander auszugehen.

Empowerment ist als gesellschaftliche Strategie im Kontext von sozialer Benachteiligung und sozialem Wandel zu verstehen. Die Erkenntnisse der Studie zeigen, dass die Gestaltung von Erwachsenenbildung zum Empowerment von Personen aus benachteiligten sozialen Gruppen beitragen kann. Empowerment stellt eine Zielkategorie von Erwachsenenbildung dar, die u.a. in Anlehnung an Stromquist (2015) im Kontext von Individualisierungsprozessen, zur Stärkung und zur Befähigung von Personen beitragen soll. Die Teilnehmenden sollen befähigt werden, den gesellschaftlichen Anforderungen gerecht zu werden und im Spannungsfeld eines Paradigmenwechsels ihr Handeln selbst zu gestalten. Dies ist notwendig, da die soziale Aufteilung in privilegierte und benachteiligte Personengruppen an Bedeutung verliert und soziale Zugehörigkeiten in sozialen Aushandlungsprozesse neu verteilt werden. In Anlehnung an Kade (1989) kann der soziale Wandel Personen verunsichern und überfordern. Folglich können die Teilnehmenden in der Erwachsenenbildung dafür befähigt werden, die gesellschaftlichen Anforderungen zur Selbststeuerung zu bewältigen. Erwachsenenbildung ermöglicht ihnen, sich selbst Wissen und Fähigkeiten anzueignen. Den beziehungsstiftenden Kontext, die Lebensweltorientierung und den Austausch unter den Teilnehmenden haben die befragten Expert/inn/en als zentral dafür befunden. Empowerment soll Personen dazu befähigen, die gesellschaftliche Anforderung zur Selbststeuerung zu bewältigen. Demnach kann die Gestaltung von Erwachsenenbildung auf der *Meso*-Ebene zum Empowerment von Teilnehmenden beitragen. Dieses zeigt sich wiederum auf der *Mikro*-Ebene in ihrer persönlichen Lebenswelt. Bildungspolitische Akteure nehmen durch eine bildungspolitische Steuerung Einfluss auf die Einrichtungen (*Makro*-Ebene). In Anlehnung an Egetenmeyer et al. (2018) können zwischen den Ebenen Wechselwirkungen beobachtet werden. Erwachsenenbildung mit dem Ziel Empowerment ist im Kontext von sozialer Benachteiligung und einem sozialen Wandel zu verorten.

Das Konzept Empowerment kann als eine gesellschaftliche Strategie im Kontext von Individualisierungsprozessen verstanden werden. Empowerment soll Personen befähigen, ihre soziale Zugehörigkeit auszuhandeln. Die gesellschaftliche Anforderung richtet sich an Personen entsprechend dem Paradigma der Selbststeuerung in einer individualisierten Gesellschaft. Erwachsenenbildung ermöglicht Personen, sich Wissen und Fähigkeiten anzueignen, die sie benötigen, um dem Paradigma der Selbststeuerung zu folgen. Damit leistet sie einen Beitrag zum Erreichen gesellschaftlicher Anforderungen. Diese Studie trägt dazu bei, Erwachsenenbildung und Empowerment aus gesellschaftskritischer Perspektive zu betrachten. Damit schließt die Studie an aktuelle kritischen Diskussionen in der Erwachsenenbildung wie von Holzer (2009, 2017), Klingovsky (2017) und Wrana (2012, 2015) an. In einer individualisierten Gesellschaft sollen Personen aktiv ihre persönliche Lebenswelt gestalten und in sozialen Aushandlungsprozessen aktiv ihre soziale Zugehörigkeit verhandeln. Damit geht einher, dass Personen traditionell geprägte gesellschaftliche Strukturen kritisch hinterfragen. In Anlehnung an Beck (2015) und Kade (1989, S. 795) verlieren traditionelle Strukturen durch Individualisierungsprozesse an Bedeutung. Das Verstehen gesellschaftlicher Kontrollinstanzen und gesellschaftlicher Steuerung gewinnt an Bedeutung, damit Personen ihr Handeln selbst besser gestalten und in sozialen Aushandlungsprozessen ihre Zugehörigkeit aushandeln können. Nach Freire (1971) kann die gesellschaftskritische Betrachtung der eigenen sozialen Benachteiligung und des sozialen Wandels, Personen dazu befähigen, aktiv ihre Gesellschaft mitzugestalten. Daran anschließend kann das Einnehmen einer gesellschaftskritischen Perspektive zum Empowerment von Teilnehmenden beitragen. Die Erkenntnisse der Studie tragen dazu bei, dass Erwachsenenbildungseinrichtungen die gesellschaftlichen Anforderungen, die an sie gerichtet werden, besser verstehen und reflektieren können. Dies kann die Mitarbeitenden, die Erwachsenenbildungsangebote gestalten, unterstützen, reflektiert mit gesellschaftlichen Anforderungen und im Umgang mit Teilnehmenden umzugehen. In Anlehnung an Holzer (2009) trägt dies dazu bei, dass eine Gesellschaft aktiv und gemeinsam gestaltet werden kann (vgl. S. 9). Personen werden darin bestärkt, dass sie selbst gesellschaftliche Anforderungen bewältigen und diese gleichzeitig verstehen und reflektieren. Ein reflektierter Umgang mit Gesellschaft ermöglicht, dass Personen diese aktiv mitgestalten, weil sie die gesellschaftlichen Strukturen und den sozialen

Wandel verstehen. Mit diesen Erkenntnissen leistet die Studie einen wertvollen Beitrag für die deutschsprachige Erwachsenenbildung. Die Erkenntnisse schließen an aktuelle Forschung wie an den beziehungsstiftenden Kontext (Gieseke, 2009) und die gesellschaftskritische Betrachtung von Erwachsenenbildung (Holzer, 2009, 2017, Klingovsky, 2017, Wrana, 2012, 2015) an. Forschung zu Emotionen und Beziehungen in und zur Instrumentalisierung von Erwachsenenbildung in einer individualisierten Gesellschaft kann daran anknüpfen. In einem nächsten Schritt wäre spannend, die Perspektive der Personen, die an Erwachsenenbildung mit der Zielkategorie Empowerment teilnehmen, zu erfahren. Anhand der Erkenntnisse der Studie können Leitfäden erarbeitet werden, um in Gruppendiskussionen und Interviews mehr über die persönliche Lebenswelt von Personen und den Stellenwert, den Erwachsenenbildung für sie einnimmt, zu erfahren.

Die Diskussion um Empowerment als ein Ziel von Erwachsenenbildung verortet sich in der Frage nach deren gesellschaftlicher Funktion. Die Studie zeigt, dass Erwachsenenbildung in traditionell geprägten und individualisierten Gesellschaften eine unterschiedliche gesellschaftliche Funktionen einnehmen kann. Erwachsenenbildung kann Personen in Anlehnung an Pongratz (2010) in einem sozialen Wandel stärken. Dort können sie sich das Wissen und die Fähigkeiten aneignen, die sie befähigen, die gesellschaftlichen Anforderungen zur Selbststeuerung zu bewältigen (vgl. ebd., S. 45). Eine zentrale Erkenntnis der Studie ist, dass das Konzept Empowerment in der Erwachsenenbildung im Kontext von sozialer Benachteiligung verortet und als Zwischenschritt zum Paradigma Lebenslangen Lernens verstanden werden kann. Mit dieser Erkenntnis leistet die Studie einen wertvollen Beitrag zur aktuellen Diskussion um die gesellschaftliche Funktion von Erwachsenenbildung im Kontext von sozialer Benachteiligung und im Kontext eines sozialen Wandels.

Literaturverzeichnis

Abadzi, H. (2005). Adult Illiteracy, Brain Architecture, and Empowerment of the Poor. *Adult Education and Development, 65.* www.dvv-international.de/adult-education-and-development/editions/aed-652005/literacy/adult-illiteracy-brain-architecture-and-empowerment-of-the-poor/. Zugegriffen: 04.08.2019.

Ahmad, N. (2009). Sati Tradition – Widow Burning in India: A Socio-legal Examination. *Web JCLI.* http://webjcli.ncl.ac.uk/2009/issue2/ahmad2.html. Zugegriffen: 22.12.2018.

Alheit, P. & Dausien, B. (2002). Bildungsprozesse über die Lebensspanne und lebenslanges Lernen. In R. Tippelt (Hrsg.), *Handbuch Bildungsforschung* (S. 565-585). Wiesbaden: VS Verlag für Sozialwissenschaften. doi:10.1007/978-3-322-99634-3_31

Althusser, L. (1977). *Ideologie und ideologische Staatsapparate. Aufsätze zur marxistischen Theorie* (Bd. 3). Übersetzung von R. Löper. Hamburg: VSA.

Archibald, T. & Wilson, A. L. (2011). *Rethinking empowerment: Theories of power and the potential for emancipatory praxis.* http://newprairiepress.org/aerc/2011/papers/3. Zugegriffen: 19.07.2019.

Arnold, R. & Gómez Tutor, C. (2006). Emotionen in Lernprozessen Erwachsener. *REPORT Zeitschrift für Weiterbildungsforschung, 1,* 37-47. www.die-bonn.de/id/3336. Zugegriffen: 04.08.2019.

Arnold, R. & Holzapfel, G. (Hrsg.) (2008). *Emotionen und Lernen. Die vergessenen Gefühle in der Erwachsenen-) Pädagogik* (Bd. 52). Baltmannsweiler: Schneider Verlag Hohengehren.

Arnold, R. (1985). *Deutungsmuster und pädagogisches Handeln in der Erwachsenenbildung.* Bad Heilbrunn: Julius Klinkhardt.

Aschemann, B. (2015). „Empowern sollen wir nur die anderen": ein Kaffeehausgespräch mit drei Mitarbeiterinnen. *Magazin erwachsenenbildung.at. Das Fachmedium für Forschung, Praxis und Diskurs, 26.* urn:nbn:de:0111-pedocs-114175

Auszra, S. (2001). Interaktionsstrukturen zwischen den Geschlechtern in Lernsituationen. In W. Gieseke. *Handbuch zur Frauenbildung* (S. 321-329). Wiesbaden: VS Verlag für Sozialwissenschaften. doi:10.1007/978-3-663-10277-9_27

AZAD Foundation (2015). *Our programmes. Women on wheels.* http://azadfoundation.com/our-programmes/women-on-wheels/. Zugegriffen: 02.01.2018

Baldauf-Bergmann, K. (2001). Selbstbestimmte Arbeits- und Lebensgestaltung. In W. Gieseke. *Handbuch zur Frauenbildung* (S. 247-257). Wiesbaden: VS Verlag für Sozialwissenschaften. doi:10.1007/978-3-663-10277-9_20

Bandura, A. (1994). Self-efficacy. In V. S. Ramachaudran (Hrsg.), *Encyclopedia of human behavior* (4), 71-81. New York: Academic Press. Reprinted in H. Friedman (Hrsg.), *Encyclopedia of mental health.* San Diego: Academic Press, 1998. www.uky.edu/~eushe2/Bandura/Bandura1994EHB.pdf. Zugegriffen: 04.08.2019.

Barros, R. (2012). From lifelong education to lifelong learning: Discussion of some effects of today's neoliberal policies. *European Journal for Research in the Education and Learning of Adults, 3*(2), 119-134. doi:10.3384/rela.2000-7426.rela0071

Beck, U. & Beck-Gernsheim, E. (Hrsg.) (1994). *Riskante Freiheiten. Individualisierung in modernen Gesellschaften.* Frankfurt am Main: Suhrkamp.

Beck, U. (2015). *Risikogesellschaft. Auf dem Weg in eine andere Moderne* (22. Aufl., Bd. 3326). Frankfurt am Main: Suhrkamp.

Berger, P. L. & Luckmann, T. (1977). *Conditio humana: Die gesellschaftliche Konstruktion der Wirklichkeit. Eine Theorie der Wissenssoziologie* (5. Aufl.). Frankfurt am Main: Fischer.

Bogner, A., Littig, B. & Menz, W. (2014). *Interviews mit Experten: Eine praxisorientierte Einführung.* Wiesbaden: Springer VS. doi:10.1007/978-3-531-19416-5

Bolder, A., Bremer, H. & Epping, R. (Hrsg.) (2017). *Bildung für Arbeit unter neuer Steuerung.* Wiesbaden: Springer VS. doi:10.1007/978-3-658-15412-7

Börjesson, I. (2013). Wird kulturelle Bildung zum Regierungsprogramm? Überlegungen zu Bedeutungswandlungen kultureller Bildung. In B. Käpplinger, S. Robak & S. Schmidt-Lauff (Hrsg.), *Engagement für die Erwachsenenbildung* (S. 99-107). Wiesbaden: Springer VS. doi:10.1007/978-3-531-19116-4-10

BOSCH Limited (2019). *Corporate Social Responsibility. BOSCH India Foundation.* www.bosch.in/our-company/our-responsibility/corporate-social-responsibility/bosch-india-foundation.html. Zugegriffen: 28.01.2019.

Bourdieu, P. (1983). Ökonomisches Kapital, kulturelles Kapital, soziales Kapital. In R. Kreckel (Hrsg.), *Soziale Ungleichheiten* (Soziale Welt Sonderband), *2*, 183-198.

Bourdieu, P. (1987). *Die feinen Unterschiede. Kritik der gesellschaftlichen Urteilskraft* (26. Aufl.). Frankfurt am Main: Suhrkamp.

Bremer, H. (2010). Zielgruppen in der Praxis. Erwachsenenbildung im Gefüge sozialer Milieus. *Magazin erwachsenenbildung.at. Das Fachmedium für Forschung, Praxis und Diskurs, 10.* urn:nbn:de:0111-opus-75127

Brickman, P., Rabinowitz, V. C., Karuza, J., Coates, D., Cohn, E. & Kidder, L. (1982). Models of helping and coping. *American Psychologist, 37*(4), 368-384. doi:10.1037/0003-066X.37.4.368

Brocher, T. (2015). *Gruppenberatung und Gruppendynamik* (2. Aufl.). Wiesbaden: Springer VS. doi:10.1007/978-3-658-07836-2

Brock, I. (Hrsg.) (2014). *Psychotherapie und Empowerment. Impulse für die psychosoziale Praxis.* Opladen u.a.: Budrich.

Bröckling, U. (2002). Das unternehmerische Selbst und seine Geschlechter. *Leviathan, 30* (2), 175-194. doi:10.1007/s11578-002-0017-2

Bröckling, U. (2003). You are not responsible for being down, but you are responsible for getting up. Über Empowerment. *Leviathan, 31*(3), 323-344. doi:10.1007/s11578-003-0017-x

Bröckling, U. (2012). Der Ruf des Polizisten. In R. Keller, W. Schneider & W. Viehöver (Hrsg.), *Diskurs – Macht – Subjekt: Theorie und Empirie von Subjektivierung in der Diskursforschung* (S. 131-144). Wiesbaden: VS Verlag für Sozialwissenschaften. doi:10.1007/978-3-531-93108-1

Bröckling, U. (2013). *Das unternehmerische Selbst. Soziologie einer Subjektivierungsform.* Frankfurt am Main: Suhrkamp.

Bröckling, U. (2017). *Gute Hirten führen sanft: Über Menschenregierungskünste.* Frankfurt am Main: Suhrkamp. doi:10.3196/219458451770477

Bröckling, U. (2018). Governmentality Studies. Gouvernementalität – die Regierung des Selbst und der anderen. In O. Decker (Hrsg.), *Sozialpsychologie und Sozialtheorie.* doi:10.1007/978-3-531-19564-3_3

Bronfenbrenner, U. (1981). *Die Ökologie der menschlichen Entwicklung. Natürliche und geplante Experimente.* Stuttgart: Klett-Cotta.

Brüning, G., Lindmeier, C. & Pehl, K. (2001). *Benachteiligte in der Weiterbildung. Projektabschlussbericht.* Bonn: Deutsches Institut für Erwachsenenbildung. www.die-bonn.de/esprid/dokumente/doc-2001/bruening01_01.pdf. Zugegriffen: 04.08.2019.

Budde, J. (2008). Gender-Kompetenz für die Erwachsenenbildung. *DIE Zeitschrift für Erwachsenenbildung, 4.* (S. 43-45). doi:10.3278/DIE0804W043

Bundesamt für Migration und Flüchtlinge (2018). *Niederschwellige Seminarmaßnahmen zur Integration ausländischer Frauen.* www.bamf.de/DE/Infothek/Projekttraeger/Frauenkurse/frauenkurse-node.html. Zugegriffen: 04.08.2019.

Bundesministerium für Bildung und Forschung & Kultusministerkonferenz (2016). *Grundsatzpapier zur Nationalen Dekade für Alphabetisierung und Grundbildung 2016-2026. Den funktionalen Analphabetismus in Deutschland verringern und das Grundbildungsniveau erhöhen.* www.alphadekade.de/files/01_Grundsatzpapier%20zur%20Nationalen%20Dekade%20Alphabetisierung%20und%20Grundbildung_final.pdf. Zugegriffen: 25.05.2018.

Bundesministerium für Bildung und Forschung (2001). *Aktionsprogramm „Lebensbegleitendes Lernen für alle".* www.oekostation.de/docs/aktionsprogramm_lebensbegleitendes_lernen_fuer_alle.pdf. Zugegriffen: 19.07.2019.

Bundesministerium für Bildung und Forschung (o.J.). *Das Professorinnenprogramm.* www.bmbf.de/de/das-professorinnenprogramm-236.html. Zugegriffen: 04.08.2019.

Bundesministerium für Familie, Senioren, Frauen und Jugend, Juncke, D., Braukmann, J. & Heimer, A. (2016). *Väterreport 2016. Vater sein in Deutschland heute.* Berlin. www.bmfsfj.de/blob/112720/2d7af062c2bc70c8166f5bca1b2a331e/vaeterreport-2016-data.pdf. Zugegriffen: 14.09.2018.

Bundesministerium für wirtschaftliche Zusammenarbeit und Entwicklung (2018). *Weltbank.* www.bmz.de/de/service/glossar/W/weltbank.html. Zugegriffen: 04.08.2019.

Bund-Länder-Kommission zur Bildungsplanung und zur Forschungsförderung (2004). *Strategie für Lebenslanges Lernen in der Bundesrepublik Deutschland. Materialien zur Bildungsplanung und zur Forschungsförderung.* Bonn. urn:nbn:de:0111-opus-3259

Butler, J. (2006). *Gender Trouble.* Abingdon-on-Thames: Routledge.

Campbell, P. (2001). Participatory Literacy Practices: Exploring Pedagogy, In P. Campbell & B. Burnaby (Hrsg.), *Participatory practices in adult education* (S. 55-76). Mahwah: Lawrence Erlbaum Associates, Inc. Publishers.

Carlsen, A. (2015). Foreword. In UNESCO Institute for Lifelong Learning (Hrsg.), *Narrowing the gender gap. Empowering women through literacy programmes case studies from the UNESCO Effective Literacy and Numeracy Practices Database (LitBase)* (S. 7). Hamburg. http://unesdoc.unesco.org/images/0024/002432/243299E.pdf. Zugegriffen: 21.09.2018.

Census India (2013). *Primary Census Abstract for Slum. Office of the Registrar General & Census Commissioner, India. New Delhi, 30-09-2013.* www.censusindia.gov.in/2011-Documents/Slum-26-09-13.pdf. Zugegriffen: 04.08.2019.

Commission of the European Communities (2001). *Making a European Area of Lifelong Learning a Reality. Communication from the Commission.* COM 678 final. www.europarl.europa.eu/meetdocs/committees/cult/20020122/com(2001)678_en.pdf. Zugegriffen: 20.08.2017.

Crenshaw, K. (1991). Mapping the Margins: Intersectionality, Identity Politics, and Violence against Women of Color. *Stanford Law Review, 43*(6), 1241-1299. doi:10.2307/1229039

Dabringer, M. & Gubitzer, L. (2009). Bilden – Ermächtigen – Netzwerken. Erwachsenenbildung unter Frauen im entwicklungspolitischen Netzwerk WIDE. *Magazin erwachsenenbildung.at. Das Fachmedium für Forschung, Praxis und Diskurs (29)*, 18. urn: nbn:de:0111-opus-7598

Dausien, B. (2001). Bildungsprozesse in Lebensläufen von Frauen. Ein biographietheoretisches Bildungskonzept. In W. Gieseke (Hrsg.), *Handbuch zur Frauenbildung* (S. 101-114). Wiesbaden: VS Verlag für Sozialwissenschaften. doi:10.1007/978-3-663-10277-9_9

David, L. (2018). *Gedanken über das Lehren. Abschied von Rezepten in der Erwachsenenbildung.* Wiesbaden: Springer VS. doi:10.1007/978-3-658-19065-1

Davis, M. für bpb.de (2007). *Planet der Slums. Urbanisierung ohne Urbanität.* Bundeszentrale für Politische Bildung. Originaltext erschienen 2006 in Blätter für deutsche und internationale Politik, 7. www.bpb.de/internationales/weltweit/megastaedte/64695/planet-der-slums?p=all. Zugegriffen: 04.08.2019.

Degele, N. & Winker, G. (2010). *Intersektionalität: Zur Analyse sozialer Ungleichheiten.* Bielefeld: Transcript Verlag.

Dellori, C. (2016). *Die absolute Metapher ‚lebenslanges Lernen‘, Theorie und Empirie Lebenslangen Lernens.* Wiesbaden: Springer VS. doi:10.1007/978-3-658-10960-8_2

Delors, J., Al Mufti, I., Amagi, I, Carneiro, R., Chung, F., Geremek, B., Gorham, W., Kornhauser, A., Manley, M., Padron Quero, M., Savane, M.-A., Singh, K., Stavenhagen, R. Won Suhr, M. & Nanzhao, Z. (1996). *Learning: The Treasure Within. Report to UNESCO of the International Commission on Education for the Twenty-first Century.* Paris: UNESCO. http://unesdoc.unesco.org/images/0010/001095/109590eo. pdf. Zugegriffen: 25.05.2018.

Deutscher Bildungsrat (1970). *Empfehlungen der Bildungskommission. Strukturplan für das Bildungswesen.* Stuttgart: Ernst Klett.

Deutsches Institut für Wirtschaftsforschung (2019). *Frauenquote (Geschlechterquote).* www.diw.de/de/diw_01.c.412682.de/presse/diw_glossar/frauenquote.html. Zugegriffen: 04.08.2019.

Dighe, A. (1995). Women's literacy and Empowerment: The nellore experience. In C. Medel-Añonuevo (Hrsg.), *Women, Education and Empowerment. Pathways towards Autonomy. Report of the International Seminar held at UIE, Hamburg, 27 January – 2 February 1993.* (UIE studies 5, S. 39-46). Hamburg. www.unesco.org/education/pdf/283_102.pdf. Zugegriffen: 04.08.2019.

Dörner, O. (2009). Bildungswelten im Comic. Zum Verhältnis formeller und informeller Bildung Erwachsener in der Comiczeitschrift „Mosaik". *Magazin erwachsenenbildung.at. Das Fachmedium für Forschung, Praxis und Diskurs, 6.* urn:nbn:de:0111-opus-76334

Doyle, L., Egetenmeyer, R., Singai, C. & Devi, U. (2016). Professionalisation as development and as regulation: Adult education in Germany, the United Kingdom and India. *International Review of Education*, 317-341. doi:10.1007/s11159-016-9560-y

Eckert, T. (2018). Methoden und Ergebnisse der quantitativ orientierten Erwachsenenbildungsforschung. In R. Tippelt & A. von Hippel (Hrsg.), *Handbuch Erwachsenenbildung/Weiterbildung* (S. 375-396). Wiesbaden: Springer VS. doi:10.1007/978-3-531-19979-5_19

Egetenmeyer R. (2014). Im Fokus: International-vergleichende Forschung in der Erwachsenenbildung/Weiterbildung: Zwischen bildungspolitischer Steuerung und disziplinärer Konfiguration. *REPORT Zeitschrift für Weiterbildungsforschung, 37*(2), 15-28. www.die-bonn.de/id/31225. Zugegriffen: 21.09.2018.

Egetenmeyer, R. (2016). Interpretationsmuster für die international-vergleichende Erforschung von Erwachsenenbildung/Weiterbildung. In S. Borgmann, N. Eysel & S. Selbert (Hrsg.), *Zwischen Subjekt und Struktur* (S. 141-151). Wiesbaden: Springer VS. doi:10.1007/978-3-658-10838-0_11

Egetenmeyer, R., Breitschwerdt, L. & Lechner, R. (2018). From 'traditional professions' to 'new professionalism': A multi-level perspective for analysing professionalization in adult and continuing education. *Journal of Adult and Continuing Education*, 1-18. doi:10.1177/1477971418814009

EU-Kommission (2000). *Arbeitsdokument der Kommissiondienststellen. Memorandum über Lebenslanges Lernen.* SEC (2000) 1832. Brüssel. www.hrk.de/uploads/tx_szconvention/memode.pdf. Zugegriffen: 03.05.2017.

EU-Kommission (2001). *Mitteilung der Kommission. Einen europäischen Raum des lebenslangen Lernens schaffen.* Mitteilung der Kommission. KOM (2001) 678 endgültig. Brüssel. www.bibb.de/dokumente/pdf/foko6_neues-aus-euopa_04_raum-lll.pdf. Zugegriffen: 03.05.2018.

EU-Kommission (2010). *Mitteilung der Kommission. EUROPA 2020. Eine Strategie für intelligentes, nachhaltiges und integratives Wachstum.* KOM(2010) 2020 endgültig. Brüssel. http://ec.europa.eu/eu2020/pdf/COMPLET%20%20DE%20SG-2010-80021-06-00-DE-TRA-00.pdf. Zugegriffen: 23.08.2018.

Euringer, C. (2016). Grundbildung im Spannungsfeld bildungspolitischer Ein- und Abgrenzungsinteressen. *REPORT Zeitschrift für Weiterbildungsforschung, 39*(2), 241-254. doi:10.1007/s40955-016-0066-9

Europäischer Rat (2000). *Schlussfolgerungen des Vorsitzes. 23. und 24. März 2000. Lissabon.* www.europarl.europa.eu/summits/lis1_de.htm. Zugegriffen: 29.06. 2018.

Europäischer Verband für Erwachsenenbildung (2015). *Outreach, Empowerment and diversity.* https://eaea.org/project/outreach-empowerment-and-diversity-oed/. Zugegriffen: 05.09.2017.

Faulstich P., Forneck, H.J., Grell, P., Häßner, K., Knoll, J. & Springer, A. (Hrsg.) (2005). *Lernwiderstand – Lernumgebung – Lernberatung. Empirische Fundierungen zum selbstgesteuerten Lernen.* Bielefeld: Bertelsmann. www.die-bonn.de/doks/faulstich 0504.pdf. Zugegriffen: 21.09.2018.

Faulstich, P. & Grell, P. (2005). Widerständig ist nicht unbegründet – Lernwiderstände in der Forschenden Lernwerkstatt. In P. Faulstich, H.J. Forneck, P. Grell, K. Häßner, J. Knoll & A. Springer (Hrsg.), *Lernwiderstand – Lernumgebung – Lernberatung* (S. 18-92). Bielefeld: Bertelsmann. www.die-bonn.de/doks/faulstich0504.pdf. Zugegriffen: 21.09.2018.

Faulstich, P., Forneck, H.J., Knoll, J. (2005). Einleitung. In P. Faulstich, H.J. Forneck, P. Grell, K. Häßner, J. Knoll & A. Springer. (Hrsg.), *Lernwiderstand – Lernumgebung – Lernberatung* (S. 8-16). Bielefeld: Bertelsmann. www.die-bonn.de/doks/faulstich 0504.pdf. Zugegriffen: 21.09.2018.

Faulstich-Wieland H. (2018). Frauenbildung und Gender Mainstreaming in der Erwachsenenbildung/Weiterbildung. In R. Tippelt R. & A. von Hippel (Hrsg.), *Handbuch Erwachsenenbildung/Weiterbildung* (S. 1225-1239). Wiesbaden: Springer VS. doi:10. 1007/978-3-531-19979-5_60_1

Faulstich-Wieland, H., Nuissl, E. & Siebert, H. (Hrsg.) (1994). Frauen(forschung) in der Erwachsenenbildung. *REPORT Zeitschrift für Weiterbildungsforschung, 34.* www. die-bonn.de/id/174. Zugegriffen: 22.09.2018.

Faure, E., Herrera, F., Kaddoura, A.-R-, Lopes, H., Petrovsky, A.V., Rahnema, M. & Ward, F.C. (1972). *Learning to be. The world of education today and tomorrow.* Paris: UNESCO. http://unesdoc.unesco.org/images/0000/000018/001801e.pdf. Zugegriffen: 22.09.2018.

Forneck, H.J. & Springer, A. (2005). Gestaltet ist nicht geleitet – Lernentwicklungen in professionell strukturierten Lernarchitekturen. In P. Faulstich, H.J. Forneck, P. Grell, K. Häßner, J. Knoll & A. Springer (Hrsg.), *Lernwiderstand – Lernumgebung – Lernberatung* (S. 94-165). Bielefeld: Bertelsmann. www.die-bonn.de/doks/faulstich0504. pdf. Zugegriffen: 21.09.2018.

Foucault, M. (1994). *Überwachen und Strafen. Die Geburt des Gefängnisses.* Frankfurt am Main: Suhrkamp.

Foucault, M., Martin, R. & Martin, L.H., (1990). *Technologien des Selbst.* Berlin: S. Fischer.

Franz, J. (2013). Didaktisches Handeln in Organisationen Allgemeiner Erwachsenenbildung. Erste Ergebnisse. *Magazin erwachsenenbildung.at. Das Fachmedium für Forschung, Praxis und Diskurs, 30*(18). urn:nbn:de:0111-opus-84114

Freire, P. (1971). *Pädagogik der Unterdrückten. Bildung als Praxis der Freiheit.* Stuttgart, Berlin: Kreuz-Verlag.

Freire, P. (2013). *Education for Critical Consciousness* (Aufl.: Reprint). London: Bloomsbury Academic.

Friesenbichler, B. (2007). Freire. *Magazin erwachsenenbildung.at. Das Fachmedium für Forschung, Praxis und Diskurs, 1.* urn:nbn:de:0111-opus-75678

Fuhr, T. (2018). Lernen im Lebenslauf als transformatives Lernen. In C. Hof & H. Rosenberg (Hrsg.), *Lernen im Lebenslauf. Theorie und Empirie Lebenslangen Lernens* (S. 84-104). Wiesbaden: Springer VS. doi:10.1007/978-3-658-19953-1

Gee, J.P. (2015). The New Literacy Studies. In *The Routledge Handbook of Literacy Studies* (S. 35-48). Abingdon-on-Thames: Routledge. doi:10.4324/9781315717647.ch2

Geiss, M. (2017). Die Politik des lebenslangen Lernens in Europa nach dem Boom. *Zeitschrift für Weiterbildungsforschung, 40*(2), 211-228. doi:10.1007/s40955-017-0093-1

Geißler, R. & Weber-Menges, S. (2009). Migrantenkinder im Bildungssystem: Doppelt benachteiligt. *Hessische Blätter für Volksbildung, 4,* 383-391. doi:10.3278/HBV0904 W383

GESIS Leibniz Institut für Sozialwissenschaften (o.J.). *PIAAC – Eine internationale Studie zur Untersuchung von Alltagsfertigkeiten Erwachsener.* www.gesis.org/piaac/piaac-home/. Zugegriffen: 13.09.2018.

Ghose, M. (2009). Investing in Adult Womens' Literacy and Learning: Reflections from an Indian Context. *Adult Education and Development, 72.* www.dvv-international.de/en/adult-education-and-development/editions/aed-722009/perspectives/investing-in-adult-womensrsquo-literacy-and-learning-reflections-from-an-indian-context/. Zugegriffen: 29.09.2018.

Giddens, A. (2012). *The Consequences of Modernity.* Cambridge: Polity Press.

Gieseke, W. (1995). *Theorie und Praxis der Erwachsenenbildung: Erwachsenenbildung als Frauenbildung.* Bad Heilbrunn: Klinkhardt.

Gieseke, W. (2001). *Handbuch zur Frauenbildung.* Wiesbaden: VS Verlag für Sozialwissenschaften. doi:10.1007/978-3-663-10277-9

Gieseke, W. (2009). Lebenslanges *Lernen und Emotionen. Wirkungen von Emotionen auf Bildungsprozesse aus beziehungstheoretischer Perspektive* (2., unveränd. Aufl.). Bielefeld: Bertelsmann. doi:10.3278/6001623bw

Gieseke, W. & Stimm, M. (2018). Emotionen als Einflussgröße auf Bildungsentscheidungen in der Beratung. In M. Huber & S. Krause (Hrsg.), *Bildung und Emotion* (S. 357-374). Wiesbaden: Springer VS. doi:10.1007/978-3-658-18589-3_19

Göttner-Abendroth, H. (2010). Matriarchat. In R. Becker & B. Kortendiek (Hrsg.), *Handbuch Frauen- und Geschlechterforschung: Theorie, Methoden, Empirie* (S. 23-29). Wiesbaden: VS Verlag für Sozialwissenschaften. doi:10.1007/978-3-531-92041-2

Grotlüschen, A & Riekmann, W. (2011). *leo.- Level-One Studie. Presseheft.* Hamburg: Universität Hamburg. http://blogs.epb.uni-hamburg.de/leo/. Zugegriffen: 22.09.2018.

Grotlüschen, A. (2016). Politische Grundbildung – Theoretische und empirische Annäherungen. *REPORT Zeitschrift für Weiterbildungsforschung, 2,* 183-203. doi:10.1007/s40955-016-0063-z

Grotlüschen, A. Buddeberg, K., Dutz, G., Heilmann, L. & Stammer, C. (2019). *LEO 2018 – Leben mit geringer Literalität.* Pressebroschüre, Hamburg. www.bmbf.de/files/2019-05-07%20leo-Presseheft_2019-Vers10.pdf. Zugegriffen: 29.07. 2019.

Gutting, G. & Oksala, J. (2018). Michel Foucault. In E. N. Zalta (Hrsg.), *The Stanford Encyclopedia of Philosophy* (Summer 2018 Edition). https://plato.stanford.edu/archives/sum2018/entries/foucault/. Zugegriffen: 27.05.2018.

Haeske, U. (2008). *„Kompetenz" im Diskurs: eine Diskursanalyse des Kompetenzdiskurses.* Berlin: Pro Business.

Hautzinger M. (2007). Psychologische Gundlagen. In C. Reimer, J. Eckert, M. Hautzinger & E. Wilke (Hrsg.), *Psychotherapie. Ein Lehrbuch für Ärzte und Psychologen* (3. Aufl., S. 33-47). Wiesbaden: Springer. doi:10.1007/978-3-540-29988-2_4

Heite, C. (2015). Zum-Sprechen-Bringen. Dilemmata des Empowerment. In M. Geiss & V. Magyar-Haas (Hrsg.), *Zum Schweigen. Macht/Ohnmacht in Erziehung und Bildung* (1. Aufl., S. 147-168). Weilerswist: Velbrück Wissenschaft.

Helfferich, C. (2014). Leitfaden- und Experteninterviews. In N. Baur & J. Blasius (Hrsg.), *Handbuch Methoden der empirischen Sozialforschung* (S. 559-574). Wiesbaden: Springer VS. doi:10.1007/978-3-531-18939-0_39

Herriger, N. (2014). *Empowerment in der sozialen Arbeit. Eine Einführung* (5. Aufl.). Stuttgart: Kohlhammer.

Hirseland, A. & Schneider, W. (2008). Biopolitik und Technologien des Selbst: zur Subjektivierung von Macht und Herrschaft. In K.-S. Rehberg & Deutsche Gesellschaft für Soziologie (Hrsg.), *Die Natur der Gesellschaft: Verhandlungen des 33. Kongresses der Deutschen Gesellschaft für Soziologie in Kassel 2006.* Teilbd. 1 u. 2. Frankfurt am Main: Campus Verlag. urn:nbn:de:0168-ssoar-153887

Hochschule Düsseldorf (2018). *Master of Arts. Empowerment Studies.* www.hs-duesseldorf.de/studium/flyer/HSD_Studiengangflyer_maes.pdf. Zugegriffen: 14.07.2018.

Holzer, D. (2009). Kritisch-emanzipatorische Erwachsenenbildung: totgesagt und doch lebendig? *Magazin erwachsenenbildung.at. Das Fachmedium für Forschung, Praxis und Diskurs, 7/8.* urn:nbn:de:0111-opus-76560

Holzer, D. (2017). *Weiterbildungswiderstand. Eine kritische Theorie der Verweigerung.* Bielefeld: transcript.

Hopfer, C. (1997). Empowering adult education in Namibia and South Africa during and after apartheit. *International Review of Education, 43*(1), 43-59. doi:10.1023/A:1002914117241

Hossain, S. M. Z. (2012). Empowerment of adult learners in Bangladesh: The journey through reflect. *Adult Education and Development, 78.* www.dvv-international.de/adult-education-and-development/editions/aed-782012/benefits-of-adult-learning-and-social-inclusion/empowerment-of-adult-learners-in-bangladesh-the-journey-through-reflect/. Zugegriffen: 21.09.2018.

Hübner, I., Schittko, K., Schmidt, M. (1994). Ungeschütze Beschäftigungsverhältnisse in der Frauenbildung – Sich am eigenen Zopf aus dem Sumpf ziehen? *REPORT Literatur- und Forschungsreport Weiterbildung, 34,* 106-112. www.die-bonn.de/id/1649. Zugegriffen: 21.09.2018.

Indabawa, S. & Mpofu, S. (2006). *The Social Context of Adult Learning in Africa.* Hamburg: UNESCO Institute of Education.

Indian Ministry of Education (1966). *Report of the Education Commission, 1964-66. Education & National Development.* krishikosh.egranth.ac.in/bitstream/1/2041424/1/CCS270.pdf. Zugegriffen: 04.10.2018.

Indian Ministry of Education (1992). *National Policy on Education.* www.ncert.nic.in/oth_anoun/npe86.pdf. Zugegriffen: 04.10.2018.

Indian Ministry of Human Resource Development (2008). *National Report For CONFINTEA VI.* National Literacy Mission, Department of School Education & Literacy. http://uil.unesco.org/fileadmin/multimedia/uil/confintea/pdf/National_Reports/Asia%20-%20Pacific/India.pdf. Zugegriffen: 31.05.2018.

Indian Ministry of Human Resource Development (2016a). *Assistance to Voluntary Agencies.* Department of School Education & Literacy. http://mhrd.gov.in/voluntary_agencies. Zugegriffen: 17.06.2017.

Indian Ministry of Human Resource Development (2016b). *Jan Shikshan Sansthan.* http://mhrd.gov.in/jss. Zugegriffen: 17.06.2017.

Indian Ministry of Human Resource Development (2016c). *Overview.* Department of School Education & Literacy. http://mhrd.gov.in/adult-education. Zugegriffen: 17.06.2017.

Indian Ministry of Human Resource Development (2016d). *Saakshar Bharat.* Department of School Education & Literacy. http://mhrd.gov.in/saakshar_bharat. Zugegriffen: 17.06.2017.

Indian Ministry of Human Resource Development (2016e). *State Resource Centre.* Department of School Education & Literacy. http://mhrd.gov.in/state_resource_centre. Zugegriffen: 17.06.2017.

Indian Ministry of Human Resource Development (2016f). *Directorate of Adult Education.* Department of School Education & Literacy. http://mhrd.gov.in/dae. Zugegriffen: 24.05.2018.

Indian Ministry of Human Resource Development (2016g). *National Literacy Mission Authority.* Department of School Education & Literacy. http://mhrd.gov.in/nlma. Zugegriffen: 24.05.2018.

Inglis, T. (1997). Empowerment and Emancipation. *Adult Education Quarterly, 48,* 3-17. doi:10.1177/074171369704800102

Ioannidou, A. & Schrader, J. (2016). Politiken der Grundbildung im internationalen Vergleich. *REPORT Zeitschrift für* Weiterbildungsforschung, 2, 125-129. doi:10.s1007/s40955-016-0072-y

Jones, T. (2017). *India's caste system: Weakened, but still influential.* Deutsche Welle. https://p.dw.com/p/2geUu. Zugegriffen: 01.09.2018.

Jung, S. & Pilz, M. (2016). Skillerwerb im informellen Sektor: Das Beispiel von Ananasfarmern im Nord-Osten Indiens. *Kölner Zeitschrift für Wirtschaft und Pädagogik, 31,* 61, 82-104.

Kade, J. (1989). Universalisierung und Individualisierung der Erwachsenenbildung. Über den Wandel eines pädagogischen Arbeitsfeldes im Kontext gesellschaftlicher Modernisierung. *Zeitschrift für Pädagogik, 35(6),* 789-808. urn:nbn:de:0111-pedocs-14536

Kanfer, F. H., Reinecker, H. & Schmelzer, D. (2012). *Selbstmanagement-Therapie. Ein Lehrbuch für die klinische Praxis* (6., durchges. Aufl.). Heidelberg: Springer. doi:10.1007/978-3-642-19366-8

Kapeller, D. & Stiftinger, A. (2010). Bildungsbenachteiligten Frauen den Wiedereinstieg ins Lernen ermöglichen. Bildungswünsche und -bedarfe von nicht erwerbstätigen Frauen mit Pflichtschule als höchstem Abschluss. *Magazin erwachsenenbildung.at. Das Fachmedium für Forschung, Praxis und Diskurs. 10.* urn:nbn:de:0111-opus-75172

Kaschuba, G. (2005). Theoretische Grundlagen einer geschlechtergerechten Didaktik. Begründungen und Konsequenzen. *REPORT Zeitschrift für Weiterbildungsforschung, 28*(1), 67-74. www.die-bonn.de/id/2149. Zugegriffen: 21.09.2018.

Kaul, N. & Dale, P. (2012). Participatory Strategies for Adult Education and Social Inclusion. *Adult Education and Development, 78.* www.dvv-international.de/adult-education-and-development/editions/aed-782012/benefits-of-adult-learning-and-social-inclusion/participatory-strategies-for-adult-education-and-social-inclusion/. Zugegriffen: 21.09.2018.

Klingovsky, U. (2017). Das Paradigma Lebenslangen Lernens revisited – Zur Strukturlogik der New Educational Governance in der Wissensgesellschaft. In A. Bolder, H. Bremer H. & R. Epping (Hrsg.), *Bildung für Arbeit unter neuer Steuerung. Bildung und Arbeit* (S. 27-44). Wiesbaden: Springer VS. doi:10.1007/978-3-658-15412-7_2

Knauber, C. & Ioannidou, A. (2016). Politiken der Grundbildung im internationalen Vergleich – Von der Politikformulierung zur Implementierung. *REPORT Zeitschrift für Weiterbildungsforschung, 20,* 131-148. doi:10.1007/s40955-016-0071-z

Knuf, A. (2007). Empowerment in der psychiatrischen Arbeit. *Synapse – Forum für die Psychiatrieregion Winterthur, 3,* 1-2. https://ipw.zh.ch/internet/gesundheitsdirektion/ipw/de/ueber_uns/veroeffentlichungen/_jcr_content/contentPar/publication_2/publicationitems/synpse_03_07_empower/download.spooler.download.1287324607160.pdf/synapse_03_2007.pdf. Zugegriffen: 14.07.2018.

Knuf, A. (2016). *Empowerment und Recovery* (5. Aufl.). Köln: Psychiatrieverlag.

Kocaman, I., Latorre Pallares, P. & Zitzelsberger, O. (2010). Selbstorganisationen von Migrantinnen. Potentiale einer emanzipatorischen Erwachsenenbildung in der Einwanderungsgesellschaft. *Magazin erwachsenenbildung.at. Das Fachmedium für Forschung, Praxis und Diskurs, 10.* urn:nbn:de:0111-opus-7514

Koulaouzides, G.A. & Popović, K. (Hrsg.) (2017). *Adult education and lifelong learning in Southeastern Europe. International issues in adult education.* Rotterdam: Sense Publishers. doi:10.1007/978-94-6351-173-5

Koulaouzides, G.A. (2017). Critical reflection and empowerment in adult education practice. In G.A. Koulaouzides & K. Popović (Hrsg.), *Adult education and lifelong learning in Southeastern Europe. International issues in adult education* (S. 17-26). Rotterdam: Sense Publishers. doi:10.1007/978-94-6351-173-5_2

Kwapong, O. T. F. (2005). Using Adult Education for Empowerment of Rural Women. *Adult Education and Development, 65.* www.dvv-international.de/adult-education-and-development/editions/aed-652005/training-and-empowerment/using-adult-education-for-empowerment-of-rural-women/. Zugegriffen: 21.09.2018.

Lassnigg, L. (2010). Zielgruppen und Lebensphasen. Programmatische Überlegungen für die Entwicklung und Umsetzung einer LLL-Strategie. *Magazin erwachsenenbildung. at. Das Fachmedium für Forschung, Praxis und Diskurs, 10.* urn:nbn:de:0111-opus-75133

Lenz, I. (2010). Frauenbewegungen. In R. Becker & B. Kortendiek (Hrsg.), *Handbuch Frauen- und Geschlechterforschung: Theorie, Methoden, Empirie* (S. 867-877). Wiesbaden: VS Verlag für Sozialwissenschaften. doi:10.1007/978-3-531-92041-2

Levine, J. (2014). *Jack Mezirow, Who Transformed the Field of Adult Learning, Dies at 91.* Teachers College, Columbia University. www.tc.columbia.edu/articles/2014/october/jack-mezirow-who-transformed-the-field-of-adult-learning-d/. Zugegriffen: 27.05.2018.

Lewis, W. (2018). Louis Althusser. In E. N. Zalta (Hrsg.), *The Stanford Encyclopedia of Philosophy* (Spring 2018 Edition). https://plato.stanford.edu/archives/spr2018/entries/althusser/>. Zugegriffen: 29.07.2019.

Linköping University (2017). *ESREA Network on Gender and Adult Learning.* www.esrea.org/gender_network?l=en. Zugegriffen: 17.06.2017.

LMU München (2015). *Professor Ulrich Beck verstorben.* www.uni-muenchen.de/aktuelles/news/2015/beck.html. Zugegriffen: 31.05.2018.

Luchte, K. (2014). *Teilnehmerorientierung in der Praxis der Erwachsenenbildung* (Bd. 7). Weinheim: Deutscher Studien Verlag.

Magdeburger Akademie für Praxisorientierte Psychologie (o.J.). *Der MAPP e.V. stellt sich vor.* www.mapp-ev.org/Home. Zugegriffen: 31.01.2019.

Malloy, R. & Schüßler, I. (2013). Die emotive Wende in der Erwachsenenbildung – Zur Bedeutung ‚emotional-archetypischen Deutungslernens'. In B. Käpplinger, S. Robak & S. Schmidt-Lauff (Hrsg.), *Engagement für die Erwachsenenbildung: Ethische Bezugnahmen und demokratische Verantwortung* (S. 29-41). Wiesbaden: Springer VS. doi:10.1007/978-3-531-19116-4

Markidis K. & Papageorgiou I. (2017). Community Empowerment Through Labor Education. In G.A. Koulaouzides & K. Popović (Hrsg.), *Adult education and lifelong learning in Southeastern Europe. International issues in adult education* (S. 41-51). Rotterdam: Sense Publishers. doi:10.1007/978-94-6351-173-5_4

Mayring P. & Fenzl T. (2014). Qualitative Inhaltsanalyse. In N. Baur, J. Blasius (Hrsg.), *Handbuch Methoden der empirischen Sozialforschung* (S. 543-558). Wiesbaden: Springer VS. doi:10.1007/978-3-531-18939-0_38

Medel-Añonuevo, C. & Bochynek, B. (1995). The International Seminar on Women's Education and Empowerment. In Medel-Añonuevo, C. & Bochynek, B. (1995). *Women, Education and Empowerment. Pathways towards Autonomy. Report of the International Seminar held at UIE, Hamburg, 27 January – 2 February 1993.* (UIE studies 5) (S. 5-12). Hamburg: UNESCO Institute for Education. www.unesco.org/education/pdf/283_102.pdf. Zugegriffen: 04.08.2019.

Medel-Añonuevo, C. (Hrsg.) (1995). *Women, Education and Empowerment. Pathways towards Autonomy. Report of the International Seminar held at UIE, Hamburg, 27 January – 2 February 1993.* (UIE studies 5). Hamburg: UNESCO Institute for Education. www.unesco.org/education/pdf/283_102.pdf. Zugegriffen: 04.08.2019.

Merton, R. (1968). The Matthew effect in Science. The reward and communication systems of science are considered. *Science, 159 (3810)*, 56-63. doi:10.1126/science.159.3810.56

Meuser, M. & Nagel, U. (2009). Das Experteninterview – konzeptionelle Grundlagen und methodische Anlage. In S. Pickel, G. Pickel, H.-J. Lauth & D. Jahn (Hrsg.), *Methoden der vergleichenden Politik- und Sozialwissenschaft: Neue Entwicklungen und Anwendungen* (S. 465-479). Wiesbaden: VS Verlag für Sozialwissenschaften. doi:10.1007/978-3-531-91826-6

Mezirow, J. (1978). Perspective Transformation. *Adult Education Quarterly, 28* (2), 100-110. doi:10.1177/074171367802800202

Milana, M. (2012). Political globalization and the shift from adult education to lifelong learning. *European Journal for Research on the Education and Learning of Adults, 3*(2), 103-117. doi:10.3384/rela.2000-7426.rela0070

Morrison, A.M., White, R.P., van Velsor, E. & Center for Creative Leadership (1994). *Breaking the Glass Ceiling: Can Women Reach the Top of America's Largest Corporations?* (3. Aufl.). Reading: Addison-Weasley.

Morschitzky, H. (2009). *Angststörungen. Diagnostik, Konzepte, Therapie, Selbsthilfe* Wien: Springer Verlag. doi:10.1007/978-3-211-09449-5

Muckenhuber, S. (2007). Mehr als Lesen und Schreiben – Alphabetisierung und Basisbildung an der Volkshochschule Linz. *Magazin erwachsenenbildung.at. Das Fachmedium für Forschung, Praxis und Diskurs, 1.* urn:nbn:de:0111-opus-7564

Nationale Agentur beim Bundesinstitut für Berufsbildung (2018). *Strategische Partnerschaften. Europäische Zusammenarbeit in der Erwachsenenbildung.* www.na-bibb.de/erasmus-erwachsenenbildung/strategische-partnerschaften. Zugegriffen: 04.08.2019.

Nickel, H. M. (2013). Gender Studies und Frauenbildung. In B. Käpplinger, S. Robak & S. Schmidt-Lauff (Hrsg.), *Engagement für die Erwachsenenbildung: Ethische Bezugnahmen und demokratische Verantwortung* (S. 199-208). Wiesbaden: Springer VS. doi:10.1007/978-3-531-19116-4

Nijland, G. (2007). Empowerment in der ambulanten psychiatrischen Pflege: Ohne Auftrag läuft nichts oder vieles schief. *Synapse – Forum für die Psychiatrieregion Winterthur, 3,* 3-5. https://ipw.zh.ch/internet/gesundheitsdirektion/ipw/de/ueber_uns/veroeffentlichungen/_jcr_content/contentPar/publication_2/publicationitems/synpse_03_07_empower/download.spooler.download.1287324607160.pdf/synapse_03_2007.pdf. Zugegriffen: 14.07.2018.

Nolda, S. (2011). Ansätze bildwissenschaftlicher Erwachsenenbildungsforschung – Anwendungsgebiete und Methoden. *REPORT Zeitschrift für Weiterbildungsforschung, 34*(1), 13-22. doi:10.3278/REP1101W013

Nollmann, U. & Schlüter, A. (2007). Frauen in Leitungspositionen in pädagogischen Berufen. *Der pädagogische Blick, 15*(3), 147-155. urn:nbn:de:0111-opus-58417

Nuissl, E. (2000). Stichwort Männerbildung. *DIE Zeitschrift für Erwachsenenbildung, 4,* 42-44. www.die-bonn.de/id/413. Zugegriffen: 04.08.2019.

Nussbaum, M. C. (2000). Women's Capabilities and Social Justice. *Journal of Human Development, 1*(2), 219-247. doi:10.1080/713678045

OECD (1973). *Recurrent Education: A Strategy for Lifelong Learning.* Paris. https://files.eric.ed.gov/fulltext/ED083365.pdf. Zugegriffen: 22.12.2018.

OECD (2018). *Adult Literacy.* www.oecd.org/education/innovation-education/ adultliteracy.htm. Zugegriffen: 04.08.2019.

Ostrouch, J. (2009). Genderforschung in der Erwachsenenbildung – Ein Konferenzbericht. *Magazin erwachsenenbildung.at. Das Fachmedium für Forschung, Praxis und Diskurs, 3.* urn:nbn:de:0111-opus-76007

Outreach, Empowerment, Diversity (2018). *Resources.* www.oed-network.eu/?page _id=93. Zugegriffen: 04.08.2019.

Pachner, A. (2013). Selbstreflexionskompetenz. Voraussetzung für Lernen und Veränderung in der Erwachsenenbildung? *Magazin erwachsenenbildung.at. Das Fachmedium für Forschung, Praxis und Diskurs, 20.* urn:nbn:de:0111-opus-84107

Pachner, A. (2018). Reflexive Kompetenzen – Bedeutung und Anerkennung im Kontext erwachsenenpädagogischer Professionalisierung und Professionalität. *Zeitschrift für Weiterbildungsforschung, 41,* 141-157. doi:10.1007/s40955-018-0115-7

Panda, B. (2007). Top Down or Bottom Up? A Study of Grassroots NGOs' Approach. *Journal of Health Management, 9,* 2, 257-273. doi:10.1177/0972063407 00900207

Pant, M. (2004). Adult Education and Livelihood: Women as Agents of Change. *Adult Education and Development, 63.* www.dvv-international.de/en/adult-education-and-development/editions/aed-632004/articles/adult-education-and-livelihood-women -as-agents-of-change/. Zugegriffen: 23.09.2018.

Participatory Research in Asia (2010). *About PRIA.* https://pria.org/about-pria-3-2-0. Zugegriffen: 01.09.2017.

Patel, I. (1998). The Contemporary Women's Movement and Women's Education in India. *International Review of Education, 44(2),* 155-175. doi:10.1023/A:1003125808644

Perko, G. & Czollek, L. C. (2009). Gender und Diversity gerechte Didaktik: ein intersektionaler Ansatz. *Magazin erwachsenenbildung.at. Das Fachmedium für Forschung, Praxis und Diskurs, 3.* urn:nbn:de:0111-opus-75889

Pilz, M. (Hrsg.) (2016). *India: Preparation for the World of Work – Education System and School to Work Transition.* Wiesbaden: Springer VS. doi:10.1007/978-3-658-08502-5

Pongratz, L. (2010). *Kritische Erwachsenenbildung.* Wiesbaden: VS Verlag für Sozialwissenschaften. doi:10.1007/978-3-531-92586-8

Popović K. & Koulaouzides G.A. (2017). Critical Thinking, Empowerment & Lifelong Learning Policy. In G.A. Koulaouzides & K. Popović (Hrsg.), *Adult education and lifelong learning in Southeastern Europe. International issues in adult education* (S. 1-15). Rotterdam: Sense Publishers. doi:10.1007/978-94-6351-173-5_1

Rai, M. (2013). *The Constitution (110th Amendment) Bill, 2009 – Reservation for Women in Panchayats (not the Parliament?).* http://indiagovernance.gov.in/thinkpiece/? thinkpiece =3. Zugegriffen: 29.01.2019.

Rappaport, J. (1981). In praise of paradox: A social policy of empowerment over prevention. *American Journal of Community Psychology, 9, 1.* doi:10.1007/BF00896357

Rausch, S. (2015). *Lernen regierbar machen. Eine diskursanalytische Perspektive auf Beiträge der Europäischen Union zum Lebenslangen Lernen.* Wiesbaden: Springer VS. doi:10.1007/978-3-658-07960-4

Raya, R. (2012). Literacy and Women Empowerment. *Adult Education and Development, 78*. www.dvv-international.de/en/adult-education-and-development/editions/aed-782012/benefits-of-adult-learning-and-social-inclusion/literacy-and-women-empowerment/. Zugegriffen: 13.09.2018.

Reh, S. & Ricken, N. (Hrsg.) (2018). *Leistung als Paradigma. Zur Entstehung und Transformation eines pädagogischen Konzepts.* Wiesbaden: Springer VS. doi:10.1007/978-3-658-15799-9

Rieck, U. (2008). *Empowerment. Kirchliche Erwachsenenbildung als Ermächtigung und Provokation* (Bd. 32). Berlin, Münster: Lit.

Riecker, D. für bpb.de (2014). *Emanzipation in Indien. Frauen kämpfen für Selbstbestimmung und Chancengleichheit.* Bundeszentrale für Politische Bildung. www.bpb.de/internationales/asien/indien/182059/frauen-in-indien. Zugegriffen: 04.08.2019.

Riegel, C. (2016). *Bildung – Intersektionalität – Othering: Pädagogisches Handeln in widersprüchlichen Verhältnissen.* Bielefeld: transcript.

Rieger-Goertz, S. (2013). Zwischen Vielfalt und Vereinheitlichung. In B. Käpplinger, S. Robak & S.Schmidt-Lauff (Hrsg.), *Engagement für die Erwachsenenbildung: Ethische Bezugnahmen und demokratische Verantwortung* (S. 209-220). Wiesbaden: Springer VS. doi:10.1007/978-3-531-19116-4

Rothe, D. (2015). Lernen im Lebenslauf – Das lernende Subjekt im Spannungsfeld bildungspolitischer Imperative, pädagogischer Praxis und biografischer Forschung. *REPORT Zeitschrift für Weiterbildungsforschung, 38*, 23-36. doi:10.1007/s40955-015-0010-4

Rothermund, D. für bpb.de (2014). *Die unabhängige Republik Indien. Historische Eckpunkte und politische Entwicklungen von 1947 bis zur Gegenwart.* www.bpb.de/internationales/asien/indien/44407/geschichte-ab-1947. Zugegriffen: 04.08.2019.

Said, E. (2009). *Orientalismus* (5. Aufl.). Berlin: Fischer.

Samarpan Foundation (2017). *Women's Empowerment: Kishangarh. Empowerment – New Delhi.* https://samarpanfoundation.org/projects/73/womens-Empowerment-kishangarh. Zugegriffen: 20.08.2017.

Schäffter, O. (2014). *Zielgruppenorientierung als relationales Planungsprinzip. Perspektiven auf Erwachsenenbildung im Strukturwandel.* Working Paper. www.erziehungswissenschaften.hu-berlin.de/de/ebwb/team-alt/schaeffter/downloads/working-paper-zielgruppenorientierung-als-relationales-planungsprinzip_final.pdf. Zugegriffen: 04.08.2019.

Schiersmann, C. (1994). Zielgruppenforschung. In R. Tippelt (Hrsg.), *Handbuch Erwachsenenbildung/Weiterbildung* (S. 501-509). Wiesbaden: VS Verlag für Sozialwissenschaften. doi:10.1007/978-3-322-83532-1_37

Schneider, A. (2014). Moderne Schulungen, moderne Medien. *Deutsches Ärzteblatt International, 111*(37), 605-606. doi:10.3238/arztebl.2014.0605

Schneider, J. & Wagner, H. (2011). Sozialintegrative Alphabetisierung. Zur Weiterentwicklung eines Konzepts. In K. Schneider, A. Ernst & J. Schneider (Hrsg.), *Ein Grund für Bildung?! Konzepte, Forschungsergebnisse, Praxis-Beispiele* (S. 21-40). Bielefeld: Bertelsmann. doi:10.3278/6004181w021

Schreiber-Barsch, S. & Fawcett, E. (2017). Inklusionsarchitekturen: Wie wird ein Lernort zu einem inklusiven Lernort im öffentlichen Raum des Lebenslangen Lernens? *Zeitschrift für Weiterbildungsforschung, 40*(3), 295-319. doi:10.1007/s40955-017-0097-x

Schreiber-Barsch, S. & Zeuner, C. (2007). International – supranational – transnational? Lebenslanges Lernen im Spannungsfeld von Bildungsakteuren und Interessen. *Zeitschrift für Pädagogik, 53*(5), 686-703. urn:nbn:de:0111-opus-44217

Schüßler, I. (2000). *Erwachsenenbildung im Modus der Deutung. Eine explorative Studie zum Deutungslernen in der Erwachsenenbildung.* Hohengeheren: Schneider Verlag.

Schütz, A. & Brodersen, A. (Hrsg.) (1972). *Gesammelte Aufsätze. II Studien zur soziologischen Theorie.* Dordrecht: Springer Netherlands.

Seligman, M. E. P. (1995). *Erlernte Hilflosigkeit* (5., korrigierte Aufl., erw. um: Franz Petermann: Neue Konzepte). Weinheim: Beltz Psychologie-Verlag-Union.

Sen, G. & Grown, C. (1987). *New feminist library: Development, crises, and alternative visions. Third World women's perspectives.* New York: Monthly Review Press.

Shah, S.Y. (2018). *Lifelong Learning in India: A Policy Perspective.* asemlllhub.org/policy-briefs/lifelong-learning-in-india-a-policy-perspective/. Zugegriffen: 04.08.2019.

Shor, I. & Freire, P. (1987). *A pedagogy for liberation: Dialogues on transforming education.* South Hadley, Mass: Bergin & Garvey.

Siebers, R. (2001). Teilnahmemotive von Frauen aus den neuen Bundesländern in Fortbildungs- und Umschulungsmaßnahmen. In W. Gieseke (Hrsg.), *Handbuch zur Frauenbildung* (S. 283-292). Wiesbaden: VS Verlag für Sozialwissenschaften. doi:10.1007/978-3-663-10277-9_24

Siebert, H. (2012). *Grundlagen der Weiterbildung: Didaktisches Handeln in der Erwachsenenbildung. Didaktik aus konstruktivistischer Sicht.* Augsburg: ZIEL.

Singh, S. (2016). India towards a knowledge economy. In R. Egetenmeyer (Hrsg.), *Adult Education and Lifelong Learning in Europe and Beyond: Comparative Perspectives from the 2015 Würzburg Winter School.* Frankfurt: Peter Lang.

Singh, S., Bora, B. & Egetenmeyer, R. (2016). Adult Education Policies in India and International Influences. In M. Schemmann (Hrsg.), *International Yearbook of Adult Education. Nach Millenniumsentwicklungszielen und Education for All: Bilanz und Ausblick aus der Perspektive von Süd-, Ost- und Südostasien, 39* (S. 17-35). Köln: Böhlau. doi:10.7788/ijbe-2016-0103

Skoda für bpb.de, U. (2014). *Kaste und Kastensystem in Indien. Eine Einführung.* Bundeszentrale für Politische Bildung. www.bpb.de/internationales/asien/indien/44414/kastenwesen. Zugegriffen: 26.05.2018.

Smykalla, S. (2010). *Die Bildung der Differenz: Weiterbildung und Beratung im Kontext von Gender Mainstreaming.* Wiesbaden: VS Verlag für Sozialwissenschaften. doi:10.1007/978-3-531-92470-0

Sprung, A. (2012). Migration bewegt die Weiterbildung(?) Entwicklung, Trends und Perspektiven in Wissenschaft und Praxis. *REPORT Zeitschrift für Weiterbildungsforschung, 35*(4), 11-20. doi:10.3278/REP1204W011

Srinivas, M.N. (1995). *Social Change in Modern India.* (13. Aufl.). Hyderabad: Orient Longman.

Stromquist, N. P. (1995). The Theoretical and Practical Bases for Empowerment. In C. Medel-Añonuevo (Hrsg.), *Women, Education and Empowerment. Pathways towards Autonomy. Report of the International Seminar held at UIE, Hamburg, 27 January – 2 February 1993.* (UIE studies 5, S. 13-22). Hamburg: UNESCO Institute for Education. www.unesco.org/education/pdf/283_102.pdf. Zugegriffen: 04.08.2019.

Stromquist, N. P. (1997). Literacy Practices among Adult Women. An Attempt at Critical Conceptualization. In C. Medel-Añonuevo (Hrsg.), *Negotiating and creating spaces of power. Women's educational practices amidst crisis* (S. 25-32). Hamburg: UNESCO Institute for Education. http://unesdoc.unesco.org/images/0010/001091/109108eo.pdf. Zugegriffen: 21.09.2018.

Stromquist, N. P. (2014). Freire, literacy and emancipatory gender learning. *International Review of Education, 60*(4), 545-558. doi:10.1007/s11159-014-9424-2

Stromquist, N. P. (2015). Women's Empowerment and Education: Linking knowledge to transformative action. *European Journal of Education, 50*(3), 307-324. doi:10.1111/ejed.12137

Taylor, E. W. & Cranton, P. (2012). A theory in progress? Issues in transformative learning theory. *European Journal for Research on the Education and Learning of Adults, 4* (1), 35-47. doi:10.3384/rela.2000-7426.rela5000

Theunissen, G. & Paetz, H. (2010). *Autismus – Neues Denken – Empowerment – Best-Practice.* Stuttgart: W. Kohlhammer.

Theunissen, G. (2013). *Empowerment und Inklusion behinderter Menschen: Eine Einführung in Heilpädagogik und Soziale Arbeit.* Freiburg im Breisgau: Lambertus.

UNESCO (2006). *Literacy Initiative for Empowerment 2005-2015. Vision and Strategy Paper* (2. Aufl.). Paris: UNESCO. http://unesdoc.unesco.org/images/0014/001411/141177e.pdf. Zugegriffen: 04.08.2019.

UNESCO (2009). Annex. The Education For All Development Index. In UNESCO (Hrsg.), *Education for All Global Monitoring Report* (S. 244-251). http://sid.usal.es/idocs/F8/FDO22160/the_education.pdf. Zugegriffen: 04.08.2019.

UNESCO (2012). The Education for All Development Index. In *Education for All Global Monitoring Report,* S. 306-309. www.unesco.org/new/fileadmin/MULTIMEDIA/HQ/ED/pdf/gmr2012-report-edi.pdf. Zugegriffen: 04.08.2019.

UNESCO (2015). *Education for All 2000-2015: achievements and challenges.* https://unesdoc.unesco.org/ark:/48223/pf0000232205. Zugegriffen: 04.08.2019.

UNESCO (2018). *Empowering rural women and girls through digital skills.* Bericht zur Parallelveranstaltung zur 62. Sitzung der Frauenrechtskommission. 14.03.2018. Hauptquartier der Vereinten Nationen. https://unesdoc.unesco.org/ark:/48223/pf0000261852. Zugegriffen: 29.09.2018.

UNESCO (2019). *Our vision.* https://en.unesco.org/about-us/introducing-unesco. Zugegriffen: 04.08.2019.

UNESCO Institut für Lebenslanges Lernen (UNESCO Institute for Lifelong Learning) (2010). *Global Report on Adult Learning and Education.* Hamburg. http://unesdoc.unesco.org/images/0018/001864/186431e.pdf. Zugegriffen: 21.09.2018.

UNESCO Institut für Lebenslanges Lernen (UNESCO Institute for Lifelong Learning) (2013). *Second Global Report on Adult Learning and Education: Rethinking Literacy.* Hamburg. http://unesdoc.unesco.org/images/0022/002224/222407E.pdf. Zugegriffen: 21.09.2018.

UNESCO Institut für Lebenslanges Lernen (UNESCO Institute for Lifelong Learning) (2016). *Global report on adult learning and education. The impact of adult learning and education on health and well-being; Employment and the labour market; and social, civic and community life.* Hamburg. http://unesdoc.unesco.org/images/0024/002459/245917e.pdf. Zugegriffen: 21.09.2018.

UNESCO Institut für Lebenslanges Lernen (UNESCO Institute for Lifelong Learning) (o.J.). *About the institute.* http://uil.unesco.org/unesco-institute. Zugegriffen: 26.04.2018.

UNESCO Institut für Statistik (o.J.). *India. Education and literacy.* http://uis.unesco.org/country/in. Zugegriffen: 12.01.2019.

UN (United Nations) Human Settlements Programme (2003). *The Challenge of Slums. Global Reports on Human Settlements 2003.* www.un.org/ruleoflaw/files/Challenge%20of%20Slums.pdf. Zugegriffen: 23.12.2018.

UN (United Nations) Regional Information Centre for Western Europe (o.J.). *Charta der Vereinten Nationen und Statut des Internationalen Gerichtshof.* www.unric.org/html/german/pdf/charta.pdf. Zugegriffen: 21.12.2018.

Universität Freiburg (2018a). *Persönliche Daten. Prof. Dr. Bröckling.* www.soziologie. uni-freiburg.de/personen/broeckling/vita. Zugegriffen: 26.05.2018.

Universität Freiburg (2018b). *Publikationen. Prof. Dr. Bröckling.* www.soziologie.uni-freiburg.de/personen/broeckling/publikationen. Zugegriffen: 26.05.2018.

University Grants Commission (2010). *Guidelines on lifelong learning and extension during the XI Plan Period (2007-2012).* www.ugc.ac.in/oldpdf/xiplanpdf/lifelong2.pdf. Zugegriffen: 25.05.2017.

Vereinigung für Frauen im Management (o.J.). *fim. Gemeinsam Türen öffnen.* https://fim.de/. Zugegriffen: 12.08.2018.

Vereinte Nationen (United Nations) (2000). *Resolution adopted by the General Assembly.* www.un.org/millennium/declaration/ares552e.pdf. Zugegriffen: 04.08.2019.

Vereinte Nationen (United Nations) (2015). *Resolution adopted by the General Assembly on 25 September 2015.* www.un.org/ga/search/view_doc.asp?symbol=A/RES/70/1&Lang=E. Zugegriffen: 04.08.2019.

VIDYA Education for the Less Privileged (2017). *VIDYA Mandira Women's Program and VIDYA Usha Silai.* http://vidya-india.org/about-us/programs/delhi/. Zugegriffen: 01.11.2018.

von Felden, H. (2004). Von Frauenbildung über das Gender Mainstreaming zur Genderkompetenz Geschlecht als Kategorie in der Erwachsenenbildung. *REPORT Zeitschrift für Weiterbildungsforschung, 27*(3), 40-47. www.die-bonn.de/id/2131. Zugegriffen: 21.09.2018.

von Hippel A., Tippelt R. & Gebrande, J. (2018). Adressaten-, Teilnehmer- und Ziel-gruppenforschung in der Erwachsenenbildung. In R. Tippelt R. & A. von Hippel (Hrsg.), *Handbuch Erwachsenenbildung/Weiterbildung* (S. 1131-1147). Wiesbaden: Springer VS. doi:10.1007/978-3-531-19979-5_55

Wildemeersch, D. & Salling Olesen, H. (2012). Editorial: The effects of policies for the education and learning of adults – from 'adult education' to 'lifelong learning', from 'emancipation' to 'Empowerment'. *European Journal for Research on the Education and Learning of Adults, 3*(2), 97-101. doi:10.3384/rela.2000-7426.relae5

Wilken, U. & Jeltsch-Schudel, B. (2014). *Elternarbeit und Behinderung: Empowerment – Inklusion – Wohlbefinden.* Stuttgart: Kohlhammer.

Wrana, D. (2012). Machtanalytische Studien zur Weiterbildung. In B. Schäffer & O. Dörner (Hrsg.), *Handbuch Qualitative Erwachsenen- und Weiterbildungsforschung* (S. 101-113). Opladen u.a.: Budrich.

Wrana, D. (2015). Zur Analyse von Positionierungen in diskursiven Praktiken. In S. Fegter, F. Kessl, A. Langer, M. Ott, D. Rothe & D. Wrana (Hrsg.), *Erziehungswissenschaftliche Diskursforschung. Empirische Analysen zu Bildungs- und Erziehungsverhältnissen.* (S. 123-141). Wiesbaden: VS Verlag für Sozialwissenschaften. doi:10.1007/978-3-531-18738-9_6

Zeuner, C. (2006). Erwachsenenbildung zwischen Inklusion und Exklusion. In R. Fatke & H. Merkens (Hrsg.), *Bildung über die Lebenszeit: Schriftenreihe der DGfE* (S. 303-314). Wiesbaden: VS Verlag für Sozialwissenschaften. doi:10.1007/978-3-531-90208-1_25

Zeuner, C. (2018). Dimensionen und Perspektiven in der internationalen Erwachsenenbildungsforschung. In R. Tippelt & A. von Hippel (Hrsg.), *Handbuch Erwachsenenbildung/Weiterbildung* (6. Aufl., S. 659-678). Wiesbaden: Springer VS. doi:10.1007/978-3-531-19979-5